川大校长
王兆荣

川大校长
任鸿隽

川大代理校长
张　颐

川大校长
程天放

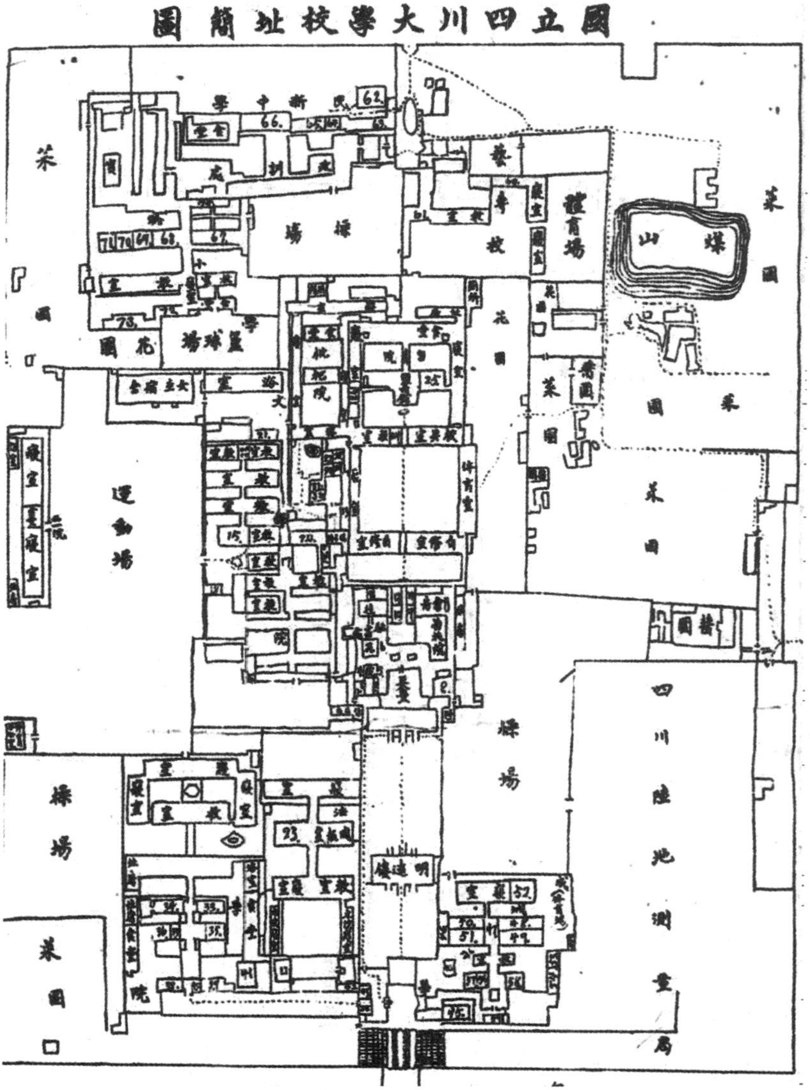

国立四川大学简图（皇城校址）

国立四川大学会议厅（皇城校址）

送别王兆荣

国立四川大学南校场校址

國立成都大學暫用校歌
Andante
岷山峩峩 開天府 江水泱泱
流今古 聚精會神 生 大
禹 近揆文教 遠奮武 桓桓熊羆 赴
西土 鏘鏘鳴鳳 叶東魯 和神人
Rit...
歌舞 領袖羣英 吾與 汝

国立成都大学校歌

国立成都大学史学研究会

1930年国立成都大学英文学系师生

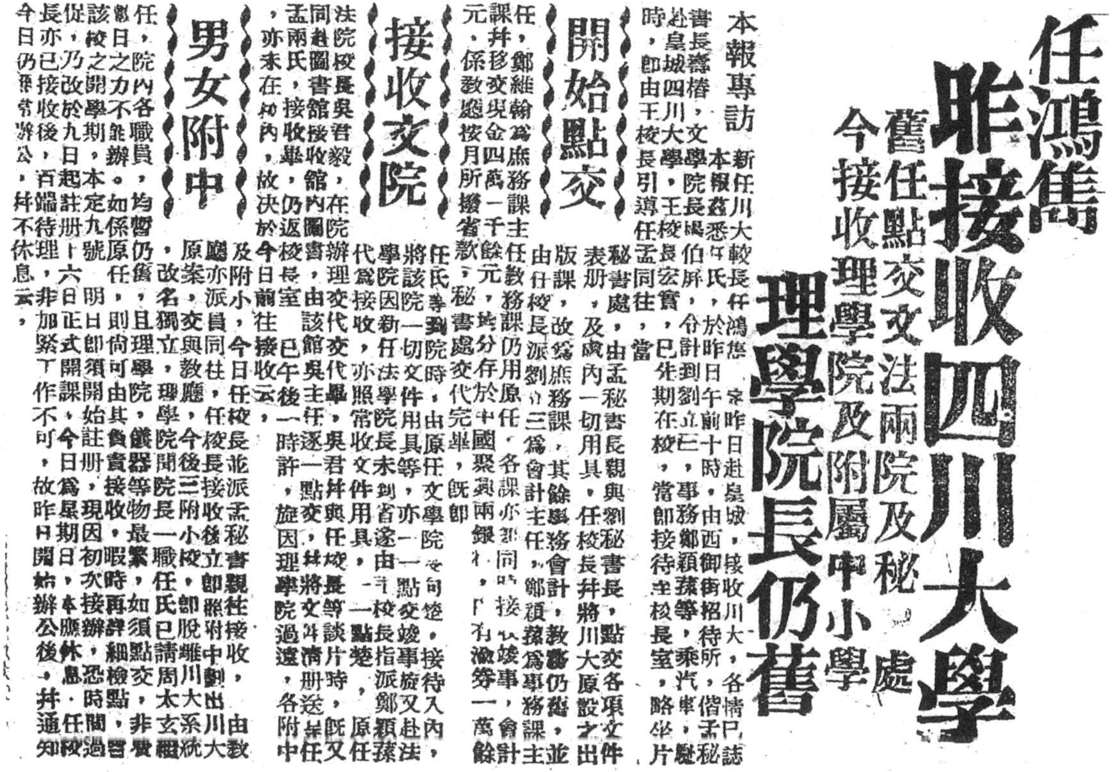

任鴻雋昨接收四川大學

舊任點交文法兩院及秘書處

今接收理學院及附屬中小學

理學院長仍舊

本報專訪

開始點交

接收交院

男女附中

1935年9月1日《华西日报》关于任鸿隽就职的消息

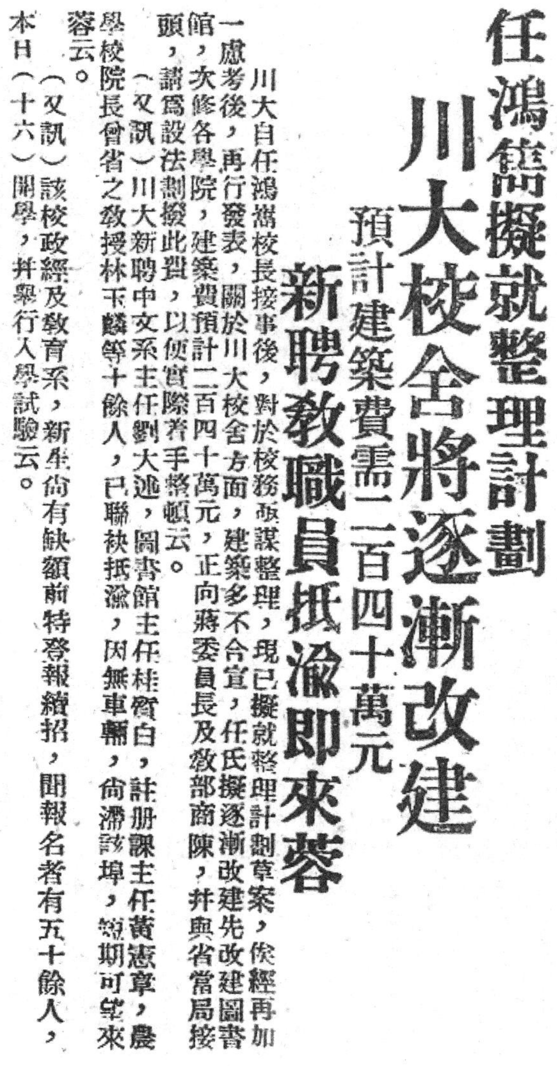

任鴻雋擬就整理計劃

川大校舍將逐漸改建

預計建築費需二百四十萬元

新聘教職員抵渝即來蓉

川大自任鴻雋校長接事後，對於校務亟謀整理，現已擬就整理計劃草案，俟經再加一慮考後，再行發表，關於川大校舍方面，建築多不合宜，任氏擬逐漸改建先改建圖書館，次修各學院，建築費預計二百四十萬元，正向蔣委員長及教部商陳，并與省當局接頭，請爲設法劃撥此欵，以便實際着手整頓云。

（又訊）川大新聘中文系主任劉大逃，圖書館主任桂質白，註册課主任黃憲章，農學校院長曾省之教授林玉麟等十餘人，已聯袂抵渝，因無車輛，尚滯該埠，短期可望來蓉云。

（又訊）該校政經及教育系，新生尚有缺額，前特登報續招，聞報名者有五十餘人，本日（十六）開學，并舉行入學試驗云。

1935年9月16日《新新新闻》关于任鸿隽整理校务的消息

7

國立四川大學教職員履歷表

姓名	任鴻雋
字	叔永　性別：男
籍貫	四川巴縣
年歲	四十九
學歷	日本東京高等工業學校修業 美國康乃爾大學文學士 哥侖比亞大學化學碩士
經歷	前教育部專門司司長 國立北京大學教授 東南大學副校長 中華教育文化基金董事會董事兼幹事長
現在住所	成都國立四川大學
原籍住所	

附註：此表送上後即請於三日內填交秘書處教務課為荷

任鸿隽简历表

任鸿隽题写《国立四川大学周刊》刊名

34

在本人離校期間 校中一切公事請
張真如院長代拆代行
各院、課、部、處查照

7910

鴻雋 卅六、一、十七。

國立四川大學用箋

任鸿隽请张颐代校长令

廬山蔣院長鈞鑒：厶厶函懇辭川大校長職務，蒙部允准，並新任張校長已於本月一日就職，厶厶擬俟交代清楚即行來山報告一切，並聆訓示。謹先電呈。前川大校長任鴻雋叩。厶冬

任鸿隽辞职稿

五十自述

余先為浙江歸安縣（今為吳興縣）菱湖鎮人。同治初年，（一八六二）太平天國陷湖州，吾祖軼才公奉曾祖母沈太夫人率吾父華甫公入蜀，依其祖秋華公。曾祖誠齋公有子四人：長即吾祖軼才公，次不詳，或幼即夭；次秋華公，遊幕在川；次某，已長成，洪楊之亂，為賊虜去，竟不返。故當吾祖避亂入川時，祖孫三輩，三人而已。吾父生於道光二十二年（一八四二）壬寅，至同治二年入蜀，蓋年已二十矣。是時秋華公在川就某臬憲幕，故吾祖等入蜀即居成都。未幾曾祖母、祖父相繼下世，而秋華公無子，故吾父即兼承兩房之祀，且從秋華公習刑名

任鸿隽《五十自述》手稿

任鸿隽一家在成都家中（离开成都时拍摄）

孟寿椿

徐敦璋

杨宗翰

曾省之

周太玄

何鲁之

刘大杰

钱崇澍

魏时珍

杨允奎

朱显祯

龚道耕

林思进

庞　俊

金尤史

李　植

赵少咸

胡　助

束天民（束世澂）

周谦冲

祝同曾

裘千昌

蒙文通

朱光潜

壹卷

YE BOOK

让思想流动起来

新史学丛书

—增订版—

国家与学术的地方互动

四川大学国立化进程（1925—1939）

王东杰 著

四川人民出版社

图书在版编目（CIP）数据

国家与学术的地方互动：四川大学国立化进程：1925—1939/王东杰著. —增订版. —成都：四川人民出版社，2023.11

（新史学丛书／谭徐锋主编）

ISBN 978-7-220-13221-6

Ⅰ. ①国… Ⅱ. ①王… Ⅲ. ①四川大学—校史—研究—1925—1939 Ⅳ. ①G649.287.11

中国国家版本馆 CIP 数据核字（2023）第 070714 号

GUOJIA YU XUESHU DE DIFANG HUDONG: SICHUAN DAXUE GUOLIHUA JINCHENG（1925—1939）（ZENGDINGBAN）

国家与学术的地方互动：四川大学国立化进程（1925—1939）（增订版）

王东杰　著

出品人	黄立新
策划统筹	封　龙
责任编辑	苏　玲　冯　珺
封面设计	周伟伟
版式设计	张迪茗
责任印制	周　奇
出版发行	四川人民出版社（成都市三色路 238 号）
网　址	http://www.scpph.com
E-mail	scrmcbs@sina.com
新浪微博	@四川人民出版社
微信公众号	四川人民出版社
发行部业务电话	（028）86361653　86361656
防盗版举报电话	（028）86361653
照　排	保定高新区华泰图文设计工作室
印　刷	成都东江印务有限公司
成品尺寸	148mm×210mm
印　张	13
字　数	335 千
版　次	2023 年 11 月第 1 版
印　次	2023 年 11 月第 1 次印刷
书　号	ISBN 978-7-220-13221-6
定　价	96.00 元

新史学丛书总序

“为什么叫新史学?”

“什么是新史学丛书?”

十五年来，总有朋友会问这个问题，我也一直在思考和试图解答这个问题。

新史学是一种取向。就作品而言，举凡新视角，新史料，新叙述，只要“言之成理，持之有故”，派不分中西古今，人不分新旧少壮，更不论是否成名成家，一切以作品见分晓，一切以给学术界、读书界呈现佳善的学术作品为依归，进而不断汲取更多志同道合者，用绵薄之力，促进历史学界乃至整个人文社会科学界的推陈出新。

新史学是一个过程。一百多年来，新史学不断演进，如果层层堆累，甚至可以在新史学这个名号上不断加新，新新史学，新新新史学……但这不过是文字游戏而已。新史学尽管随时关注国际学术前沿，但并不热衷追逐新潮流，也不那么关注花样翻新，更多考虑是否把此前的优秀作品消化、吸收，不少老书也是新视角，其实不见得被消化。我们不断在引进跟进，但是如何创造性转化，依然任重道远。比如梁任公先生《中国历史研究法》的不少提法，至今依然很有启发，若干理念其实跟最新的史学流派若合符节。要将新史学发扬光大，需要做一个继往开来、温故而知新的工作，无论是欧美近百年来的开创性成果，还是我国近百年以来的前辈硕学之作，比如梁启超、陈寅恪、傅斯年、李济、梁方仲等先生的杰出贡献，都在在值得我们用心聆听与记取。只有在过程中去理解和创新，创新才不会沦为口号，才会变得脚踏实地，成为源头活水，悠远流长。

新史学是一种精神。在有所传承的同时，在引进域外新观念、新方法的同时，落脚点其实是中国史学的开拓，尤其是将注意力更多瞩目于年轻学人，试图在他们小荷才露尖尖角之时，就予以足够的关注，将少年心事当拿云的种种憧憬与构想化为现实，化为作品，化为积累，积跬步以至千里。与此同时，我们也留意到历史系本科、研究生的成长，将史学初阶读物纳入计划，形成新系列，希望由此让史学新鲜人少走弯路。新史学更愿意接受各种不同的声音，在多元互动而不是闭目塞听中走向未来，凡是真诚的声音，都能够在新史学里面得到回应。

新史学愿意秉持这种态度，“上穷碧落下黄泉，动手动脚找材料”，倾尽一切努力，广求力作于世界，将无尽的优秀作品聚集起来，踏实做去，聚沙成塔，集腋成裘，争取在当代学术史、出版史留下一些印迹。

十五年来，新史学品牌包括“新史学 & 多元对话系列”“中华学人丛书”“新史学文丛”“新史学译丛”“法国大革命史译丛”“历史—社会科学译丛”，累计出版近两百种图书，在国内产生了较大反响。作为再出发，除了“新史学 & 多元对话系列”保持原貌外，其他丛书统一归入新史学丛书，涵括本土与引进类著作，经典旧籍的整理，初阶史学读物，甚至部分长篇论文，远近高低各不同，中心是唯“材”是举，也力求在设计美学与阅读体验上多做尝试。

这一过程想必是艰辛的，但由于其开放性，无疑会充满惊喜。我们期待在学术界、读书界的支持下，将新史学丛书进一步提升。新史学尽管起源于欧美，但是我们期待，通过不断地坚守，在中土树立新史学的大旗，推动历史研究、历史阅读的再深化，从历史的角度促进中国学术本土化。

兹事体大，敬请海内外师友不吝赐教、赐稿，各位的鼎力支持，是新史学得以发展的保证与动力。

是为序。

谭徐锋 2022 年 9 月 18 日于河北旅次

增订版前言

蒙谭徐锋先生厚爱，给我一个表达“悔其少作”的机会。徐锋兄早在五年前就催促将此书再版。但我总觉得它太过粗糙，不愿以原貌示人，甚至暗下决心，准备重写一过。可我心里明白，以我当前的时间、精力，这是不可能完成的任务。于是就一再拖延。后来徐锋兄宽慰我，说这书只是反映当年的水准，无须压力太大。这倒是真的。当然，我也不大禁得起虚荣作祟：这毕竟是自己下过一番心血取得的成绩，好比是外人眼里塌鼻梁大嘴巴的娃娃，在父母看来，总还有几分可取。它突破单纯的教育史藩篱，倡导一种与政治史、社会史相结合的大学史研究方式，对于此后许多取径类似而更优秀的作品的出现，多少有一点呼吁之功。遂不顾祸枣灾梨，决定再次付梓。

此事既定，很快就遇到2020年春节，疫情突起，困守家中，总得做点力所能为之事。写完一篇论文，把这本书的旧稿从电脑里调出，本来只想改正几处已知的错误，但积习作用，看到不如意处，还是忍不住更动几个字。当年我心浮气躁，为了赶工，留下一片狼藉。有时则因水平所限，心有感而力不足，可能只是一两句断语，只需顺势一引，即是水到渠成，却恍兮惚兮，终于呼之不出。这些地方，我尽量在离原貌不远的前提下，做了一些调整。有些原本大段摘引的史料，改用叙述语气，俾便压缩篇幅；个别段落则又稍有发挥，以弥补当年学力不到造成的亏欠。不过我还是尽力压抑住将故我打扮得更加漂亮的冲动，只是做了一些修饬工作，大体还是保持了当年面目。近年来新出不少材料，因为精力所限，我没有系统性地搜集，仅就平时阅读所及增补了一二处。

写这本书的时候，近现代史的资料条件，还远不能和今天相比。加之那时我个人的装备也很差，不仅没有数码相机，并且没有笔记本电脑，复印太贵，轻易不舍得用，只能摘抄。在抄来誊去的过程中，不免出现很多错误；一旦输入电脑，复制粘贴，更易导致谬种流传。我自己后来就发现了几处疏失，也曾经过几位热心读者，如复旦大学历史系的张仲民教授、北京师范大学教育学部的周慧梅教授、华东师范大学高等教育研究所的娄岙菲教授、湖南大学岳麓书院的余露教授以及我的学生王义铭等人的指正。感谢四川人民出版社封龙兄和编辑苏玲的辛苦工作，使目前大家看到的这个版本减少了大量失误。特别要指出的是，我在修订过程中，发现网上有一篇署名杨成堉的文章，指出我在描述"拒程运动"时的不少错误(不过其中也略有误会，我已在正文注释中做了说明)。对于这些错谬，这一版都做了订正。对于以上诸位的功德，在此一并谢过！不过，这次修订过程又遇到新的难题：书中引用的一些史料(报纸居多)，近年来收藏单位以电子化为名，已不再对外开放，现有数据库也未能收录，故无法一一复检，因此本书一定还留下不少讹误，仍祈读者法眼明察。

经与谭徐锋先生商议，此次增订版增加一篇附录，题为《学术"中心"与"边缘"互动中的典范融合：四川大学历史学科的发展》，最初发表于《四川大学学报》(哲学社会科学版)2006 年第 4 期，后收入论文集《国中的"异乡"：近代四川的文化、社会与地方认同》(北京师范大学出版社，2016 年，题为《机构与学风：民国时期四川大学历史学科的发展》)。当初写这篇文章，本是受川大历史文化学院领导委托，有向川大校庆"献礼"的意思，故以梳理史事为主。文章切入的视角和论述的逻辑都延续了本书的思路，而且略微弥补了原书讨论"国立化"进程对"学术"影响的不足，作为附录补入此书，或许是它最合适的归宿。

增订版添入若干与书中内容直接相关的图片，以便读者"身临其境"，更好地理解书中人事。相关工作麻烦了四川大学的青年教师蔡炯昊博士、清华大学博士生李世鹏、北京大学博士生徐阳和四川大学硕士生张豪浩，在此一并致谢。

今日回看这本起步阶段的著作，最令我遗憾的倒不是细节上的疏忽，而是我对这一事件的整体氛围和节奏的把握有所欠缺。我的关注点是不同政治和社会力量围绕四川大学国立化进程的竞争，花费了大量篇幅去描述和分析这些冲突与矛盾。当然，在二十世纪二三十年代的中国，“政潮”“学潮”此起彼伏，可谓常态，更何况这些运动多有年轻人参与。他们血气方刚，习惯从对立性角度思考问题——而我写这本书时也正值血气方刚的年纪，对“进取”者一边的心气更易体察，但相对忽视(并非完全没有涉及)了问题的另一面：四川是个移民省份，又深受道、佛宗教影响，民风和厚，在冲突中时有妥协，加上彼时以“五老七贤”为代表的士绅声望犹在，于不同力量间穿插调解，一定程度上避免了问题的激进化(当然，士绅的作用也随时间和环境的变化而推移：在地方“军阀”做主的时代，其影响力更强；随着三十年代中后期“地方中央化”的推进，其力量亦逐渐弱化)。这样，全书给人留下的印象基本是竞争与冲突，如果今天重写，我可能会在后一方面做更多铺陈。

此外，写这本书的时候，我虽然对目的论式的历史叙事方式有了一定程度的警觉，原书的叙述方式仍然不免线性意味，给人的印象似乎是，“国立化”是那时川大历史上一个先定的主题，所有事件都是这一主题的展开。但事实可能恰好相反：这一主题是在解决各种突发性事件的过程中逐渐浮现出来的，这些事件各自有其特殊目标，但多数和“国立化”并无根本性的关联，未必会一定导向这一结局。从“国立”名义的取得，到“将国立二字真实化”，四川大学国立化进程的每一个阶段，就是校园内外各种力量互动的结果。离开四川军人的内斗、学术界和地方政情的相互影响、地方和(本身也在改变着的)中央政府关系的演变，乃至国际政治格局的波荡(日本侵华)，是否会有一所“国立四川大学”的出现，实在是未可必的事。要使原本混囵一团的历史实相变成有头有尾、线索清晰的故事，研究者无可避免地要在其间做出一定取舍、剪裁和联结，但绝不可倒果为因，误人视线。如何在这之间做出平衡，委实是一桩难事。戴着镣铐跳舞，得失只在寸心。

在修订本书过程中，我一边董理旧文，一边忍不住挂怀时事。打开微信，意绪难平；回首故纸，却每有时空错杂之想，尤其是重读第四章所言“拒程运动”的一些文献，想及八十年光阴飞逝，前瞻后顾，能不感慨系之！有读者批评说，这本书多是叙事，缺乏分析，特别是一些让人热血沸腾的主题，说得不透。这批语我接受一半，拒绝一半。盖史局繁复，有时实令观者无话可说。叙事就成唯一选择，比之分疏、概括，都来得动人心魄。作者不必振臂疾呼，激扬慷慨，有心人自能深思默想，心有戚戚，将陡然振奋的激情化作绵长坚稳的行动。反过来，读者感到议事不足，很可能只是因为叙事不够。我当然想弥补这重遗憾，不过也许要借助于其他机会了。

2020 年 3 月 17 日

写于成都流溪丽园

目　录

绪　论

在西方历史上，大学曾一度颇具“世界精神”（主要是欧洲的小“世界”）。大学的师生来自欧洲各地，使用着同样的学术语言（拉丁语），分享着共同的文化预设，可以在欧洲的各大文化中心受到学者应有的待遇①。但是，近代以来，随着民族主义思潮和实践的出现，大学的目光也随之更多地转向国内，并自觉承担起塑造民族认同的使命②。

在现代中国，大学和国族之间，尤其具有一种密不可分的关联。虽然中国历史上并不缺乏相应的制度与机构，但我们今天所见到的各“大学”，的确是在中西文化竞争过程中，对西方制度加以模仿的产物。作为一种外来的学术建制，大学如何在中国土地上生存？进一步，又如何使其成为“中国的”大学？不少读书人认为，只有中国拥有了真正属于自己的大学，才能有效地应付与西方的“学战”③。这就把“国家化”或“国立

---

① 金耀基：《大学的世界精神》，收在《大学之理念》，北京：生活·读书·新知三联书店，2001年，第72～73页；王挺之：《欧洲中世纪的教育》，《四川大学学报》（哲学社会科学版），2001年第3期。

② 具体情况参看 Sheldon Rothblatt，*Universities and National Identity and Identity Formation*，收在“中研院”近代史研究所编：《认同与国家：近代中西历史的比较论文集》，台北：“中研院”近代史研究所，1994年，第505～535页；雅克·勒戈夫（Jacques Le Goff）著，张弘译：《中世纪的知识分子》，北京：商务印书馆，1999年，第121～125、128～129页。需要指出的是，Sheldon Rothblatt 在这篇文章中提醒学者，不宜夸大中世纪大学的所谓“世界精神”，它们在国家与地方事务中仍然扮演着相当活跃的角色。

③ 还在留学期间的胡适（1891—1962）对此就有所体会。在《非留学篇》中，他把兴办大学，尤其是国立大学视为教育救国最重要的方针。详论参见罗志田：《胡适传——再造文明之梦》，成都：四川人民出版社，1995年，第123～125页。

化”(nationalization)问题摆上了台面。在同样的关怀的驱使下，二十世纪二三十年代，中国的学术界曾经热烈讨论过在西方知识霸权的笼罩下，如何实现中国的“学术独立”的问题。同时，在二十世纪的诸多民族主义抗议运动中，大学生也无疑充当了主力角色①。

就目前的研究看，中国大学的国立化(或国家化)运动，至少存在着两种类型，它们分别和民族主义的两个向度相关：一是对外的，一是对内的。对外的类型，主要通过教会大学和具有“外交”根源的清华学校(大学)体现出来。对它们来说，国家化的目标和表现即是争取学术独立、收回教育权。简言之，要使大学真正“属于”中国，而不只是建立在中国的土地上。在这方面，学者们已经做了相当多的工作，成为中国大学史研究中成果较为丰富的一个领域②。

---

① 参考 John Israel, *Student Nationalism in China, 1927-1937*, Stanford: Stanford University Press, 1960；吕芳上：《从学生运动到运动学生：民国八年至十八年》，台北："中研院"近代史研究所，1994 年；桑兵：《清末新知识界的社团与活动》，北京：生活·读书·新知三联书店，1995 年；桑兵：《晚清学堂学生与社会变迁》，上海：学林出版社，1995 年。

② 王维江、廖梅编：《基督教文化研究中文论著索引》，收在朱维铮主编：《基督教与近代文化》，上海：上海人民出版社，1994 年，第 472～481 页；章开沅《教会大学与二十世纪二十年代的中国政治》、吴梓明《岭南大学与中国现代化》、顾学稼《华西协和大学的收回教育权运动》，均收在顾学稼、林霨(Arthur N. Waldron)、伍宗华编：《中国教会大学史论丛》，成都：成都科技大学出版社，1994 年，第 1～14、268～285、327～342 页；杨天宏：《基督教与近代中国》，成都：四川人民出版社，1994 年，第 221～226 页；刘家峰：《调适与冲突：1950 年前后的教会大学——以齐鲁大学为个案》，收在章开沅、马敏主编：《基督教与中国文化丛刊》，武汉：湖北教育出版社，2000 年，第 321～335 页；王忠欣：《基督教与中国近现代教育》，武汉：湖北教育出版社，2000 年，第 113～142 页；陶飞亚、吴梓明：《基督教大学与国学研究》，福州：福建教育出版社，2000 年；金以林：《南京国民政府发展大学教育述论》，收在中国社会科学院近代史研究所编：《中国社会科学院近代史研究所青年学术论坛》(1999 年卷)，北京：社会科学文献出版社，2000 年，第 302～308 页；金以林：《近代中国大学研究：1895—1949》，北京：中央文献出版社，2000 年，第 184～197 页。此外，珠海出版社在 1999 年出版了一系列关于教会大学的研究著作，包括《华中大学》《华西协和大学》《福建协和大学》《齐鲁大学》《之江大学》《东吴大学》。关于清华大学的“国立化”，参看苏云峰：《从清华学堂到清华大学(1911—1929)：(转下页)

但是，正如罗志田教授指出的，民族主义在“抗议”一面外，还有着“建设”的一面，而后者是我们过往的研究不甚注意的①。这一面在大学“国立化”问题上的主要表现，就是如何使一所大学成为“国家的”，而这也同时带来了中央与地方或私人之间的竞争②。本书考察的四川大学（以下简称“川大”）“国立化”进程就是这样一个事例。川大远处内陆城市，受到外国势力的影响相对较少（“相对”二字重要。事实上，和它同城的，还有一所教会办的华西协和大学），其生存与发展，主要与国内政治、社会格局的变化息息相关，特别是中央与地方政府的关系，对其影响甚深。我希望通过对此一进程的考察，为学术界研究中国现代大学的“国立化”及与之相关的民族主义、“国家建构”（state-building）等议题提供一个可供进一步分析的事例，以增进我们对中国现代民族主义运动在多层面上展开的了解。

毋庸讳言，在中国现代教育史上，特别是在抗战以前，四川大学并不占有若何重要地位。虽然是国立大学中成立较早的一所，但不论是地域所在还是学术名声，抑或在中央政府的教育政策中，它都处在一个比较边缘的位置。“四川大学国立化进程”这样的题目似乎仅对川大校友才有意义，对“校史”以外的历史研究来说，则显得微不足道。

（接上页）近代中国高等教育研究》，北京：生活·读书·新知三联书店，2001 年。关于“二战”以后台湾的大学“国立化”情况，参见李正心：《论光复时期台湾高等教育祖国化》，《教育史研究》1999 年第 12 期。

① 参见罗志田：《近代中国民族主义的研究取向与反思》，《四川大学学报》（哲学社会科学版），1998 年第 1 期；罗志田：《乱世潜流：民族主义与民国政治》，上海：上海古籍出版社，2001 年。

② 在这一方面，目前的研究较为单薄。陈三井在《民初西南大学之倡设与弃置》一文中谈到民初地方势力筹设大学的情况，并从政治派系斗争的角度论述了西南大学的酝酿与“胎死腹中”的过程。不过，他的主要观点在论证“地方武人因政治斗争不惜摧残教育”（文载《“中研院”近代史研究所集刊》第 19 期，1990 年）。论述中国现代教育与国家关系的人类学著作，参看王铭铭：《教育空间的现代性与民间观念——闽台三村初等教育的历史轨迹》，收在《王铭铭自选集》，桂林：广西师范大学出版社，2000 年，第 146～170 页。

诚然，历史学不是“邻猫生子”之类的街谈巷议，它总是要回答一个比较“重要”的问题。但是，“重要”的问题并不一定是“宏大”的问题，更不等于后现代主义所批判的“宏大叙事”。一个问题的重要性反而往往体现在那些具体而微的事物中。尤其是“国家统一”这样的问题，如果我们不了解它对诸多相关领域的影响，以及在不同行政和社会层级中的表现，很难对它产生深入理解。而四川大学的“国立化”进程就是在这些方面给我们提供了一个可以“见微知著”的案例。

20 世纪 20 年代到 30 年代初，四川的政治和社会自成格局，身处其中的四川大学自然不能置身事外。事实上，其“国立化”进程正可作为川内政局变化的一个风向标来看待，其中不仅牵涉到把持川政的各大军人之间的势力消长，更与四川的“地方中央化”有密切关系，反映出 30 年代国民政府的“国家统一”计划在四川的实践情况。

由于川大师生以四川人为多数(具体比例随时代不同有所变化)，因此，其“国立化”进程还涉及到“四川人”的省籍认同以及在特殊情形下“四川人”与“中国人”的身份冲突问题。这些问题在任鸿隽(1886—1961)于 1935—1937 年推行的改革政策所引发的社会反响方面特别突出地表现出来，在 1938 年底的川大“易长风波”上亦有所体现。它既与整个四川，特别是成都社会思潮的变化不无关系，更不乏政治因素的直接作用。

处在近代中国“趋新”大潮的激荡下，四川大学的国立化也牵涉到新旧思想、教育体制乃至学术典范(paradigm)转移的问题。直到 30 年代中期，由于僻处一隅，四川的文化界和全国比起来，还显示出不少“特色”。这些“特色”未必是四川地方所特有的，但往往因与“先进”地区不同步的缘故，而被新潮的人士认作是“地方性”的。比如说，彼时川人特重传统文史或所谓“国学”，其关怀明显具有“全国性”，但是，其学术典范与东部及中部一些大城市所流行的很不相同，在后者看来，就甚感“落后”。

若从“学术”与“政治”的相互关系看，这一进程还牵涉到“学术独立”的问题(这里的“学术独立”和前文所言不同，不是相对于“西方学术”的独立，而是相对于“政治”的独立，包括一定程度上的大学“自治”。本书的讨论涉及了这两种不同的“学术独立”，而尤以后一义为主)。在20年代直到30年代中期的不少川大师生的眼里，“国立化”意味着大学从此可以免于地方军政势力的干涉和威胁，因此他们对“国立化”抱有相当积极的态度。在“国立化”中期，这一目标也确实获得了一定程度的实现。但随着国民政府西迁重庆，在程天放(1889—1967)出掌川大后，学校的“国立化”程度得到了前所未有的增强，学术界所希望达到的“学术独立”“学术自由”的理想却受到沉重一击，令人兴起适胡而至越之感。可知事涉权势，其间分际多端，瞬息而改，实不可择一固执，不知通变。然而形格势禁，在所不免，历史终须从长线着想，涓滴涵养，方才功不唐捐。

本书涉及的并不完全是一新课题。关于国民政府时期的国家统一运动，目前学界的成果似不算少①，但仍有不少值得继续注意的问题。如前面已经指出的，“国家统一”要从“全国”和“地方”两个层面加以了解方为全面，而目前的研究多是从“全国”的大范围着眼，至于人们是如何从“地方”甚至更为基层的角度对这一过程做出反应的，关注明显不足。造成这一现象的一个重要原因就是近代区域史和地方史研究的薄弱。比如

① 笔者所见包括王柯：《民族与国家：中国多民族统一国家思考的系谱》，北京：中国社会科学出版社，2001年，第186～217页；“中研院”近代史研究所编：《认同与国家：近代中西历史的比较论文集》，台北：“中研院”近代史研究所，1994年；李守孔：《国民政府之国家统一运动》，收在“中研院”近代史研究所编：《抗战前十年国家建设史研讨会论文集(1928—1937)》上册，台北：“中研院”近代史研究所，1984年，第389～431页；李达嘉：《民国初年的联省自治运动》，台北：弘文馆出版社，1986年；石岛纪之：《国民党政府的“统一化”政策和抗日战争》，收在张宪文、陈兴唐、郑会欣编：《民国档案与民国史学术讨论会论文集》，北京：档案出版社，1988年，第288～297页；吴振汉：《国民政府时期的地方派意识》，台北：文史哲出版社，1992年；易劳逸(Lloyd Eastman)著，陈兼平等译：《1927—1937年国民党统治下的中国：流产的革命》，北京：中国青年出版社，1992年。

说，关于地方军人与国民政府的冲突，现在研究比较多的是两广地区①。对派系纷争尤烈的四川军人，却讨论不足，已有的著作也多集中在政治史和军事史范畴内，社会心态史则基本未进入学者视野②。

在这种情形下，我们很难确知时人对地方（如四川）与全国的关系是如何理解的。比如说，从知识界的立场看，军阀、国家统一这些议题有何意义？它们对学术界的影响如何？此一时期的地方观念和国家观念是如何相互作用的？人们怎样处理"省籍认同"与民族主义的关系？都是我们现在的成果难以给出充分回答的③。但是，缺少了对地方社会心态的

① 这和两广军人较多地参与了全国范围内的军事竞争有关。关于两广军人，除了前引一些著作中的相关章节外，笔者所见还有 Eugune William Levich，*The Kwangsi Way in Kuomintang China，1931-1939*，Armonk，N. Y.：M. E. Sharpe，Inc.，1993；John Fitzgerald，"Warlords，Bullies，and State Building in Nationalist China：The Guangdong Cooperative Movement，1932-1936，" *Modern China*，23：4，1997。

② 孙代兴：《西南军阀史研究述评》、刘君：《简论西康建省》，均收在张宪文、陈兴唐、郑会欣编：《民国档案与民国史学术讨论会论文集》，第 37～47、321～331 页；匡珊吉、杨光彦主编：《四川军阀史》，成都：四川人民出版社，1991 年；四川省人民政府参事室、四川省文史研究馆：《川康实力派与蒋介石》，成都：四川大学出版社，1993 年；王玉娟：《民国川政统一初期（1935—1939 年）基层行政人员的任用》，四川大学硕士学位论文，2001 年；王玉娟：《刘湘政府（1935—1938）对川省基层行政人员的任用倾向》，《四川大学学报》（哲学社会科学版），2002 年第 4 期；Robert A. Kapp，*Szechwan and the Chinese Republic：Provincial Militarism and Central Power，1911-1938*，New Haven and London：Yale University Press，1973；杨天石：《卢沟桥事变前后蒋介石的对日谋略一文的部分内容》，《近代史研究》2001 年第 2 期；《重庆陪都史书系》编委会撰述：《国民政府重庆陪都史》，重庆：西南师范大学出版社，1993 年；中国人民政治协商会议西南地区文史资料协作会议编：《西南民众对抗战的贡献》，贵阳：贵州人民出版社，1992 年。

③ 王尔敏：《戊戌湖南客籍人士对于地方思潮的启发》，《台湾师范大学历史学报》第 5 期，1977 年；刘伟：《晚清"省"意识的变化与社会变迁》，《史学月刊》1999 年第 5 期；王续添：《经济·文化·外力——民国地方主义成因探析》，《教学与研究》1999 年第 3 期；王续添：《民国时期的地方心理观念论析》，《史学月刊》1999 年第 4 期；苏云峰：《联省自治声浪中的"鄂人治鄂运动"：兼谈省籍意识之形成及其作用》，收在"中研院"近代史研究所编：《认同与国家：近代中西历史的比较论文集》，第 215～248 页；王东杰：《国中的"异乡"：二十世纪二三十年代旅外川人认知中的全国与四川》，《历史研究》2002 年第 3 期；程美宝：《地域文化与国家认同——晚清以来"广东文化"观的形成》，收在杨念群编：《空间·记忆·社会转型——"新社会史"研究论文精选集》，上海：上海人民出（转下页）

认知，所谓“国家统一”也就往往被视为仅仅是政治权力（辅之以军事权谋）的运作过程。显然，这一印象至少是不全面的。对此，本书希望能有些微弥补。

具体到本书的主题来说，任以都教授曾在《剑桥中华民国史》下卷《学术界的成长，1912—1949》一章中，从国家统一的角度提到四川大学国立化运动，把它视为“中央政府扩张权力”及高等教育通过“国家复兴”计划得以“进步”的双向互动过程①。不过，由于篇幅和主题所限，任文对此仅是一笔带过，没有做更为细致的描述，其所述也仅仅集中在任鸿隽长校时期，难以洞察这一事件背后错综复杂的多元因素作用。四川大学校史编写组在20世纪80年代所写的《四川大学史稿》（以下简称《川大史稿》）中，对20年代末30年代初四川军人与四川大学的关系、四川的地方“中央化”等问题也做过叙述，但它从“校史”的角度入手，更关心的是学校自身的发展过程，对上述因素的影响力重视不够，其研究也嫌过于简单②。

作为个案研究，本书属于中国大学史或教育史研究中广义的“校史”一类。目前，在这一领域中，除了教会大学史外，整体的研究成果显得相对薄弱。已有的讨论大体有两种路数，一是教育政策、制度与措施的研究，一是个案性的校史研究③。

（接上页）版社，2001年，第387～417页；程美宝：《由爱乡而爱国：清末广东乡土教材的国家话语》，《历史研究》2003年第4期。

① 费正清（John King Fairbank）、费维恺（Albert Feuerwerker）主编，杨品泉等译：《剑桥中华民国史》下卷，北京：中国社会科学出版社，1994年，第442页。需要说明的是，由于任教授是任鸿隽先生的长女，这使她的写作在历史学诠释以外，还具有家属回忆的性质。

② 四川大学校史编写组：《川大史稿》，成都：四川大学出版社，1985年。

③ 关于中国教育史的研究状况，参考江铭：《教育史研究的回顾与展望》，《教育史研究》1997年第2期；周谷平：《教育史学科建设刍议》，《教育史研究》1997年第2期；许国春：《对近年中国教育史研究之研究》，《教育史研究》1997年第4期；王伦照：《台湾地区的中国教育史研究概况》，《教育史研究》1997年第4期；王炳照：《教育史》，收在曾业英主编：《五十年来的中国近代史研究》，上海：上海书店出版社，2000年，第232～249页。

政府的教育政策、制度与措施，一直是大学史乃至教育史研究的重点①。中国现代大学发展的一个显著特征就是制度与政策方面的不断改变。因此，这种路数的好处之一就是从宏观层面把握中国现代大学学制、中央政府对教育和学校的管理方针等全国性问题之基本变化和发展趋向。它特别注重统计数据的应用，在对学校数量、学生人数、师资力量、经费筹措以及设备增减等方面的考察中，尤能发挥其特长，并同时注意到课程设置、教材选用等教育“内部因素”的变化。

但是，这一路数也存在着不少问题。首先，中国现代大学的发展，在北洋政府时期，基本上倾向于放任态度。在这一时期，如果只注意到一些全国性的大问题，就有可能掩盖更为多元化的大学面貌。即使在国民政府成立以后，对全国教育的管理也随着时间和人事的变化多所更张。至少在陈立夫(1900—2001)作教育部长前，各大学在行政机关、课程设置、师资聘任等重要方面，都还存在着不小的自主权。对此，这一注重共性的路数就显得过于简略了。

其次，这一路数亦太过偏重于对“典章”方面的关注，往往忽视了政策、制度或措施的落实情况②。在现实生活中，一种政策未必能够真正落实；落实之后，在操作方面，也往往随着实际环境的变化而有所损益。因此，对历史学来说，政策实践的情况常常更重要。一个社会真实而复杂的情形，只有通过政策、制度与措施的落实和操作才能展现。要做到这一点，就必须注意那些更为基层的、个案性的探讨。

---

① 周予同：《中国现代教育史》，上海：上海书店，1989 年(据上海良友图书印刷公司 1934 版影印)；吕士朋：《训政时期的高等教育》，收在“中研院”近代史研究所编：《抗战前十年国家建设史研讨会论文集(1928—1937)》上册，第 49～69 页；熊明安：《中国高等教育史》，重庆：重庆出版社，1988 年；陈能志：《战前十年中国的大学教育(1927—1937)》，台北：台湾商务印书馆，1990 年；吴家莹：《中华民国教育政策发展史：国民政府时期(1925—1940)》，台北：五南图书出版公司，1990 年；季啸风主编：《中国高等教育变迁》，上海：华东师范大学出版社，1992 年等。

② 于述胜在《中国教育史研究中的一个方法论问题》一文中即提醒教育史研究者应该把教育思想、教育制度与教育实践区分开来，文载《教育史研究》1997 年第 2 期。

第二种路数是“校史”研究。这种研究往往站在某所大学的立场，所注意的是该大学的“成长”历程。因此，它比宏观的政策史、制度史和措施史的研究更为切实，更能表现出一所大学发展的具体语境以及它对这些语境的灵活因应。显然，对我们了解更全面也更细致的大学史来说，校史的写作大有可为之地。

遗憾的是，目前国内的校史研究却存在一个明显的缺陷：校史的写作者们往往缺乏更为“历史学”的关怀。他们的写作对象和关注重心通常都是自己所在的大学，在写作过程中不甚注意把一个更为全面的“中国现代社会”或“中国现代大学”的概念考虑进来。这使得他们的写作过于偏重本校的发展经历，有时不免偏离价值中立的学术规则。更重要的是，他们虽然也常常注意到学校所处的社会与政治环境，却又常常把它们当作无关紧要的背景知识处理。或者，更常见的状况是，把复杂的政治因素简化为政治动员和学生运动，使校史更多地带上了(传统意义上的)“革命史”色彩，反而忽视了本应是大学史题中应有之义的学术与教育这些因素。

事实上，最近校史研究界已经开始了对旧的校史写作模式的反思，这和他们重新确立了大学是一科研与教学机构的定位有关。就此而言，把大学史放到学术史和教育史的范围内加以考察，或可谓“搔到了痒处”。自蔡元培(1868—1940)于民初把德国式的大学理念引入中国，提出大学是“研究高深学术的机关”以后，这一说法就得到中国现代学术界的广泛认同。而大学作为高等教育机构，又担负着探索与传承高深知识的职责。故学术与教育可说是现代大学不可或缺的两翼，自然也应是大学史关注的重心。同时，校园又是一个由校长、教职员、学生组成的小社会，他们之间的互动关系也是大学史应该关注而少有人注意的内容①。

---

① 苏云峰的两卷本著作《从清华学堂到清华大学(1911—1929)：中国高等教育研究》《从清华学堂到清华大学(1928—1937)：中国高等教育研究》(北京：生活·读书·新知三联书店，2001年)就涉及到学生的衣食住行、医疗卫生、课外活动等多方面的内容，在现有的大学史中显得较有新意。

另一方面，作为学术与教育机构，大学又是现代社会不可或缺的组成部分。大学的发展，离不开社会环境和社会条件；大学这一“小社会”里所发生的诸多事件的原因，往往要到校园以外的“大社会”中去找。中国现代大学深深地根植于中国现代社会的土壤中：大学制度的引入，是中国社会变化的一个指标；大学制度与中国现代社会的互动，也是显而易见的事实。这就要求我们不但要注意大学校园的内部情况，也要把大学放在“外部社会”这一大语境下去考察，才能对大学的“内部社会”有更深入的理解。从这一点上说，从前关注“革命史”的大学史研究也未必没有所见。但是，这也要求我们放弃现行的“革命史”路径中的一些先入为主之见。其次，社会是多层面的，大学史的社会史研究方向也应该是多元化的。具体到现代中国而言，政治势力、党派斗争、思想取向，甚至人际关系这些或重大或平凡的因素，都在大学的发展过程中扮演过不可忽视的作用。

不过，我的学术关怀和力图在本书中所达到的目标与目前我们通常所熟知的“校史”写作不尽相同。本书一方面试图在现有成果的基础上做出更深入、更具体的探讨，同时，也更重学校与外部社会的关系①。四川大学档案馆藏《国立四川大学档案目录》的卷首有这么一段话：

> 本校是一所半封建半殖民地社会高等学校的典型，从它一成立，就充满了军阀与军阀、学阀与学阀间争权夺利、勾心斗角的矛盾，使川大在不同时期，有不同的特点。最初三年，川大为地方军阀牢牢地盘踞着（当然与四川的地处内腹、交通不便、受帝国主义

---

① 王健文在《校史叙事观点的再思考》[《新史学》（台北）第 14 卷第 3 期，2003 年]一文中，以成功大学的校史写作为例，对以“学校的政治隶属”作为“历史记忆”决定因素的校史叙事模式做了质疑和反思，并提出了内容更广阔的写作目标。王氏对传统校史写作的反思具有超出校史领域的启发性。但另一方面，其替代模式包容过广，而统摄性的线索不够分明，亦有使历史“细碎化”的危险。

> 影响远不及京沪深远等条件有关)，第一任校长王兆荣(1887—1968)则与川军军阀刘文辉(1895—1976)有密切联系。这时川大的封建性、地方性、保守性是较强的。1935 年秋任鸿隽继任川大校长……学校欧化倾向有所增长，川大的买办性也跟着增长。虽然这时国民党在川大的势力有所扩展，但地方军阀势力仍然不弱。1938 年秋蒋介石派 CC 头子程天放接长川大以后，情况才有大的改变……四川大学在国民党反动派的眼里，成了一块肥肉，一所抗战时期“全国独善的最高学府”“西南培养人才的总枢纽”，他们当然要着力控制了。

抛开这段话在特定历史时期的意识形态色彩，作者考察川大历史时切入的视角实与本书颇多相似之处，只是其线索太过简化，以致把问题也简单化了。

本书希望把四川大学放在一个更广泛的文化、社会和政治背景下，探讨中国现代的国家统一运动在大学这一场域中的体现。我特别关注的是，四川大学作为中央驻川机关，在中央与地方的相互关系中扮演了什么样的角色？中央与地方的关系变化又是怎样影响了四川大学的发展？从“大学”这一角度看，中国的国家统一运动是如何展开的？需要指出的是，这里的“中央”和“地方”都不仅仅是一个政治权力的概念，还具有社会与文化的内涵。

我试图在本书中做到以下几个要求。一是从多元角度综合考察这一通常仅仅被放在教育史领域处理的事件，包括了政治权力的竞争(地方与中央之间的、地方军人之间的、不同党派之间的)、社会心态的变化(新派和旧派、主流知识分子和边缘知识分子、“乡人”和“国士”、四川人和“中央人”)，以及教育制度的更替和学术典范的转移等。因此，本书更多注意到外部因素与校园内的小社会间的相互影响(由于主题的关系，在校园影响社会这一方面没有过多着眼)。

综合考察离不开跨学科研究或“科际整合”的方式。但是，这对研究者的知识结构又是个很高的要求。我个人只能说心向往之，目前尚无此能力。不过，目前这一思路也受到其他学科，主要是人类学的启发。我尤其欣赏人类学和社会学家“蹲点”考察的办法和回到基层的研究路数，他们的作品常予我以特别的启示。当然，历史学家无法亲历其境，只能通过既存资料追想现场，而史料总是残缺的，学者们并不总是能够得到自己想要的东西。因此，我在写作过程中采访了几位当事人，希望以此弥补文字资料的残缺。但要坦承的是，因为我提问能力有限，所获距预期效果仍很远。此外，与人类学家不同的是，我不可避免地具有一个局内人视角，尽管今日的川大情势早与先前不同，但历史仍以校园传说的方式在片段式地流传。局内人视角自然可能使历史发生变形，这需要作者多加自省，但也可以获得一种外人难以察觉的“默会知识”。得失皆在分寸之间。

其次，本书更多地借鉴了“新叙事史”的写作方式，以叙述为主，间以个人对事件的分析①。在写作线索方面，更注意按照事件本身的发生时间与发展逻辑进行描述，不采取单纯的“问题导引”式的写作取向。“讲故事”本是历史学的原初形态。但在科学主义的冲击下，历史学家已不满足于这一“雕虫小技”，而是更重事物的“本质”或“规律”。这一变化不但改变了历史著作，也改变了史学研究的面貌。它往往出于“分析”的目的，把一个完整的故事拆散为不同主题或对象；再照此主题或对象对事件重新构建。按照这种方式做出来的成果，通常显得“主题鲜明”，结

---

① 关于“新叙事史”，参考 Lawrence Stone，“The Revival of Narrative：The Reflections on a New Old History，” *Past and Present*，No. 85（1979），pp. 3-24；E. J. Hobsbawm，“The Revival of Narrative：Some Comments，” *Past and Present*，No. 86（1980），pp. 3-8；Peter Burke，“History of Events and the Revival of Narrative，” in Peter Burke（ed.），*New Perspectives on Historical Writing*，University Park，PA：The Pennsylvania State University Press，1995，pp. 233-248。

论清晰，是我们目前在历史研究中经常看到的。但是，历史学的目标在于尽可能“如其所是”地描述历史，而历史本身却不是按照一个特定“问题”发展的，一个事件往往是各种因素交缠萦绕、互相作用的结果。历史的进程是透过参与历史事件的不同元素之间的“关系”呈现出来的，历史学家的任务是将这些关系尽可能照其本来面目清理出来。这是指导本书写作的一个原则。

历史学的生命在于具体。我本来希望这篇文章写得更“细节化”一些，比如说，在哪一次集会上，都有哪些人说了什么话？他是用什么样的口气或者带着什么样的情绪表达他的意见的？对此，其他人做何反应？他们争论的具体过程如何？诸如此类。我希望能够通过这些细节化的描述，使我们对历史的认知更加细致一点。但是，仍然由于资料遗存的限制，我们看到的往往只是会议的决议或结果，细节被抹掉了。我想要的效果远未达到。以后如能找到更多的材料加以补充，或者会使它更丰满一些。

本书的叙述采取时间线索，具体的章节又多以校长的更替来划分。这是因为，在现代中国大学史上，一个校长的治校理念与措施，对塑造一所大学的基本面貌起到了至关重要的作用，尤其是在大学相对享有一些自主权的时候。同时，在川大的例子中，校长的更替往往是外部政局变化的结果。这种变化对本书的主题至关重要。比如说，成都大学校长张澜(1872—1955)与国立川大的首任校长王兆荣，便和四川地方军人中最具实力的两人刘湘(1888—1938)和刘文辉关系密切，他们的更替，也是“二刘”权力竞争的结果。王兆荣辞职，任鸿隽继任，又是中央政府实行四川“地方中央化”的一个重要举措。同样，任鸿隽辞职也是由于他与地方社会及地方政权的矛盾造成的。1938年，国民政府西迁重庆，川大也再次易长，由程天放取代了学者张颐(1887—1969)。

中国史学传统特别注意“人”这一因素，以致钱穆(1895—1990)先生提到，中国史学是以人为中心的，西方史学是以事为中心的①。对中西史学传统的这一分疏是否准确，容或有不同看法。不过，人是事的主体，事是人做出来的。这一观念看来是“卑之无甚高论”，但往往在实际的历史研究中被忽略。本书注意从一个人的特殊经验和身份中寻找解释其言行的线索。由于各事件涉及的人物较多，背景复杂，且多不甚知名（有些在当时的地方社会中的知名人士，时过境迁，却被历史遗忘了），关于他们的资料不多或较为零散，这一工作也有待进一步的深入。

本书尽可能地使用一手材料。最重要的是档案，包括四川大学档案馆藏“国立成都高等师范学校档案”“国立成都师范大学档案”“国立成都大学档案”“公立四川大学档案”“国立四川大学档案”和南京中国第二历史档案馆藏国民政府教育部档案中关于川大的部分。其次是当时出版的报刊，尤其是《国立四川大学周刊》和成都市的几份报纸。但是，20 年代四川战乱频繁，资料保存不易，目前存留的较有系统的四川报纸多为 30 年代，尤其是 1935 年以后出版的。这也影响到我对 20 年代学校情形的描述。第三是当事人的回忆录，包括一些亲历其事者的口述，如罗宗文先生（1998—2008，1931 年国立成都大学毕业生）、吴天墀先生（1913—2004，1938 年国立川大毕业后，留校为历史系助教）、闵震东先生（国立成都大学毕业生，1936—1939 年任职于国立川大秘书处）等。老先生们大都年事已高，却热情地接待了我，使我十分感动。由于是历史的亲历者，他们的口述包括了一些公开发表的材料中看不到的、更“内幕”也更形象的东西，极具史料价值。不过，因为时间较久，他们的记忆有时也未必十分准确。因此，我尽可能地参考了各方意见，特别是文献记载，以与口述材料相比较，希望能够更近历史原貌。由于功力所限，或有失

① 钱穆：《中国历史研究法》，北京：生活·读书·新知三联书店，2001 年，第93～113 页；钱穆：《中国史学名著》，北京：生活·读书·新知三联书店，2001 年，第58～59 页。

误之处，是要由我自己负责的。

史学界的老先生们有一经验之谈，即“小处着手，大处着眼”。这句话多在学界流传，但真正身体力行的人并不多。具有讽刺意味的是，很多人(包括我自己)开始认真地对待这句话，还是在西方以《蒙塔尤：1294—1324年奥克西坦尼的一个山村》为代表的所谓“小历史”“微观历史”的观念传入国内以后。如何从更具体的层面把握历史的流动，成了人们开始思考的问题。但是很遗憾，“小历史”的著作被翻译出版的，在大陆范围内，也还有限；亲自动手去做的，就更是微乎其微。当然，这不是说本书即是一部“小历史”的作品，我毋宁把它视为对“小处着手，大处着眼”这句教诲的实践。

需要指出的是，本书所说的“见微知著”，与人们通常所理解的“以小见大”不同。一般所说的“以小见大”，意味着从一个“典型”去推想全部，即由四川大学的国立化进程展示整个现代中国大学国立化的全貌；而我所说的“见微知著”则是要透过四川大学这一小社区的发展过程，考察一些更“宏大”的因素对它的影响及其反应。或者说，如书名所示，本书希望从地方层面观察中国现代国家与一个学术和教育机构的互动。在这方面，美国人类学家克利福德·格尔兹(Clifford Geertz，1926—2006)对人类学“微观描述”方法中“小宇宙”模式提出的批评值得历史学家注意。他说：“我们在小镇和乡村里获知的”是“小镇或乡村的生活”，而不一定是“民族社会、文明、大宗教或任何总括和简化现象的精髓”①。同

---

① 克利福德·格尔兹：《深描：迈向文化的阐释理论》，收在《文化的解释》，纳日碧力戈等译：上海：上海人民出版社，1999年，第25页。不过，格尔兹此意只是反对将“地方性知识”加以任意的扩大，而不是反对地方可以在某种程度上“反映”全局。需要指出的是，我的取向与《蒙塔尤：1294—1324年奥克西坦尼的一个山村》仍有不同。该书作者埃马纽埃尔·勒华拉杜里(Emmanuel Le Roy Ladurie)在书前献词中称引的《奥义书》说：“通过一团泥便可以了解所有泥制品，其变化只是名称而已，只有人们所称的‘泥’是真实的”(许明龙、马胜利译，北京：商务印书馆，1997年，卷前，无页码)。而该书所做出的不少判断，也就不免有“推论过度”的危险。另一方面，也有不少学者在质疑，此书(转下页)

理，本书所呈现的，也只是一所地方色彩较为浓厚的大学逐步变为“国立大学”的过程。由于未对其他情形类似的大学做出全面考察，目前很难判断川大是其中的一个“特例”抑或“典型”。这一判断需要更多个案研究才能做出。但是可以肯定的是，此一事件可以增加我们对民国时期的国家、中央、地方和大学等因素相互作用的了解。

相对于前人的研究来说，我选择的角度更广泛，特别是在中央（国民政府）与地方（军人）两种权力集团之间加入了“学术界”（大学）这一指标，既探讨了其时知识分子对国家统一所持态度，也关注了政治与学术之间的关系——前人的研究对这些方面似少有涉及，或者也算是本书“拾遗补阙”之处吧。

（接上页）所述到底有多大的“典型性”。彼得·伯克（Peter Burke）对此做了具有“修正”色彩的辩护：“单个样本可以微缩地代表一种状态”，它有可能是“典型”，但也有可能是“例外”或“断裂”。有关讨论参考彼得·伯克著，姚朋、周玉鹏等译：《历史学与社会理论》，上海：上海人民出版社，2001年，第46～51页。不过，无论如何，“小历史”的研究旨在给人们提供一幅更为全面的历史图景，也是本书的意愿。关于“小历史”的基本理论评述，参考 Giovanni Levi, “On Microhistory,” in Peter Burke (ed.), *New Perspectives on Historical Writing*, pp. 93-113。

第一章
大学格局与地方政治：从“三大”鼎立到国立四川大学

国立四川大学是1931年由国立成都大学（以下或简称“成大”）、国立成都师范大学（以下或简称“师大”）和公立四川大学（以下或简称“公立川大”）合并而成的。这三所学校，除了国立成都大学是20世纪20年代成立的，其他两所的历史都可追溯到清末。成都师大的前身是1905年组建的四川通省师范学堂，入民国后，先后改名四川优级师范学校、四川高等师范学校，1916年改为国立成都高等师范学校（以下或简称“高师”“成高”），成为当时六所国立高师之一。公立川大则由1906—1910年分别设立的四川通省法政学堂、四川通省农政学堂、四川藏文学堂、四川通省工业学堂、四川存古学堂，经过各种演变后，在1928年合并组建①。

在国立川大成立之前，尤其是在20年代中后期，各校虽在人事上有所重合，在校际关系上却矛盾重重。合并的计划虽早在1928年就已出台，但因当事方各执己见，相持不下，几经争议后，又一度搁浅。直到1931年，因地方军政力量的强势介入，才算是尘埃落定。这一过程颇为曲折，各方的互动也极为复杂，涉及经济利益的冲突、不同教育观和文化观的碰撞等多种面相。从教育行政的角度看，更直接牵涉大学管

① 有关学校在1924年以前的沿革情况，参考四川大学校史编写组：《川大史稿》，成都：四川大学出版社，1985年，第1～34页。

理权的归属。这些问题在不同程度上延续到1931年后。可以说，川大国立化的序幕，是在20年代开启的。因此，有必要对此过程做一回溯。

第一节 “成、高纠纷”

国立成都大学的酝酿

成都大学是四川最早组建的大学，其立校过程也最为曲折，和地方军政格局的变化，特别是川军不同派系间实力的消长息息相关。

辛亥革命后，四川沦为各大政治派系争权的对象，以致军队山头林立，派系众多，彼此之间混战不休。1924年春，自1918年以来长期掌权的国民党系熊克武(字锦帆，1885—1970)部，在北洋政府支持下的杨森(1884—1977)部队的不断进攻下，战败出川。杨森攻入成都，独揽军政大权。3月，他派人接收国立成都高师(以下简称“高师”)，原高师校长、国民党人吴玉章(1878—1966)交卸职务，旋即出川①。杨森派来代替吴玉章的，是北大毕业生、曾一度担任高师英语学科主任的傅振烈(1893—1972)，其时乃是杨森秘书团的秘书之一。

这一决定立刻受到高师学生拒绝，先后两次发表宣言反对。其第一次宣言云：

> 西南教育被蹂躏久矣，堂堂校长，屡出兵间。敝校国立于斯，亦数苦其荼毒。今何幸蔡州城下，喜见官军，百废待兴，黉序尤重。乃有无廉耻之傅振烈(字子东)竟敢于统一政府之下，弁髦国宪，夤缘私门，欲攫取敝校校长一席，以作群丑之根据地。当局者

① 吴玉章：《吴玉章回忆录》，北京：中国青年出版社，1978年，第120页。

> 军事旁午，堕厥彀中，委令行之，受而不怍（本校校长中央得用委令，省政府礼聘，亦属例外）。查该傅振烈识浅体卑，风操蚩拙，精神萎靡，就木行将。前此奔竞敝校，滥竽教员，讲义不通（讲义具在），驱除以去。不得已拜军阀走狗熊峄（字晓岩，即摧残教育者）[按，晓岩，或作小岩，? —1937。引者注]之门，谬长省立第一师范学校。新学制会，不解学分，攻击频遭，□不知耻。至其私德卑卑，尤污楮墨……同人等慎重师资，不甘屈辱，良心自动，意图革新。对于傅振烈，矢志反对。至旧校长之去留，毫不过问。而新校长已电请政府简任有学问，有人格，有名望，并富于教育经验者，莅此接充，俾资起废。所望大雅名流，硕□耆旧，主张公道，抑此夸毗。敝校幸甚，中国幸甚。①

从中可见，高师学生反傅，主要出自两个方面的原因，一是，其学问不佳，人品有亏，声名狼藉；二是，高师是国立学校，校长应由中央委任，不应由省政府任命。第一条是对傅振烈个人学行的品评，第二条则关系高师的学校性质及权力归属问题。成都高师虽自 1916 年以来即改“国立”，但 20 年代四川政治自成格局，事实上中央政府早已无力控制。“现官不如现管”，高师学生对杨森不能无所忌惮，因此，宣言集矢所向，主要还是傅振烈个人品行上。宣言并明确表示，无意过问“旧校长之去留”，强调反对傅振烈和吴玉章无关，亦出自这方面的考虑。

---

① 《高师反对傅振烈校长》，《商务日报》1924 年 2 月 23 日，第 2 张第 6 版。括号中的话系原文。按，熊峄为国民党人，曾任四川省议会会长。据经济学家彭迪先（1908—1991）回忆：“1922 年成都各校学生为争取教育经费独立举行游行，到省议会请愿。省议长熊晓岩将请愿代表拘押，引起大家义愤，组织游行的同学鼓励大家去熊晓岩家，找他质问，我也跟着大队同学打着小旗一起去闹。熊家事先早有准备，调来警察数百人镇压，结果同学与警察发生冲突，秩序大乱，喊声四起，学生闹了半天，不仅有的人受伤，而且毫无结果而回。”此处所谓“军阀走狗”“摧残教育”，盖与此事有关。参看彭迪先：《我的回忆与思考》，成都：四川人民出版社，1992 年，第 10 页。

第一次宣言发布后，并无效果，傅振烈在杨森支持下，依然到任视事，聘任教员。学生遂发布第二次反傅宣言，内称："顷闻所聘先生，悉皆退聘。即有一二走狗，为之沿街收匿传单者，亦为我辈发觉，加以申斥。至当局方面，已一再陈情，恳求义断。"在撤傅命令未下之前，傅氏"所有一切行为，则认为私人交涉，不能于敝校发生效用"。宣言"为国家计，为学业计"，提出两条建设意见。一是"聘选新校长之标准"：

> (一)海内名宿，确有学术，不涉政潮者；(二)于专门教育，富有研究及经验者；(三)对于西南各省教育，确有计划者；(四)川籍学者，如张真[应为张真如，即张颐。此条引文中凡方括号内文字皆系引者注，圆括号内文字系原文所有]，如任叔永[即任鸿隽](同人等于二人素昧平生，特其著述足以快人心脾，故略奉[原文如此，疑当为"举"]之，以作理想人格云)之流，或省外与张、任相者[原文如此，疑有脱文]，均表欢迎。

其次，"在新校长未到校以前，援京沪各校例，由同学公请前教务长何叔宜先生，及前斋务主任秦丕基先生维持学校一切进行。至于傅振烈个人，倘不退避，则与流氓擅入学校一例对付"①。

除了这两个在宣言中公开表述的理由外，米庆云先生后来通过对高师、成大师生的采访发现，时人拒傅，还有一层更为微妙的人事派系方面的原因："傅是留美学生，而四川高等教育，自清末民初起都是留日学生在主办。"不但高师校长，其他几个专门学校的校长和老师，以及四川军政界的上层人物也多是留日学生。其时"欧美留学生在四川教育界和政界，人数很少，也还没有形成力量。傅以一个留美学生获得四川教育界第一把交椅的高师校长位置，这是打破旧有秩序的突出事例，当然

---

① 《高师反对傅振烈第二次宣言》，《商务日报》1924年2月27日，第2张第6版。

会引起同行人的震惊”[①]。只是这条理由不如前两条那么“正大光明”，不便在宣言一类文字中公开表达而已。

20 年代的中国高等教育体制正从日本模式向美国模式转变。一般认为，1922 年新学制颁布，标志着美式教育体制在中国的正式确立。高师“反傅”事件说明，这一转变不仅是官方政策上的变化，也必然因为“饭碗”所在，引发具体的人事之争，且后者涉及的层面更广，持续时间也更长。不过，从这一立场出发反对傅振烈的，主要是在当时的“教育界和政界”享有“既得利益”的人，青年学生应无太多这方面的考虑。相反，他们心目中新校长的“理想人格”，却是张颐、任鸿隽这些欧美留学生(任鸿隽清末时也曾赴日留学，但后来主要被视为留美派)。

不过，高师的反傅之风很快平息。米庆云说，这一方面是傅振烈背后有杨森支持，另一方面也是因为傅氏“在高师教师和学生中做了许多工作”，特别是借助了国文部主任向楚(1877—1961)的个人声望，对学生进行“疏解”，“于是高师反傅的主力——中文部的学生首先软化，其余师生及外界人士的反对，也就渐渐平息下来”[②]。向楚系同盟会员，蜀中大儒赵熙(1867—1948)的弟子，长于古诗词和音韵学，在四川学术界和社会上都有很高的声誉，在军政界也有不少关系，他到高师担任国文部教授兼主任，就是由吴玉章所聘。其弟子黄稚荃(1908—1993)说：“吴去后，后来长此校长，于楚无不推重。”[③]傅便是其中的一个。

---

① 关于国立成都大学成立和发展的基本情况，参看四川大学校史编写组：《川大史稿》，第 90～94、102～109 页；米庆云：《国立成都大学兴废记略——从成大、成高的纠纷到成大、师大、川大的合并》(以下简称《成大兴废》)，收在四川省政协、四川省省志编辑委员会编：《四川文史资料选辑》第 8 辑，成都：四川人民出版社，1963 年，第63～92 页。《川大史稿》叙述较略，米文较详。米庆云曾在成大读过书，在写作过程中又采访了成大、高师(师大)的不少师生，他的文章中提供了不少公开发表的文字中不易见到的内幕，颇具参考价值。

② 米庆云：《成大兴废》，第 66 页。

③ 黄稚荃：《对辛亥革命及四川教育、文化事业卓有贡献的学者向楚》，收在四川省政协文史资料研究委员会、四川省文史馆编：《四川近代文化人物续编》，成都：四川人民出版社，1989 年，第 310 页。

但是，有此一段冲突，高师学生与傅振烈始终存有嫌隙。同时，傅氏在教师中也遇到不少阻力。据1924—1925年曾受聘在成都高师任教的舒新城(1893—1960)说：

> 当时成都教育界之情形，因为政治的关系，自然派别也很复杂。傅校长虽为留美学生，但以回国未久，虽曾在成高任社会学教授，但在成都教育界中尚是“新进”，与“前辈”之意见，自然难得一致；而“新进”中也因政治系派、国内母校及留学国别系统等关系，而难免利害冲突。①

舒氏的回忆也说明，反傅并非简单的留日派和留美派之争，而有更为复杂的人事矛盾。

为了平息反对力量，傅振烈提出，将高师升格为大学。按，四川社会早有设立大学之议。1912年，北洋政府教育部长蔡元培发布《大学令》，要求各省取消高等学堂，时任四川高等学校校长周翔(1860—1927)建议②，将该校改为大学，未果。1915年，校长骆成骧(1865—1926)再次向四川省巡按使陈宧(1870—1939)上书，重提旧案，再被搁置。1916年，由地方名流曾鉴、赵熙领衔，成都绅士和省城各校校长24人上书教育部，要求在四川高等学校的基础上，速建大学，未获批准。任鸿隽于1919、1922年也两次提议四川筹设大学，得到四川省议

① 舒新城：《我和教育》上册，香港：龙文出版社股份有限公司，1989年，第274页。

② 1902年，四川中西学堂(1896年设立)和尊经书院、锦江书院合并，成立四川通省大学堂，当年底更名四川省城高等学堂，1911年改称四川高等学校，1916年停办后，设高等学校管理委员会，负责善后工作。1922年，管理委员会改称四川大学筹备处。1926年春，经四川善后会议决定，将筹备处撤销。原有校址、校产等均划拨国立成都大学。

会和教育界的支持，但由于经费不充，遂告搁置①。1922 年颁布的新学制放宽了大学标准，新学制中已无高师设置，各地高师改大之风顿起。原有的 6 所国立高师中，北京高师、南京高师、武昌高师、广州高师、沈阳高师乘势改为大学，只有成都高师一仍其旧，未免落伍之感。因此，傅振烈提议高师升大，立刻受到学生与社会欢迎。

1924 年 6 月，傅振烈将预备改大情形与二年制预科生简章呈报北京政府教育部。是年 8 月，教育部发下第 1391 号指令，准予成都高师招收大学预科生。高师当年便以大学名义招收了第一届预科生 143 人，分为 10 个系和 1 个体育专修科，并报教育部备案。1925 年 5 月，第一届预科生已满一年，乃预备开办大学本科，呈文教育部，要求“照南京、广东、武昌三国立大学成例”，更名国立成都大学②。6 月 8 日，尚未得到教部批准，傅振烈就在高师门上挂出国立成都大学的牌子，并通知省内各机关、学校，宣告成大成立③。这一做法立刻激起高师学生与毕业生的强烈不满和反对。高师是当时四川乃至西南地区唯一的中学师资培养基地，在四川教育界势力很大，中学校长和各县教育局长多出该校。他们彼此援奥，被人称作“高师帮”。把高师改为普通大学，等于斩断了师范系统，高师帮势将无所依存，而以后成大学生也将成为与高师学生争夺中等教育席位的劲敌。因此，他们成为反对改办成大的中坚力量④。

为此，高师学生会发表宣言，强调师范教育在培养师资方面的重要性，提出高师“改大”只能改为师大，不能改为普通大学⑤。傅振烈则说，

---

① 四川大学校史编写组：《川大史稿》，第 32～34 页；《咨省议会请议覆川省设立大学案》(1916 年)、《议员高培英提议设立大学案》(1917 年)，均在四川大学档案馆藏国立成都大学档案(下简称“成大档案”)，第 4 卷。

② 《成都高师请更名大学》，《商务日报》1925 年 6 月 4 日，第 1 张第 3 版。

③ 国立成都大学：《呈报国民政府文》，《国立成都大学校报》第 14 期，1928 年 5 月，第 9～10 页。

④ 米庆云：《成大兴废》，第 67～68 页。

⑤ 米庆云：《成大兴废》，第 68 页。

四川需要的是综合大学，造就师资只是其中一部分，成大设有教育系，足以应付培养中学师资的任务。他并举出沈阳、南京、武昌各高师都是改为普通大学的例子，替自己辩护。另一方面，第一届大学预科学生则认为，他们学习将近一年，“学校尚无正式名称”，于“学业前途实有最大妨碍”，也组织了“国立成都高师改建大学促成会”（以下简称“改大促成会”），成为傅振烈的支持者①。

改大促成会发表宣言，号称有五种因素使得川省有设立大学之“必要”：一、四川“僻处西陲，文化幼稚，人民思想每与东南各省歧异，以致政治问题、社会问题常与东南发生歧异之纠纷”，设置大学，可使其“与东南各省作均衡之发展”；二、四川物产丰富，“徒因人才缺乏，以致货弃于地”，设立大学，“造就人才，开发富源，内以致富蜀民，外以挹注全国”；三、四川交通不便，人民“思想褊狭，目光短浅，遂使内讧不已也”，设立大学，能够“启发人民思想”；四、全国各地，不但北京和东南诸省“大学林立”，邻近的武昌、西安亦皆有大学，“独吾川滇黔及西藏，疆域几有全国三分之一，人口几占全国七分之二，而无一所大学之设立，不免为教育行政之一缺陷”；五、从实用的角度看，“吾国自改行新学制以来，西南各省成立高级中学者甚夥，亟应设立大学，以为高级中学升学之地步。吾蜀冠峙西南，领袖黔滇，大学之设，应为首倡”。

当然，改大促成会的目的不仅是要在四川设立一所大学，而尤其是要将这所大学设在自己的学校中。宣言书同时指出，“成都高师有应改建大学之必要者三”：一、高师校园“面积广阔，尘嚣甚远，实为设立大学最良之地址，校具校舍亦较为完备，因势改建，事半功倍”；二、高师已招预科十一系（科），“当此将升学本科之际，势难终止”；三、“国立各高等师范，均已先后改为大学”，成都高师亦应继踵其后。此“匪独

① 《成高学生之改建大学运动》，《商务日报》1925年6月5日，第2张第6版。

成都高师之福利，实吾蜀全省之福利，且匪独吾蜀全省之福利，实西南各省暨全国之福利”①。

这篇宣言同时表现出两种相反的地方意识。一方面是自卑感：和发达的“东南各省”相比，四川被描述为一个地处偏远、文化落后的地区；但另一方面，改大促成会的学生对于四川在西南一隅所处的“领袖”地位，又不无自得之色。与这些矛盾的情绪混杂在一起的，则是一种强烈的改造社会的使命感，以及力图超出地方视野、站在全国立场思考问题的心态。在后来的成大学生身上，这些特征体现得更为淋漓尽致，并在一定程度上主导了整个成大的校风与学风(详见下文)。这份宣言要求用高师校园改建成大，更是直接导致后来成大、高师矛盾不绝的重要起因。

5 月 28 日，傅振烈不顾高师学生反对，召集了校务会议，讨论改大问题。傅在会上说，他已经委托旅京川人潘大道(字力山，1888—1927)在北京争取庚子退款分配，“以希博得本校教育经费之一助。但此宗款项尚不恃为定款，所可靠能而(原文如此，疑二字倒置。引者注)永固者厥惟盐款，我希望各教职员先生对于此事一致努力进行”。经会议议决，高师即日起更名“国立成都大学”，“向教育部及本省省署、各督办署与省外各大学声叙”；在 20 日内，制定大学预算、学则及各正科课程；经费问题，则“由校长请托专员赴本省各军民长官署及北京各部署，主张拨盐款作大学常年经费，并力争分肥庚款”②。

正在高师改大紧锣密鼓而当事双方争执不休之时，四川军政形势发生了一个大变化，杨森败出成都，傅振烈也随之离职。高师教师组成了校务维持会，推举教育学家、留日派的蔡锡保(号松佛)暂代校务，并报请省长公署聘委。此时，四川的军政大权落入了刘湘之手。他对办大学

---

① 《成高改建大学促成会宣言》，《商务日报》1925 年 6 月 13 日，第 2 张第 6 版。
② 《高师改建大学会议》，《商务日报》1925 年 6 月 6 日，第 1 张第 3 版。

一向热衷，早在1922年，就下令把处理已经停办的四川高等学校善后工作的四川高等学校管理委员会改称四川大学筹备处，任命骆成骧为处长，筹备成立四川大学，只是由于战事频仍而不了了之。现在成大的牌子既已挂了出来，刘湘也就乐得维持现状。他聘请自己推重的张澜为高师兼成大校长，张澜到任以前，由蔡锡保暂代①。

蔡锡保暂代校务期间，既感改大趋势不可阻止，又希望维持高师的师范性质。他处在两派之间，难以抉择，只有呈请北洋政府教育部确定校名。暑假期间，在未获教育部批复的情况下，他以高师和成大合衔的名义，续招了第二届预科生80人，试图维持均衡。但结果出来后，又引起了成大预科生的不满。他们指出，此次报考政治经济系的学生很多，却一名未取；女生十余人，亦未取。由于政治经济系是在成大名义下设立的，高师没有这一专业；第一届女生也是在成大的名义下招进来的，因此，成大预科生认为这是为恢复高师做准备，遂掀起“反蔡运动”，并派人前往南充，面请张澜到校视事。张澜自清末保路运动起，就四川社会享有极高声誉，成大预科生对他十分欢迎②。张澜与傅振烈所见相同，向学生代表指出，经费问题才是成大能否成立的关键。为此，成大学生将争取办学经费确定为斗争目标③。

张澜于1925年10月致函省长赖心辉(1886—1942)，不愿接受成大校长一职，但表示，四川文化落后于东南，而“年来中学毕业者增多”，出外求学费用过高，四川实有自设大学的必要。对于成大、高师之争，他再次指出经费问题是关键所在：“第因成大拟筹之款，至今无着，闻近遂发生成高成大两部学生之争，此时只有增筹的款，依照南京高师改办东大之程序进行，则成高成大争执之问题自能解决。如只承认高师而

① 张澜：《致蔡松佛》，收在《张澜文集》，成都：四川教育出版社，1991年，第60页。

② 罗宗文先生访谈记录，2001年9月9日。

③ 米庆云：《成大兴废》，第70页。

不顾及成大，该校内部之争，断不能止息”。他并指出：

> 成大经费，要以指拨盐款为最相宜。查前此成都高师，名为国立，实用省款，以视他省国立高师之用国款者，四川未免吃亏……盐款既为国税，此时又因军用而归入吾川当道之手，如能由执事及甫澄（刘湘字。引者注）督办主持，于川省各军用之中，每月划拨五万元作为国立大学学款，在中央政府既无辞以拒绝，此后川军渐谋收束，于军费亦无妨碍之虞。俟至将来全国统一，盐税收归中央，而四川国立大学之款，则已固定，而不生摇动。①

经费不充是二三十年代中国高等教育面临的最大障碍之一②。自民国肇建，四川就一直战火不已，1918 年推行防区制后，更是兵连祸结，经济衰敝，财政与民生皆深受其害，教育经费的危机程度，几至令人惊心。舒新城曾介绍过成都高师的窘境：“本校的经常费，在名义上也有十几万，但是照例的七折下来，每个月便只有七八千元，而这每月七八千元每年又领不到三四个月，于是名义上十余万元的经费，实际上领不到二万元；但是四五百学生的膳费用品费，百余教职员工人的生活费，以及一切的开支，都靠这二万元之数，所以每年实际上课的时间，也常常不到三四个月。”他举出省外的例子作为比较：“北京大学有次无钱买印讲义的纸，京沪报纸视为奇事；在此地这些事固是家常便饭，就是断炊也是屡见不一见的事实”③。傅振烈和张澜不谋而合，都以经费问题为

① 《张澜退还成大校长聘书》，《商务日报》1925 年 10 月 29 日，第 2 张第 7 版。大概同一时期，张澜在给高师学生会的信中也希望高师、成大学生“能消除意气”，一致致力于“增加经费运动”。参看张澜：《致成都高师学生会》，收在《张澜文集》，第 74 页。

② 陈能志：《战前十年中国大学教育经费问题》，《历史学报》（台湾师范大学）第 11 期，1983 年。

③ 舒新城：《蜀游心影》，上海：中华书局，1939 年，第 128 页。

成大组建的关键，可谓一针见血。

1925 年 11 月，经刘湘召集的四川善后会议召开，张澜以代表身份出席。1926 年 1 月 24 日，善后会议会刊刊载了成大学生会所提“省长公署筹划的款作为成大基金”的议案。高师学生看到提案后，选派代表赴会，声明高师“并未经中央明令停办，且复未经中央明令改组成都大学”。27 日又致函大会，除了再次申明高师没有停办，“成都大学法律上不能继承高师法有之一切主权所有物”外，又提出，成大既未取得“合法根据”，成大学生会当然也没有“法律上建议政府，领取国款之资格”。而高等师范教育“在今日之中国，只有积极改进之必要，决无可以消灭之理由”①。但是，刘湘是支持张澜的，善后会议议长周道刚（1875—1953）、副议长邵明叔（从恩，以字行，1871—1949）、提案审查官罗纶（1876—1930）等也早在保路运动时期就与张澜交好，加之办大学早是社会共识，因此，会议最终决议成立国立成都大学，年拨国税盐款 60 万元作为经费，不涉及高师存废问题②。

成、高纠纷

1926 年 4 月 6 日，张澜正式就任成都高师和成大校长。刘湘、刘文辉、邓锡侯（1889—1964）、赖心辉等川军实力人物都参加了他的就职典礼，以示礼重③。张澜就职后遇到的第一桩问题是，善后会议虽然决议拨给成大 60 万元经费，但川省盐款一向为各军截留，北京政府也不得已，于 1918 年起指定这笔款项充作川省收束军队之用④。成大的经费需

---

① 有关引文均转引自米庆云：《成大兴废》，第 72 页。

② 张惠昌：《四川军阀混战中的“善后会议”》，收在四川省文史研究馆编：《四川军阀史料》第 4 辑，成都：四川人民出版社，1987 年，第 21 页。

③ 罗宗文先生访谈记录，2001 年 4 月 1 日；吴虞：《吴虞日记》下册（1926 年 4 月 6 号），成都：四川人民出版社，1986 年，第 304 页。

④ 南开大学经济研究所经济史研究室编：《中国近代盐务史资料选辑》第 1 卷，天津：南开大学出版社，1985 年，第 376～381 页；宋良曦、钟长永：《川盐史论》，成都：四川人民出版社，1990 年，第 291～296 页。

要向各军商议争取。经张澜与刘湘、赖心辉交涉，刘、赖均同意月拨5万元，呈报北京政府立案。张又与驻防成都的邓锡侯、刘文辉、田颂尧(1888—1975)议定，在北京政府未核定前，“先就本省各军分配盐余项下年拨二十万元，作为大学常款”。督、省两署又划拨四川高等学校原址及附近菜园200亩、高等学校散布在各县的田产1000余亩与陆军医院房屋，作为成大校舍之用①。但高等学校原址已被刘文辉军驻扎，附近菜园及陆军医院早由刘成勋(1883—1944)以13万元的代价抵给成都市总商会，成大无款赎回，因此，只有继续利用高师原有基础办理。

张澜当然对办理成大更有兴趣，但他也并不愿意开罪“高师帮”。因此，在其上任之初的两个月，成大、高师的局面相对和平。不过，暂时的平静很快就被打破了。1926年暑假，又到了招生的时间。此时，高师除了1925年与成大联衔招收的一届大学预科生外，实际上只剩下一个年级。招生时间将至，张澜向外发布的招生广告中只用了成大名义，高师学生以当面和书面的形式，要求高师单独招生，均为张澜拒绝。6月8日，成大召开成立周年大会，张澜在会上演说，“略谓成大好如资质极佳之小孩，不幸生于贫苦之家，但望大家与以扶助，则其将来之造就，诚未可限量云云”②。这更使高师学生感觉张澜意存偏颇，有所轩轾。

11日，高师学生集会，请张出席。会上提出，“张校长此次出长成大、高师，据几次宣言看来，都是成大、高师并存，绝无消灭任何一校之意味”。但“自校长就职以来，同人等只闻校长对于成大之布置，擘划极详，而始终对于高师，则未有若何布置。最近对于高师招收新生，尤其渺若无闻。不知校长是何居心，特请明白表示”。张澜回道：“成高现已无再招新生之理由，既有成立师范教育之必要，以后成大可斟酌设立

---

① 国立成都大学：《呈报国民政府文》，第11～12页。

② 《成大周年纪念会记》，《国民公报》1926年6月11日，第5版。

师范部，云云。”这一答复与傅振烈如出一辙，自然只能再次燃起高师学生的怒火。他们群起否认张澜为高师校长，向其索取高师校印，并全体整队到省长公署和省议会请愿，要求撤换张澜；“在正式校长未产生前，请省署照会成立教职员继续校务维持委员会。”①同时，高师学生仿照成大学生1925年组织的改大促成会，组成了“国立成都高师改建师大促成会”，以示针锋相对②。早就毕业的高师毕业生也几度致函张澜，辩论高师存废问题，所持理由与在校生同，都把论争的焦点放在师范教育的独立性上③。6月19日，高师学生青成烈等闯入校长室，夺走高师校印④。两校之争迅速激化。

19、20日，成大学生会接连发表两份宣言，声称：“高师已改为成大，其自身早已不存在也。”理由是，教育部批准高师改大，虽未明言大学性质，但部批高师改办大学章程中，含有“任何人皆知为普通大学所包有，而非师大所含赅”的政治、经济等系。据此推断，可知部意是要让高师改为普通大学。实际上，高师学生自己的目标也在改大，惟其欲改者为师大耳。“但高师之改为成大，已经两载，何能再就高师，另改师大?”成大学生会方面披露，张澜曾与教育厅等商议，准以成大和高师“双衔”名义招生，也被高师学生否决。“夫允用双衔招收高师生则不可，专用高师名义则可，此其居心，非欲把持全川教育而何?”⑤

高师学生则一边罢课，一边召开茶话会，向新闻界说明自己的主张，争取舆论同情，同时呈文四川省署、教育部，称张澜“摧残教育，不堪长校”，要求“另委贤能”。他们指出，成大既经善后会议划拨盐余

---

① 《成大、成高争执愈演愈烈》，《新川报》1926年6月12日，第6版。

② 《高师来渝代表与报界之谈话》，《商务日报》1926年8月29日，第2张第6版。

③ 《高师毕业生再函张表方》，《新川报》1926年6月12日，第6版。

④ 吴虞：《吴虞日记》下册(1926年6月19号)，第315页。

⑤ 《成大学生会之宣言》，《国民公报》1926年6月21日，第5版；《成大之又一宣言》，《国民公报》1926年6月24日，第5版。

为经费，又经省、督两署指定校地，“是成大之经费及与高师经费用肉厘、校地有皇城，局界全分，不相侵扰。成大寄居高师校地、挪用高师校款，不过暂时之通融，而非永久之合办”。同时致函四川教育经费收支处，要求暂时停止向张澜拨发经费。① 强调两校不同，本是为了回应其时四川省立各校要求停拨高师经费的要求(详见后)，却开启了成大、高师分立的先声。

高师学生在呈文中，再次提到师范教育独立的必要性：

> 窃教育为立国之大本，师资又为教育之基础。回顾西南数省，十余年来，所恃为教育之中心，而中级学校，师资之所出者，孑然为(原文如此，疑当作“惟”。引者注)本校是赖。近年学制改变，西南教育日兴，各地师资需才孔急，本校正宜力事扩充，以应时势之要求，岂容摧残破坏？张澜代长本校之初，亦曾洞见及此，故就职宣言，有“师范人才，如此缺乏，不能不保存高师，并且要使他发展”之语，载在本校校刊，有目共睹。乃最近忽然违反初衷，藉口根据前校长傅振烈原案，本校蜕化为国立成都大学，停止招生，使国立成都高等师范消灭无形。言行矛盾，是何居心！诚不可测。②

面对高师学生的反对，张澜向社会发散了一份题为《张澜对于高师学生暴动经过之声明》的石印小册子。这份小册子现已不易见到，据高师学生反驳张澜的《声明书》中所引，大致谓成大业经教部默认备案，新

---

① 《高师生与新闻界茶话纪要》，《国民公报》1926 年 6 月 23 日，第 5 版；《高师学生呈省署文》，《国民公报》1926 年 6 月 21 日，第 5 版；《成高学生呈教育部文》，《国民公报》1926 年 6 月 22 日，第 5 版；《高师学生请停发经费》，《国民公报》1926 年 6 月 25 日(原报该版错印为 5 月 15 日)，第 6 版。

② 《成高学生呈教育部文》，《国民公报》1926 年 6 月 22 日，第 5 版。

学制中已无“高等师范学校”的建制，师范教育可综括于普通大学教育之中。这和成大学生会的宣言理由相同。对此，高师学生会宣布，张澜“误认‘备案’为‘立案’、‘悬案’为‘默认’、‘默认’为‘明令’”，无异于“自谓成大成立之不合法也”。关于张澜所提出综合大学亦可培养教育人才的问题，《声明书》谓：

> 同人在否认张澜长校之第一次宣言中，谓其毫无教育常识，违背教育潮流，此其明证也。盖凡有智识者皆可为人师，乃古昔之思想。在今进步之社会中，从事教育者，必经师范训练，此乃天经地义之论。以师范教育之特质，不但要养成教育者底智能，而且要养成教育者底兴趣、教育者底信心、教育者底品格；不但要给学生以专门智识若干分量，而且是要从教育者的立脚点，去给他们以专门知识若干分量；不但是要使学生从事教学的研究，而且是要使学生立于教育者的见地，以从事科学的研究。既如此，何能以“研究高深学术”、造成“硕学宏才”之普通大学，而从事于教育耶?①

此处最可注意的是，高师学生指责张澜所说乃“违背教育潮流”的“古昔思想”，恰与一般人认知中张澜趋新的形象不同。就当时国内的一般情形看，1922 年新学制出台后，虽然亦有高师改师大的议论，但实际上，除了北京高师外，其余几所高师还是改为了普通大学，因此，张澜提出的方案可算是符合大势所向。另一方面，民国以来，教育学也越来越向专门化的方向发展。1929 年，任教于成大教育系的陈修平就观察到，1911 年以后的中国教育出现“专业化”趋势，“即要求将教育当作一种专业，一面使师范教育变成了专门研究，一面限制教员资格，使从事教育的人都要受过相当的训练”。他同时批评了“推翻师范独立制度”的

① 《高师生驳张澜声明书》，《国民公报》1926 年 7 月 2 日，第 5 版。标点略有不同。

做法，致使“普通教育难得一贯的精神”①。师范教育成为专门研究对象，高等师范教育本身却有被推翻的危险，这两种截然相反的趋势同时出现，颇能说明那一时期中国教育体制的变动不居。傅振烈、张澜与高师学生各有援据，自然是谁也说服不了谁。

当时四川的最高民政长官、四川省长赖心辉和最高军政长官、四川善后督办刘湘分别驻军泸州和重庆，都不在成都，实际负责四川省长公署事务的是政务厅厅长稽祖佑，管理教育事务的是代理教育厅厅长万克明。稽、万二氏在接到有关情况的通报后，派第一区省督学李世楷和第八区省督学黄元赞到高师训话，要求学生交出校印，学生不从②。同时，张澜又要求驻在成都的帮办四川善后军务事宜刘文辉和清乡督办邓锡侯出面解决问题，而二署均以事属教育，且系学校内部事务为由加以推脱。负责成都治安的城防司令部在成大要求下，前往学校调查，结论亦认为高师学生“无轨外举动”，表示不予干涉③。

四川省议会早在接到高师学生的请愿而夺印事件尚未发生前，就已致电北洋政府教育部，请明令解决成大、高师之争。6 月 19 日，教育部回复皓电：“查学校系统改革案第二十二项附记，国立高师应于相当时期内提高程度，称为师范大学，本部并无明令停办高师。特覆”④。皓电虽未确定成大与高师的关系，但明确支持高师续办，使成大颇为被动。此电内容经省议会披露后，张澜即宣布以后专任成大事务，不负高师责

① 陈修平：《近代中国新教育总评》，《现代教育》(国立成都大学)第 2 期，1929 年 6 月，第 13、15 页。

② 米庆云：《成大兴废》，第 74 页。又，《高师生驳张澜声明书》也提到教育厅派李、黄二代表调查事，说李、黄调查结果“亦谓无越轨行为。”见《国民公报》1926 年 7 月 2 日，第 5 版。

③ 高师学生会代表谓，城防司令部派兵调查，系由张澜“亲往”且“坐请”。见《高师来渝代表与报界之谈话》，《商务日报》1926 年 8 月 29 日，第 2 张第 6 版。

④ 四川省议会公函(民国十五年议字第 376 号)，四川大学档案馆藏“国立四川大学档案”(下简称“川大档案”)，第 2517 卷。

任[①]。这实际上认可了两校分办。高师教职员再次组成校务维持会，但很快就“因龃龉解散”[②]，使学校一时处在群龙无首的状态。在邓锡侯、刘文辉要求下，四川省长公署发布训令，由万克明暂时代理高师校务，结束学期事务。

万克明本人当然不愿意介入其中。他在后来向赖心辉、刘湘汇报事情经过时说：“克明以该校系属国立，向来直隶教部管理，未敢出而越俎，迭次力辞。邓督办、刘帮办责令前往维持。”[③]果然，消息发表后，又激起了成大学生的不满。虽然张澜已宣布不负高师责任，但成大学生仍然坚持，教育部皓电只说未停高师而已，却也并未明允高师招生，因而依然群情激愤，不依不饶。

6 月 30 日，成大学生会派出代表晋见万克明，从他们的提问中颇可看出其时成大学生关心的重点。如谓：“先生既言仅维现状，且为时甚暂，则重大问题如招生等事，想自归教部解决。”万克明答道：“此事尚谈不到，我亦不能具体言明。总之凡贵校方面之重要问题，概须待教部解决；次要问题，概须待省长解决。”据此，双方似都认定，皓电没有涉及高师是否继续招生，也没有确立高师与成大的关系问题。不过，成大学生认为，这就表明高师不能再招新生；万克明则只想表明自己无法也无意做主而已。事实上，省议会虽接到皓电之后，就请省、督两署“从速行知”高师招生，但省署态度谨慎，并不积极。可是，成大学生认为，派万克明代理高师校务，已经等于对高师所提两校分立意见的支持。他们强调：“此次高师生劫印，其处理权限超乎本校规程之外，故张校长

---

① 四川省长公署公函（民国十五年省字第 354 号），“川大档案”，第 2519 卷。

② 《呈省长、督办缕陈高师、成大纠纷经过情形仰祈鉴核一案》，《四川教育公报》第 8 期，1926 年 8 月，第 21 页。另：“及（校务维持会）至高师办事室开会，突有成大学生及流氓百余人，毒打高师教职员，如张瑞书先生，因伤重已入医院，并向法庭起诉。”见《高师来渝代表与报界之谈话》，《商务日报》1926 年 8 月 29 日，第 2 张第 6 版。

③ 《呈省长、督办缕陈高师、成大纠纷经过情形仰祈鉴核一案》，第 21 页。

请政府解决。至高师部分之学校行政权，张校长仍照常办理，并未向省署辞职……故省署断不能另自照会一人为本校高师部分之代理人。如以后省署违反成案和法令而出于非法之乱命，则同人誓不承认也。”面对这帮满含敌意的对话者，万克明的语气也变得不客气起来：“我不日即将电请省长示知办法，省署自然不能违反成案等，如诸君等言语之不负责任也”。

成大学生自命为社会的改造者，浑身充满“正义的火气”，以为高师与成大因为一脉相继而不能两存，必欲置高师以死地：

> 高师已改大学，谁也不能否认。高师现有学员毕业后，名义自应消灭。今如言高师独立继续招生，是成大无所附丽，将归瓦解。同人等之争执，全在此点。至于四川应办师范方面之高等学校与否，同人毫无意见。如川中有款，即再办十所省立高师，亦所愿也。不过，成高实不能继续招生以危及成大之根本而已。①

可知成大学生之所以一定要“继承”高师，主要考虑的还是名义问题。所谓名义又不是指“成都大学”的牌子，盖高师方面已提出两校分办的意见，张澜宣布专任成大，也是因为成大自有根基：既有善后会议的决议，又有高师求而不得的国款盐余作为经费，独立并不成问题。此处所谓“附丽”，当指“国立”身份而言。因成立一所大学并不困难，要得到“国立”的身份，则必经教育部认可，不是善后会议的议案所能提供的。成大只有“附丽”在高师身上，“国立”才是名正言顺。

当时的社会和学生多看中“国立”学校的身份。据罗宗文（1908—2008）先生回忆，当初罗父只许他在四川报考两所学校，一是高师，一

---

① 本段与上段，《成大学生晋谒万厅长》，《国民公报》1926 年 7 月 1 日第 5 版、1926 年 7 月 2 日第 6 版。

是成大，理由是，只有这两校才是“国立”①。抱此态度的成大学生恐不在少数。其中缘由既和此前科举社会重“国学”的传统有关，也和当时多数非教会性质的私立学校教学质量不高有关。实际上，成大必须要有所“附丽”才不会瓦解的认知表明，成大学生在当时并不像其表现出来的那么自信，而双方聚讼已久的有关师范教育的独立问题其实也并非关键。万克明对此声明再次表示，四川省署对高师招生一事态度谨慎，而他本人更愿置身事外：“此事自然如此。要之我现在仅尽教育厅长之责而已。刘帮办等促我以代理高师校长名义办理，我决不能。我只能以厅长名义和资格来暂维持现状也。”②

从整个对话看，万克明的答复颇为被动。这其实反映出留驻成都的四川省署的尴尬处境：一方面，成大是四川善后会议的决议，张澜是经刘湘提名，并由省署聘请兼任高师校长的，刘湘既不能得罪，省署的权威又要维护；另一方面，教育部皓电的意见与成大学生消灭高师的预期背道而驰，万克明代理高师校务又出自“现管”成都的刘文辉之意，更何况还要面对在教育界人多势众的“高师帮”反对；但成大学生咄咄逼人，亦不能不谨慎从事。处此窘境，万克明代理高师校务旬余即挂冠而去。

在高师方面看来，皓电已明确表达了教育部对自己的支持。7 月 4 日，高师学生会发表宣言，不但反驳了张澜“成高不能招生说”，提出“本校应续招新生”，还进而要求“本校应积极筹备改升师大”“成大应于短期内归还本校校址、经费及校具等”内容③。

7 月 5 日，省长赖心辉自泸州致电省长公署秘书长沈与白和万克明，称：“高师应否存在，此间无案可稽，殊难臆断。表公(即张澜，字表方。引者注)系本署照请兼任，虽生争执，不能率为处置。惟该校学生，对于此种事故，不即呈请政府秉公解决，率施侮辱，并直接呈请教部委

① 罗宗文先生访谈记录，2001 年 9 月 9 日。
② 《成大学生晋谒万厅长》，《国民公报》1926 年 7 月 2 日，第 6 版。
③ 《高师存废争执可休矣》，《国民公报》1926 年 7 月 6 日，第 5 版。

任校长，均属不合。已电叔庚(即四川省长公署政务厅厅长稽祖佑。引者注)商同两兄察明真相，设法处理，并即妥议办法，呈候核示，希即照办”①。由电文看，赖心辉对成大、高师的处置并无定见，他所在意的是高师学生的举动是对省府权威的藐视。7月6日，刘湘也从重庆致电省长公署，称“高师改为成大，有案可稽。且高师款项以前借拨省教育经费开支，现省立各校一致阻止继续拨给，高师款项益属毫无着落”，张澜不允高师续招新生，“并非毫无根据”。刘湘表示，已致电邓锡侯、刘文辉及政、教两厅，“将校印送还张校长，请其继续维持，将为首学生从严惩办，以维学风。所有高师学校，应即永久停止招生”②。明确了力挺成大的态度。

成大学生在得知刘湘表态后，以为胜券在握，甚是得意。7月18日，成大学生会发表宣言，称“高师继续招生与改办师大之议”乃是“故意捣乱、变更事实”。高师方面，若必欲改为师大，也只能呈请教部批准，而不能“劈开成大”而“再行招生，另办师大”。况且省署已明确表示，高师招生与否，**“应候教部覆到再行核办”**，可知其**“亦知成高继续招生格于成案，非**教部有明令成高继续招生时，亦不能变更成案”。文中又引赖心辉电，称：“是赖省长对于高师应否存在，尚不能率然处置，必须根据成案(即高师改办成大所经过之卷案)。”其中“‘妥议办法，呈候核示’一语，尤足见赖省长对于高师事件，自有主张，即稽、万各厅长，亦无权处办，必须‘呈候核示’”。宣言最后表示：“如教部明令成高继续招生，有正式官电到校时，同人谨遵部令”。但若“无教部明令正式到校，无论任何方面敢有贸然到校主持续招高师新生者，敝会三百余人，愿牺牲一切，誓死反对”③。

---

① 《电呈复赖省长电询高师学生毁辱校长夺取校印一案》，《四川教育公报》第7期，1926年7月，第138页。

② 刘湘电，转引自米庆云：《成大兴废》，第75页。

③ 《成大反对高师招生》，《国民公报》1926年7月10日，第5版。黑体字系原文如此。

不过，刘湘远在重庆，鞭长莫及。成都各方虽意见不一，或主张审慎处置，或倾向两校并存，但与刘湘的强硬态度都大相径庭。实际经办此事的稽祖佑、万克明、沈与白等身处两大势力之间，深感棘手。他们并未严惩“为首学生”，而是一致主张将此事交由教部裁断。这在当时不失为一种最可行的办法，既可以使省长公署摆脱左右为难的困局，又使问题获得最权威的解决。

7月29日，四川省议会代理议长郭崇渠、副议长熊峰致函高师校务维持会，中引省议会与四川军务帮办公署之间的公函往来，可以看出双方就此磋商的一些情况及他们对此事的态度，值得征引如下。省议会致帮办署公函云：

案查国立成都高师学校学生会代表王文蔚等，以陈请建议维持校务等情，一再到会请愿，曾经本会议定，电致教育部，请速明令该校继续招生，以宏作育。旋准皓电……（前文已引，兹略。引者注）当即咨行省、督两署查照办理，从速行知该校，赶办招生。兹复据该校校务维持会委员龚道耕（1876—1941）等请愿前来本会，遂于七月十五号开茶话会，提付讨论。佥谓“查省、督两长现已出省，该校校务亟应办理，不能久悬，应就近咨请邓督办、刘帮办查照部电，会同教育当局秉公调处，迅予维持，以符部案而弭学潮”等语。列席议员一致赞成，除分咨外，相应咨请贵帮办查酌办理，寔为公便。

帮办公署回函云：

窃查此次成大、成高两校纠纷，各执一词，迭呈请求敝署解决。前来均以“事关教育行政，未便越俎处理”令覆两校学生会在案。又以教育为立国之根本，若使纠纷久悬不解，亦失国家菁莪育才之意。敝帮办近在咫尺，目击此种旷业废学状况，殊堪痛惜。故屡次函达省署教厅，请其迅予解决。意在使两校学生安心肄习，免碍学业之进行。贵会关心学潮，维护教育，良堪纵佩。兹准前由，除再于相当范围内尽力赞助，俾国家教育日臻上理外，相应函复，请烦查照，实纫公谊。①

省议会是四川省内最早表示支持高师独立招生的机关，接到皓电后，“当即咨行省、督两署查照办理，从速行知该校，赶办招生”。此处“当即”“从速”“赶办”数字，颇显急切。但省署并未照办，刘湘的态度又极为强硬，在这种情况下，省议会与高师维持会议定“就近”咨请刘文辉、邓锡侯“调处”，显然是看出刘、邓和刘、赖的态度不尽一致，大有可以利用之处。

其时川军中驻在成都的是“保定系”三军长刘文辉、邓锡侯、田颂尧②。当时这三人关系尚好，刘文辉是其中心人物。对于要求他直接出面解决问题的成大、高师学生会，刘文辉虽然以“未便越俎”为辞，表示居于“中立”③，但事实上，他不但“屡次函达省署教厅，请其迅予解决”，还力促万克明代理高师校长，显然更为偏向高师方面。又据其时中共重庆地委向中共中央报告，谓刘文辉“因北伐军在湖南的胜利，遂动其投机之心”，举措之一是托人找吴玉章，请吴去长成大。惟因成都中共特别支部“向其要求太急”，加之国民党右派“造谣”，引起刘的疑虑，方不

① “四川省议会公函”(民国十五年议字第 376 号)，“川大档案”，第 2517 卷。

② 其时四川军人有“保定系”和“速成系”之分。“保定系”是指毕业于保定军官学校的军人，以刘文辉、邓锡侯、田颂尧为主；“速成系”是指出身于清末组建的四川陆军速成学堂的军人，刘湘、杨森、赖心辉等属于这一派。

③ 亲历其事的米庆云先生也说，刘文辉、邓锡侯对此事“抱中立态度”。见其《成大兴废》，第 75 页。

再提此事[①]。此份报告写于 1926 年 8 月 3 日，则刘请吴出长成大，就在“成、高纠纷”正烈之时。重庆地委报告里所说“成大”，也有可能包括了高师在内。但无论如何，可知刘文辉一度动过换掉张澜的念头。

8 月初，四川省议会再次致电教育部，要求其明令高师继续招生：“皓电奉悉，贵部既无明令停办，高师请速令国立成都高等师范学校继续招生，以符原案。四川省议会叩。江电”。教育部复电曰：“江电悉。已电四川省长，转饬成都高师继续招生矣”。同时，又致电四川省署：“顷于皓日复四川省议会一电，文曰：‘徵电悉。本部并无明令停办，高师自应继续招生在案’。兹复准该署铣电：‘请令高师校长继续招生，以宏教育，出电’。复行请即查照转饬高师校长，继续招生为盼。教育部。齐。印。”[②]可知，在省议会催促教育部的同时，教部和省署也在就此事磋商，且此时的四川省署在权衡各方态度后，已接受两校分办的方案。教育部立刻察觉此意，遂在 8 月 5 日复函同意二校分立，高师继续招生，而“所有成都大学请予备案之处，应俟经费确定，将筹备情形及一切组织正式报部后，再由本部予以核示”。[③]

这一决定不但明显有利于高师，而且使成大的身份变得暧昧可疑，甚至有些前途未卜，大出成大学生意外，他们本对稽祖佑、万克明不满，现在更是把无处发泄的满腔怒火集矢于二人之身。8 月 16 日，成大学生会发出宣言，宣布稽、万两人“破坏成性，圆滑为习，屡次违反上峰明令，摧残西南学府”。在督、省两长致电教部，肯定高师已改组为成大后，“该两厅长仍倒行逆施，欲将成大迁出校外，划拨附中，暂予借助”。这在学生会看来，就是意存破坏。因“成大由高师改组而来，已成铁案。高师原有一切，成大自应享有也，岂有令成大迁出原有校地，

---

① 杨闇公：《重庆地委向中共中央的报告——四川各派军阀动态》，收在周勇主编：《杨闇公纪念集》，重庆：重庆出版社，1993 年，第 424 页。

② 四川省长公署公函（民国十五年省字第 354 号），“川大档案”，第 2519 卷。

③ 《教部已允成高成大保存分办》，《商务日报》1926 年 8 月 13 日，第 1 张第 3 版。

而暂住附中”之理？羞怒之下，学生会不惜对二人施以威胁：“稽、万二氏为省长属员，对于主官命令，自当尊奉照办，乃悍然不顾，一再违背。”表示要“将该两厅长违背命令、破坏教育各情，呈请四川省长，恳予重查办”①。

8月19日，四川省长公署致函成大、高师，内中引述教育部咨文称：

> 本部案。查前据代理成都高等师范学校校长蔡锡保呈称：成大名称未经明令照准，一校两名，进行诸多窒碍，恳请确定名称等语。嗣复电致贵省长，内开：成都高等师范学校前因提高程度，允其改建大学。嗣据册报，改称成都大学，并非改办师范大学。此项办法与川省现情有无窒碍，所有预算是否经由省署核定？近复有人呈部，极力反对。应请就近详细查明，电部以凭核办，等因。去后迄未准复。兹准来咨，筹办成都大学，并称校址一层，现与高师同设于旧皇城内，地方冲繁，殊不适宜，应将原拟设立大学之高等学校校舍暨所有地亩拨归管业等语。本部详加查阅，是成都高等师范与成都大学现已分途并进，各不相妨，将来造就高深学术，养成师资，均可自由发达，兼筹并顾，具有深心。除成都高等师范应仍旧办理，继续招生外，所有成都大学请予备案之处，应俟经费确定，将筹备情形及一切组织正式报部后，再由本部予以核备。②

1926年11月，四川省长公署下发教育部252号训令：“查成都高等师范、成都大学一年以来，屡起纠纷。迭经本部与四川省长往复电商，最终决定分途并进。成都高师仍旧办理，成都大学准予成立，已由本部

---

① 《成大学生会第五次宣言》，《商务日报》1926年8月26日，第2张第6版。
② 四川省长公署公函（民国十五年省字第376号），“川大档案”，第2519卷。

电咨四川省长查照饬遵在案。”[①]不久，又经教育部发下第 268 号训令，任命张澜为校长。1927 年 5 月，北京政府财政部盐务署咨文，准在盐款下年拨 20 万元作为成大常费[②]。这样，成大获得了正式“名分”，高师也从“亡校”危机中解脱，“两大”并立的局面得以确立。不过，教育部只是准予成大成立，直到 1931 年“三大”合并时，也没有明令其为国立大学。

从四川省署和教育部的公文来往可以看出，省署虽想把问题抛给教育部，但四川情形特殊，教育部无力亦无意过多干涉，而是更多地依据地方政府的意见为准，故省署的表态在问题解决的过程中实起着关键作用。教育部皓电态度暧昧，既征引“学校系统改革案”，又未直接言明同意高师招生，实际等于没有答复。这固然由于其不大了解事情真相，但主要还是因为四川省署态度未定；及至省署权衡各方态度，最终决定两校分立，同意高师招生后，教育部很快复电予以认可。有意思的是，齐电引述皓电，比原件多出一句“高师自应继续招生”。这或许正是教育部本来的意见，但一直未曾启齿，直到形势明朗之后，才得以明确表达，其圆滑可想而知。

但两大分立，就不能不涉及成大与高师的关系问题。就法理而言，成大是经四川善后会议通过兴办的，且当初提出不涉及高师存废，等于地方上新办的一所大学，本与高师无关。但川省当局一直没有界定清楚两校之间的关系——或者刘湘、张澜等本来就不想把问题搞得太过分明，遂使成大得以自居高师继承人，号称“国立”。但两校分立之后，成大失去“附丽”之所，国立二字已属僭称；去掉国立之名，又不能获得成大学生认可，故有成大备案之议。其实“备案”也者，不过是要教育部承认事实而已。教育部也因实际管不到四川，乐得顺水推舟，但“本部详加查阅”云云，多少带些事后追认的无可奈何。

---

① 四川省长公署公函（民国十五年省字第 474 号），“川大档案”，第 2519 卷。

② 国立成都大学：《呈报国民政府文》，第 12 页。

在四川省内，只有刘湘明确反对高师招生和两校分办，支持成大。但他远在重庆，且是军事长官，干涉教育，即使在当时的四川，仍然显得名不正言不顺。省长赖心辉虽同属“速成系”，在“高师帮”压力下，已和刘湘意见不大相同，态度要暧昧许多。稽祖佑、万克明、沈与白等实际办事者，更是深知此中甘苦，尽力置身事外，不愿得罪任何一方，刚好高师是国立学校，也就顺理成章地交由教部处理。最后认可两校分办，并默许成大保留“国立”头衔，其实也是当时最可行的方案。同时，实际控制成都的“保定系”出于和“速成系”争权的目的，偏向高师一边，而由国民党人控制的四川省议会，对于高师招生的积极推动，更是耐人寻味。由于材料缺如，个中原因晦暗不明。不过，成大出自善后会议决议，而 1925 年 11 月，四川省议会曾致电段祺瑞(1865—1936)和北京政府内务部，质疑善后会议“侵犯国权及省议会职权”，表示不满①。后来虽经疏通，同意善后会议的召开，但此一背景终不可忽视。省议会明显偏袒高师，或许即与此有关。

成大、高师虽已分办，但善后会议拨给成大的校址还被刘文辉军占驻，成大只好继续待在高师的皇城校园内。因此，成、高纠纷并未结束。米庆云回忆说，分立之后，“两校学生用宣言、传单、标语、漫画的对骂仍然继续下去，并还随时发生打架吵嘴的事情。后来两校当局协议，打了一道扦墙，把两校隔开”，才逐渐减少纠纷。“到一九二八年下期，刘文辉的军队迁出原高等学堂，成大在南较场新址设置理学院及理预科，一九二九年下期，全部搬到南较场，两校冲突才正式结束。”②

在调停两校矛盾过程中，四川地方文教人士起到了重要作用。1926 年 8 月 26 日，熊峅、叶秉诚(1877—1937)、向楚、廖天祥、李思纯(字

---

① 《川省议会对四川善后会议提出质疑电》，收在四川省文史研究馆编：《四川军阀史料》第 4 辑，第 215～217 页。

② 米庆云：《成大兴废》，第 76 页。

哲生，1893—1960）、刘景光、龙守贤（字邦俊）、沈懋德（1893—1932）等邀请两校负责人见面，“对于校地问题，主张和平处理，届时由调人提出条件，将校址分成两段，各占一段。又教室三十余所，亦平均分配。至图书仪器等件，则作两校公物，共同使用”①。是为“两校当局协议”之始。9月初，熊峄、叶秉诚、向楚、沈懋德、龙守贤、廖天祥、刘景光、李思纯等再次发起疏解两校长教职员谈话会②。

在从高师易长到成、高分办过程中，青年学生态度激烈，推动了事件的发展。他们本来就是现代中国社会一个不可忽视的社群，由于人数众多，参与意识强烈，在历次大大小小的政治运动中起着主力作用③。两校角力，事关切身利益，他们的参与程度当然更深。他们使用集会、通电、发表宣言等当时流行的运动形式，又惯于从道德立场立论，有意识地利用“政治正确”的言论，以达成对自己有利的目标。比较而言，教师的行为更为老成，但对学生的抗议又多少抱以纵容态度，甚至不乏利用的嫌疑。有意思的是，卷入事件的人中，有些身兼数职，如向楚、熊峄、吴虞（1872—1949）、叶秉诚、沈懋德等，既是两校教师，有时又以社会耆绅或教育界人士的身份参与调解；同时，不少教师在两校互相兼课，实际上也不像身份单纯的青年学生和有维持学校的职责在身的龚道耕、张澜等那样表现得截然对立。可以说，成、高分立，作为一种妥协的结果，正是那一时期四川省内军政与社会力量多元并存的表现，亦是中央和地方维持势力均衡的结果。

---

① 《成都通信》，《商务日报》1926年9月2日，第2张第6版。又，吴虞：《吴虞日记》下册（1926年8月26号），第323页。

② 《高师成大纠纷解决难》，《商务日报》1926年9月5日，残张，版数不详。

③ 罗志田：《近代中国社会权势的转移：知识分子的边缘化与边缘知识分子的兴起》，收在《权势转移：近代中国的思想、社会与学术》，武汉：湖北人民出版社，1999年，第236～237页。

第二节 “三大”鼎立

“三大”鼎立局面的形成

高师学校虽然得以保留，改大的目标却未能实现。1926 年 8 月 22 日，毕业于高师的四川各地中学、师范校长、主任等 36 人致函四川省长公署，要求高师升格师大[①]。1927 年 4 月，龚道耕向国民政府上了一道请求升大的呈文和一份《国立成都师范大学校计划书》。呈文讲述了一通师范教育的重要性，继以国民革命大义相责：“西南数省因地势交通种种关系，一切落后，同隶中华版图，同奉民国正朔，似应特别促进，俾其文化发达，得与东南各省相颉颃，以蠲除省与省间之不平等，此亦国民革命进程中所应顾及者也。”[②]6 月，在未得到国民政府批复的情况下，高师便挂出了师大校牌。

7 月 21 日，龚道耕又致函四川省署，请转咨中央核准改大。函中提出四条理由：成都高师办理有方，“内容完善，提高程度，确已到相当时期。此按诸法令，应行改办师范大学者一也”；新学制“已无高等师范一级”，“则是高等名称，实已不能存在”。“此按诸学制，应行改办师范大学者二也。”西南各省，师资缺乏。“此按诸西南需要，应行改办师范大学者三也”。“现在人民属望，学子请求，希望改大之声甚嚣尘上，且有正式改大促成会，以期早日实现者，此按诸一班(原文如此。引者注)

---

① 致省长公署公函，四川大学档案馆藏“国立成都师范大学档案”(下简称“师大档案”)，第 1 卷。

② 《呈国民政府请改升本校为师范大学并赍送计画预算校舍图等件由》，“师大档案”，第 1 卷。

心理，应行改办师范大学者四也。”[1]

在高师师生和校友的强烈要求下，1927 年 9 月 26 日，国民政府教育行政委员会正式发文批复：“经本会第一百一十一次会议，准予改升为国立成都师范大学，惟组织大纲应照本会议决案各条修正，呈复备案。至关于该校经费由该省盐余下划拨，事属可行。但事实上能否如数划拨，本会难以悬断。故该校预算书交由该省教育厅会同财政厅审核办理见复。”同时下发教育行政委员会的修改意见[2]。1928 年初，大学院又任命龚道耕代理师大校长[3]。

成大立案和高师改大在四川高校中引起了巨大反响。1927 年上半年，在成都的几大专门学校——四川公立国学专门学校、四川公立法政专门学校、四川公立外国语专门学校、四川公立农业专门学校、四川公立工业专门学校提出合组四川中山大学的提议。各校校长呈文四川省教育厅、四川省长公署，提出设立省立大学的必要性：

> 查四川设立省立大学，早经本省各绅耆及省立各校校长会议呈请省长公署，提交省议会议决，以前高等学校为校址，拨肉税四十万元为经费，由刘前总司令(即刘湘。引者注)敦促骆君成骧担任筹备各在案。徒以经费支绌，军事弗宁，致设大音波时起时落。重以骆君物故，前议愈益沉寂。而蜀以地域上既碍于交通，国以时会上又丁乎战乱，人口环境上更各省丰啬。即(原文如此，似应作“既”。引者注)少升学之路，应辟施教之阶，则前此倡言设立省立大学者，至今尤为急务，未容缓图。从前议立既苦于经费，现在创办仍辍于款项，刻为应时势之需要，谋经费之省节，拟就省立各专门学校联

[1] 《函省署本校改大请烦转咨中央核准立案》，“师大档案”，第 1 卷。

[2] 《国民政府教育行政委员会批文》(第 144 号)、《教育行政委员会第 111 次会议关于国立成都师范大学组织大纲计划书及预算书之议决案》，“师大档案”，第 1 卷。

[3] “中华民国大学院任命状”(大字第 1 号，1928 年)，“师大档案”，第 2 卷。

合改为大学，定名为四川中山大学。即以现有之农、工、法、外语及国学专门学校分设五学院，就各专门学校已设各科分为若干系，其款项则以肉税独立案内划定之四十万元作为改办经费。①

成大和成师大在名义上都是国立，成都各专门学校提议设置省立大学，颇得军政当局好感。万克明给刘湘、赖心辉写信汇报说：“各专门学校因日前高等师范自由改名师大后，均有改大之提议，风声所播，大有难以中止之势。昨经职两厅召集各专门学校校长在教厅开会讨论，均持必改之说。”②虽然是叙述的口气，万氏本人想来是乐观其成的。经省长公署政务厅和省教育厅召集联席会议，拟订五校联合改大方案和组织大纲 14 条。赖心辉接到万克明的报告后，亦随即复电：“事属可行，仰将改组大学详章迅行寄渝，以便与督办署会同核定。”③经督、省两署核准，报国民政府立案，8 月份正式宣布成立公立四川大学。

“三大”之间的矛盾

如前所述，四川教育的主要困难在办学经费不足，限制了教学质量的提高。这显然不是升大便能够解决的。因此，在“三大”鼎立局面形成前后，三校之间因为经济原因发生的冲突不绝如缕。

首先是国立学校与省立学校之间的矛盾。在与成大纠纷不止的同时，高师又同四川省立各专门学校发生了龃龉，主要的焦点还是经费问题。高师虽称国立，使用的却是四川省的教育经费。1926 年 6 月，省立各校联合上书省府，说成都高师因“不能从国库领得经费”，故“援照省教育经费收支处章程第三条之规定，暂行由省教育经费项下垫拨”。然

① 《呈为议决合组改办四川中山大学校呈请鉴核备案事》，“川大档案”，第 1371 卷。
② 万克明致刘湘、赖心辉函，“川大档案”，第 1871 卷。
③ 四川省长公署政务厅、四川省教育厅公函抄件，“川大档案”，第 1871 卷。

而“此不过暂行维持现状之举，并非永久不变之道。且借用之款，将来仍由国税项下归还”。省教育经费开办之初，“收入较旺”，借拨高师之余，“省立各校亦尚能维持”。但“年来时局日非”，省经费的来源——肉税收入锐减，省校已难以维持；“而高师预算，因号称国立，不肯受省政府之限制，又以前川省为自给省份，并不肯受教部之考核，自□瓯脱，任意增加。并自将高师停招新生，改为成都大学，以致该校预算数增加一倍有半，每月实支一万五六千元，而伙食费保证金等，尚不在摊领之内。其他欠薪各项，更巧取豪夺，为所欲为”。省立各校大感吃亏，要求停拨高师经费，归还省款，“或将其拨得之一万六千元按月加入省教育经费内，一体加摊，以示公允”①。

呈文表明，省立学校对于高师利用处在教育部和四川省之间所获得的特殊待遇早已极度不满；而成大经善后会议决议，获得盐税作为办学经费，一跃成为川省诸校条件最优的一所，省立各校反而处在风雨飘摇之中，自然使其难以继续容忍号称“国立”而从省费中分羹的行为。

对正处在生死存亡紧要关头的高师来说，这通呈文无异火上加油。首先，省立诸校视成大为高师的“后身”，恰是高师为争得独立所要竭力反对的。其次，若高师经费停拨，即使在法理上争得独立权，在事实上也无法生存。因此，高师发表声明，称省校意见未与高师讨论，不能认为有效。为此，6 月 12 日，各校致函高师，重申要求停拨高师经费的理由；并明确指出，高师已经改为成大，既得国税，自应归还省款。“即该校尚有一年级未经毕业，所需经费，亦当在盐款项下支给。盖同属国立，自当同用国款。且此二年来，成大既恃高师经费以作开支，自此而后，该校自当向成大索款以维持。”②省立诸校对于成大、高师之间的争

① 《各学校请停拨高师经费》，《国民公报》1926 年 6 月 9 日，第 5 版；1926 年 6 月 10 日，第 5 版。

② 《省立各校与高师校——声明停拨高师经费理由》，《国民公报》1926 年 6 月 12 日，第 5 版。

议心知肚明，却故意混为一谈，意图再清楚不过。

7月初，省立各校教职员联合会致函教育厅，再次申诉经费之苦，并直指省署“不明事理，乃以本期仍照本年度预算、十五年度改照民八预算借□，为调和敷衍之计”，摆明了是偏袒高师，欲将本已“奄奄一息”的省立各校完全“绝灭之而后快”。高师“一校所得，已占成都省立学校经费全额三分之一。昔时附庸，蔚为大国，岂真天之骄子，固宜受此特殊之待遇?”成大获得盐余后，高师还在续领省款，“当各省立学校送薪仅一月时，成大高师送薪□二月半”，薄厚不均，令人心寒。“如此而不主持公议，必其人有偏私之见者；不然，必其人神志惑乱不识是非之情者；又不然，必其人谓省立学校无存在之价值、应立时停办者。”他们当然不愿参与成、高之争，但强调高师独立建置，不能成为其仍然使用省款的理由①。

省立各校组成公立川大后，又因校产问题同成大发生争执。这是由双方与前此拟设的四川大学关系不明造成的。公立川大酝酿之初，援据1922年省议会议案，显然是以当年筹建中的“四川大学”自居。其实，当初各方虽都有设学的建议，但对于大学是“省立”还是“国立”，并未确切点明。只有任鸿隽1919年向时任省长杨沧白(名庶堪，1881—1942)建议，仿效美国各州立大学之例，设立四川大学，预想中似为省立；其余各方对此问题，似并不认为特别重要。成大只是因为孕育在高师腹中，自认高师的取代者，而承继或更准确地说是分享了后者的“国立”之名。同时，成大全盘接收了四川高等学校的“师资、校产、档案、院系设置、图书仪器直至校址”②；而刘湘当年筹办的四川大学，亦被认为四川高等学校的延续。因此，当时一部分人就把成大和筹建中的四川大学画了等号。而各专门学校校长提议组成公立川大，显然是在校名上做文章，暗

---

① 《教联会致省署教厅函》，《国民公报》1926年7月2日，第5～6版。

② 四川大学校史编写组：《川大史稿》，第92页。

示公立川大才是当年省议会议决的四川大学，成大继承高等学校校产，当然便不合理。

1928 年 12 月初，四川省教育经费收支委员会召集省立各校开会，决定以四川大学名义收回前四川高等学堂田产，割卖新繁、郫县两处 500 余亩，清偿由前教育经费收支处会计孙友于经手的 6 万元借款，划拨一部分作为兑现所欠省立各校经费之用。此议定后，并未通知成都大学，成大师生是由报纸上得知的。张澜随即致函公立川大五院长指出：前四川高等学堂房舍田产已于十五年四月由四川督、省两署拨归成大，并先后向北京政府教育部、国民政府暨大学院呈报核准，属于成大所有，公立川大无权变卖。函中并谓："前月，三军联合办事处曾据四川教育经费收支委员会呈请将成都大学所有之前高等学堂田产割卖十分之三四，以与握契不缴之粟雨田、孙友于清偿借款等情，致函敝校征求意见，当经敝校依法据理驳覆在案。"也就是说，四川教育经费收支委员会也承认此项田产属于成大所有。

张澜指责公立川大五院长，不敢"协力"向"截留肉水"的各军提出还款要求，反而力主变卖成大财产，并为社会皆知为假债的孙友于等借款案"代谋清偿"，不但徇私，而且"侵权"。他特别强调："贵大学主张此项学产应归省立大学，当不外以该产原系省有，暨省议会议决该产归四川大学为根据。然查此项田产系由前清奏设之尊经书院、高等学堂递转而来，已难谓为省有财产；且查省议会议决前案，不过指定该项产业为日后四川建设大学之用，并未指明其为省立抑为国立，亦未指明将来四川所建设之大学定须冠以四川之名称也"。此项学产既归成大，"纵令此后政府有划清国有、省有财产之计画，亦只能就现无归属之财产而划清之。而依法律不溯既往之原则，对于本校依法取得之财产，亦不发生何种影响"①。

① 本段和上段，国立成都大学公函（十七年大字第 66 号，1928 年 12 月 5 日），"川大档案"，第 1870 卷。

但公立川大陷于经费危机，并不肯放弃愿议。12 月 31 日，五院院长致函成大，仍以“前提高等学堂房舍田产，曾经前省议会议决为日后开办四川大学基金，并经省长公署依议执行，设筹备处在案”为由，要求收回财产，并谓张澜“竟指为自称之四川大学，未免滑稽”①。不过，此事终经省长公署仲裁，维持成大原案。

其次是成大与高师(师大)的财产纠纷。两校分办后，成大使用高师校产，颇使后者不满。不久，双方又为庚款问题争夺起来。前已说过，傅振烈初办大学时，曾委托潘大道在北京力争庚款作为办学经费②。现“川大档案”藏有一份高师致成大公函底稿，从中可知，高师共分得 51750 元。成大认为，分款系在高师改建大学之后，且系以成都大学名义争得，故应该分给成大一份。高师则回信说，1925 年分款之时，成大还未经教育部核准备案；且当日分配庚款的资格，“限于国立学校”。成都高师乃“国立六高师学区之一，分所宜尔。而贵校至今尚未经教部许可立案，当日何来国立学校资格以领金佛郎款?”③此事未见下文，不知结局如何。和三校之间的各种矛盾一样，这次斗争的目标仍然是现实利益，而“国立”的身份也再次成为火力的聚焦点。

成都大学与成都的新旧之争

在三所大学的交叉冲突中，成都大学具有举足轻重的地位。这首先是因为，其它两校皆有自己的历史渊源，成大则近乎横空出世，故不免要与其他两校争夺有限的物质和财力资源。自 1925 年底，成大在刘湘支持下，获得了盐税作为经费后，经济条件又转比其他两校更好，自不能不令后者妒忌。1927 年底，正任教于成大的吴芳吉(1896—1932)在家

---

① 四川大学校史编写组：《川大史稿》，第 94 页。

② 《高师校改建大学会议》，《商务日报》1925 年 6 月 6 日，第 1 张第 3 版。

③ 成都高师致成都大学公函底稿(无日期)，“川大档案”，第 2520 卷。

信中提到："成都所有省立学校，今年十一个月之中，仅发过薪水两月。故凡省立学校教师，无不啼饥号寒，难于度日。所有教育经费，悉为军队提取以去。"而"成大系国立，情形稍好，故能支至腊月，惟明年开学，亦不容易"①。1928年春，他致信吴宓(1894—1978)，再次谈到："成大虽穷，究能月得几成，较诸省立学校不名一钱者，固在天上。以是，省校诸人，皆欲破坏成大而自取之。下手之方，则在专事攻击诸教授。吹毛求疵，使之体无完肤，以堕其信用。"②他把问题说得很清楚："三大"之争的关键在一个"钱"字，实质则跟四川地方军政势力的格局有关，而各方围绕利益大做文章，却又偏偏在国立、省立这些空名头上着墨。

另一方面，"三大"之争也和当时成都社会的新旧争论有很大关系。20年代中期的四川，文化风气相对于东部地区显得较"旧"。成都高师是当时成都的最高学府。可是，1924年舒新城应傅振烈之聘来到该校教书，却极感失望。他发现，成都高师的图书馆只有三间屋子，收藏也少得可怜：

> 无论在普通的报纸杂志方面或专门的教育书籍方面，似乎比我家所备的还有限；最苦痛的就是近五年内的中西出版物太少，虽然也有若干份省外的杂志与最少数的报纸(我所见到的只一份上海的《时事新报》)，但寄到的时间都在出版后一个月以至二三个月，而且首尾衔接的极少。图书馆内亦有若干定期刊物，但除了省外各校赠阅者外，都是本省的东西，而关于全国及世界的各种新闻则又无不从京、沪报纸中转载而来。故在此地欲求从新闻纸瞭解天下，其难最少也与上青天的蜀道相等！

---

① 吴芳吉：《秉母书》(1927年12月25日)，收在《吴芳吉集》，成都：巴蜀书社，1994年，第966页。

② 吴芳吉：《与吴雨僧》(1928年3月16日)，收在《吴芳吉集》，第980页。

近代文化的一个特征就是报纸、杂志在读书人的阅读中占据了重要地位。读书人要“与时俱进”，必须知道同一时期外地发生了什么，否则就会“落伍”。但是，用舒新城引用过的一句话说，那时的“四川人民对于中国的大事，只有历史知识，决不会受新闻的影响”。这当然要使舒新城这样的新文化人和向往外面世界的青年学生感到不满。

舒新城对成都高师的学生也不大瞧得上。他揶揄说，这里学生的生活也“最有趣味”，“但是你要领略这种趣味，最少得先把你的京津沪汉的脑子换换……这里学生的生活既不似上述各地之任何一地者，但却有他的特点。你要懂得他们的特点，你最好把我十年前在湖南高师生活的情形回想一番，便可得其仿佛！”具体的表现则有多种：

> 学生自治会是五四运动后的特殊产物，在下江已推行至小学了。这里虽然有校友会，但似乎还没有学生自治的名义；男女同学虽然也由本校于本期首先实行，但男女生除了学着所谓教育家的背地里“评头品足”而外，无论何时何地，当着面总是“望望然而去之”……他们虽然是大学生，但在事实上，仍要过中等学生一样地严格管理的生活；这校在名义上是国立，并且在名义上一切都照部章，而十余年来，部章上的高等师范并没有什么变更，所以斋务学监等等名目，都和我十年前进过的湖南高师一样。他们无论出校门多少时，都得向斋务处请假，早晚上课时都要由斋务处点名，逾期不返校或不告假缺席，都有记过的惩罚。但在实际上，他们也如十年前我在湖南高师做学生一样，可以想种种方法掩饰学监而不按时上课与外出。

舒新城所观察到的成都高师落伍，正因太遵部章行事之故，最有意思。盖时风急转，写在纸面上的制度却无更革，真正能够代表“国立”的标准便已不再是教部章程，而在京津沪汉等地学校的实际状况中。

不过，也正因为成都高师"落伍"于时代10多年，还停留在五四运动前，学风也就更为纯朴：

> 他们虽然每年只有三四个月的课可上，但大体说来，个个都有勤学的习惯；虽然对于所谓新文化，有一部分不大相容，但对于学校的课程却极其重视……他们还有一种很好的风气，就是勤朴：学校的饮食问题，常常为各种风潮之母，但是这里的伙食都由学生自办——中等以上的各校均如此——所以学校既可免去许多无谓的风波，而学生也可藉此养成一种习知稼穑艰难的勤劳习惯。至于衣服方面……十余日来我不曾看见一个学生穿丝织物——几完全穿布制衣服——这实不是下江的学生所能梦到的。

在学习方面，"他们对于功课虽然是朝于斯、夕于斯地努力研究，但都是自动的，对于教师绝不如下江学生的自由问难，自由讨论"，"而教师们却也乐得有此"。他感慨道："这种现象，当我当学生的时候即已如此，内地的学生现在还大概如此。"①

在文化方面，虽有吴玉章提倡过社会科学研究，但多数学生的兴趣仍以"国故"为主。这也与成都社会有关。按照胡光麃（1897—1993）的说法："四川尊老的风气为各省冠，绅耆在政治和社会上地位很高。"②这些绅耆主导了那一时期四川的文化风气。周传儒（1900—1988）曾说：

> 成都有些遗老，保存了国粹，号称"五老七贤"。其中有一位徐

① 本段和以上数段，舒新城：《蜀游心影》，第127、53、131～134页。舒新城对高师学生的描述，很符合冯友兰1919年《新学生与旧学生》一文中所描绘的旧学生形象。参考王汎森：《思潮与社会条件——新文化运动中的两个例子》，收在《中国近代思想与学术的系谱》，台北：联经出版事业股份有限公司，2003年，第271页。

② 胡光麃：《波逐六十年》，台北：联经出版事业公司，1992年，第276页。

> 子休（名炯，1861—1936。引者注），在各中学讲修身课，挑选各中学的尖子，组织“丽泽会”，每月会文一次，有奖。于是各中学都出了一些高材生。这些人国文根底好，而数理化都笨。考成都高师有余，考外省大学不足，因为偏科……其时老一辈的国学大师，如向仙樵（即向楚。引者注）、林山腴（名思进，1874—1953。引者注）、龚道耕，不在“五老七贤”之列，而在成高、川大教书，充实了大学阶段的中文系。[①]

“五老七贤”的具体名单有不同说法。比如，姜亮夫（1902—1995）就将林、龚列入“七贤”。[②] 不过，周氏的区分自有其道理。他所注意到的“遗老”和“国学大师”的行为差异值得探究。相对来说，“遗老”的行为更为“社会化”，对公共事务参与较多，表现出浓厚的“士”的特征，比如，徐炯设立“丽泽会”，就是希望“力挽”社会中新文化的“狂澜”。比较起来，“国学大师”的活动范围，更多集中在校园范围，社会参与程度不及“遗老”（这似是成都的特殊现象），亦不如新青年；思想和文化上虽靠近“遗老”，而较后者为“新”，却又明显较新青年为“旧”。这提示我们，即使在成都一地，不同代际的读书人，在思想、文化和社会意识等不同层面上，也是参差不齐的。所谓“考成都高师有余，考外省大学不足”一句，尤可见出高师学风乃至招生情况受到成都社会风气浸染的情形（不过，“有余”二字表明，高师学风似又比社会上“一般”的文化风气稍新）。

成大则恰好与高师形成鲜明对照，成为四川“新文化”的提倡者。不少论者指出，张澜办成大，是以蔡元培办北大为模型的。成大学生廖友

---

① 周传儒：《自传》，收在北京图书馆《文献》编辑部、吉林省图书馆学会会刊编辑部编：《中国当代社会科学家》第2辑，北京：书目文献出版社，1982年，第212页。

② 姜亮夫：《忆成都高师》，收在王元化主编：《学术集林》第2卷，上海：上海远东出版社，1994年，第275页。对“五老七贤”诸说的检讨，参考许丽梅：《民国时期四川“五老七贤”述略》，四川大学硕士学位论文，2003年。

陶(1909—?)说：张澜“当年常对部分师生讨论蔡元培先生办北大时表露的对高等教育的一些观点，如‘大学者，囊括大典，网罗众家之学府也’”，认为“是办学应当思索取法的”①。吴芳吉则对张澜的办学宗旨不以为然：“张公之办成大，一仿蔡公之办北大。其宗旨在造出若干门人，以为己用。其工夫则在维持国共两党师生之均势。”1931 年，吴芳吉已转教重庆大学，还在给刘咸炘(1896—1932)的信中说，张澜“功利心大”，以此办校，“充成大所至，至于北大止耳”②。廖、吴二人的评价背道而走，观察到的现象却是若合符节③。

学北大最重要的一个表现即是在政治观点上兼容并包。罗宗文先生回忆说，其时成大共产党、国民党和国家主义派三足鼎立，“各都拥有一大批成员，各办各的刊物，大事宣传鼓动，争取群众，发展组织。彼此之间，形同水火，遇事互相批判攻讦，斗争异常尖锐激烈。”“但张校长对学生所持态度和信仰，从不加以干涉过问，听任各自选择决定自己的道路。”④

不过，至少在吴芳吉看来，这一政策也对成大的学风产生了不良影响：“男、女生八百余人，真欲求学者不及十分之一，其余皆有党派，心不在书，教者学者于是彼此敷衍，不能认真。此种学校，完全未入轨道。平心而论，实则误人子弟。然在成都，犹以此校为最完善也。其他更不成矣。”成大学生以“党争”之故，“屡起械斗，伤刺甚重，校长不绳以法，只做不知。寒假试验，既经教授会议决定于前，及期进行，乃无

---

① 廖友陶：《张澜兴建的民主与科学堡垒国立成都大学(二)》，《四川地方志通讯》1986 年第 2 期。

② 吴芳吉：《与吴雨僧》(1930 年 3 月 15 日)、《与刘鉴泉》(1931 年 2 月 6 日)，均收在《吴芳吉集》，第 1014、1047 页。

③ 在一些细节上，张澜也刻意以北大为榜样。如吴虞在 1926 年 6 月 29 号日记中的记录：“张表方(即张澜。引者注)借去予北大聘书、续聘书、聘任施行细则共三件，照样付印。”见吴虞：《吴虞日记》下册，第 316 页。

④ 罗宗文：《张澜先生办成都大学》，《文史杂志》1999 第 6 期。

一人应试。亦只来书，声称某科某系都不试验，本班碍难单独进行”。又云：“此校情形甚为不安，恐在一年以内，‘国家主义派’及‘共产党’两部学生有大冲突，而校长又多方包庇两部之人，使其互相水火，实在可叹。”

事实上，吴芳吉对成大的印象糟糕至极。刚刚到校，他就发现“此校规模简陋”，还不如自己在湖南长沙教过的明德中学。一般说来，“富于国故的知识”是20年代蜀中教育的强项，但是在他看来，成大的情况却令人沮丧：

> 文科课程殊无条理，无标准，今已办至大学二年，读《经史百家杂钞》犹未毕事，此则令东北（即东北大学。引者注。）诸生来此教之，绰有余矣。教师分新旧两派，若吉则为最新之人也……至论蜀少年本质，率皆聪明激亢，兼南北民性之长，文学尤其所近，不费唇舌，可导之入于高深之境。惟以生活优裕，风气浮薄，姿态必求入时，言谈必求漂亮，活动有余，用功不足，此其不治之症，殊可兴叹。①

这段写于1927年的话与舒新城在1924年对高师的观察处处相反，可知成都青年学生“更新”的速度之快。当然，也有可能是二人判断“实”与“浮”的标准不同所致。不过，在吴芳吉的眼里，成大还是显得“落后”；而“落后”的表现——“文科课程无条理，无标准”却恰是成大较高师为“新”的地方。值得注意的是，吴芳吉自称成大“最新”之人。这是否事实，姑且不论。关键在于吴芳吉在当时的中国无论如何算不上“最

① 本段和以上两段，吴芳吉：《禀母书》（1927年10月4日）、《与吴雨僧》（1928年3月16日）、《致树坤》（1928年11月19日）、《致树坤》（1927年9月28日）、《与刘弘度刘柏荣》（1927年10月1日），均收在《吴芳吉集》，第934、980、1003、925、928页。

新”，甚至还显得有点“旧”，他本人也并不以“新”自居，到了成大却成为新派，广受学生欢迎[①]。他几次在给亲友的信中提到：“吉来此甚获佳誉。本仅两班，不日间行将添至六班。”“吾在此颇为多数学生所信仰，而少数同事所忌嫉。”“男在此颇得学生信仰，惟有旧派教员则颇忌男。”趋新者也不仅是成大学生，连高师也准备聘请他“教诗”[②]。按吴芳吉虽以诗人知名，但高师的老先生们“作诗”（当然是旧诗）的名气在当时的成都肯定比吴氏更大。此可知新派号召力之强。

倘若参之以吴虞的遭遇，这一点就更为明显。1926年4月，吴虞应张澜聘请来到成大。其宿敌徐炯对此甚是不满，召集紧急会议，散发传单，表示反对——1910年，徐炯正是采用类似手段将吴虞赶出了成都[③]。但是，这一次徐不惟没有获得社会同情，反而遭到了不少批判。叶秉诚对吴虞说，这事不仅关系吴虞个人，“其干涉大学内部言论、学术思想之自由，乃第一问题也”。吴在日记里说，“五老七贤”里的邵从恩也“以徐某此举为悯笑”。5月5日，成都《四川日报》《国民公报》《新川报》《西陲日报》等都发表了吴虞的反击文章《告满清举人徐炯》，“除《国民公报》外，皆不登徐炯原文”。万克明、沈与白等都力主调和。成大学生更是大发反徐宣言。5月7日，张澜告诉吴虞，刘湘、赖心辉“均不以

① 罗宗文先生在2001年9月9日接受我的采访时也证实了这一点。不过，吴芳吉在时人的印象中，是否像他自认为的那样“新”，不同的人恐怕有不同的意见。比如，时在成大理预科读书的王叙五（1906—1985）后来提到吴芳吉的时候，就说吴“思想较保守”。详见王叙五：《自述》，收在四川师范学院、中共遂宁市委党史研究室编：《王叙五遗作选》（内部资料），无出版人，2000年，无页码。

② 吴芳吉：《与刘弘度刘柏荣》（1927年10月1日）、《致树坤》（1927年10月2日）、《禀母书》（1927年10月4日）、《致树坤》（1927年9月28日），均收在《吴芳吉集》，第928、931、934、925页。

③ 1910年，正任教于四川公立法政专门学校的吴虞因与父亲发生冲突，被时任四川教育总会会长徐炯召开会议，逐出教育界。

徐炯为然。舆论尤大多数不直之”。在这种情况下，“徐炯遂软下来矣”①。

从这一事件中可知，其时整个成都社会的心态已发生了不小变化。如李璜（字幼椿，1895—1991）所观察到的，虽然在“旧学渊源上”，成都人“对于新潮发生一部分的排拒情势，但四川人的省性（特别是成都自来为各省知识分子所流寓之地）又较为敏感与流动，聪颖而欠沉着，故对川外的思想及活动，虽得风气较后，也就容易闻风而起”②。换言之，成都虽因地理和交通不便，风气相对闭塞，但心态仍以趋新为主，惟所扮演者是跟风的角色而已。

与聘请吴虞同时，张澜也邀请了吴的堂弟、原北京法政大学教务长吴永权（字君毅，1886—1961，曾留学日、德）担任大学筹备委员会事宜，并请他在外代聘教师。6 月 26 号，吴虞听说吴永权已决定回川，大为振奋，在日记中说：“现在徐炯可勿理，君毅回川，自能相助”。颇有得到同盟的快意。吴永权是中华教育文化基金会（简称“中基会”）在成大设立的 4 个讲座教授（与成师大合聘）之一。其他 3 人是：原北大教授曹任远（字四勿，1893—1991，留德）、原北京农业大学教授罗世嶷（1889—1956，留法）和原北大教授李璜（留法）。他们中途路过重庆，刘湘还特意设宴饯行。另外，张澜还从上海请到了原同济大学教授魏时珍（字嗣銮，1895—1992，德国哥廷根大学博士）、原大同大学教授谢苍璃（留德）等人，可谓极一时之盛，令人耳目一新。为此，吴虞特地把他们的履历寄给家乡朋友，号称要让“新繁人略开眼孔”③。

---

① 吴虞：《吴虞日记》下册（1926 年 4 月 26 号、4 月 27 号、4 月 29 号、5 月 5 号、5 月 6 号、5 月 7 号、5 月 10 号、5 月 13 号、5 月 23 号、5 月 25 号、5 月 30 号、6 月 1 号），第 307～313 页。需要注意的是，这些材料都是吴虞本人所记，或有意无意略去了对自己不利的言论。不过，早在 1912 年，随着新旧政权的更迭，徐炯就已经在成都社会中失势了。参考前揭王汎森《思潮与社会条件——新文化运动中的两个例子》，第 260～262 页。

② 李璜：《学钝室回忆录》（增订本）上卷，香港：明报月刊社，1979 年，第 218 页。

③ 吴虞：《吴虞日记》下册（1926 年 6 月 26 号、10 月 13 号、11 月 8 号），第 316、328、331 页。按，吴虞是新繁县人。

成大经费充裕，又注意在外面聘请教师，故其师资力量是三校中最强的。1929 年，其高层职员的构成情况如下：文科与法科学长吴永权、理科学长兼物理系主任沈懋德（日本京都帝国大学理学士，原国立武昌大学物理学教授）、预科学长熊峅（日本早稻田大学政治经济科毕业）、中文系主任吴芳吉（清华学校肄业，曾任上海中国公学讲师、西北大学和东北大学教授）、英文系主任廖学章（1880—1953，日本立教大学毕业、曾任四川外国语学校校长）、历史系主任叶秉诚（曾任四川省立优级师范学校教师）、教育学系主任刘绍禹（1900—1981，美国芝加哥大学心理学博士）、理预科主任杨世英（国立北京师范大学毕业）、文预科主任周澧（北京高师毕业）、数学系主任胡助（字少襄，1894—1977，法国里昂大学理学硕士）、化学系主任曾济实（日本京都帝国大学工学士）、生物学系主任刘运筹（字伯量，1893—1960，英国爱丁堡大学毕业，曾任北京农业大学和河北大学教授）、政治学系主任吴永权、法律系主任费有俊（京师法律学堂毕业）、经济系主任张籍（日本东京帝国大学经济学士）、注册部主任刘植（国立北洋大学工科学士）、斋务处主任杨特（同济大学土木工程科毕业）、图书馆主任周光煦（号晓和，1892—1969，法国蒙比利埃大学地质学、里昂大学地质高等研究科毕业）、会计部主任张简（日本高等师范学校毕业）等。

教师共有 124 人，其中外籍教师 31 人，来自英、美两国，均为外文系讲师，占总人数的 25%。在本国教师中，有留学国外经历者 43 人，约占总人数的 35%。其中留日和留学欧、美的学生分别为 21 人和 22 人，各占一半。非留学生 42 人（学历不详者 8 人），大约和留学生持平，其中包括林思进、蒙文通（1894—1968）、刘咸炘、吴芳吉、吴虞、伍非百（1890—1965）、彭举（字云生，又作芸生等，1887—1966）、景昌极（字幼南，1903—1982）等名学者。

成大在不少做法上也给人以新鲜感。1928 年，吴芳吉在写给母亲的信中说：“成大明春为第一班毕业大典，为川中空前之一大事，固应来观，不可失也。”[①]虽然不乏“劝诱”意味，但成大第一批毕业生，也即是川内第一批大学生，在当时固可谓之“空前”，宜乎成大大造声势，欲令人耳目焕然。

从成大学生在学校正式成立之前的举动就可以知道，他们趋新求进的意识更为明显。成大成立后不久，国民革命之风吹入了“僻远的四川”。成大学生深受此风影响，自觉担负了改造四川的使命。1930 年，成大建校五周年之际，举行了纪念大会。大会宣言总结了成大值得纪念的三大成就，几乎全部集中在这方面：

首先，成大本身就是人们“努力争斗底结晶”。和由“政府所发动，所组成”的一般的国立大学不同，成大“产生于军阀抛弃教育专事内争底时代。其得成立，一方面是由于社会底需要，他方面则由于学生底奋斗，而社会底需要是由学生底奋斗具体表现出来的”。其次，是对男女平权的维护：“当京沪间已实行男女在教育上平等底时候，我们这些地方还是保有男子对于女子之贵族式的权威”，正是成大“首开目前各大学及专门学校男女同学之风”。“最后就是他的反封建精神”。中国的教育界“由小学中学而专门大学，都为若干派系所操纵。甚么东洋帮、北京帮、高师帮那种中古基尔特底形式，瓜分了教育地盘”。成大聘请教师，则“一以学问为标准，不管任何派系，这与他当初反对制造教育系统底学阀那种精神，始终一贯”[②]。因此，“吾成大之纪念五周年”的意义也非同一般。它“非为一校之存亡计，实为吾川之教育前途计，换言之，亦即为西南各省文化之隆窳计也”[③]。

其实，这番理由，特别是第一点，换个角度看，结论就可能大不相

---

① 吴芳吉：《禀母书》(1930 年 1 月 14 日)，收在《吴芳吉集》，第 1009 页。

② 《国立成都大学第五周年纪念大会宣言》，《国立成都大学第五周年纪念会特刊》，1930 年，第 1 页。

③ 惠伯：《吾人庆祝成大五周年纪念之重要》，《国立成都大学第五周年纪念会特刊》，第 6 页。

同。盖国立大学本应“由政府所发动”，成大既是主要靠学生“奋斗”出来的结果，恰好说明其“国立”性质之可疑。当然，成大学生的表述实际是要指向另一层意义：成大的“国立性”不是由政府赋予的，而是来自“社会”的呼吁，代表了“人民”的需要。社会而非政府才是“国家”的真正代表，这一看法，虽与前述舒新城对国立“标准”的认识重点不同，思路上却不乏异曲同工之处。

成大学生强烈的社会责任意识，不仅是受到时代风气的影响，也不只是张澜倡导的结果，更和成大学生自身的特殊经历分不开。有位学生在纪念文章中提醒道：“纪念现在颇足以自豪的成大，尤其要记着过去处处遭人冷眼的成大”：“当高师与成大争执的时候，新兴的成大学生，自然敌不过树大根深盘据在四川教育界的高师学生。成大既无法令根据，又无常年的款，当然不应生存。且就四川现状而言，只是有了高师，什么人材也就够了，何必多事成立大学。站在那面的人们，都是这样异口同声的呼着。”[①]这段描述并不准确。事实上，当时四川社会一向热心呼吁创办自己的大学，而成大自经正式确定名分，在“常年的款”方面就远远好过他校。不过，成大学生多年寄居高师校内，确实“遭遇不少冷眼”。这种一度身处边缘的状况，无疑强化了他们的责任感、使命感。

一位作者指出，成大学生要改造中国社会，应当首先从四川与西南做起。盖“吾蜀僻处边陲，交通梗阻，文化落后，风气不先，教育衰颓，于今极斯。而相毗之云贵康西藏诸地，鄙野尤甚。然则此提高西南文化之职责者，舍川民将谁属耶?”成大实肩负重任。作者强调，自己这么说，并不是“蔑视今之师范大学及四川大学”，因为“彼二校近来亦已顺应潮流，并行改大矣”。不过，师大与公立川大深受四川政局动荡的影响，一年停课数次。“独吾校处此邅迍艰窘之万恶社会中，而能化险为夷，不受经费之影响，同学卒能安心向学，而免失业之虞，仅为此教育

① 花睡：《纪念成大生日并告同学》，《国立成都大学第五周年纪念会特刊》，第3页。

破产之四川，留线生机”①。当然，从四川做起，并不等于他们的志向就仅限于夔门之内，相反，他们的理想是，从四川起步，“发扬光大，推而普渡全国于彼岸，至少，总不会落后于外国”②。

与此同时，在上海的一批成大校友也在努力提升成大在外省人心中的形象。后来成为“社会史论战”要角的王宜昌（1910—?），在一篇题为《关于国立成都大学》的文章中，劈头便说：“有一个‘异乡’在现在底中国秘密地存在着，这个‘异乡’，就是僻处西南底四川”。不过，他立刻补充道，这个印象是个“误解”，四川其实是一处“不异的异乡”，因为它现在已经有了一个成大。“国立成都大学成立于大革命底前夜，本其革命的创造的科学的精神，则不独是要改良现在，而且是着重于‘运动底将来’。”目前，它已经成为成都“各大学底中心，而居于文化底领导地位了”。而其所谓“‘将来底运动’，是要将四川与全中国联系紧密起来，而且是更要与世界联系紧密起来的。国立成都大学具有这种精神，而且是正努力着把四川文化与中国与世界文化联系而融合统一起来”③。

周绍张则强调，成大不仅是四川第一个大学，“也是中国西南底第一个大学。不仅便利于四川底求学青年，就是河南、湖北、陕西、云南等西南各省以外的人，都相继而到成大求学。这不仅是为西南培养人才，也是在为中国培养人才”。成大打破了“四川教育界底割据思想”，也是为中国统一做出了贡献。成大的各种学会及其出版的刊物，“与五四时代之北大，当今之中大，沪上之数（原文如此。引者注）有名大学出版之刊物比，实亦有过与不及之地”，只是因为交通不便，外人看不到而已④。其

---

① 惠伯：《吾人庆祝成大五周年纪念之重要》，第 7 页。

② 花睡：《纪念成大生日并告同学》，第 6 页。

③ 王宜昌：《关于国立成都大学》，《国立成都大学旅沪同学会会刊》第 1 期，1930 年，第 1、3、7 页。

④ 周绍张：《国立成都大学于中国西南底贡献》，《国立成都大学旅沪同学会会刊》第 1 期，第 8、9、11 页。

实，在成大读书的河南、湖北、陕西的学生数量极少，云南的学生也不多，由此推断成大在为全国培养人才，未免夸张。但由此却可看到作者那鲜明的“国立意识”乃至“世界意识”，而这又和改造地方及全国使命感融为一体。

虽然成大的校风趋新，但校内依然存在着新旧之争。在成大文预科读过书的周辅成(1911—2009)回忆说：“这时在我们讲台上的老师，除了把《四书》读得熟滥外，恐怕是比不上学生读的书多。”这当然是新文学和“社会科学”书籍。他自己就曾和王宜昌等人一起在报纸上“攻击遗老遗少”，并因“教学”和“择师”问题和预科主任熊峥发生了争执。在熊峥与“遗老遗少”的压力下，张澜处分了他们[①]。这是学生的情况。教师中也是一样的。据魏时珍说，李劼人(1891—1962)离校，就是因为他“提倡新文学、外国文学，而当时老师宿儒，则墨守成规、专事词章考据。劼人不悦，遂决然舍去”[②]。

吴虞的日记中有关学生对教师不满的例子更多，其中既有林思进等“老师宿儒”，也有新派人物。如1926年11月27号记，张澜“言君毅及教习与学生感情隔阂，钟点太多，学生且谓新聘教习并无深文奥义”。这时新教授到校才一个多月。学生因听不到自己意想中的“深文奥义”，而顿生失望之感，还要向校长诉说。其实，这恐怕不是“新教习”不卖力，或者真的学问不行，而更可能是因为学生的预期过高，或者他们想学的东西根本就不是老师要教的。又过了一段时间，吴虞又说，张澜、

① 周辅成：《我所亲历的20世纪》，收在《论人和人的解放》，上海：华东师范大学出版社，1997年，第495、497页。周辅成、王宜昌与熊峥等冲突事，又见周辅成：《平凡的一生》，收在北京图书馆《文献》丛刊编辑部、吉林省图书馆学会会刊编辑部编：《中国当代社会科学家》第3辑，北京：书目文献出版社，1983年，第195～196页。吴芳吉亦因观念不同，与熊峥、吴君毅等有冲突。事见刘朴：《吴芳吉传》，收在吴芳吉：《吴芳吉集》，第1370页。

② 魏时珍：《忆李劼人》，收在魏时珍先生纪念文集编委会编：《魏时珍先生纪念文集》，自印本，1993年，第95页。

叶秉诚等“对君毅诸人办事”也“颇不满”[①]。这不是新派与旧派之争，而是新派人物达不到趋新者对“新”的期待。显然，成大的学生和张、叶等人在“期望”的层面(不一定在实际上)比这些新派人物来得更新。

罗宗文先生回忆道，他们当时对老先生很尊重，但是更喜欢新知识[②]。罗先生自称属于学生中的“读书救国派”，而另外一些要用其他方法“救国”的学生，对“老先生”恐怕就没这么客气了。林思进告诉吴虞，有学生称自己为“桐城谬种，选学妖孽”[③]。到了1929年底，连一度最新的吴芳吉也为学生所不容：“学生贴壁报，骂校长、教职员，吴芳吉、刘北荣(即刘朴，字柏荣，1894—1976。引者注)皆不免。芳吉曾一度辞职。”[④]吴芳吉遭到学生辱骂，写下总题为《献骂我者》的五首诗。诗前小序云：“骂我者多，莫凶于蜀”，而“舆论报章”皆为“此辈”把持，“虽欲置答，难与情理”。诗中有“求疵注起居，使我行尤励”“为君一言语，愁吾几斟酌”“我乐性天居，君逐潮流走”“本根摧已尽，欧风乘我衰；政俗交加变，人禽杂沓来”等句，从中大体可以想见，双方冲突还是起自文化观念的差异，但表现形式显然已突破“思想”的层面。此诗发布后，1929年12月17日的《成都日邮新闻》刊载几首“恶少年讥嘲之诗”，题为《送吴芳吉先生之蒙古》。诗前小序云：“芳吉先生，今朝离去成都大学，往蒙古去寻诗意。生徒等屡挽不获留，因步先生《献骂我者》原韵，作成此诗以送别。”诗中有句云：“感师长麻我，谢师用鸩毒。书此注起居，余意复何酷。学校如栈房，师意那可拂。黑暗不敢道，惟有相向哭。如师脸皮厚，

---

① 吴虞：《吴虞日记》下册(1926年11月27号、12月11号)，第333、334页。

② 罗宗文先生访谈记录，2001年4月1日。

③ 吴虞：《吴虞日记》下册(1927年6月26号)，第410页。这表明在成大学生心目中，他们与旧派的冲突乃是10多年前的北京“新文化运动”在成都的重演。

④ 吴虞：《吴虞日记》下册(1929年11月23号)，第482页。刘朴系吴芳吉在清华读书时的同学，被吴芳吉召至成大。吴大概还同时邀请了刘永济(1887—1966)。吴宓1928年7月7日有信致刘永济、刘朴二人，反对他们赴川。收在吴宓：《吴宓书信集》，北京：生活·读书·新知三联书店，2011年，第157页。

惟有一驱逐。黑暗顿光辉，学生欣然乐。苟师翩然去，立地可成佛。”[①]谑而且虐，可知双方对立之尖锐。

不过，成大之“新”，只是在成都比较出来的。与外省的学校相比，成大仍然显得旧。这主要表现在体制方面[②]。如，舒新城所提到的“斋务长”与“舍监”的职务仍然存在；其院系组织分文、理、法科，而不是当时已经通行的“学院”制(1930 年改为学院，学长改院长)。此外，还有预科的设置。按国民政府教育部曾于 1930 年训令各地，大学不得有预科的设置，否则不予立案[③]。而成大和成师大直到三校合并前均有预科。这或者与四川省中学教育程度不高有关，但其不合通例，则是事实。

成都师大与公立川大简况

成都师大和公立川大由于经费不足，办学困难较成大为多，质量也比成大逊色。

师大自更名后，一直谋求国税。“川大档案”藏有一份龚道耕写给南京政府特使“少江”的信件，大致谓：

> 此间教育界状况，前由各校长面陈，并经联衔函述一切，谅邀洞鉴。惟鄙校系属国立，情势与各校稍异，不能不另陈梗概，以供星槎东旋覆命之采择。敝校创始于清光绪季年……历时廿载，校名五易，造就师资达三千余人。因而倡设之普通教育，旁及于滇黔各省。西南文化之日臻进步，实与有荣施。殊年来国家多故，政失其

① 吴芳吉《献骂我者》及不署名的《送吴芳吉先生之蒙古》，均被《学衡》第 70 期转载。按该刊标注的出版时间为 1929 年 7 月，但根据此文的信息，其实际出版日期显然在 1929 年 12 月中旬以后。

② 不过，如《川大史稿》已经指出的，成大是在四川最早推行 1924 年的《国立大学校条例》的学校。详见该书，第 123～124 页。

③ 教育部训令(第 222 号)，“师大档案”，第 4 卷。

> 轨，应支国税久未实行拨领，原有校舍复被成都大学侵占，教财两厅复遵令审核敝校预算，会呈大学院。敝校长因赴全国教育大会，复面请大学院迅予核定前案，早拨的款。返川后又以经费无着，校务进行困难，飞呈大学院，请照前案迅拨国税，以资维持各在案。大学院虽有准拨盐税之言，而如何拨付，向何处支领，迄今仍无消息。现秋季开学之期已届，一切用款概系称贷而来，长此拮据，行见西南师资策源地沦于危境。殊非中央眷顾西陲，发皇教育之意。当兹训政开始之时，师范教育关系尤为重要。敬请大使迅予电转国府，饬下财政部及大学院，迳令川省盐税稽核所照敝校前呈预算月拨税款四万元，以备支拂，而资挽救；并一面迳函驻川各军长暂予分拨盐税，以维现状。事关西南文化隆替，非第一校存亡。使节返京之日，如能详为陈说，以备中枢治理之资，尤为感祷。①

此信写于1928年9月2日。我们从中可以看到龚道耕为解决师大经费问题所做的努力。不过，盐税控制在地方军人手中，国民政府对之也是无可奈何，这封信并没有起到什么效果。

直到1930年4月，校长已经换了两任，这一状况依然没有改善，以致当年出版的《国立成都师范大学一览》，不能不大声疾呼：“本大学自民国十六年六月经前大学院**明令定为国立**，并颁发关防。启用以来，迄今届满三年，尚未蒙政府**确定国税为本大学经费**，以致办理因难，待遇教授不免浇薄失礼。而各教授以本校为**西部中国师资之惟一源泉**，率能不计待遇，竭力维护，此则本大学所**铭感不忘**者也。”②

与成都大学相比，师大学风显得“保守”一些。据李璜在1926年的

---

① 龚道耕致少江特使函稿，“川大档案”，第2520卷。

② 《国立成都师范大学一览》，1930年，第69页。原文黑体字系大号排印。又，该书收有周光鲁呈教育部文2篇、呈财政部文1篇、致四川省政府公函1件，均为要求拨款的函件，第101～107页。

观察，龚道耕“为人恭谨拘泥，师大所聘教授多墨守一派，而学生亦以恂恂儒者之风是尚”。他站在成大立场，认为“成大学风比之师大较为蓬勃而有进取精神”[①]。不过，师大既无法完全自外于整体的大环境，复因同城学校如成都大学等的压力，不能不勉力趋新。首先是师资力量上的变化。中基会赠送的四个讲座教授，就是由成大与成师大共同聘请的。到 1930 年周光鲁代理校长期间，师大的教职员构成情况如下：

高层职员中，文、理、教育三院长均空缺。中文系主任庞俊（字石帚，1895—1964）[②]、英文系主任焦尹孚（国立东南大学西洋文学系毕业，曾任二十四军军部秘书）、历史系主任祝同曾（字屺怀，1884—1941，曾任四川省立第一师范校长）、生物系主任林道容（福建福州人，日本东京高等师范学校毕业，曾在福建高师、成都高师任教）、艺术专修科主任赵治昌（日本东京高师图工科毕业）、体育专修科主任陆清（江苏吴县人，日本体育学校毕业，曾任南京高师教授 4 年），化学、数学、教育学、文预科、理预科主任均告空缺。行政方面，秘书姜乃扬（成都高师毕业）、总务长胥鉴澄（成都高师毕业）、庶务部主任陈樾（四川陆军测绘学堂毕业）、会计部主任陈文鉴（成都高师毕业）、斋务长谭德勋（国立北平师大学士）、教务部主任任俊（法国都鲁士大学化学专校毕业），图书馆主任空缺。2 位附中主任、1 位附小主任，均为成都高师毕业。驻京代表龚代祥（成都高师毕业，日本早稻田大学理工科学士，曾在北平各大学任教）。另有 3 位舍监[③]。

成师大的职员构成比成大要复杂一些，除了与师范性质相关的一些

---

① 李璜：《学钝室回忆录》（增订本）上卷，第 218～219 页。

② 庞俊系自学成才，先后受知于赵熙、林思进等人，1924 年被向楚聘为高师教授。参看屈守元：《对古典文学具有卓识的庞石帚》，收在四川省政协文史资料研究委员会、四川省文史馆编：《四川近现代文化人物续编》，成都：四川人民出版社，1989 年，第 76～77 页。

③ 有关数据均据《国立成都师范大学一览》的职员、教员名单统计。

职位，如艺术和体育专修科主任、附中和附小主任外，值得注意的，还有一位驻京代表。其职责为何，不得而知，或者与其是国立学校有关，或者负有什么特殊使命。比较起来，师大的职员阵营不如成大那么完备，平均学历也不如后者。师大一向以“教”立校，而教育学院院长和教育系系主任的职位却无人担当，尤给人留下深刻印象。

在91名教授中，留学生39人(欧、美留学生21人，日本留学生18人)，没有留学经历的46人，另有6人学历不详。在非留学生中，前清举人5名[周光鲁、林思进、余舒(字苍一，1880—1939)、龚道耕、赵一鹤]，国内大学毕业者18人[①]。留学生占教师总人数的比例和成大相近而略低。需要指出的是，这份名单上有不少人是在两校共同兼课的，如林思进、庞石帚、谢文炳(1900—1989)、祝同曾、周光煦、罗世嶷、胡助、魏时珍、林兆倧(中基金讲座教授)、向志均(1897—1948)等。不过，相对来说，师大教师给人的整体印象要稍“旧”一些。

公立川大就更显寥落。学校成立后，一直没有校长，由五学长(1930年起改称院长)组成的大学委员会管理，实际上各院仍然自行其事。直到1931年6月，“三大”合并前夕，当时的五位院长还联名呈文四川省政府，谓学校“成立已历五载，而校长一职，始终悬虚”，以致“一切校务，统筹无人”，要求省府任命一位校长[②]。此外，学校经费紧张，校址又被二十八军侵占，经往来函商，也未能解决[③]。这些问题都

---

① 含上海圣仓明智大学毕业1人(国文教授邹启宇)。该校是爱俪园总管姬觉弥在1915年所办，无本科和预科，按当时的说法其实是一所“野鸡大学”。见李恩绩：《爱俪园梦影录》，北京：生活·读书·新知三联书店，1984年，第52～54页。

② 《呈请遴选大学校长以专责成一案》，“川大档案”，第1888卷。该卷内另有1930年4月5日《呈为再请遴选大学校长以专责成事》，可知已不是第一次要求选任校长了。

③ “24军司令部指令”(政字第31号，1928年1月)、五院长致邓锡侯信(1929年8月5日)、国民革命军第28军指令(秘字第383号，1929年8月)、《陈明接收棘手再恳设法维持克日交还商专校地一事》(1929年8月23日)、《呈请令饬拨还商专校地以便接收部署一案》(1929年7月)、“四川省政府训令”(省字第1326号，1929年10月)、《呈为呈请收回商业专门旧址筹办高中事》(1930年5月)、《呈为呈请命令解决四川大学校务以便祇遵进行事》(1930年6月)，均在“川大档案”，第1888卷。

影响到其办学质量。

在五院中，中国文学院的办理最有成绩。向楚自1928年起担任院长职务，所聘教师皆为“老师宿儒”，如龚道耕、林思进、赵少咸(1884—1966)、祝同曾等，也有李劼人、吴芳吉、蒙文通等年轻一代较为新派的人物。但这些人都是兼任，专任教师极少。就教学方式来看，“中国文学院教学，采取尊经书院导读作风，教学与治学相结合，学生听讲时少，阅读时多，使自发奋钻研”，较重“专与深”①。学风亦更为传统一些。

不过，该院有时也不免用人过滥之弊。1929年，唐君毅(1909—1978)自中央大学休学一年，与同学游鸿如(1908—?)一起被该院教务长蒙文通聘为教师，唐君毅讲授西洋哲学史，游鸿如讲授中国文化史。唐君毅年谱谓：“当时二人均仅上过两年大学，却要教大学三年级学生，且学生中有年近三十者。然先生讲课，仍毫无愧色。事后先生追记其事，谓当时蒙先生糊涂聘请，彼等亦糊涂应命，可谓胆大妄为，不自量力矣。”②所谓“不自量力”，是事后的反省，当时并未意识到这一点，而是“毫无愧色”。可知其不是“糊涂应命”，而是信心十足的。唐君毅那时的自信应该主要来自他作为中央大学的学生，对公立川大的学生并不放在眼里(学生中有年近三十者，只能加深这一印象)。即是说，即使在那时的唐君毅看来，公立川大的质量亦不算好。

第三节　国立四川大学的成立

1928年5月，大学院在给四川省教育厅的一份训令中，发下旅沪川

① 黄稚荃：《对辛亥革命及四川教育、文艺事业卓有贡献的学者向楚》，第311页。

② 唐端正：《唐君毅先生年谱》，收在唐君毅：《唐君毅全集》第29卷，台北：学生书局，1991年，“年谱”第27页。

人郑宾于(1898—1986)等人请求合并川省各大学以组成国立四川大学的呈文，认为其“所陈各节，似尚切实可行”，要求四川省教育厅“即便从速筹划”。此文在川大历史上极为重要，值得大略征引。

呈文先是指出，教育之优劣，不在学校数目之“多寡”，而贵在“事有其实”。四川自清末办理高等教育，已有二十余年历史，“成立学校亦不下十数”，办学成绩却“江河日下，今不如昔”，图务虚名，不副实际。就以公立川大的五院来说：“外国语、中国文学两科，大学之文科即是以范围者，而必独立别为两校”；“商专学生人数犹少于其教职员，彼亦自成一校”；“蚕、茶两专校与农业专门性质相同，亦皆分立，鼎峙为三”。看起来学校林立，“然而欲求一名实相符、真有学术事业表现的成绩之学校，卒不可得”。接下来笔锋转向成大：“再查四川又有所谓成都大学者，自号国立，而实未向任何机关备案；名曰大学，而校址与经费亦漫无着落。”

有鉴于此，郑宾于等人提出，改造四川高校，应以“约而精，有其名必验其实”为原则。具体可以仿照广东、浙江、南京等例，“将所有各专校一律分别省并，另组国立四川大学”，以便“集中人材，节省财力”，改善组织，充实内容。在具体办法上，呈文提出四点建议：

> (一)组织。即依照中央所颁大学区规程，并参酌地方情形办理。各专校更名为某学院，其性质相近者更并为一院，而统称国立四川大学。(二)地址。择适中之校为中枢机关，综揽大学全部事务。其余各校得就原地改组或斟酌省并。(三)经费。即以各专校现有经费更加整顿，以充用度。设用不足，再行筹措。(四)学生。除招收新生外，悉将现有各专校学生分别试验，编入相当学级，并将现在成都大学学生亦同时收编。

为了便于推进，郑宾于等还提出，由大学院“充拣熟习川省教育情形及富有教育学□若干人为筹备委员，就四川教育厅组织筹备会，即定为国立四川大学筹备会，并以现任教育厅长为当然委员，共同筹备，限期竣事”。

这份呈文的署名为“旅沪川人郑宾于、杨富民、程愚、宋德璋、苑春膏、陈肇琪、魏崇元、李世覆、魏子兴等四十一人”。据呈文自称，他们“或奔走国事于外，或自海外留学归来，或在他地任教，或则出省考察教育”①。其中多数人不甚知名。我们只知领衔人郑宾于系成都高师毕业（这大概就是呈文中只攻击公立川大和成都大学，对于成都师大只字未提的原意）②，与吴虞等人多有交往。吴虞的日记中多次提到此人。1929年，郑宾于回到成都后，吴虞还先后向张澜和吴永权推荐他做成大教授③。但是大约是因为他攻击过成大的缘故，吴虞的推荐并没有什么结果。

此呈上于1928年3月，正是蔡元培任大学院院长，计划推行大学区制的时候，故立刻得到了大学院的赞同④。不过，此事能否落实，最关键的还是要看四川地方政府的意见。大学院对此也很清楚，故呈文虽然建议由大学院出面组建筹备会，大学院还是直接将此事交给了四川省教育厅。凑巧的是，郑宾于等人恰与其时代理四川教育厅长的向楚所见略同。向楚在同一年为《四川教育公报》所写的《弁言》中就说：

---

① 本句和以上数段，四川省教育厅公函（十七年教字第10369号），“川大档案”，第1卷。

② 四川大学校史编写组：《川大史稿》，第151页。

③ 吴虞：《吴虞日记》下册（1929年9月1号、1930年9月5号、1931年5月5号），第469、519、559页。

④ 关于大学院与大学区制，参见陶英惠：《蔡元培与大学院》，《“中研院”近代史研究所集刊》第3期上册，1972年；刘正伟：《论大学区制的试行及其对普通教育的影响》，《教育史研究》1999年第3期；金以林：《近代中国大学研究：1895—1949》，北京：中央文献出版社，2000年，第160～184页。

> 十年已前，统计全国教育者，辄数吾蜀庠序之积，以为上第。此以多为贵者，其损益得失，于养兵见之矣。今有力者扶助创置，学校兴作，以手建为贤。而移取教育固定之入以充之，舍旧而新是图。要其经费之擘画，一若俯拾即是，秋毫不感筹措之难者，而教育之困匮益亟。地方县治，转相沿袭，以省治学校为败坏，不可复顾。动持一隅之论，□疑阻税，此又倒果为因之见。不至举全省之教育，一变为防区化不止，学校前途之忧，未有已也。①

实际上，这也是当时不少川省内外人士的共识。直到 1932 年底，还有人把四川教育称为“数量化的教育”，即“只有数量的增加，而无质的改进”②。

米庆云在回忆文中，专门列出一节“向楚合并三大的开场锣”，并谓向楚此举，“借口奉到南京国民政府大学院的训令”，实际上“主要在投合刘、邓、田三军的意愿”③。事实上，当时就有人怀疑向楚与郑宾于等人的呈文有关。一位名叫赵伟的旅京川人 5 月 17 日写给川大某人的信中就说：“弟看此事向仙樵或亦知之，因是上书人中多系与向相识者耳。”④由此看，郑宾于等呈文提议“以现任厅长为当然委员”，或即与此有关。不过，事实真相究竟如何，因为史料不足，亦颇难确言。但可以肯定，向楚对此事的态度的确甚为积极⑤。他奉到训令后，当即呈文四川省长公署，请公署“会同二十四、八、九军联合办事处选聘三人，成

① 向楚：《弁言》，《四川教育公报》第 2 卷第 1 期，1928 年，第 2 页。

② 直木：《四川教育的剖析》，《蜀社社刊》（上海光华大学蜀社）创刊号，1933 年，第 63 页。

③ 米庆云：《成大兴废》，第 83～84 页。

④ 赵伟函件，“川大档案”，第 1844 卷。按原件未属衔名，不知收件人为谁。

⑤ 郑桂仁：《向楚先生传》，《川康渝文物馆年刊》，1990 年；向在凇：《前川大文学院长向楚》，成都市政协文史资料委员会编：《成都文史资料》总第 19 辑，1988 年，第 38 页。

大、师大及公立四川大学教职员各推选一人，连同厅长共计七人，组织筹备国立四川大学讨论委员会，以讨论筹备一切事宜”。并提出，“其人选资格拟以国内外大学毕业、熟习川省教育情形及富有教育学识经验者为准”①。

最后，三军办事处圈定了熊峅、杨伯谦(1892—1962)、曹任远三人，连同成大代表李劼人、师大代表傅养恬、公立川大代表伍所南一起，组成讨论委员会。8 月 21 日，讨论委员会通过了《筹备国立四川大学委员会决议案》，并推举曹任远赴南京，向大学院汇报②。

此决议案共有 7 条：一、就三大学现有“校地校产，及一切设备，统筹改组划归国立四川大学”。二、“国立四川大学依据大学院学制系统条例，设文、理、法、农、工、医六科。”三、由于“川省高级中学尚未遍设”，学校“得暂行附设高级中学，所有现在预科学生一律归入附设高中肄业。”四、“国立四川大学改组成立后，凡各学校已有之专门部学生应一律办至毕业为止，停止再招新生。”五、鉴于“川省师资缺乏”，国立川大在教育系“附设二年制之师范专修科”。六、“本大学及附设高中成立时，应将各校现有大学本科生及预科生一律审查，分别改编，归入相当班次。”七、现有各校经费“预算案共为一百一十一万九千九百五十一元三角五仙六星，实领得之数不及一半”，应将其“全数划归”国立四川大学所有。“除国税外，其余之数仍由省税中之肉税或其他省税项下开支，并请转呈中央划拨盐余或关税附加及其他国税项下，每年加拨壹百捌拾余万元，并于前三年筹备期间，每年加拨开办费壹百万元”。③

获知呈文和决议案的各大学做出了不同反应。成大当即指出：

① 《为拟具国立四川大学筹划办法呈请核示事》(抄件)，“川大档案”，第 1871 卷。
② 四川省教育厅公函(十七年教字第 10359 号)，“川大档案”，第 1 卷。
③ 《筹备国立四川大学讨论委员会议决案》，“川大档案”，第 1 卷。

> 其所陈合并之办法，则系以成都师范大学为主体，而收改省立各专门学校，为四川大学之各学院。其经费校址一切仍旧，苟且敷衍，无变实质，徒易名称。其意盖以为苟能将省立各专门学校及国立两大学省并为一，统称为国立四川大学，经费则用师范大学及各专门学校之经费而已足；校址则用师范大学及各专门学校之校址而已足；学生则合师范大学及各专门学校之学生，并收编成都大学之学生，而亦不虞其少。至各校省并之后，如何而能振起，目前之衰颓如何而能发展，西南之文化如何而能树立宏远之规模，该呈固未能见及。

虽然如此，成大也不反对“三大”合并，并提出7条建议：一、“经费当确定为盐税，年拨二百万元。”既然是国立大学，就必须“着眼于川滇黔三省及川边之文化发展，而不徒以四川为范围”，为此，必须有充足的经费。“而此项经费之出源则成都大学之经费已经定案之盐税为最宜。盖四川大学既属国立，则其经费当然由国税支付也。”二、“校舍当于省城南门外择地新建”。成师大驻在皇城，处于市中心；公立川大则散在城内各处。只有成大校址“偏近城南，地颇间旷”，较“为适宜”。三、“四川大学当于重庆建设分校”，以便利于川东和黔、滇等地的学生。四、“大学当停办预科。”五、“当以省款筹办宏大而且完善之高级中学。”六、“大学不得与专门学校混合办理。”七、大学与专门学校不同。“大学立意，虽不废实用，而究侧重理论；专门设制，虽亦穷探理极，而实偏于艺术。”川省“地大物博”而“民力凋敝”，应“以省款继续兴办职业专门学校”；至于师范专修科，则可设在大学教育系①。

从这份提议看，不管是经费还是校址，成大的意思当然是要以自己

① 以上两段，《成都大学对于三大学合并之意见书》(1928年)，“川大档案”，第1卷。

为主体，合并其他两校。至于其余几条，都是针对四川教育现状而发；其中除在重庆建设分校一条外，又多与教育经费有关，显然是害怕地方政府借合并之机，将教育经费移作他用。

议决案出来后，成大仍不满意。9 月 18 日，张澜上了一道呈文给国民政府，对决议案第 1、7 两条提出异议：首先，“四川除国立大学而外，所有省办各种职业学校，仍当并行”；其次，“关于国立大学经费问题，本校以为完全应由国库负担”，而省教育经费应用来发展省立学校和高中。更引人注目的是，他增加了一条之前的意见书中完全没有涉及的建议：“国立大学既设成都，应即以成都二字冠于大学通名之上，正名为国立成都大学较为适当。四川名词仅代表省区，如大学系省立，冠此二字尚属合理。今以国立大学而加省区之名，殊嫌名实淆混。证以近事，如国立江苏大学之改为国立中央大学，国立湖北大学之改称国立武汉大学，即其例也”。他强调，这三条意见，“或为国立大学根本所关，或以四川地方利害所系”，均属重要①。显然，如果说前两条主要涉及的是四川地方事务，第三条(也包括第二条的一部分)讨论的就是张澜眼中“国立大学根本所关”的问题了。表面上看起来，这似乎只是一个无关紧要的名称问题，不过，如果按照这一建议执行，成大就彻底成为国立四川大学的建设主体，师大和公立川大都在事实上沦为被收编的对象。

成都师大也赞成将四川省内各大学合并，但是不包括师大在内。早在 1927 年 4 月，龚道耕在致大学院的呈文中就提到：

---

① 《呈国府对筹备国立四川大学意见一案呈为迳陈管见以备采择而策进行事》，“川大档案”，第 1 卷。当时在国内亦有人对校名问题发表过类似的意见。如《现代评论》第 8 卷第 185 期(1928 年 6 月 23 日，第 42 页)一篇署名“实”的文章《大学名称与大学区别》就说：“像北京大学这样确当的名称，实在是比任何别的名称都好。”并建议把中央大学改为南京大学、浙江大学改为杭州大学。因为“以地名为所在大学的名称，不独是世界各国的通例，而且简单明了，可以免除许多误会。我们相信，在一个大都会之内，国立大学只应该有一个，所以用市名为校名，是最好不过的”。

川省号称专门学校者无虑十所，近更有自称大学之名以冀网罗学生者，学校内容如何，所不敢知。然就社会上之信仰观察，此等学校实早已自知其领导地位。钧府为整顿西南教育计，似宜一面将此等学校设法归并，改称省立大学，俾成为完整之研究学术之场所；一面将本校改升为国立师大，俾专司倡导革命、恢宏一般教育之职。各该校原有经费合并计算，年有六十万左右，不虞其缺乏也。①

"自称大学"，显指成大而言，因当时公立川大尚未成立也（不过，这段话在正式呈文中被删去了）。

在四川省教育厅要求各校推举代表时，师大也派出了傅养恬参加。但9月6日，四川省教育厅为筹备国立川大了解各校情形发下调查表时，龚道耕批示："本校系国府备案之国立师范学校，就法律与学理两方面言，均不合□议合并，业向该会提出意见矣。此表无填造之必要。"②9月10日，师大致函四川省教育厅，对讨论会议决案提出异议，谓合并师大"殊失郑君等原呈之意，且对本校性质与现在地位，皆未深究"：

本校正名国立，已历多载。去经国府核准，改升师范大学，并正式简任校长，颁给关防在案。自后国府与大学院一切文件，皆直接达校。事实昭然。如中央认为应当省并，则于呈请备案之时，即应加以指驳；事后政策果有变更，对直接学校，何迄无明令发表，且于最近本校呈报招生简章，又予批准耶？按本校直属中央，凡关

① 《呈国民政府请改升本校为师范大学并赍送计画预算校舍图等件由》文稿，"师大档案"，第1卷。

② 四川省教育厅公函（十七年教字第10232号）及龚道耕批语，"师大档案"，第3卷。

> 于变更及废止，依法应遵中央明令办理，此外似不容任何人干涉或支配。四川大学讨论会，究不知其法定权责为何，而可对于国立学校，轻议变更……就理论言，师范大学不惟不应取销，尤应彻底独立。盖师范大学，与普通大学性质不同，目的迥别。普通大学重在研究学术，师范大学，除研究学术外，尤重在教授技能之训练……即大学之教育系，与师范大学，虽同为研究教育，而一主研究教育学理，一尤重养成教育技能。质言之，即一重在教育的理想，一重在教授之实施……方今社会进化，事贵分工。师范教育，关系国本，岂可含糊从事？主张合并师大于普通大学者，殆犹具以前之传统思想，而昧于进化公理欤？

此外，公函还对曹任远的代表资格提出了质疑："复查曹四勿系中华教育文化基金会董事会赠送讲座，去留应受聘约及规程之限制。敝校既未同意推选案，则讨论会之推举及贵厅之分电北平中华教育文化基金董事会似应兼顾及之。"①

18 日，师大又上呈文给国民政府、大学院，谓筹备国立四川大学委员会开会时，"列席七人，除职校及成都大学、公立四川大学各派一人外，余为教育厅厅长及其遴选驻军延聘三人。致会议席上一惟教育厅长之意旨是从，不过徒具会议之形式而已。职校代表以事关改造四川教育，但于主旨不背，何妨委曲迁就。讵议及改组旧有学校时，该厅长竟提议将师大一律合并，余人漫不加察，杂然应之"②。表示不承认此决议案的合法性。

---

① 《函覆教育厅查将原提意见书转呈大学院并案核办暨曹四勿代表赴京未经讨论会议决赞同一案由》，"师大档案"，第 3 卷；《国立成都师范大学校报》第 1 期，1928 年 9 月 26 日，第 9 页。

② 《呈大学院、国民政府为四川大学讨论会合并本校未经赞同暨呈意见书请为并案合办一案由》，"师大档案"，第 3 卷。

19日，师大致函刘文辉部（国民革命军第二十四军）、邓锡侯部（国民革命军第二十八军）和田颂尧部（国民革命军第二十九军），强调讨论会的决议早“经傅代表当场否认”，但是讨论会竟“不之顾”，以致“外间闻此消息，函电责问，至为激昂。截至今日，接到此项函电已有二十余起”[①]。这里所谓“外间”，当然就是高师或师大校友。这里对事情经过的描述，与给大学院的呈文略有不同，强调傅养恬“当场”就表示反对。显然，师大当局也面临着极大压力，使他们必须对“亡校”的可能做出激烈的反应。

1926年高师差点变为成大的惨痛记忆使师大人对一切想要取消师大的想法极为敏感。师大学生会本来“停顿已久”，但因“此事关系本校存亡，非一致团结应付不可”，华翰章等30多人在14日重新发起组织临时学生会，并明确以“拥护师范教育独立”为宗旨[②]。26日，已经停刊的师大校报也再度“和读者见面”[③]。其第1期为师范大学独立专号，选录了1928年全国教育会议国立中山大学与粤桂两教育厅的提案、北平师大学生拥护本校独立宣言、北平师大学生为拥护本校独立请援电、前北京师范大学学生代表为拥护本校独立向第五次全委会请愿书、国立成都师范大学毕业同学对北平师范大学独立运动宣言等文献，并刊出傅养恬启事，宣布自己对讨论委员会的议决案始终未表赞同。

即使在合并之议一度消歇后，师大校方依然坚持倡导师范独立原则，作为自己的护符。直到1930年，周光鲁还致信给教育部长蒋梦麟（1886—1964）、行政院长戴季陶（1891—1949）强调师大独立建校的必要性：“北平交通利便，数省师资已惟国立北平师范大学是赖。西南交通梗阻，数省师资更不能不惟国立成都师大是赖。”而成都师大多年奋斗，

① 《函三军长送本校意见书请为转呈国府大学院一由》，“师大档案”，第3卷。

② 《临时学生会成立》，《国立成都师范大学校报》第1期，第4页。

③ 《又相见》，《国立成都师范大学校报》第1期，第2页。

一切要求，尽可以“独立设置四字”来概括①。

公立川大亦表示拥护大学院训令。五院长曾联名写信给一位旅京川人“厚甫先生”，声称“此事于本大学前途关系甚巨”，请其“就近代表陈明一切”，特别是要向教育部申明三点：一、公立川大办理“办法尚称妥善，规模亦已具备”；二、学校经费“虽未充裕，亦属有着”；三、“成绩尚有可稽，基础比较稳固”，尤其是在“改组以来，益加整理”，学校已绝“不似从前之有名无实”。信中反复强调：“以上三点，皆系最近实在情形，即与郑宾于等所建议者不谋而合。”这听起来全是自辩的口吻，远不如成大和成师大那么显得理直气壮，不过，这不等于公立川大就安于被人吞并。信中明言，此次中央下令筹备国立川大，“若果以本大学为主干，从事改组，以吸收所谓成大、师大，事势便利”②。

公立川大在三校中实力最弱，而且他们自己对此也了如指掌，却也在梦想以自己为主干合并其他二校。“三大”各怀心思，难以调和，合并之议，执行起来困难重重。更为棘手的是，此议又牵涉到地方军人中的不同派系和势力的关系。米庆云回忆道：在“三大”中，“成都大学被认为是刘湘办的；师大校址的皇城是属于二十八军系统的边防军总司令李其相(即李家钰，1892—1944。引者注)在成都市区的防区，师大校长的去留以及校产等重大事宜，李其相和他的兄弟李注东常常要直接过问，就被认为是李其相办的；川大五院系领省教育经费过活，虽没有明白属于哪一个军系，但也各有系派把持，不是教育厅可以任意变动的”③。因

① 《周校长致蒋梦麟部长、戴季陶院长缄》，收在《国立成都师范大学一览》，1930年，第107～108页。

② 致厚甫先生函稿，“川大档案”，第1844卷。

③ 米庆云：《成大兴废》，第34页。按，杨伯谦于1929年2月22日被任命为师大校长，似即与李家钰有关。《吴虞日记》1929年9月16号：“成大传事……又送来查杨吉甫(杨伯谦。引者注)吞校款帐目一纸。”次日又记：“今日晤表方，……又言李其相与杨吉甫扎起不交。昨日已请教职员议开学。保阿斗者可谓大卖气力也。”(均见该书下册，第471、472页)似可为米庆云文做一旁证。

此，这次合并之议闹热一时，最终不了了之。

1931年2月，新的四川省政府成立，刘文辉被任命为省政府主席。时刘文辉正处于全盛时期，用他自己的话说，是“少年得志，不可一世”，踌躇满志要统一四川乃至整个西南①。在此心态下，他也需要像其他军人一样，有一所属于“自己的”大学。9月29日，他以省政府主席的名义对有关各方下达训令或公函，旧议重提，而理由依然如故：成都“三大”并立，“师儒既苦不给，经费亦复不充。枝梧到今，教学交困”。虽然1928年的合并之议，因为“省府延未成立”而流产，但终是大势所趋。故“本府参酌旧案，体察现情，为整理大学教育起见，决于本期将三大学重复各系一律归并，指定校地，划一名称，原有学生并入肄业。其四川大学原设工农两院，着即划开，遵照最近教育部所订各省市普设专科学校实施方案，改设工农业各专科学校”②。

这一命令虽是9月底才下达，但是合并“三大”的风声至少从7月就已经传出。吴虞的日记提供了不少信息，如7月10号：“晚饭后看叶秉诚，言下半年学界恐有变动。成大经费动摇，亦恐不能办。”8月1号：“《新四川日刊》：教育厅正积极筹备成大、师大、川大三大学合并事宜，惟名称尚未决定，故川大无添办高中之必要。”8月11号：“今日《新四川日刊》：关于三大合并问题，最短期内似难实现，唯对于川大合并，筹办高中，则刻不容缓。”③

米庆云回忆了当时“一般人”对于刘文辉此举动机的几种猜想：1.“把被认为是刘湘的成大和一向受李其相支配的师大一起撤（当为‘拆’。引者注）散。”2.“三大合并，师大川大合用成大的盐款，省教育

① 刘文辉：《走到人民阵营的历史道路》，收在全国政协文史资料研究委员会编：《文史资料选辑》第33辑，北京：中国文史出版社，1986年，第3页。

② 四川省政府公函（二十年省字第673号），“川大档案”，第1卷。

③ 吴虞：《吴虞日记》下册（1931年7月10号、8月1号、8月11号），第569、571、572页。

经费项下可以不拨或少拨钱，还可借成大旧案把刘湘把持的盐款多挤点出来。”①基本上都是从军人之间的权力竞争角度来思考问题。时人议时事，虽然是推测之辞，亦必有所依据，不会是凭虚捏造，空穴来风，其可能性是很高的。

刘文辉雷厉风行，10 月 1 日就组成了大学整理委员会(下简称“整委会”)，自兼主任委员，聘请时任教育厅厅长张铮(字重民)为副主任委员，委员包括军政界方面的向传义(字育仁，1886—1955)、邓锡侯、田颂尧、尹朝桢(1882—1951)、赵椿煦(1871——1939)；三大学方面，成大为熊峄(张澜已于 1930 年下半年回乡，校务由三院长轮值，时恰好为熊峄负责)，师大为 1931 年 2 月起始任校长的宋绍曾②，公立川大为向楚，另外还有成大教授叶秉诚。

这一次的形势与上次大有不同。首先，主其事者为刘文辉，而刘的态度又极为强硬。10 月 6 日，刘通知三大学于 3 日内交出校印等，并通知“三大”负责人到省府开会。魏时珍后来回忆说：“当时刘文辉主持会议说话时的傲慢态度，使出席的校长、院长都感到非常震惊，他说话之后，大家相对默然，半晌无人发言。”③

另一方面，各校的情况也发生了一些变化，反对的声音不如从前那么大。公立川大隶属省政府，当然不敢有何异议，中国文学院院长向楚因早有合并之意，更是积极从事。只有农、工学院对将其划开不满，指责此方案“偏重空谈学理之文、法、教育等科，而轻视崇尚实业之农工科”。他们认为，设置农、工两院，是国内大学通例，如中央、浙江、广东、岭南、北平等大学，概莫能外；就法令而言，则“既无中央明令取消两院，复无教部指令降为专科”，将之排除在国立大学之外，“纯系

① 米庆云：《成大兴废》，第 86～87 页。

② 据吴虞说，宋绍曾长师大，也是由李家钰推荐的。《吴虞日记》下册(1931 年 2 月 27 号)，第 547 页。

③ 米庆云：《成大兴废》，第 87 页。

教厅办理不公”①。但在刘文辉坚持下，这些抗议终归无效。

师大原来是反对“三大”合并最力的，但按照刘文辉的方案，师大改为教育学院，等于部分保持了师范教育的独立建制；而合并以后，可以使用盐款，经费比较稳定；更因原有的护校精神较为强烈的高师学生都已毕业，新生中的反对声音不大。真正反对此事的，主要是师大部分教师和现任校长宋绍曾。但刘文辉派其义子石肇武（？—1933）率领大批兵弁，将宋绍曾本人和师大教务长蔡锡保、秘书长陈祖武等带到刘文辉公馆，当面命陈交出校印。陈借口校印未随身携带，诸人等才得以返校。宋绍曾偷偷携印出走，后到南京国民政府蒙藏委员会任职②。

成大也一向不反对合校。1931 年 5 月 26 日，回到南充的张澜致信刘文辉，希望刘趁“此次省府改组”的机会，在两个方面帮助成大，“一则案定之盐款必须拨足也”，“一则国立之名称，必求国民政府核定也”。盖成大虽经大学院、行政院准予立案，并任命了代理校长，划拨了经费，使成大在“事实上”确立了国立身份，“惟因前此省府无人负责，未能向中央建言，而旅沪川人，又曾呈请大学院为三大学合并之主张，遂致教育部对于成都大学，至今尚未明令定为国立大学，名称不定，因而办理时生滞碍”。可知张澜自己也知道，成大的国立招牌并不稳固。不知是不是出于这个原因，张澜竟主动谈到合并问题。他一边“建议三大学国立省立，分途并进”，一边又提出：“如须合并，则此一大学者，必当使之成为国立，而其经费，必当请求国府，于国税项下除成都大学已经年拨六十万元外，再行增拨若干”。而“省教育经费，则须完全留出，以多办关于生产事业之高等专科学校”，而不能像 1928 年所拟办法，“将国税省税并入于一大学之中”。为了增强刘文辉的信心，张澜指出：

① 《农学院学生仍坚持该校并入川大已发出第一次宣言》，《成都快报》1931 年 10 月 22 日，第 6 版。

② 米庆云：《成大兴废》，89 页。米庆云曾访问过陈祖武。

“中央对于东南诸省，尝有私人倡设之大学，亦允许其为国立，惟恐优厚之不加，我占西南重要位置之四川，岂宜长此自外，而自甘菲薄耶?”[①]从信中透露的信息看，张澜似乎对于成大能否获得真正的国立头衔，并无十足的信心；而“三大”合建为国立四川大学，就成了另一选择。

凑巧的是，米庆云说，其时主持成大校务的熊峅“是与张铮、向传义等极为接近的”国民党人，“对三大合并是幕后人物”。他并透露，当时有人认为，“合并三大，只是国民党人向楚、张铮和二十四军副军长兼国民党四川省党务指导委员会主任委员向传义等的主动，目的是想消灭非国民党人张澜主持的成都大学”[②]。米说：“这不完全符合事实。”的确，若说熊峅等人想消灭成大，恐怕不确，但这几位都是国民党，又都赞同合并之举，难免使人有此联想。而李劼人在1932年6月9日写给学生王介平(？—1985)的信中，也对“张重民之出卖大学”表示“不悦”[③]。另外，吴虞在日记中也将熊峅、张铮、向楚等一并计入“成大熊锦帆(即国民党人熊克武。引者注)系”[④]。可知这确实是当时成都教育界中流行的说法。

如叶秉诚所说，成大当时也遭遇了经费危机。10月14日，成大三院长致信四川省政府称：“本校历年因款未拨足，致欠发各教职员薪资。本年四月以来，川南盐务稽核分所拨款，先后积欠至五六万元，虽经认补，缓不济急。因是学校经费常在困窘之中。”秋季开学已经四周，“而

---

① 张澜：致省政府公函(1931年5月26日)，“川大档案”，第1卷；又收在《张澜文集》，第104～105页。同日，张澜有《呈行政院文》，大意相同，但明确提到：“至将来四川大学、成都师范大学两校，将来如必须合并于成都大学，其事固甚易也。”(收在《张澜文集》，第107～108页)则其仍抱有由成大吞并其他两校的构想。

② 米庆云：《成大兴废》，第90页。

③ 李劼人：《致王介平同志》(1931年6月9日)，收在《李劼人选集》第5卷，成都：四川文艺出版社，1986年，第641页。

④ 吴虞：《吴虞日记》下册(1931年7月21号)，第570～571页。

各处款项拨到者亦属无几。关于补给欠薪及维持现状开支，“三大”未合并以前之一切开支，非为六万余元现款之接济无法应付”。请求省府垫拨，“以资维持”①。此前成大因有盐款支持，办理较为顺利。现在也陷入经济困境，以至于要向省府求援，是从前没有过的。这也促成了一部分人倾向于合并。

合并令下的第二天上午9点半，吴虞在成大校内遇到叶秉诚。叶告诉他，“三大合并，事在必行，快则以一星期结束，迟则二星期，从明日起算”。当天上午11点，熊峅和叶秉诚召集学生，报告此事经过情形。次日，成大召开教职员会议。吴虞在日记中写道：“叶秉诚、蒙文通各有议论，均关重要。继学生主张，予以其多离事实而唱高调，遂归。”②

10月6日，成大教职员吴永权、魏时珍、熊峅、叶秉诚、曾济实、谢苍璃、杨尚恒、胡助、何鲁之(1891—1968)、李植(字培甫，1885—1975)、林思进、刘绍禹、李炳英(字蔚芬，1889—1969)、龚道耕、刘朴、何式臣、刘咸炘、周太玄(1895—1968)等63人联名致函四川省政府，提出：“同人等以钧府新成，重提旧案，顾念各大学经费困难，立即着手整理……但使有益学子，比较成大为完整，同人等自当牺牲一切意见，断不为故步自封之计。”不过，他们笔锋忽转，表示，“为全川教育前途计”，需请省府回答两个问题。一是经费：“窃川省教育不良之原

① 国立成都大学公函底稿，“川大档案”，第1卷。

② 吴虞：《吴虞日记》下册(1931年10月1号、10月2号)，第580页。叶、蒙二氏及学生发言内容为何，已不可知晓。不过可以肯定的是，蒙文通是反对合并的(龚谨述：《蒙文通先生传略》，收在蒙默编：《蒙文通学记》，北京：生活·读书·新知三联书店，1993年，第187页)。“三大”合并后，蒙文通离开了四川。他后来说这是因为对四川教育界情况不满：“校外是军阀割据，暗无天日，校内教师间的派系明争暗斗。我实在看不下去，便离开了成都到了南京。”(蒙文通：《不能离开党的领导》，收在李有明、蒙绍鲁：《往事存稿》，成都：四川民族出版社，2004年，第387页)蒙文通并未明说他离开成都是否与“三大”合并有关，但“校内教师间的明争暗斗”，或即包括此事。又，米庆云说叶秉诚也是反对合并的，见其《成大兴废》，第91页。

因虽多，惟以经费不足为最大。”拟建中的国立大学“经费非年有八十万元，不能较现今为完备”，而原“三大”的经费合起来也不过 50 万元左右，“不知钧府将划拨何种的款以作新大学之固定经费”？二是请省府明令宣布保护原“三大”之校址校产①。

为此，省府于 10 月 7 日下午召集“三大”校长、院长开会，由刘文辉宣布：一、“新大学常年经费确定为六十万元”；二、“合并后所剩之校产仍作为学产，不得变卖及作别用”；三、“新大学暂假定为国立四川大学，俟将来呈请中央定名时拟撰三名，国立成都大学之名居其一，由中央选定”，国立成大校牌可暂时保留②。

成大学生则对合校群情激愤。米庆云说，学生“除发表宣言传单申述理由，向社会呼吁外，并整队到省府请愿。刘文辉作了两小时的演说，不接受学生们的要求”③。赞同合并的教师也在校内受到了学生的攻击。吴虞日记留下了这方面的大量记载。10 月 4 号：“成大壁报骂熊小脚、吴金钰谄上傲下，牺牲成大，以求饭碗。日前开会，金钰向教职员宣言，当打电与张表方辞职，众学生拍掌欢送，掌声如雷，金钰面红，耳根俱赤。学生继又群呼打倒吴幺儿，可谓丢丑矣。”10 月 5 号：“蒙文通云：今日成大壁报，又加入叶秉诚，谓彼同熊小脚、吴金钰出卖成大。”10 月 15 号：“晤周鲁瞻、张幼房(1891—1961)，言成大学生昨夜半开紧急会后，遂将秘书处、会计课、注册部、训育部各处文件簿据接收。出有油印传单，驱逐熊小脚、吴金钰，结队至省署请愿。未知何如。晚饭后肇海来，背学生作《三院长赞》各一首。”不过，学生的反对最终落

---

① 《国立成都大学教职员上省府函》，“川大档案”，第 1 卷。

② 熊峠、吴永权、魏时珍致成大教职员函原件(1931 年 10 月 9 日)，四川省政府致吴永权等回函(1931 年 10 月 9 日)，均在“川大档案”，第 1 卷。

③ 米庆云：《成大兴废》，第 91 页。

空：“晚肇海来谈，言叶秉诚至成大劝谕后，学生将文件簿据交还”①。

11 月 17 日，四川省政府照会成大、成师大，任命吴永权为国立四川大学秘书长、魏时珍为理学院院长、向楚为文学院院长、熊晔为法学院院长、邓胥功（字只淳，1886—1976）为教育学院院长。11 月 9 日上午，国立四川大学开学典礼在原成师大校园内的皇城至公堂举行。刘文辉、邓锡侯、田颂尧、向传义、张铮等莅会参加②。国立川大正式宣告成立。

第四节　小结

从 1924 年春傅振烈出长高师，到 1931 年底“三大”合并，其间的经历颇为曲折。这一时期，成都出现了两所“国立”大学，并围绕着“国立”二字展开了名分上和实利上的竞争。其中，师大虽经中央政府批准，却在事实上受制于地方政府的控制，经费一直使用省税；成大虽然在使用国税，并自认是一所“事实上”上的国立大学，却从未经中央明令认可。这种“名实错位”的出现，是其时四川半独立政治局势的产物。

不过，成大争“国立”之名与成师大强调自己才是真正的国立大学，也都表现出“国家”在“割据”状态下所具有的号召力与吸引力。这除了因为各校有为自己“地位”的考虑外，谋求四川与国内其它地区在教育方面的平等地位，也是一个不可忽视的因素。龚道耕要求高师改大，即以西

① 吴虞：《吴虞日记》下册（1931 年 10 月 4 号、10 月 5 号、10 月 15 号、10 月 16 号），第 581、583、584 页。按，文中“熊小脚”为熊晔，“吴金钰”和“吴幺儿”均指吴永权。此时吴虞与吴永权已交恶。

② 米庆云说，很多成大学生没有参加开学典礼，“出席的人，于省主席演说时发出不断的‘嘘’声，刘受气难堪，作了很多斥责，并表示要不顾一切，硬干到底”。见《成大兴废》，第 91 页。

南文化落后，应该“特别促进”，“以蠲除省与省间之不平等”为词。1931年5月，张澜向行政院上书，也有类似说法。他要求行政院饬令教育部明确发表成大为“国立大学”，认为这样“既足昭示国家恢宏教育，无间于偏远；亦不使人妄疑该部有漠视西南教育之心，而敢于自外”①。

这一关切并非龚道耕与张澜所特有。早在1924年，还在北京教书的王兆荣就在讨论庚款分配问题时提出三件议案，其中两条都与此有关：一是“请向教育部建议，定四川为大学区案”；二是“请订庚款分配之标准，地方应与国家并重案”②。其所持理由，也和其他人大体相仿，强调四川地广人众，又是西南诸省的文化中心，却因地理条件所限，风气闭塞，文教落后，因此也必须大力发展高等教育，无论是对于地方还是国家都是有利的。可见，四川思想保守以及中央政府对待各省政策的轩轾不公，是其时某些川籍知识分子的两大心病，他们希望迅速提升四川在全国的文化地位。这一时期四川各大学对“国立化”的追求，便与四川知识分子对地方文化发展的特别关切有关。

另一方面，如成大的事例表明的，成为一所“事实上”的国立大学，使用国税，就意味着更稳固的办学经费和办学条件，进而是较高的办学质量。这也就是师大一直在谋求国款的根本原因。从法理上说，国立大学应使用国款，也只有国立大学才能使用国款。但实际上，四川特殊的政治形势却使盐税这一“国款”一直掌握在地方军人手中，得到中央政府明令认可的国立大学无法真正用到，中央也无可奈何，只有承认既定事实；未得到中央明令认可为国立的成大却在使用之，并以此证明自己在“事实上”的“国立”性质，要求中央承认。显然，其时中央既有名无实，也就无法实现“国家”的“专有”，地方常常比中央更有运用“国家”资源（包括物质性和象征性资源）的能力。

---

① 王兆荣提案，“川大档案”，第1卷。

② 《川代表对于庚款之议案》，《川报》1924年11月7日，第6版。

但是，中央虽然“软弱”，仍为地方力量所认可。这也就为中央政府提供了一定的政策空间。成大的国立性自始至终极为含糊，中央既不明予承认，也不明予否认，当然是因为洞悉成大背后有地方力量的支持，“得罪”既不愿，“顺应”又不甘，只有悬挂起来，以维持“法统”。

也正是因为“国立”二字在实际上的含糊性，使得大学能够采取相对灵活的策略为自己谋取利益。如四川省立各校所看到的，高师利用“国立”身份和四川特殊的政治局势，获得了独立性较大的活动空间。而在“成、高纠纷”中，成大学生本宣称遵奉教育部的命令。及至教部命令真的下达，对成大并不有利，又转而以地方长官的命令为最后依据，并不认为这一立场的转换有何特别不妥。

当然，学校的独立仍是相对的。生活在四川这样的政治环境中，大学不能不“现实”一些。高师虽有反对地方任命的傅振烈之举，但主要的原因，大概还在傅氏个人方面。高师师生对四川自成一格的政治状况，其实有着深度的了解。在后来的“成、高纠纷”中，他们主要的求助对象也还是地方势力。龚道耕辞职后，四川省政府先后照会杨伯谦、周光鲁、宋绍曾为校长。虽然名为“照会”，实与任命无异，都未遇到反抗。1930 年 9 月，周光鲁辞职，师大学生请愿团甚至直接呈请李家钰的边防军总部“照会贤能接充校长”①。杨森毕竟还是具有省政府名义的军人，李家钰则不过恰好驻防现场而已，名更不“正”，却成为学校主动争取的对象，则不但“校长出兵间”已大致为教育界一些人所实际认可，短短几年中，国立大学的学生更主动呈现“地方化”的趋势，尤可看出“地方”在国立学校生活中的实质作用。

事实上，早在 20 年代初，舒新城就曾观察到，“成都教育界之情形，因为政治的关系，自然派别也很复杂”。不但有“新进”和“前辈”之争，在“新进”也有“利害冲突”。“各人或各系各派为维持其势力计，当

---

① 《成都快报》1930 年 9 月 23 日，第 4 版。

然要各寻其支持者，而支持之现实的力量，当推握现实政治权的当局”。“故当时成都教育界之重要或有名望之分子，大都兼任督署职务或由督理罗致”[①]。情况是否已经到了最后一句所说的那样严重，恐怕还有待研究，不过，成都教育界与“握现实政治权的当局”的关系密切，倒确实不错。

这一状况到了国立四川大学的第一任校长王兆荣时代还未有实质性的变化。王兆荣是先由地方政府推荐，后经中央政府任命的。当然，比起“照会”的方式，王的任命在向“国立化”的方向上迈出了重要一步。

如在“成、高纠纷”中表现出来的，“国立”二字有时也成为地方政府不愿介入棘手问题时的一个借口。但是，一般说来，甘愿“作壁上观”的人并不多，特别是对所谓“一级将领”而言。他们彼此之间的竞争不仅在军事方面，也常常表现在军事以外的事务上。向楚所观察到的各地纷纷办学的情况，就是军人间竞争在教育上的表现。“三大”鼎峙亦与四川政治分裂的状况分不开。每校各有后台，彼此争斗，学校变成了军人“斗法”之所。

由于同样的原因，像成大这样一所使用“国款”的学校，实际上也不能得到自己应得的全数“国款”。1928 年，张澜就曾向国民政府呈文，报告“本校现在经费确实情形”：“在事实上，四川军政财政均未统一，驻军提取各该区内盐款，已成例案”。即使与各军协商好的年拨 20 万元，也因分区关系，未能“全数收得”。其中刘湘所分摊者，“自十五年六月以来，按期如数照拨”。刘文辉所分摊的每月 1000 元，自“十五年六月起迄十六年十二月止仅拨得七千元”；邓锡侯和田颂尧每月共应拨盐款 6026 元 7 角，则“自十五年九月起迄十六年十二月止”，仅田颂尧拨过 6

---

① 舒新城：《我和教育》上册，第 274 页。

个月，每月又只有 500 元①。即是说，刘湘所办的成大，只有刘湘鼎力支持，其他人都不积极。

在这种情况下，刘文辉 1931 年以新任省主席之威合并“三大”，便颇有象征意味了。这次合并虽然有中央训令作为依据，但 1928 年大学院发下训令后，便一直再无下文。这次合并及其具体办法，根本是在刘文辉的主持下进行的。换句话说，这一“国立大学”的基本格局是由地方政府确立的。同时，经过合并后，刘湘、李家钰等人在成都教育界的势力统为刘文辉收编，而从以后一年中国立川大的发展来看，刘文辉也显然把它当作自己办的学校对待(详见第二章)。

“二刘”对国立大学的兴趣，与“国家”作为一种象征性资源的性质分不开。如同他们常常利用“中央”授予的各种头衔对其他军人发布命令所表明的，在地方政治竞争中，掌握“国家”这一象征性“资本”，被认为具有“挟天子以令诸侯”的作用(实际是否达到又是另一回事)。可知“国家”虽已成为虚悬象征，在“基层”仍具有不小的说服力。

这三所大学的发展，尤其是成大和成师大的发展史，还和当时文化界的论争有关。这主要体现在两个方面。首先是高等师范教育是否应该独立。晚清民初中国各地建有不少高等学堂，包括高师。自 20 年代初开始，高师纷纷升大。不过，多数改为了普通大学，师范教育仅成普通大学的一个学院。成都师大是 30 年代初中国国立大学中仅有的两所师大之一。

其次，这一事件又牵涉到成都文化界的新旧之争。当时多有人认为成都高师(师大)是“旧”的，但如前文所说，他们用来维护自己的理由却恰恰是现代的分工理论。在成大方面，更是从校长到学生都急欲趋新。特别值得注意的是他们那种明确的改造四川社会意识(师大的全国意识

① 《呈为呈报经过及现状请予备案并指示办法事》，《国立成都大学校报》第 14 期，1928。

也很明确，但改造意识似不如成大明显）。而在他们那里，改造四川社会又常常意味着用新思想取代旧思想、用新学问取代旧学问，从而使四川和国内先进地区同步发展，不再被外省人以“异乡”相视[①]。不过，1929 年，一位成大中文系的学生便提出，在四川的特殊局势下，要发展教育，新文化未必是最好的选择：

> 今人多称纯文学为诗歌、戏剧、小说三者……然诗歌造诣，前人已跻高峰。苟仍按步弛驱，何取故辙重蹈？故非参究欧西，无新产物。如是，则蟹行之文，宜与六书并重而兼通之，教师海内有几乎？戏剧、小说，我国或已萌蘖而未盛，或因漠视而式微。材料取给，尤需外邦。蜀道艰难，远人奚至？而国内事此者，亦多不得。故揆诸地域，因时制宜，特以四部诸籍为基，以新文学及外国文学为辅。盖故籍蜀地多有，教师可少可多故也。[②]

作者显然并不反对新文学。但他认为，对于四川来说，趋新虽好，却有“地域”之限，只有“以旧为基，以新为辅”，虽然不够新潮，却是最可行的。这一观点与一般社会见解或有出入，但作者提出的问题却很实在。事实上，若从后来的发展看，“国学”的确一直属于四川学术界的强项。可以说，他向我们提示出了新与旧、地方化与国立化之间在多层面上存在着的互相关联和绞缠。

国立四川大学的成立是四川大学国立化的开端。不过，“国立化”的多重意涵，早在“三大”鼎立时期就已体现出来，而在国立川大以后的发展过程中，随着时移势易，展现出其更复杂的面貌。

---

① 王东杰：《国中的“异乡”：二十世纪二三十年代旅外川人认知中的全国与四川》，《历史研究》2002 年第 3 期。

② 杨益恒：《上校长书》，《文学丛刊》(国立成都大学中国文学系)第 1 期，1929 年 10 月，“附录”第 6 页。

第二章
“不在场”的中央：“国立化”初期的惨淡经营

国立四川大学成立后，校长人选迟迟未定。在开始的几个月中，校政由四川省政府整委会负责，刘文辉代行校长职务。1932 年 5 月，由国民政府简任的正式校长王兆荣到校视事，启用关防。整委会遂宣布结束。王兆荣在任上，直到 1935 年 8 月。

这一时期学校发展的一个主要特点就是生存环境艰难。郑宾于等提议合并“三大”，一个主要考虑本是借此消除四川高等教育发展的制约因素，而国立川大在有些方面(诸如师资配置)也的确有所改善。但是，对于最根本性的制约因素，也就是经费不足的问题，合并之举仍然无能为力。事实上，在王兆荣任内，这一问题不仅没有消除，反而由于外部条件的制约，益形突出。很明显，这一问题的根源在外不在内，是教育界本身所无力左右的①。

这一时期，四川政治混乱，比起 20 年代来，内战的数量虽称不上更加频繁，其激烈程度却有增无减。尤其是刘文辉与田颂尧之间爆发的“省门之战”，直接威胁到川大师生的生命与财产安全。1932 年，刘文辉和刘湘的“二刘之战”结束后，四川政局暂归平静，但国立川大的成长环

---

① 不少论者都把限制滥设大学、整顿公立院校作为国民政府发展教育大学教育的一个重要成就看待。本书无意完全否定这一判断。但是，如果把注意力放得更“基层”一些，并考虑到一些“非教育”的因素，这一“成就”大概需要重新估计。

境不但没有变得更好，反而更差，一度甚至处于岌岌可危的境地。直到1935年，国民党中央势力入川，这一状况才有了好转。

1934年，一位川籍北大校友指出："当二十年冬成都三大学合并时，吾人虽不若何反对合并，但其因合并而省却教育经费以作战费，固所反对者也。"然而不幸的是，合并以后，众人的担忧果成事实："军人之克扣教育经费也，川局之陷于混乱状态也，遂使此唯一之大学在不生不死情形中苟延残命。"[①]这段话精炼地总结出了此一阶段川大的基本情况。而在这种情况下，王兆荣不得不把主要精力放在催发经费和保护校产等方面，在教学和学术研究方面并无太大的投入。

第一节 "三大"矛盾的继续

"三大"合并，本是在四川省政府的强迫之下进行的，原三校师生中，不少人并不满意，故合校之后，他们彼此之间的摩擦依然不断。更因整委会的存在，使问题演变成原成大学生与四川省政府之间的对抗。

首先出现的是缴费风波。由于原三校收费标准不同，第一次校务会议根据整委会的意见，议决前各校学生仍照旧例缴费。不过前成师大学生属于师范类，一向免交学费，每学期只缴纳讲义费2元；前成大学生除一部分人因为成绩优秀，获有全免或半免学费的奖励外，其余本科生每期学费14元，预科生每期学费12元；公立川大的本科生每期须缴学费16元，预科生14元。"彼此参差，办理不便。"整委会乃决定："在校本预科学生，除免费生外，本期各照旧额缴纳各费。自下学期始，至毕业时止，每名每期缴纳学费14元，其缴费未及此额者，仍照旧额缴纳。

---

① 述尧：《四川今日之大学教育》，《北京大学四川同乡会会刊》创刊号，1934年，第31页。

杂费讲义费免缴。”①

此议一出，立刻激起前成大和公立川大学生的不满。11 月 9 日，国立川大成立当天，校务会议就接到“前成都大学学生为平等待遇请愿团”和“前四川大学学生为平等待遇请愿团”的呈文。

前川大请愿团声称，省府合并“三大”，“原为整理大学，予以学生平等求学机会。学校当局自宜禀承斯旨，方不负省府整理大学作育人材之至意。乃第一次校务会议议决案，有各院学生仍照原校规定分别缴纳各费一条，阅览之下，不胜骇异”。前“三大”既已合而为一，自应“有统一之行政，而待遇学生尤宜示以一律平等，以免门户之争”。他们警告学校，在合校过程中，各校学生皆“曾有保存原校独立之运动”，至今仍“各怀畛域”。校方若“不图所以泯除之术，反为之区别师大也、成大也、川大也，又为之定最高、最低缴费之标准”，必将“割裂大学，予以树党棼争之机会”。呈文最后指出：“近数年吾川战争频仍，天灾人患，杂遝俱来”，为此，“国立中央大学已有免川籍学生学费规定”。国立川大“建设伊始”，也应豁免学费，使全体学子“咸得平等向学之机”②。

前成大学生也认为这一规定是“畸形待遇不平”，违背了整理四川省大学教育的本意。不同的是，公立川大学生说，整理大学是“省府”所为；成大学生则强调，此是“省府承大学院、教育部之令”而为。两校学生措辞中的这一微小差别，或是其原有的“国立”和“省立”身份的无意流露。成大学生也建议，建校之初应免缴学费，但理由亦和公立川大学生的微有差异。他们不但强调四川的“天灾人祸”，更强调免费是“国内外各大学之通例”：

① 王兆荣：《为前成大学生要求平等待遇事呈教育部文》，“川大档案”，第 175 卷。

② 前四川大学学生为平等待遇请愿团：《为呈请平等待遇以泯畛域事》，“川大档案”，第 175 卷。

> 国内大学有全不缴费者，南京中央大学是也；有以省籍受兵匪之害过深，得在国内各大学均受免费之待遇者，江西是也；有以学校开办之初，前三年入校肄业学生予以免费之优待，以志盛事者，则尽国内外各大学之通例也。吾川偏处西陲，虽不能沿直隶京畿之中大例，然已天灾人祸纷至遝来，受害之深，恐不减于江西，待遇亦宜与为比，就其不能，亦不当见外于国内外之一般大学也。[①]

校务会议接到这两通呈文后，当即转请整委会"查酌处理"[②]。而在此期间，又发生了师大学生辱骂前成大教授吴虞事件。

此事之经过，目前只能据吴虞自己的记载，略窥一斑。其日记 11 月 11 号："十时至本三教室，尚未开讲，师大学生故意捣乱，予即下堂而出。学生公然谩骂，予俟先乔(即向楚，引者注)，与言明事实，并申明本三予不能教课，遂归。晚饭后，成大学生举代表来，请成大中文系教授非大学办到悬牌记过、彻底分班不能到校；而学生则一面对学校非请成大教授上课及分班不可，以对学校当局。予极以为然"。12 号，吴虞在日记中又记原成大教师对此事的评论："师大派计划先驱予，再驱刘北荣、李培甫、刘洙源(1875—1950)。是其整个计划，非仅对予一人之关系，乃成大中文系全体之关系也"。13 号日记："师大学生来匿名信三封，皆下流侮辱之辞。检二封与向仙樵交去。与刘北荣函，言师大学生匿名信，益证明其专排成大教授之非虚"[③]。师大学生和吴虞之间的龃龉，立刻演变为前成大、师大之间的冲突，其主要推手则是两校的学生。

---

① 前成都大学学生为平等待遇请愿团：《为呈平等待遇俾免偏枯而泯畛域事》，"川大档案"，第 175 卷。

② 国立四川大学校务会议致四川省府整委会公函，"川大档案"，第 175 卷。

③ 吴虞：《吴虞日记》下册(1931 年 11 月 11 号、11 月 12 号、11 月 13 号)，成都：四川人民出版社，1985 年，第 591、592、593 页。

就在此时，缴费事件也趋于激化。11 月 17 日，成大学生请愿团言称，由于“学校当局对此天经地义之正当请求”，不但没有给予“圆满之答复”，“反谓学生为误解”。这使他们非常不满，宣布：“似此破坏大学规程，蔑视学生之合法举动，本团断难容忍。故经全体学生同意，以吾等最后之武力作正义之争求，从本日起实行一致罢课。”①

罢课当日，教育学院院长邓胥功致函刘文辉，汇报该院学生罢课的大致情形，建议刘“先行明白布告，一面说明不能免费之理由，一面允于下学期除前师大生外，对川大、成大有公平取费的办法。克日回复行课原状，免妨学业”②。

由于史料阙如，今日已难知事情发生后，学校当局采取了何种措施。不过，《吴虞日记》中有一些零星记载，大概可以推知一二。如 11 月 19 号：“教员有谓如政府派兵来，即不愿再教之说。”11 月 22 号：“肇海来，言政府主以武力复课。”11 月 23 号：“饭后赵尚义来……言李培甫、刘北荣、林山腴均未上课。如用兵力，并愿退聘。又言新大经费无着，学生决意牺牲，以伸士气，以维正论。”11 月 24 号：“刘启明来……又言新大用款在军需处，一二百元亦须军长开条子方能取。”11 月 25 号：“李培甫昨日已将聘书与新大退去，决然毅然，令人佩服，予所当取法也。”11 月 28 号：“闻政府中人似谓教员无书教，有恐慌之意。”从中可见，当时有省府要武力制止罢课的传闻，原成大师生且将缴费事件与国立川大的经费问题挂起勾来，遂使罢课行动更富正义色彩，也使双方对立益形突出。不过，在原成大教师的压力下，省府并没有采取军事行动。

与此同时，成都文化界又有传言说，张澜给教育厅厅长张铮发了一

---

① 成大学生为平等待遇请愿团启事，“川大档案”，第 175 卷。现存材料中找不到启事中提到的“学校当局”对请愿团的答复，故其具体内容不详。

② 邓胥功致校长函，“川大档案”，第 175 卷。

份电报，虽不知其翔实内容，似对“三大”合并不利。吴虞12月1号的日记载：“向仙樵来，言经费确有把握。表方并无电与重民。”不过，向是来为学校当局做说客的，吴似并不相信其说。12月9号，《川报》发表了一则题为《刘主席对川大学潮之意见》的通讯。此报今已不易见到，据吴虞在日记中所引，大体谓：“现在国立四川大学的案，是经教育部准许了的，盐款也是由财政部划拨了的。合并的事，总算告一段落。”“不愿合作的人，我们也不必勉强他。学生要走向别处去读书，也吓不着谁。只要我们大学整顿得好，还愁莫人来读书么?”又云，“有人从中弄点玄虚出乱子”。吴虞谓此句“似暗指张表方与张重民之电而言也”。12月11号，他又说：“范崇高来，言此次风潮，一因表方有信与其川北同乡，一因小岩以为合并后可任校长，而仍任院长，大不满意。由此改组派与川北派结合捣乱，意在使三校分立还原也……又言刘主席认为李培甫、刘北荣、林兆综（‘综’应作‘倧’。引者注）、尹伯端为此次捣乱者。予殊不知也。”[①]

吴虞日记里所谓“川北派”应即张澜一派（因张澜是川北南充人），而“改组派”，从文意看来，疑指熊峄。不过，不管是张澜、熊峄，还是李培甫、刘柏荣、林兆倧，都是原成大教职员[②]。而成大属于刘湘一系，则是时人共识。因此，不管当事人做何考虑，这一事件的背后开始隐约浮现出“二刘（刘湘与刘文辉）之争”的影子。又，吴虞在日记中多次指责向楚偏袒高师，或以之为刘文辉一边的人。从日记上下文合观，向楚说张澜并无电与张铮，显然是为了“辟谣”，出自策略上的考量，至于其事之有无，自不可引以为据。当然，亦有很大的可能是吴虞本存先入之

---

① 本段和上段，吴虞：《吴虞日记》下册（1931年11月19号、11月22号、11月23号、11月24号、11月25号、11月28号、12月1号、12月9号、12月11号），第593、595、596、597、598、599页。

② 李、刘皆原成大中文系教授，林在原成大、成师大两校兼课，而在成大任化学系主任。尹伯端情况不详。

见，故一见刘文辉的话，就马上联想到张澜给张铮的电文。不过，这也说明，在其时不少人的认知中，都存在“二刘之争”这一未曾明言之意。

在成大师生压力下，省府对如何处理学潮，形成了两派主张。《吴虞日记》12 月 1 号记有向楚谈话：“省府对于学生要求，不能容纳。其未用兵者，以教员面子关系耳。现省府方面，一主电教部，请委校长来接办；二主消极放弃责任。如此则学校必陷于不生不死之状态。”吴云：“水翁(向楚有“向水翁”的绰号。引者注)之来，意谓此时不为政府，不为学生，是为维持学校。先由院长约教授中气稍平者，开一会议，商量一种复课办法。以予为五年以上老教员，为中文系骨干，故先来向予说明内容。”而吴对此并不积极：“予嘱往晤刘北荣议之。”①

整委会无奈之下，于 12 月 10 日牌告全校：“兹为彻底整理起见，定于十二月十三日始提前放假。所有大学本、预科暨专修科在校学生统限于十二月二十日以前一律迁出，不得逗留。俟办法确定后，再行定期开学。”②不意成大学生对此并不买账。12 月 13 号《吴虞日记》中记：“刘鹤铭来……言学生有住校团之组织，可谓不安分也。”③不过，刘文辉再次动用兵力弹压。12 月 20 日一到，“整委会即迫令男女生一律迁出，由教厅拨款修葺，校门亦以重兵卫守”④。

1936 年 3 月 1 日新学期开学。成都报纸报道，学校当局“力谋整顿学校，俾全体学生咸得循规蹈矩，不至再有如过去“三大”合并时之学潮发生，因之本期训育方针大致以严格为标准”⑤。其表现之一就是，规定开学后四周不到者，一律停学一年⑥。同时，考虑到前成大与公立川大

---

① 吴虞：《吴虞日记》下册(1931 年 12 月 1 号)，第 597 页。
② 四川省政府整理大学委员会牌告，“川大档案”，第 175 卷。
③ 吴虞：《吴虞日记》下册(1931 年 12 月 1 号)，第 599 页。
④ 《成都快报》1932 年 3 月 1 日，第 6 版。
⑤ 《成都工商时报》1932 年 3 月 2 日，第 4 版。
⑥ 《成都快报》1932 年 3 月 1 日，第 6 版。

学生学费不同，“亦属参差”，规定预科学生一律缴费12元[1]。在这种高压与分化并行的政策下，学费风潮暂告一段落。另一方面，国民政府已于2月21日任命王兆荣为国立四川大学首任校长，整委会的使命行将终结[2]。4月19日，王兆荣由沪抵蓉。得知这一消息的成大平等待遇团立刻“发出启事，加紧工作”[3]。

这时，新的问题又出现了。4月26日，整委会将新制校章分发下来，前成大学生马上发表启事，称新校章有“诸多不合”，需要另制：“一、该校章仅刊大学二字，大意笼统，不能代表国立四川大学”；“二、该校章仅刻绘双凤朝阳，充分代表封建之意义，殊与现代社会不合，且又如前师大之校徽形式”；“三、钟式，表示木铎，专门代表师范学校之义，与普通大学性质不合”；“四、校章所绘双凤，似类野鸡，于观瞻上殊属不雅”[4]。剥掉冠冕堂皇之词，他们的意见很简单：这一校章是对前师大徽章的沿袭，是成大人所不能接受的。我们不知下文，不过，之后的国立川大校标仍是此图章，可知其抗议未能奏效。

5月2日，王兆荣到校视事。成大平等待遇团随即派代表面见王兆荣，陈述请愿经过，并奉上一通呈文。他们首先表示，拥护“三大”合并，而将主要矛盾指向四川省府办事不力，合并过程既“草草从事”，合校之后又“举措乖方”，竟采用“阶梯式之征费办法”，“师大学生则悉数豁免，川大学生则徇情减轻，成大学生则照旧征收”，可谓“奇闻罕见”。请愿团强调自己是“据理力争”，亦颇得各方同情，“内如李培甫、刘柏荣诸先生之辞聘援助，外之如名流朱蜀叔痴（即朱叔痴，名之洪，1871—1951。引者注）先生之自愿捐款，以息纠纷；他如多数教授之罢课争执，新闻界之同声应和”。虽然当局恼羞成怒，动用武力，“提前放

---

① 王兆荣：《为前成大学生要求平等待遇事呈教育部文》，“川大档案”，第175卷。

② 《川报》1932年2月22日，第10版。

③ 《成都快报》1932年4月26日，第6版。

④ 《成都快报》1932年4月28日，第6版。

假”，但他们并未放弃目标，希望王兆荣能够“重订缴费之章，期达平等之旨”。成大学生与刘文辉关系一向不睦。此通呈文多方渲染，把问题不能解决完全归结到省府以武力威胁方面。其实，“提前放假”虽然的确“牺牲”了“数千学子之宝贵光阴”[①]，但成大学生罢课在先，也不能说毫无责任。

王兆荣接到呈文后，深感此事棘手。5 月 10 日，经校临时行政会议议决，将“前成大学生平等待遇请愿团一案转请教育部核示”[②]。同时，王兆荣也向教育部陈述了事件经过，谓成都师大既已并入国立川大，“不但名义上完全变更，即性质上亦大相径庭，自不能再沿用免收学费之规定”。但是，此前在该校读书的学生，当初报考师范之时，就有因其免费的考虑，故“亦未便以合并之故”，而“完全取消”其“既得权利”。综合前成大学生先后呈文，其意“不外免则俱免，缴则俱缴”。但这也很困难，若“免则俱免，不但本大学经费颇有影响，而国立各大学亦均无此办法。若缴则俱缴，则前师大学生等根据国家法令所取得权利即因而丧失”。此事已引发不少纠纷，希望教育部加以核示[③]。6 月 29 日，教育部发下指令，要求维持“前整委会决议各办法”[④]。风潮方渐渐平息。

这一事件发生后，一直由整委会负责解决。但前成大学生既与省府有对立情绪，又缺乏一个他们信得过的权威力量做出裁决，也就不断闹下去。省府虽然施行高压，看似取得了一定成效，但学生却只是慑于强力，实际一直在养蓄精力，准备再起。王兆荣把事情交由中央，结果并无不同，效果却很明显。尽管学生肯定没有被说服，却也不再有新的抗议，此事遂告解决。

---

① 前成大学生平等待遇请愿团：《为呈请销除畛域划一学费以了悬案而昭平等事》，“川大档案”，第 175 卷。

② 《本大学大事记》，收在《国立四川大学一览》，1935 年，第 2 页。

③ 王兆荣：《为前成大学生要求平等待遇事呈教育部文》，“川大档案”，第 175 卷。

④ 《本大学大事记》，第 3 页。

“平等待遇”事件实是成大与师大久已形成的门户冲突的延续。随着新生的川大很快遭遇来自外部的严峻挑战，他们不得不迅速平息彼此之间的分歧，投入共御外侮的斗争。

第二节 在困境中维持川大的努力

标卖后子门城砖：与成都地方社会的冲突

1932 年 7 月，刘湘、刘文辉之间战火突燃。10 月，二刘暂时达成协议，战争告一段落。但成都市面的空气却益形紧张，战争的味道越来越浓[①]。学生颇为恐慌。为此，王兆荣亲访驻扎成都的三军长，刘文辉、田颂尧和邓锡侯都表示要维持川大[②]。但是，到了 11 月初，他们之间又爆发了一次新战争，史称“省门之战”，主要在刘文辉的二十四军和田颂尧的二十九军之间进行，邓锡侯名为中立，实际暗助田颂尧。双方在成都市内展开巷战，而为全市制高点的川大皇城校址煤山一带成为双方争夺的要地，学校成为最大的受害者。

1935 年出版的《国立四川大学一览》中《本大学大事记》一文，从川大角度留下了有关此次战争的一些记录，可见当时情形之一斑。11 月 15 日：“临时决议‘自本月十六日起至本月十九日止停课四日’。按是时四川二十四、九两军在成都城内布置工事，如临大敌，交通梗阻，教职员学生往来均觉不便，故暂行停课。”11 月 16 日：“开始停课。是日午后二时，川战爆发。四川二十四军据本大学前门，二十九军据本大学后门，

① 吴虞：《吴虞日记》下册（1932 年 10 月 3 号、10 月 8 号、10 月 19 号、10 月 21 号、10 月 22 号、10 月 23 号、10 月 25 号），第 653、655、656、657、658 页。

② 《三军长均允维持川大》（1932 年 9 月川大送成都各报新闻稿），“川大档案”，第 19 卷。

互为攻守。本大学东偏煤山一带，斗争尤烈。文学院院长向楚、教育学院院长邓胥功暨教职员学生留校未及走避者三百余人均被围困于校内。”11 月 17 日：“文学院院长向楚、教育学院院长邓胥功率领教职员三百余人走避理学院。”[①]虽然只有寥寥数语，紧张的气氛却跃然纸上。

黄稚荃在追忆向楚的文章中记录此事稍详：文学院被陷枪林弹雨中，“一时师生员工，仓皇万状。楚乃以电话呼吁田、刘两军阀，要其停战半小时，让文学院学生转地避难。射击刚停，先生亲率学生 300 余人，步行到南较场川大理学院”[②]。向楚在四川社会声望较高，交游广泛，而四川军人又有重耆老之风，加之向楚在“三大”合并时又支持过刘文辉，故由他出面，问题得以暂时解决。但即使如此，师生亦被困半天一夜。

“省门之战”持续十余日，战后又人心惶惶，无法维持正常的教学秩序。12 月 2 日，学校被迫放假。第二学期，因为经费无着(详后)，延至 3 月中旬才开学。但到 6 月 27 日，由于“川战未息，匪氛又起，成都治安危险异常”，学校“鉴于前次巷战，教职员学生生命财产毫无保障，经校务会议决定”，再次提前放假[③]。

在战争中，川大不但经费停发，且自 11 月 16 日以后，“所有被难学生，全由本大学供给食宿，进行益增困难”。放假后，学生虽然遣散，“而教职员之积欠薪修，及今后之维持费用，仍属无着”，无论是教职员的生活还是学校的恢复，都陷入困顿[④]。据川大初步估计，学校及师生

---

① 《本大学大事记》，第 4～5 页。

② 黄稚荃：《对辛亥革命及四川教育、文化事业卓有贡献的学者向楚》，收在四川省政协文史资料研究委员会、四川省文史馆编：《四川近代文化人物续编》，成都：四川人民出版社，1989 年，第 312 页。

③ 《本大学大事记》，第 5 页。1932 年刚刚应聘到川大教授心理学的高觉敷(1896—1993)即因此离开川大。详见其《高觉敷自述》，收在高增德、丁东编：《世纪学人自述》第 1 卷，北京：北京十月文艺出版社，2000 年，第 143 页。

④ 《本大学经费概况》，《国立四川大学周刊》(下简称《川大周刊》)第 1 卷第 11 期，1933 年 3 月 27 日，第 2 页。原文标点略有变动。

在大战中的损失，包括“学校校舍、校具、图书，学生衣物、书籍、用具”在内，总额“在十五万元以上”①。

巷战虽停，却留下了后遗症。12 月 5 日，川大收到省府公函，内称，据成都市市长陈鼎勋(1893—1973)呈，成都市临时治安维持会提出，“此次省垣巷战发生，实以两军争据皇城煤山为肇衅之点，非将煤山铲平及前后皇城门撤消不足以弭将来战争之祸”。该会主张“克日督工铲平煤山，撤消皇城前后城门，以杜后患”。陈鼎勋以为此议“不无见地”，只是因“该处系属四川大学范围，应如何办理之处”，请由省府“鉴核”。省政府亦认为此议“可行”，遂函报川大，准备执行。

收到通知后，川大认为此事关系学校“产权”问题，当即函复省府，谓“此次巷战，自西徂东，横亘全城”，将之“归罪于皇城煤山，固属因果倒置，而认铲平煤山撤消城门，即可以弭将来之战祸，亦似舍本逐末”。不过，川大也表示，早有将煤山一带用来建筑校舍的计划，只因其“地势低下，尚须增高”，故决定“铲平煤山，增高基地”。此外，后子门(皇城后门)“年久失修”，学校亦有将其撤消的打算，而这样一来，前门“势成孤立，在战争上当无何等重要”，成都市临时治安维持会的提议可无必要②。

成都市治安临时维持会则认为已经得到省府支持，遂组织了一个成都市民众铲除城内高地委员会(下称“平高委”)。在各方催促下，“函约四川大学校派员会商”，但是因为其时正在假期，“未能将函递入”。1933 年 1 月 10 日，“平高委”贴出通告，自称奉有省政府指令照准，并在省会卫戍司令部与成都市政府备案，标卖前后城门城砖③。同时并贴出省会卫戍司令部宣布予以保护的布告。川大当即以公函的形式，分别

① 《后子门城砖标卖经过》，《川大周刊》第 1 卷第 11 期，第 6 页。

② 以上两段，《后子门城砖标卖经过》，第 5～6 页。

③ 四川省政府公函(二十二年省字第 34 号)，“川大档案”，第 693 卷。

致信四川省政府、成都市政府和省会卫戍司令部，声明：“本大学前后门城砖，实属中央承拨本大学校产之一部，除本大学外，倘未奉有中央明令，无论何人，均无处分之权。”并要求省、市政府与卫戍司令部立刻制止平高委的行动①。

1月12日，寒假留校学生刘麟等召集全体留校学生展开临时会议。“全场学生深为愤懑”，认为平高委的行为“实属侵害产权，蹂躏学校”，当场组成了国立四川大学临时学生会，“以维护校产为宗旨，不做其他一切活动”。在请求备案的呈文中，该会特别强调：“皇城全部基址，曾由教部令，明拨为我校产业。举凡畔内一切砖石瓦砾、一芥一木，俱属本校所有，外人不得染指丝毫。”②

1月15日，平高委与川大代表王兆荣、向楚、邓胥功、叶秉诚等召开联席会议。平高委声称并无侵犯川大主权之意：“本会所负使命，不在产权。若贵校能限日铲平煤山及后子门，或函知本会绝对拒绝，本会即可卸责。”③川大代表提出了6条解决办法，平高委亦表示赞同：一、“承认城砖属川大学校主权”；二、“川大学校追认铲平高地委员会招投标柜所投出卖皇城后门砖石之标作铲平煤山及各项经费”；三、“开标时仍由委员会通知川大学校，派员会同办理”；四、“所卖砖石价值，除作铲除煤山费用外，并作运平后门泥堆、添筑后门墙垣，及搬运煤山下死尸出城门掩埋之用”；五、“削齐皇城前门东西两端，砌成陡峻，以人不可上为度，免再发生军事争点”；六、“除办理上列各项工作外，如有余款，即由双方会同，发给灾民”④。

这一消息在报纸发表后，1月17日，临时学生会致函王兆荣，谓“议决案内除第一、五两条外，余皆有碍本校主权。生等决难缄默。除

① 《后子门城砖标卖经过》，第6页。
② 国立四川大学临时学生会：《为呈请备案存查事》，“川大档案”，第693卷。
③ 四川省政府公函（二十二年省字第34号），“川大档案”，第693卷。
④ 《后子门城砖标卖经过》，第7页。

直函该会否认外，特此布达，敬请停止进行”[1]。王兆荣及各代表与临时学生会商议后，重新申明：一、“标卖砖石之主权，属于四川大学校”；二、“前门投标无效，后门投标额若在最低额下亦无效”；三、“标卖以后子门砖石为限，此处如发现物品，应归川大所有”；四、“煤山除泥土外，所有砖石及其他物品，应归学校所有”；五、“标卖经费应由川大监管，与平高委商同办理”；六、“若有余款，应先发济川大校工及学生中之受灾者”[2]。这六条进一步强调了川大的财产主权。平高委则本非针对“主权”而来，当即表示赞同，双方很快达成协议。

川大师生和成都市民对此事的理解并不完全一致。对成都市民来说，铲平煤山就是对军阀恶战表示愤慨，初未料及皇城“主权”归属问题。平高委的任务更简单，就是此事的经办者。川大校方一开始也没有特别强调“主权”问题，而是表明自己亦有大致相同的考虑，并表示临时治安维持会的理由乃是舍本逐末。这时其采取的是“说服”的态度。及至平高委贴出告示，校方马上拿出“中央”“主权”的名目。学生的反应更是激烈，于此尤为致意。因此，当平高委表示并无侵权之意时，校方也就松了一口气，提出的六条办法实际是承认既成事实，基本算息事宁人。但学生却不同意。在他们的影响下，学校只好再次申明“主权”所属。显然，川大学生主人翁的感觉是很强的，而在其背后作支撑的，无疑是更强烈的“国立”意识。

不过，平高委作为一个民间组织，本无“觊觎”川大“主权”之意。同时，四川省政府对川大也基本上采取协助态度，当川大表明本有意铲除煤山时，就下令给平高委，谓其“目的已达，毋庸再由该会办理。所有投标办法，应即撤消”[3]。因此，事情很快平息。但是，一年以后，川大

---

① 国立四川大学临时学生会致王兆荣函，“川大档案”，第693卷。

② 《后子门城砖标卖经过》，第7页。

③ 四川省政府公函（二十二年省字第14号），“川大档案”第693卷。

又一次遇到校产危机时，就不是这么简单了。

经费问题：与地方政府的冲突之一

国立川大成立时，按照教育部的批示，拨用前成大的年 60 万元为经费。经整委会与各方商定，每月在川南盐务稽核分所（以下简称“南所”）拨用盐款 36500 元（其中在引税项下拨 20000 元，在票税项下拨 16500 元），在川北盐务稽核分所（以下简称“北所”）拨用盐款 2500 元，在四川省教育厅拨用省教育经费 11000 元，总计 5 万元，适合年 60 万元。其中南所的拨款在整委会负责校务期间，委托刘文辉二十四军的提款专员倪有休代提。虽然川北盐务稽核所划拨部分自始即分文未到，其他两处则向无拖欠，故学校尚可维持。王兆荣到任的一段时间里，这一办法依然未变。但是，从 10 月份开始，南所和教育厅经费同时停发，川大遇到建校后最严峻的一次经费危机。这是因为，此时“二刘大战”虽暂告结束，但双方暗地里都在筹措军费，准备决一死战，也都不约而同地盯上了川大经费。

10 月份，川大仅收到南所拨款 10000 元、教育厅拨款 6000 元。11 月，学校准备改变代提办法，委派法学院事务主任何式臣到南所直接提款。不料何到达南所所在地自流井之后，发现倪有休早以川大印收，每月在引税项下预提 20000 元，直到 1933 年 4 月，共提去了 14 万元。与此同时，南所又接到刘湘电报，称：“川大现已停课放假，已无急需拨款必要，所有该校应提之款，暂由本部挪作军用，藉渡难关。”为此，南所致函川大：“查贵大校款项，系奉中央核准，历经拨付在案。刻值军事激烈，忽被来电制止。敝所以奉令应拨之款，自未便听其阻碍。爰经提出抗议去迄，惟处此特殊情势之下，冀于事实有济，并拟请贵校自向军方力为交涉，期获续拨，而免障碍。”得知这一消息，川大一面致函南所，请即“查照原案，严为拒绝，以维教育”，一面分别向正在交战中的刘文辉、刘湘交涉。同时，何式臣留守自流井，准备随时提款。

刘湘在接到川大公函后表示，“一俟军事敉平，税收恢复原状，即行照旧拨付”。为此，王兆荣派秘书长吴永权亲到善后公署商议提款事项。刘湘不得已道出实情：“本署现因军需浩繁，筹措艰窘，业以南所票税作基金，向自井灶行各商筹借饷款。此时碍难拨出，影响偿借基金。”不过，他答应，“为兼顾军饷学款起见，所有贵校票税项下拨款一万六千五百元，暂由本部另筹拨付。一俟偿债期满，仍照旧案在南所提拨。至引税项下应提之二万元，前已由二十四军代提至二十二年四月份，应请迳商领取”①。

1933 年春，川大开学在即，经费却依然没有着落。几经交涉，刘文辉答应先拨付 40000 元。其时成都的报纸以《川大拟定期开学》报道了这一消息，文中同时提到，刘湘对拨款一事并“无诚意”②。因此，川大再次派吴永权面见刘湘，请求刘湘“转达南所，嗣后按月在该所经征盐税项下，不分引税票税，尽先拨足五万元”③。不久，又派理学院院长魏时珍赶往重庆交涉此事。

同时，川大呈文行政院、教育部，致函财政部，要求国民政府转知刘湘，立刻拨发经费。2 月 22 日，叶秉诚、林思进、吴虞、向楚等 58 位川大教授也致电三机关④。不久，教育部覆电川大，谓：“该校经费已咨财部电饬稽核所查案照拨，并由部电达刘督办先行饬所拨发，仰便如期开学。”⑤

但是，财政部实际上根本控制不到南所。川大向中央求助与国民政府的饬令，也只有象征意义而已，真正的解决还要靠刘湘本人。3 月

---

① 以上两段，《本大学经费概况》，《川大周刊》第 1 卷第 11 期，第 4 页。

② 《社会日报》1933 年 2 月 7 日，第 4 版。《川大周刊》则说刘文辉答应拨 30000 元。参看《本大学经费概况》，第 1 页。

③ 《本大学经费概况》，第 3 页。

④ 《川大教授请中央电饬拨款维持》，《社会日报》1933 年 2 月 24 日，第 4 版。

⑤ 《本大学经费概况》，第 2 页。

份，刘湘在各方压力下，表示准备将 1933 年“一、二两月份应拨之三万六千元，先行照案如数拨付，至三月份以后，自应由井源源拨济”。不过，据 3 月 27 日出版的《川大周刊》表示，这笔钱“截至本月二十日仍未收到”。

在教育厅方面，由于战事发生，省教育经费来源中断，因此，1932 年 10 月份仅拨到 6000 元，自 11 月起则全数停止。经校方去函交涉，终未成功。及至 3 月 13 日川大开学时，到校经费实际上只有刘文辉所拨 20000 元、刘湘所拨 16000 元，度日维艰[①]。

川大从此陷入旷日持久的经费危机，校方为此与刘湘交涉不断。4 月份，川大派往自流井的提款专员李静修函报学校谓，刘湘致电南所，每月仅拨给川大票税 16000 元，比规定的少了 500 元。而由二十一军转拨的 1932 年 12 月和 1933 年 1 月、2 月的票税，也各少 500 元[②]。5 月，王兆荣再派吴永权赴渝，与刘湘交涉。最后议定，自 5 月份起，每月拨给川大引税期票 20000 元。其中 5—12 月由二十一军军部拨付，1934 年 1 月起，改由重庆盐业公会拨付。[③] 6 月 22 日，二十一军军部将 5、6、7 三个月的引税期票拨付川大[④]。另外，在川大的数次催促下，刘湘终于答应自 8 月份起，照拨票税 16500 元，3 月以后欠拨之数，待税收丰旺，即予补拨[⑤]。

1933 年 12 月 28 日，成都《社会日报》报道，刘湘在给四川省教育厅的一封信中，要求“以后省、渝两处收入，即请摊成尽先拨给省立十二

---

① 以上两段，《本大学经费概况》，第 4 页。

② 《函请补拨二月份前应拨票税》，《川大周刊》第 1 卷第 15 期，1933 年 4 月 24 日，第 4 页。

③ 《本大学催拨引票两种近迅》，《川大周刊》第 1 卷第 17 期，1933 年 5 月 8 日，第 8 页。

④ 《社会日报》1933 年 6 月 30 日，第 4 版；吴虞：《吴虞日记》下册（1933 年 6 月 30 号），第 703 页。

⑤ 《函南所补拨票税》，《川大周刊》第 2 卷第 2 期，1932 年 9 月 18 日，第 7 页。

校，期于中等以上发足三度，小学发足四度，余款再行拨发各受补助学校”。川大当即致函省教育厅云，刘湘函内“对于本大学经费，并未涉及……查本大学按月应拨省款，实系本大学经费之一部……自无视同补助之理。且此项经费，本年以来，贵厅拖欠至十余万，所有省立各校，均较本大学领到成数为多”①。这表明，在地方政府的考虑中，川大作为国立大学，是排在省立学校后边的。因此，要解决这一问题，就要在经费上实现“国立化”。

在与地方军政当局交涉的同时，王兆荣还力谋由中央批准，增加川大经费。1933 年 5 月初，王兆荣呈文给行政院、教育部，再次陈述经费困难。文谓，虽经与地方当局交涉，学校得以勉强维持，“亦仅急则治标之计耳。至于治本之道，即今后四川政局不再发生任何变化，按月能拨足五万元，亦难免于困窘”。学校本由“三大”合并，“教职员工约在千人以上，大学及附属各校学生多至五千人”。校址散在各处，图书仪器建筑设备“均甚简陋”，必须“逐年稍加扩充”才可。虽然大学经由“各方捐助”，增加了一些图书仪器，但“为数不多，仍不能适应本大学之需要”。同时，“四川僻处西陲，交通不便，兼任教员，颇难物色。不惟教授员额允宜酌加，及其待遇亦应稍优，始能讲授得宜，作育真才。惟因经费困难，仍属无法改进”。他特别提示：“现在国难日亟，我教育中心之京、沪、平、津，以及武汉等处，时在恐慌之中，教育前途，至为危殆。本大学偏在西南，倘能积极整顿，力事改良，关系国家前途，至为重大。”故恳请“核准电知四川军政各方，并转知财政部电饬川南盐务稽核分所，自二十二年度起，按年在经征盐税项下，不分引税票税，拨支本大学经费一百万元”②。

---

① 《函教厅摊发本大学经费》，《川大周刊》第 2 卷第 18 期，1934 年 1 月 8 日，第 7 页。

② 《呈院部请按年增拨经费》，《川大周刊》第 1 卷第 17 期，第 5～6 页。

王兆荣指出“本大学前途关系匪经”，极有道理。在 1935 年以后国民政府推行的四川“地方中央化”政策中，川大的确占据了一个极为重要的位置，其思路与王兆荣在这里所说也适相一致(详见后章)。但是，中央势力要想入川，尚需机遇，而这一机遇(红军入川)当时虽已出现，却并不明朗。因此，整个四川在国民政府的政策中还处在一个边缘位置，王兆荣的要求也不可能被批准。财政部只是在 1933 年度国家总预算中，列入了川大补助费 30 万元。9 月，教育部将此假预算发给川大。

王兆荣看过以后，很不满意，认为这一决定“不特与中央核准定经费年支六十万元原案不符，且将本大学经费列入教育补助费，而不列入教育文化费，亦与其他国立学校之一律列入教育文化费者则别”。倘各界人士不了解川大实际情况，仅据这一假预算观察，“则不特对于本大学经费有所影响，即对于本大学地位，亦将有所怀疑”。故他立刻呈告教育部：“虽以四川政局关系，本大学经费未能全部由国库应收盐税下划拨”，但实际上每年由“国库应收盐税下划拨经费”，也有 438000 元。“现在二十二年度假预算，仅列三十万元，相差甚巨”。况且，“本大学同系国立，与中央大学等校地位相同”，这一预算“对于本大学地位，似亦未符”①。虽然预算最后仍未改动，但王兆荣对于川大在财政方面没有获得“国立大学”待遇一事，耿耿在怀。1934 年 3 月 15 日，他请假晋京，至 6 月 25 日返校，其间“向关系各方，详加说明”，终使川大经费“经中央政治会议正式议决，增加为七十二万元，在二十三年度国家总预算中，并得与各国立大学一律平列，作为正式经费”。不过，因该年度“国家总预算收支相差过巨”，复经中央政治会议讨论，“分别核减”，川大经费也降为 669024 元。但此后，“各方支付”，仍“均有拖欠”，学校“实

---

① 《奉发假预算确难遵办》，《川大周刊》第 2 卷第 3 期，1933 年 9 月 25 日，第 9～10 页。

际能领到者，恐仍不过五十万耳”①。

这一状况，直到1935年4月，国民政府整顿四川财政，派出四川财政特派员，令南所将所收盐税全数交特派员，川大经费问题才得以较好地解决。

保卫皇城校产：与地方政府的冲突之二

1933年7月，“二刘大战”以刘文辉的溃败结束。19日，刘湘部队入驻成都，四川省政府落入刘湘之手，四川也在表面上实现了统一。

9月17日，刘湘“召集各军首长、各绅耆、各机关法团领袖”到四川督办署开会，商议追剿红军的军费问题。最后决定军费400万元，其中，“出卖皇城（贡院旧址）地皮，估计二百万元”，另外再“就川东南各县筹百五十万元”。由于情况紧急，准备发行公债400万元，“即以出卖皇城及川中各县所筹款项为担保”②。

王兆荣从报纸上看到这一消息，“不胜骇异”，立刻致函督办署，询问是否属实③。9月21日，《成都国民日报》和《新新新闻》又刊载了出卖皇城的消息，并说督署有意将皇城改为市场，除了军费之外，还有赢余，可以“全数拨给川大，另觅适当地点，建筑校舍”。报纸提出，主张出卖皇城者所持理由有六项：一、“皇城地址存在，在名实均觉有封建思想”；二、“省城迭次巷战，均以该城为争夺之地，可见该城存在之不祥”；三、“皇城环境，不适宜学校驻地”；四、“旧有建筑，亦不适于学校所用”；五、“匪祸不除，学校前途且必陷于停顿”；六、“该地改筑商场后，可便利市民”④。

---

① 《本大学沿革》，收在《国立四川大学一览》，1935年，第3页。

② 《剿赤经费有着》，《成都国民日报》1933年9月20日，第6版。

③ 《函督办署查询是否出卖皇城》，《川大周刊》第2卷第3期，第9页；国立四川大学公函（二十二年国字第271号，1933年9月18日），“川大档案”，第695卷。

④ 《成都国民日报》1933年9月21日，第6版。

至此，王兆荣认为，督办署虽未向川大通报这一决定，但也没有饬令这些报纸改正有关报道，川大“自不能再视为全非事实”，必须做出反应，于是在9月22日又一次致函督办署，“详述不可能之理由”：首先，从法理而言，川大皇城校址，“历经中央核准”，其“产权属于国家，毫无疑义。故地方军政机关，倘未呈奉中央核准，实属无权处置”。其次，就事实上看，皇城面积有限，出卖之后，地价与督办署的计划相差甚远，更不要说赢余了。总之，他希望督办署放弃这一决议①。

但是，刘湘并未中止这项计划，甚至对川大的询问没有做出任何答复。在此情形下，王兆荣致电教育部，报告此事②。10月5日，教育部密电刘湘，询问事情经过，强调川大校址“系经中央审定，倘有变动，对于该校影响甚巨”，希望刘能“力维现状，以利教育”③。刘湘在回电（“真”电）中，重述了变卖皇城的理由，并称“川大所占校址，仅皇城一小部分，其余概是荒废之地”④。10日，四川官公产清理处正式成立。11日，发出布告，从清理省会皇城地基变卖入手⑤。17日，该处副处长冯均逸宣布，日内将对皇城地产进行测量，分区标价出售⑥。18日，刘湘对四川新闻界宣布，变卖皇城“势在必行”⑦。

随着官公产清理处对皇城插标清界，形势变得愈益严峻，川大护校运动也紧锣密鼓起来。10月16日，王兆荣分别致电行政院、教育部及部长王世杰（1891—1981），请他们制止刘湘⑧。17日，王兆荣在家中接

① 《函请停止变卖皇城决议》，《川大周刊》第2卷第3期，第10～11页；国立四川大学公函（二十二年国字第276号，1933年9月22日），“川大档案”，第695卷。

② 致教育部微电稿（1933年10月5日），“川大档案”，第695卷。

③ 教育部佳电（1933年10月9日），“川大档案”，第695卷。

④ 四川善后督办公署公函（二十二年财字第653号），“川大档案”，第695卷。

⑤ 《新新新闻》1933年10月12日，第9版。

⑥ 《新新新闻》1933年10月18日，第9版。

⑦ 《新新新闻》1933年10月19日，第10版。

⑧ 致行政院、致教育部、致王世杰（均为1933年10月16日），“川大档案”，第695卷。

见《新新新闻》记者，向公众表示反对变卖皇城①，并再次致电王世杰，谓刘湘复电“所持理由殊欠实在”，皇城“现存空地早定作建筑图书馆及法学院基地”。若要“觅地另建，需款至巨，决难办到。务恳转商政院、军会或参政会为有效之制止”②。18日，川大致函成都地方法院，请求备案否认变卖皇城③。19日，召开了全体教职员工和学生代表的紧急会议，通过两项决议：一、全体教职员一致表示否认变卖皇城；二、由教职员签名向各方面发表宣言，说明皇城主权真相④。会后，向全市发布《国立四川大学紧急启事》，宣布四川官公产清理处的布告“实属越权”，“除呈请中央纠正外，应请各界查照不予购买。嗣后如有执该处证件对于本大学校产主张任何权利者，本大学一律否认。对于因此所受之一切损失，本大学亦不负任何责任”⑤。

20日，王兆荣召集各班值日学生谈话，各院院长一并出席。王与各院长讲述了事情经过和教师态度，由各班值日生将此情形转告同学。各班推举代表1—2人，23日在法学院大礼堂召开临时代表大会，通过了组织“国立四川大学全体学生反对变卖皇城校址大会”、由全体名义发表反对宣言、电中央请其制止、向督办署抗辩、招待新闻界请其一致反对、请各界援助等决议。24日又召开第二次大会，决议通告附属学校各校学生，请其一致反对⑥。

10月26日，《新新新闻》报道省会警备司令部召集新闻界谈话，禁

① 《新新新闻》1933年10月18日，第9版。

② 致王世杰筱电稿(1933年10月17日)，“川大档案”，第695卷。

③ 《为否认变卖本大学皇城校产请备案由》(1933年10月18日)，“川大档案”，第695卷。

④ 《全体教职员反对变卖皇城》，《川大周刊》第2卷第7期，1933年10月23日，第9页。

⑤ 《国立四川大学紧急启事》，《新新新闻》1933年10月21日，第4版。

⑥ 《教职员学生一致反对卖皇城》，《川大周刊》第2卷第8期，1933年10月30日，第12页。

止各报刊登关于变卖皇城消息[①]。为此，川大致函警备司令部，谓"关于此项消息，均为各界所欲先睹。由本大学正式送交新闻界陆续发表真相，自易明白。一旦禁止登载，则传言失实，更多纠纷。况言论自由，载在约法，一般人士，均得享有。况本大学为国家教育机关、西南最高学府，岂有禁止登载其消息之理?"警备司令部回函称："现值剿共严重期间，奉善后督办署严令，凡关治安消息，非经检查许可，不准擅行登载。"并警告，"以后贵校披露消息，务希审慎，用维治安"[②]。

10 月下旬，争取对外同情的活动也进入高潮。除了 19 日的教职员和 20 日的全体学生对全国宣言外，10 月 28 日，川大秘书处在皇城招待了成都市新闻界、教育界、各团体代表，报告事情经过。接到邀请的有 38 家新闻单位、成都市商会、省农会、省教育会、市教成员会、市职工会、成都市民各业公会、平民教育会、省立农学院、工业学院、各中学乃至小学[③]。当天，全体教职员急电全国各新闻单位，包括北平《新晨报》《益世报》、天津《大公报》《益世报》、武汉《汉口商报》、南京《中央日报》《中国日报》、上海《申报》《时事新报》《新闻报》《晨报》《时报》、广州《民国日报》、香港《南华日报》，以及川大附校、华西大学、成都各中学校等。王兆荣在电文原稿上批道："凡四川境内有衔名处一律"署名[④]。

在各种宣言或通电中，由向楚等起草的《本大学全体教职员反对变卖皇城校址宣言》(下简称《宣言》)所述最为翔实，基本概括了其他各种宣言和电文的内容。这份宣言的"倾诉"主要对象是中央党部、国立中央研究院、国立中央大学、国立北平研究院、国立北京大学、国立北平大学、国立北平师范大学、国立清华大学、上海国立同济大学、国立暨南

① 《新新新闻》1933 年 10 月 26 日，第 9 版。

② 国立四川大学公函(二十二年国字第 323 号)，"川大档案"第 695 卷；《函警备部照常登载皇城消息》，《川大周刊》第 2 卷第 9 期，1933 年 11 月 6 日，第 11 页。

③ 邀请函及各单位名单，"川大档案"，第 695 卷。

④ 全体教职员感电文稿，"川大档案"，第 695 卷。

大学、广州国立中山大学、国立武汉大学，旅外川籍政治、军事、教育、文化界知名人士如戴季陶、石青阳（1878—1935）、吕超（1890—1951）、傅增湘（1872—1949）、任鸿隽、张颐、陈启修（又名陈豹隐，1886—1960）、胡政之（1889—1949）、熊克武、杨庶堪、谢持（1876—1939）、黄复生（1883—1948）、黄季陆（1899—1985）、黄崇麟（字圣祥）、张群（1889—1990），及四川省内除刘湘以外的军人和地方士绅。

针对各种变卖皇城的主张，《宣言》举出 8 项理由，一一加以驳斥。一、“就主权而言”：“皇城在五代时为蜀宫，明初为藩府，入清改为贡院……**主权属于国家，所有地方军政机关，均属无权处理**。”二、“就大学之地位及关系言”：川大“为四川唯一之最高学府，亦占西南文化之重心”。皇城校址则系其“根本基础”，变卖皇城，等于将其根除，西南文化的发展亦因而受损。三、“就剿赤与非法处分国产之比较言”：“剿匪为短期军事，大学为永久盛业”。何况湖南、江西均在“剿赤”，亦并未闻有变卖大学校产之举。如不制止，则“**恶例一开，则全国之大学校址，亦发生危险；全省之学校校址，亦发生危险**”。四、“就战祸之因果言”：皇城不是战争之因，而是“受祸之地”，不能以此为借口以消灭之。很显然，当年“省门之战”后平高委的阴影，还萦绕在川大人的心中。五、“就大学建地言”：像皇城一样，将大学校园建在城内者，国内外大学不乏其例，并不因此而影响其办学质量。六、“就民意方面而言”：“自议会停顿，已无代表民意机关，今者以党治国，党权高于军权。然省党部，既不在成都，亦初不闻有此项提议。民众团体云者，不知属于何等”。变卖皇城，只是“**官产清理处人员之主张**”，并无“**民众团体**”的呼吁。七、“就法律言”：变卖皇城，“即令用何种手段，成为事实，本大学既已多次声明，一律否认，无论何时，在法律上可以主张正当权利。**即使一时受暴力阻碍，皇城校址，为人侵占，或非法买取，最终本校在法律上可以无条件收回。企图购买者因此所受之一切损失，本大学亦不负任何责任**”。八、“就安川剿赤救灾之责任言”：“**此次挑拨战祸，推动**

战祸，操纵战祸，扩大战祸之责任者为谁？引起赤祸，养成赤祸，助长赤祸，制造赤祸之责任者又为谁？如能追罚首祸，惩治贪污，其所得不啻什百千万，何止如皇城区区之小数？”[①]这最后一条，当然是暗示刘湘等军人作恶多端，造成民生凋敝，才是真正的罪魁祸首。其他几项，则基本是就事论事。

11月1日，川大收到教育部密电，谓“已由行政院严电制止”。7日，教育部又电：“顷准军委会咨覆，已电刘督办，制止变卖矣。”[②]13日，刘湘的四川剿匪总司令部致函川大，谓行政院已查询此事。公函通报了刘湘的复电（“感”电）电文，内容与复教育部“真”电相同[③]。21日，川大呈文行政院，称“刘督办感电所称各项，均与事实相去甚远。现在四川善刘[后]督办以各方人士多不赞同，而本大学全体教职员学生亦一致反对，已有缓办之说。惟将来是否不再实行，殊不可知”。对此，川大将“严密侦查，随时阻止”[④]。24日，四川旅平教育界人士傅增湘、任鸿隽、张颐、陈启修致电川大并转各报馆，谓：“同人等闻当局变卖川大校址事，极为愤慨。已电请教部设法制止，并致电甫公（即刘湘。引者注），请其立即停止变卖计划。该电电文如次：顷闻我公拟变卖川大皇城校址，不胜骇异。年来蜀人对于我公希望正殷，似此摧残教育，殊属意外。应请立即制止该项计划，四川教育前途幸甚。”[⑤]

12月初，消歇一时的变卖之议再起。3日，官公产清理处处长李绳武、副处长冯均逸亲往王兆荣寓所，提出先给川大30万元，以10余万元作修理房舍之用；变卖皇城所得，清理处先向川大借作“剿赤”经费，

① 《本大学全体教职员反对变卖皇城宣言》，《川大周刊》第2卷第8期，第1～4页。黑体字系原文如此，并以大号字排印。

② 教育部叠电、虞电，“川大档案”，第695卷。

③ 四川剿匪总司令部公函（二十二年财字第726号），“川大档案”，第695卷。

④ 《呈明四川善后督办变卖本大学皇城校址真相请予备案由》，“川大档案”，第695卷。

⑤ 傅增湘等电文，“川大档案”，第695卷。

将来另筹款项全数退还。4日，成都《社会日报》报道了这一消息，并称王兆荣“以其办法虽甚良好，但皇城全权，属于国家……虽为校长实无权承认变卖”云云①。川大随即致函《社会日报》，宣布“王校长自始至终，对于所提办法，毫未表示意见，亦未承认接受也”，希望报纸予以更正②。

为了防止刘湘强行变卖皇城，1934年1月24日，校务会议决定，将驻在皇城的附属初中迁往五世同堂街原附属高中一部旧址，将原在南较场的法学院迁入皇城，占满皇城所有空房③。

变卖皇城之议屡被拒绝后，12月29日，四川官公产清理处再次致函川大，谓“前高师使用皇城地基房屋，系由政府陆续拨用，本非一次全部划拨。至于城垣以外地皮，更无明文拨用……是城根以外地皮，不在学校使用范围以内明矣”。要求川大查明这些地皮的租用情况。此后，双方围绕着皇城以外地皮的归属问题公文往来数次。官公产清理处的根据是1918年1月26日原北京政府教育部第22号咨行四川省长咨文。原文谓高师校舍狭小，教育部本请将原四川高等学堂旧址拨给高师，但据视察员报告，皇城规模宏大，“且称贵省长亦以此地为适宜……本部自应赞同。惟该校现时需用校舍甚急，应请迅予指拨”。官公产清理处认为：“此为第一次由省长指拨校地原案。就此而论，中央教育部仅予表示赞同，指拨与否，其权似仍在四川当局也。”

川大则指出，皇城城根以外地皮，“确系旧贡院产业。而旧贡院全址，在前清时，即属国有财产”；“且中央既准拨用旧贡院作为前高师前师大及本大学校产，决无限于城垣以内之理。复查中央并无何项明文，将此国有财产，拨交前高师前师大及本大学以外任何机关管理用益”。

① 《社会日报》1933年12月4日，第4版。

② 《公产清理处又拟变卖川大校产》，《川大周刊》第2卷第14期，1933年12月11日，第10页。

③ 《法学院迁入皇城》，《川大周刊》第2卷第21期，1934年3月5日，第7页。

同时，“赞同二字，在主权者求他人对其权利之主张表示同意时，亦未尝不可使用也。且皇城产权苟属四川当局，则四川省长是否扩充校产完全自由，又何待乎进一步之核准。故此项产权，当然属于中央”①。

变卖皇城之议，最终由于“剿匪”失败而不了了之。但是，此事使川大与四川地方当局（主要是刘湘）的关系变得势如水火。国民政府遥在南京，刘湘若一意孤行，中央实也无可奈何。不过，川大虽然知道“中央”在四川只具象征意义，还是利用了“国立大学”的牌子（事实上也只有这个办法），来对抗地方政府的决策。双方后来的争执，更暴露出由于传统政治权力中心的瓦解和民国以后地方势力的上升所造成的国产“流失”到地方的现象。另一方面，川大对地方资源的利用也很明显（至少有此一明确意识），包括旅外川人、地方士绅和地方军人等，都因为在全国和地方的社会影响力，成为吁求的对象。向地方军人求援，更有利用各军之间原已存在的矛盾的考虑。总之，川大动用了“中央”和“地方”、“国家”与“社会”的双重资源来达到自我保护的目的，而以“中央”为主。这在《宣言》最后一段的宣示中表现得甚为明显：“同人等……持光明正大之度，本敬恭桑梓之诚。国产主权，谨当听命中央；匡正扶持，敬请主张公道！”②

第三节　王兆荣任职期间川大的基本情况

王兆荣在任期间，学校迫于战争、经费等压力，屡次提前放假，或延后开学。1933 年底到 1934 年初，又发生了旷日持久的护校运动，其间还组织学生在校园外巡逻。在这种情况下，正常的教学和科研秩序都

① 本段和上段，《旧皇城全部均属校产》，《川大周刊》第 2 卷第 21 期，第 6～7 页。

② 《本大学全体教职员反对变卖皇城宣言》，第 4 页。

难以维持，也就很难称得上有什么特殊的成绩了[①]。同时，学校合并之初，也不能不顾及前“三大”的原有情形和四川社会的特殊状况，故呈现不少与其他国立学校不尽相同的特色来。

严明校纪

王兆荣治校，以“严”著称。因为在他看来，“原‘三大’之历史、性质、校规、校风，均各差异。并为一校，自难融洽无间”。必须施以铁腕，才能于事有补[②]。另一方面，“学潮”在其时的大学，尤其是国立大学中，也是屡见不鲜，几成家常便饭。钱基博(1887—1957)曾谓：“方今学潮澒洞，天下汹汹。京沪一带，以迄北平，所谓全国文化灿烂之区。然国立大学即成政治斗争之市场，此一是非，彼一是非，相为仇敌，士不安于弦诵，大师亦只有依席讲而已。”[③]这虽是1945年国内政治斗争尤烈时说的话，但在二三十年代已经呈现此相。1932年2月26日的《川报》曾有社论称，中国高等教育的办学者“利用青年，作政争之武器。五四以后，以迄今日，殆如出一辙……学生受此熏融，遂一往不返，率以鼓动风潮，结纳当局为能事”。四川“虽一切进化较后于人，而恶风气之来”，亦“未能独免”[④]。

前“三大”中，受此风气影响的主要是成大学生。如前章所述，该校学生在张澜长校期间，深受“五四”以后国内大学喜欢“闹事”风气的影响。因此，合并之始，就掀起了争取平等待遇的学潮，使学校不得不提前放假。这也正是《川报》社论的“今典”。这次学潮虽然也有公立川大学

---

① 更多的描述，参看四川大学校史编写组：《川大史稿》，成都：四川大学出版社，1985年，第168～177页。

② 吕振修：《追求光明的大学校长王兆荣》，收在四川省政协文史资料研究委员会、四川省文史馆：《四川近现代文化人物续编》，第332页。

③ 钱基博：《答诸生论大学》，《中国文化》总第14期，北京：生活·读书·新知三联书店，1996年，第235页。

④ 《说四川大学》，《川报》1932年2月26日，第10版。

生的参与，但不管是从主动性还是激烈程度而言，都远较成大学生逊色。因此，王兆荣一到任，就致力于“为新大学树规模、立制度”的工作①，发布了 22 种规章，涉及从校务到学生日常生活的各个方面。

当然，比制定规程更重要的是执行。王氏未到任以前，整委会就已开始强化纪律。王氏就职以后，继续按此方针行事。事实上，四川省政府之所以接受王兆荣为川大校长，一个主要原因就是看上了他“做事有担当力”，希望找他来“整顿”学校②。他在任期间，学校纪律甚严。以 1932 学年为例，行课时间统共 6 个月，除名学生就高达 260 人(含预科生 80 人，附属高中学生 50 人)，停学学生 96 人，大部分都是因为“旷课”所致③。这与其时国立大学普遍纪律松散的情况形成了鲜明对比④。

院系设置

由于前“三大”科系设置不一，国立川大接收前“三大”的学生，便不能不考虑其原有的专业与科系，因此，在设置院系时也就不得不有所折中。学校最初预设文、理、法、教育四个学院。其中文学院包括中文系、英文系、史学系，理学院包括数学系、物理学系、化学系、生物学系，法学院包括法律系、政治系、经济系，教育学院包括教育系、艺术专修系、体育专修系⑤。“专修系”一说，名称怪异，显由“专修科”变来。按，前成大在“文科”中设有“教育心理学系”，与文、理、法诸科并置的，有“体育系”；前成都师大设有“教育学院”，下设“教育系”“心理

---

① 吕振修：《追求光明的大学校长王兆荣》，第 332 页。

② 吴天墀先生访谈记录，2000 年 10 月 31 日。萧公权(1897—1981)也说：王兆荣在任川大校长期间“以严峻著名，对于桀骜不驯的学生毫不假借”。见其《问学谏往录》，上海：学林出版社，1997 年，第 154 页。

③ 据《川大周刊》第 1 卷各期刊登除名、停学名单统计。

④ 程千帆(1913—2000)先生就曾提到，其时的国立大学“随随便便，纪律松散”。见其《桑榆忆往》，上海：上海古籍出版社，2000 年，第 11 页。

⑤ 《本校组织大纲草案》，《川大周刊》第 1 卷第 1 期，1932 年 9 月 20 日，第 1 页。

系”，与文、理、教三院并列的，有“艺术专修科”和“体育专修科”。因此，教育学院，尤其是两个“专修系”的设置，与前成都师大和前成大都有关联。从名称上看，与成师大的关系似乎尤为密切。

“川大档案”中有张铮写给吴永权的一封信，未注时间。从内容上看，是讨论两个“专修系”的：“顷闻适有要事，不能到秘书处与会。关于附体、艺事，将来须呈部，务以不背大学规程为是。现大学改革伊始，如与部章相违，致被驳诘，恐人说办事人外行，此不是一二人关系，大学前途亦将于无形中受影响者也。”①这封信为我们留下了一份整委会成员在整顿大学时的心态记录：他们不但要考虑前“三大”的实际情况，还要注意到不违部章，因为这毕竟是一所国立大学。

草案报教育部后，教育部发下 7323 号指令：“查教育学院，仅设教育学系，附设艺术、体育两专修科（据此，似在报教育部时将‘专修系’仍改为‘专修科’。引者按），殊无设院之必要”。要求将教育学院改为教育系，并入文学院②。但是，前师大原本就已为“师范独立”斗争良久，现在又要把教育学院撤掉，当然表示不满。因此，学校第 26 次临时行政会议议决的结果，仍请照设教育学院。同时，教育学院各科系又派出学生代表，请求学校转呈教育部“收回成命”③。但是并没有用。1933 年 3 月 2 日，校务会议最终决定，仍遵部令裁并教育学院④。

师资聘任

川大的师资最初都来自前“三大”。王兆荣到校后，由于经费紧张，

---

① 张铮致吴君毅函，“川大档案”，第 1894 卷。

② 教育部指令（第 7323 号），“川大档案”，第 8 卷。

③ 《转呈请转仍设教育学院》，《川大周刊》第 1 卷第 4 期，1932 年 10 月 10 日，第 4 页。

④ 《遵令裁并教育学院》，《川大周刊》第 1 卷第 11 期，第 8～9 页。教育部指令早在 1932 年 11 月 14 日就已经下达，但因为战事影响，一直未办。

战事不已，虽然聘请教师一事遇到不少困难，但他仍做了大量工作。据1934年度《教员一览表》教师履历一栏的显示，在91名教师(不含助教和军训教官)中，有46人没有前“三大”工作的经历，属于新聘者约占一半。这些新聘教师中，文学院占20人(其中教育系6人，英语系9人，有4人系特约教授)，理学院占11人，法学院占14人。另有体育指导1人。除了中文系仍以“蜀中名宿”为主，只聘请了1位特约教授；生物系只进了1位讲师外，其他各系人事都有不小调整。最为突出的是教育系和法学院。教育系新聘人数达到60%，法学院更达66%以上。教育系是原成师大的“强项”，成大因为要和成师大竞争，在这方面的实力也不弱。因此，该系的人员构成变化尤其值得我们注意。不过，在新聘6人中，有3位副教授，都不是学教育学，而是学冶金、无线电和医学出身的。这样一来，其变化的实际效应也就要打不少折扣了。法学院新聘教师中，有2人系日本东京帝国大学毕业，5人系日本其他帝国大学毕业，当与王兆荣、吴永权他们本人都曾是留日学生的经历有关。

在12位院长和系主任中，除了政治系主任胡恭先(1899—1986)系新聘、化学系主任熊祖同没有前“三大”的教学经历外，其余均为前“三大”教师乃至旧任。这些人是校务会议的实际参加者，他们对学校决策的影响要远过一般教师。也就是说，川大高层人事构成并无太大改变。其次，从前文的叙述中也可以看到，在与地方发生纠纷时，仍要依赖于向楚、吴君毅、叶秉诚、魏时珍这些人去解决，其中尤以地方军政关系最广、社会声望最高的向楚，做出的贡献最大。

课程标准

30年代初，各大学课程设置均由自己决定。国立川大成立后，照顾到学生的学业，课程标准最初也多承袭前“三大”，亦做了不少调整。由于这方面的记录相对缺乏，我准备以四川大学档案馆藏1931年12月—1932年1月文学院教务会议记录为例，讨论一下相关问题。

文学院第一次教务会议于1931年12月23日召开，讨论各系课程编制的问题。历史系主任何鲁之发言说："现行课程标准系沿袭前成大所订，自系暂时使用。"这得到与会人士的认可。文学院教务主任刘子周表示："新大学初成立，关于课程一项，应有详审之规定，方为百年大计。"外文系(后改为英文系)主任刘奎发言，谓"课程若重新规定，应以国内其他大学之课程标准为参照"。会议决定，重新制定课程标准。

不过，其时"国内各大学对于教学目的各有不同"，课程标准亦不一致。如中文系，"中央大学、东北大学等校则以研求本国学术为主脑，至于北京大学、清华大学等校则以研求纯文艺以期创造此时代之新文学为主脑"。外文系，"在东北大学则偏重在造成实用人才，以为东北政治上、外交上之用"；清华"则首重在造成博雅之士"。历史系，"一为偏重历史整理方面，北平各大学每系如此；一为注重历史智识之研究，中央大学、东北大学即系如此"。川大应做何选择？向楚代表中文系表示，"自以研求本国学术为主"。刘奎认为，有用的前提是要先有学术，故外文系应重视培养"学术人才"。何鲁之提议，史学系以"对史学上之智识之研究"为主。从这些议论中，主事者的思想倾向不难了解：在新潮与稳健之间，他们选择的是稳健；在实用人才和学术人才之间，他们选择的是学术。以时风衡量，他们有意识地站在了"保守"一边。

从会议记录看，如何在外延聘教师一直是他们关心的问题。在第一次教务会议上，向楚便提出："目下若就国内其他大学中之教授，择别聘请，恐不免困难。好在东北大学停顿后，其中教授多走北平，建议若在省外聘请教授，宜注意于此。"[①]此后的历次会议，对此都有很多议论，其中东北大学始终是大家关注的热点。另外，张颐、常乃德(1898—1947)等亦均为他们考虑的对象。前者显然是因省籍之故，后者则应和

① 本段及以上两段，《文学院二十年度第一学期第一次教务会议录》(1931年12月23日)，"川大档案"，第202卷。

其文化态度有关：常乃德不取打倒传统的激进立场，而是要调和新旧；在学术观点上更重“智识”，而非考据；在政治上是青年党员，而四川文教界固是该党的一大根据地，对此自然感到臭味相投。

他们讨论的另一个问题是，是否实行来自美国的学分制。第一次教务会议议决：“本院以后行学分制，但仍规定四年毕业，可提请大学部决定之。”[①]但当时实际代行校政的秘书长吴永权表示：“兹事体大，须审议。”对此，刘子周提出：“实行学分制第一好处，即在考核学生之学业，不单凭其试验成绩，而更注意其受课时间。教育上之创行学分制，其用意亦在此。川省大学学生近年每每任意缺课，竟有有名无人，而学期终又有成绩者。故非行学分制不易矫正此弊。”最初表示过不同意见的何鲁之后来也转变了态度：“现在各个大学都是行学分制，四川大学既是重新整顿，也宜仿行。”[②]第三次会议时，刘子周又提前议，除了再次指出避免学生旷课一条，也强调“所谓近代式之大学多数是行学分制”[③]。不过，此事终于没有通过校方一关。

由于存留材料所限，我们此处的讨论只能采取“管中窥豹”的方式，且无法代表理、法、教等院的情形。不过，从中仍可看出一些有价值的东西。文学院，特别是中文系，一向以研究“国故”为主，也是蜀学宿儒聚汇之所。但是他们考虑问题，显然是含有一个“全国”观念的。用今天的话说，不管是在课程标准方面，还是学分制的问题上，他们都不乏和国内其他大学或“近代”规则“接轨”的意愿。另一方面，他们的讨论也时刻围绕一个（没有明确说出的）背景，即其时国内文化界和学术界的新旧

---

① 《文学院二十年度第一学期第一次教务会议录》（1931 年 12 月 23 日），“川大档案”，第 202 卷。

② 《文学院二十年度第一学期第二次教务会议录》（1931 年 12 月 30 日），“川大档案”第 202 卷。

③ 《文学院二十年度第一学期第三次教务会议录》（1932 年 1 月 8 日），“川大档案”第 202 卷。

之分。北平各大学是“新文化运动”的大本营(文学方面重视新文学创作，史学上重视“新汉学”)，中央大学和东北大学则偏向“文化保守主义”。川大的选择无疑接近于后者。事实上，东北大学教师之所以受到他们重视，并不全然是因为东北大学在九一八事变后陷入停顿，对于川大是一个机会，而且也是因为这种“富于国故”的教学风气深合川大人胃口的缘故。

就地取材的科学研究

这一时期，学校虽然处境艰难，但仍注重与实践关系密切的科学研究。1933 年秋，四川叠溪发生大地震，阻断岷江，形成湖泊。12 月，王兆荣数次电告中央研究院，希望选派地质、水利专家来川考察。“一面对于地震加以研究，使科学上得有相当之贡献；一面对于积水，设法预防，使一般人民之生命财产，不致因此再受损失。”但蔡元培答以无员可派。王兆荣遂决定由川大独立考察，选派地质学教授周晓和率领两位助教和生物系学生 7 人，组成地质考察团，调查地震状况、震后地质变化和气象问题。21 日，考察团出发①，沿途采集了化石标本数十件和植物标本 40 余包②，于 1934 年 1 月 14 日回校，发表了叠溪地震考察报告③。

1933 年，化学系定量分析化学实验“颇注重实际应用，特将川中土产及有关吾人日常生活之物品，陆续分析”，包括水之硬度、彭山县产“黑灰”中之碱量、成都制“粗硫酸”之浓度等项。并发表分析结果，“以

① 《本大学地质考察团出发》,《川大周刊》第 2 卷第 16 期，1933 年 12 月 25 日，第 9 页。

② 《地质考察团已抵龙溪》,《川大周刊》第 2 卷第 17 期，1934 年 1 月 1 日，第 9 页。

③ 《地质考察团在叠溪之工作》,《川大周刊》第 2 卷第 19 期，1934 年 1 月 15 日，第 9 页。

供社会人士参考”①。1935 年 3 月，川大向中英庚款委员会申请赞助，扩充物理实验设备。其研究计划包括：“精确测定成都之经纬度及地方时，以确定标准时及精确时间”“测定附近各地之重力加速度及地磁性质”；气象和空电调查、测定地震等。其考虑皆围绕地方需要与资源的开发展开：“成都为西南文化政治地理中心”，自应实测其经纬度与地方时；详测重力加速度，是为开采矿藏做准备；成都附近气象的测定，“直接影响全国气象之推算”；“空气对于无线通信关系极大，吾人对于国内及国际间远距离无线电通信，宜早作基本之考察”；“中国地震以陕甘边界为多”，更因叠溪地震“时作时止”，成都在其附近，应对“震源地点及震动之强弱”加以“随时测定”②。

从理、化两系的情况看，此一时期川大的科学研究多系就地取材。这一方面和其地理位置有关，另一方面也是由当时川内政治不良、交通不便，不利于出省考察的客观条件决定的。当然，他们亦期望通过增进和四川地方有关的知识考察，对全国性的科学研究做出贡献。“全国”既由“地方”组成，“地方性知识”的丰富自然意味着“全国性知识”的增广。不过，这一方面的主要工作，是在任鸿隽时期完成的。

民族观念的培养

整个 30 年代，国人爱国热忱持续高涨。国立川大成立于“九一八”事变后不久，面对国家危亡，应该何去何从，一直是师生中关注且充满争议的问题。

1932 年春，成都的一份报纸曾报道说：“此间四川大学学生，自去岁东北事变发生以来，一时群情惶愤，反日空气，顿形紧张。于是有一部分同学相约组织反日会”。但不久即归消沉。“一·二八”事变后，文

① 《理学院化学系分析各种物品》，《川大周刊》第 2 卷第 17 期，第 10 页。

② 《扩充物理实验室实用设备计划书》，“川大档案”，第 919 卷。

学院和教育学院一部分学生“联名发起组织救亡请愿团，有三十余人署名”，然而应者寥寥，不久又“寂然无声矣”。后来有“留心国事”的学生在张贴处贴出告示，“其中愤发之词，有红线加于同行之下，亦颇引人注目。但贴出已一日，并无何等影响”。学生“引之为谈资”而已，似乎以为“无关重要”。文章据此慨叹，川大学生“感觉迟钝”，对国事“沉静冷淡”[①]。文章所写内情甚详，说不定作者就是川大学生中“留心国事”中的一个。其中充满失望之情，当是不少“进步青年”的真实心态。

1933 年 4 月，川大法学院旅平同学会鉴于喜峰口抗日正亟，“海内外的同胞，纷纷捐输巨款，派遣专员，前来慰劳。然而我号称全国最富庶的四川，却未见有一文之捐助，一人之慰劳，思之惭愧无地”。他们决定派出杨敬之、吕奎文，以川大学生的名义前去劳军，“来为同乡和川中同学作一个先例，好让他们继续着源源接济而来”。慰问代表到达前线后，给学校写了一封信，被发表在《川大周刊》上。信中希望川大师生“能大声急呼起来，捐款慰劳浴血的抗日将士”，信末并特意注明：“自喜峰口飞机轰炸之下。”[②]这是已毕业的校友，而他们的感受和那些“留心国事”的在校生一样，都认为川大人乃至整个四川人在爱国方面都表现得不够积极。若以平、津等地学生的举动作为标准，他们的指责当然不无道理。然而，将爱国等同于集会游行、组织团体等外在可见的集体行动，其实是对于大多数学生的误解。

从学校当局的角度来看，王兆荣本人的民族主义观念就一向很强。早在 1918 年，为了拒绝段祺瑞政府与日本签订的《中日陆海军共同防敌军事协定》，中国留日学生组成了“救国团”，王兆荣被推举为总干事长。回国后，在北京和上海继续发动“抗日拒约”运动，并创办了《救国日报》和“国民大学”。1919 年春，他在上海广为宣传，纪念国耻。1925 年，

---

① 《如此之川大学生》，《成都工商时报》1932 年 3 月 15 日，第 4 版。

② 杨敬之、吕奎文来信，《川大周刊》第 1 卷第 15 期，第 2 页。

参与在上海创办“学艺社”和“学艺大学”，仍以“学术报国”为宗旨[①]。因此，在他长校期间，是很重视培养学生爱国意识的。

《川大周刊》第1卷有“讲演”一栏，登发学校(包括各附校)举办的各类演讲的讲词，其中“抗日”和“救国”一直是重要主题。如叶秉诚的《何法恢复东三省》(第1卷第2～3期)、赵石萍(1904—?)的《九一八前后之东北》(第1卷第4期)、李希仁的《东北前途与吾人处国难之态度》(第1卷第7期)、许群立《长期抵抗的意义》(第1卷第20期)等。1933年5月11日，法学院教授霍俪白在讲授《中国外交史》时，向学生介绍了李大钊(1889—1927)在1915年“二十一条”期间所写《警告全国父老昆弟书》的大意，后又应学生要求，把这篇文章交由《川大周刊》全文刊出，霍俪白并在文前附有识语，介绍了这篇文章的写作背景，并谓“虽明日黄花，亦聊以作国民薪胆之助云尔”[②]。

1933年4月15日，王兆荣在校务会议上朗读了杨敬之、吕奎文的来信。数学系教授胡助当即提议，“本大学应积极努力募集捐款，即兑东北慰劳抗日各军，以尽国民应尽之责，并为西南各界倡”[③]。5月1日，《川大周刊》发表了全校师生自愿捐款办法，募集款数在《周刊》发表，并由学校经济审查委员会监督[④]。截至5月6日，共筹集款项2265.83元，经天津《大公报》转交华北各军[⑤]。同时，根据校务会议的

① 吕振修：《追求光明的大学校长王兆荣》，第329、331页。关于“救国团”的有关情况，参考王兆荣：《关于一九一八年我国留日学生反帝救国团的回忆》，秀山土家族苗族自治县文史资料工作委员会编：《秀山文史资料》第3辑，1986年，第56～63页；曾琦：《反抗思想与革命精神》，收在《曾琦先生文集》上册，台北：“中研院”近代史所，1993年，第593页。

② 李守常(李大钊)：《警告全国父老昆弟书》，《川大周刊》第1卷第20期，1933年5月29日，第1页。

③ 《校务会议决议慰劳抗日各军》，《川大周刊》第1卷第15期，第4页。

④ 《本大学募集慰劳抗日各军捐款办法》，《川大周刊》第1卷第16期，1933年5月1日，第1页。

⑤ 《社会日报》1933年7月12日，第4版。

决议，学校还制定了《国立四川大学抗日方案草案》，以建设后方为主要目标①。

1934 年 9 月 15 日，校务会议决定，9 月 18 日上午 11—12 时，全校师生纪念“九一八”事变，由学校制成纪念文，分送各教员，要求教师于纪念时间上课时，先为宣读。宣读后静默 3 分钟，默念“誓雪国耻”。静默后，教师得作关于“九一八”的演讲。如果恰好遇到外籍教师上课，则由院长或系主任代为宣读，并指导学生静默②。

第四节　中央入川与教育部整顿川大

蒋介石视察川大

1935 年 1 月，由贺国光(1885—1969)率领的军事委员会委员长南昌行营参谋团入川，四川的半独立状态被打破，开始了作为“中华民族复兴策源地”的“地方中央化”过程。对于川大来说，这是一件好事。实际上，造成此前川大经费危机、校产危机的一个重要原因就是真正有权力的“中央”远在南京，川大作为中央在川机关，不得不仰地方政府之鼻息。虽有不少抗争，但也颇为艰难。地方“中央化”的政策是要把中央的力量落实到四川地方上去，这给川大带来了一个契机，成为川大“国立化”的一个根本转折点。

此前，在各国立大学中，川大一直被国民政府放到一个相当边缘的位置。在经费问题上，直到 1934 年，川大人还认为自己未能获得与其他国立大学平等的地位。实际上，其时不少国立大学也和川大一样，并

---

① 《国立四川大学抗日方案草案》，“川大档案”，第 1730 卷。

② 《川大周刊》第 1 卷第 2 期，1934 年 9 月 27 日，第 3 页。

未完全享受中央拨款。但我们从川大人对“平等”要求之迫切上，也正可见出其“国立”意识之强，而这又是其所处边缘地位的投射。无论如何，中央的忽视造成川大在国立大学中显出种种“特色”，而这“特色”又进一步凸显了其“国立化”的不足。比如，1934 年春，教育部发下《中央统一会计制度》一册，要求遵照执行。川大指出，按照制度规定，“各月份本机关经费按照主计处岁计局规定之预算科目依栏分写”，可是“本大学并未奉到此项预算科目，而支出计算帐所定款项目节，本大学又未必适用”；又，支出账目“以月份预算为主，每月份设一帐户，凡属本月份之开支，不问其付款日期是否在本月份以内，概应记入本月份之帐”。但“本大学自民国二十年秋季成立以来，截至现在，均未完全收到”。若按照规定，“不问收款日期，概应记入本月份，则无论何月，其完全清结，不知待至何时，亦不知待至何时，始得报销”；支出方面也是一样，“非迟至半年以后不能清结，亦非迟至半年以后，不能报销”①。

在这种情况下，中央势力入川，受到川大当局的热烈欢迎。早在 1934 年 9 月，刘湘围剿红军失利，川局紧张之时，川大校务会议就通过决议，“用教职员全体名义，分电南京中央派兵入川协剿”。在致林森（1868—1943）、汪精卫（1883—1944）、蒋介石（1887—1975）的电报中提出，红军活动“多在两省边界险阻区。省防则各自为政，而不相援应；省剿则备多力分而易于突破”。应“以中央军为主剿，以各省军为协助”，方能有效。而“川省剿匪经年，师老兵疲”，也需要增加“生力军”②。事实上，刘湘其时也因同样的理由不得不准备打开夔门，迎接中央军的到来。理所当然，这同时也意味着四川政治门户的开放。

1935 年 3 月，蒋介石抵渝。得到消息，王兆荣马上通电表示欢迎：

---

① 《呈明统一会计制度执行困难》，《川大周刊》第 2 卷第 21 期，第 4～5 页。

② 《川局紧张中全体教职员之表示》，《川大周刊》第 3 卷第 4 期，1934 年 10 月 1 日，第 5～6 页。

重庆蒋委员长钧鉴：旌麾莅止，全蜀欢腾，川人倒悬，待公而解。近者徐匪(指红军徐向前部。引者注)倾巢，分头窜陕；朱毛残部，穷蹙奔黔。参谋团秉承方略，赏罚既张，将士用命，大兵兜剿，阵容一新。北路兼扼止其国际路线之企图，南路仍堵截其回窜负隅之困斗。坚壁推进，合力总攻，奠定西南，完成统一。岂惟川省之幸，实亦全国之福！徯待来苏，喜极而泣。群望我公以整顿军事之精神，督励全川，刷新庶政。务使防区消灭，吏治澄清，苛税一蠲，民劳可息。仆射父兄，永流威惠，西川父老，尤切云霓。仅电欢迎，无任瞻企。国立四川大学校长王兆荣叩。支。

蒋介石接到后，于11日回电："成都国立四川大学王校长大鉴，支电诵悉。中抵渝旬日，诸待部署，俟处理稍为就绪，即当赴蓉一行，藉图把晤也。中正。真。秘。渝。"①

35年春夏之间，川大"群贤毕至"，令人颇感面目一新：4月初，天津《大公报》总编张季鸾(1888—1941)到校演讲《四川与国防》。大意谓"中国在国际现势之下，处境甚危"，"故非积极建设国防不可"，而四川之地位也变得"极重要"。要使四川成为建设国防的根据地，官方固有责任，而"大学之中坚分子，负有改造社会建设国防之青年"，亦应"与政府在同一战线之下，共同努力"②。6月初，行政院秘书长翁文灏(字咏霓，1889—1971)与《大公报》负责人吴鼎昌(字达诠，1884—1950)到校演讲。翁文灏重点谈了古代四川"在文化交通方面与其他各省之关系，因得一结论，即四川交通不便，然对于外来之文化与力量，每次均能得到丰富之利益"。在此大敌当前之际，四川要"担负复兴中国之重任"，

---

① 《四川大学全体教职员电渝欢迎蒋委员长莅蓉由》、蒋介石回电，均在"川大档案"，第1894卷。

② 《张季鸾先生莅校讲演》，《川大周刊》第3卷第28期，1935年4月15日，第6页。

“亦需要外来之力量与文化”。吴鼎昌出生在华阳，曾就读尊经书院。他以旅外川人的身份指出，四川一切“殊落人后”，希望川人“与省外人士共同努力，造成新四川”①。这几位或官或民，身份不同，却都强调四川应打破省界意识。这固然是配合国民政府的政策，亦有当下的具体语境，即当时四川社会上逐渐流行起来的“川人治川”说，同时亦反映了其时主流知识分子民族观念的重要方面。

随着中央入川，四川各机关开始举行总理纪念周。川大的第一次总理纪念周是5月27日举行的，那正是蒋介石抵达成都的次日。6月9日，蒋召集全市中级以上学校教职员谈话，川大校长、院长、系主任共10人参加了谈话会。6月底，川大忽接“委员长行营侍从室来函：委员长莅蓉第五次纪念周，日前奉蒋委员长面谕，特改在川大至公堂举行”。7月1日上午，川大各院及各附校教职员、学生代表约850人，连同党政军各领袖并各学校校长、各团体代表共1200余人参加了纪念周。8点半，蒋介石到校，在皇城明远楼小憩后，9点到至公堂讲话。10点钟结束后，又由王兆荣引导参观了学校图书馆②。

蒋介石讲话包括三个方面。一是社会风气的良窳，根本原因在于“一般负责教育责任的人，和一般学生，以及社会上所有的智识份子”，能否“尽到领导民众改造社会的责任”。他指出，“四川大学是四川的最高学府，四川大学一般学生对于四川更加责任重大”，应该负起教导四川民众的责任。其次，中国以往的教育往往过于偏重“学术、技能、做人道理”的“教”，而忽视了“体魄、精神、道德和生活”的“育”。“我看四川无论大学中学，一般青年学生的体格，都很瘦弱，精神都很萎靡，和云南学生比起来就差得远”，甚至“恐怕比较任何一省都不如”，这便是

① 《翁咏霓、吴达诠两先生讲演》，《川大周刊》第3卷第36期，1935年6月10日，第9页。

② 《蒋委员长莅校举行纪念周》，《川大周刊》第3卷第40期，1935年7月8日，第5页。

“教而不育”的恶果。“这是四川教育的一个大缺点，也就是我们民族最大的一个危机，和一般青年学生最不幸的一件事。”号召学生“自强，第一就是要锻炼强健的体魄”，占了蒋介石这次谈话一半的篇幅。他演讲的第三点，是要学生“养成劳动的习惯，发扬服务的精神”①。

7月8日，川大已经放假，蒋介石又一次指定扩大纪念周在川大举行。蒋介石这两次讲话，并无若何新鲜内容，但连续两次在川大举行纪念周，却具有极为重要的象征意义，足见他对这一培养青年的机关的重视(至少是要造成这一印象)，而川大也因此和中央政府加强了联系。

教育部对四川高等教育的整顿

在此之前，教育部也开始了整顿四川高等教育的计划。5月27日，教育部派视察专员郭有守(1901—1977)、督学顾兆麐(1891—1963)视察川大。视察专员这一职务，本是教育部为了解各大学之实际情况而设。1934年，教育部派出了10个专员视察了40余所大学和专门学校，“特别注意学生之上课、学校行政人员之服务、经费之支配、课程、设备、图书与实验、卫生设备、物理教育”等②。这是教育部第一次向川大派出视察专员。

1935年7月，教育部根据郭有守、顾兆麐的报告和建议，同时向四川省教育厅和川大下达训令，在四川全省范围内进行院系调整：1. 重庆大学(下简称“重大”)定为省立，先设理、工两院，理学院原有数、理两系并为数理系；工学院设土木、采冶、电机三系；经费充足时得设医科，原有的农学院和文学院并入川大；2. 原四川省立农学院并入川大；3. 原四川省立工学院并入重大，其原址及设备改设职业学校；4. 重大

---

① 蒋介石：《蒋委员长训词》，《川大周刊》第3卷第40期，第1～4页。

② 黄建中著，周国柄译：《中国高等教育鸟瞰》，《川大周刊》第3卷第38期，1935年6月24日，第7页。此文系教育部高等教育司司长黄建中(1889—1959)在1935年初所作关于中国过去三年高等教育的演说。

原有学生需一律甄别呈部备案；5. 省立农、工两院经费分别划拨川大、重大。川大附中、附小一律划归教育厅办理①。

显然，这次院系调整是以川大和重庆大学为中心进行的。重大是在刘湘的大力支持下办起来的，刘还曾一度亲兼校长。该校一直没有向教育部备案。1934 年，刘湘刚刚统一川政不久，就有人指出“重大乃因防区制下特殊之产物”，要求将之并入川大，“以树统一之先声”②。此次院系调整，审定重大性质，不仅是对四川教育的整顿，也是四川教育“地方中央化”的一个步骤③。

8 月 26 日，教育部又发下郭有守、顾兆麐的视察报告要点，对川大的办理提出批评和建议：在院系组成方面，文学院可保持不变，将重大文学院并入，惟“教育系二年级仅学生一人，应令改入他系，或设法予以转学”；理学院物理、数学两系“学生人数不多”，可考虑“合并为数理系”，充实“师资与设备”；法学院政治、经济两系，“班次未齐”，人数不多，“应合并为政治经济系”；“添设农学院，暂设一系或两系，其详由该校酌定”。在经费方面，应予“妥当分配，确定各院应占之比率。至于购置费用，过去所占成数太少，致各项设备甚形简陋，嗣后尤应设法增加，不得少于经费总数百分之十五”。在课程设置方面，“多因人而设，无一定标准”。讲义过多，“教学徒重讲演，学生程度甚为低浅。嗣后应妥定课程纲要，切实施行”。最后，“教职员原任之课务或行政职务，应由该校新任校长到职后斟酌情形，重行妥为支配，以利改革”④。

---

① 教育部江电(1935 年 7 月)，“川大档案”第 6 卷。

② 述尧：《四川今日之大学教育》，第 31 页。

③ 1935 年暑假，重大文理学院学生派出代表到成都向各政权机关请求免于甄别考试(农学院因已向教育部备案，可免试)。川大学生则提出，因“两校课程颇有出入，本无合并之可能”，为了避免“将来课程发生种种障碍”，重大学生应该甄别考试(《新新新闻》1935 年 9 月 1 日，第 11 版)。其实，“课程出入”的问题不是关键，川大学生的建议带有对未备案的重大学生的“歧视”意味。

④ 教育部：《令知视察报告要点仰切实改进具报由》，“川大档案”，第 6 卷。

在王兆荣看来，这份报告无疑是教育部对自己三年工作的一个评价。因此，虽然马上就要与新任校长任鸿隽进行交接，他还是在百忙中为自己做了辩解。他递交呈文称，报告中关于购置费用的描述“仅二十一、二两年度之事实”，其原因也主要是经费困难所致：“截至本年八月止，本大学经费拖欠至四十八万有奇。”但即使在这种情形下，学校仍“力事撙节，至二十三年度即逐渐扩充设备，其总数较之二十一、二两年度，超出十倍以上”。报告对讲义费的描述，“亦仅为过去之事实”，自 1934 年以来已在减少。至于因人设课的指责，更令王兆荣不满。他强调，因为学校由“三大”合并而成，对前三届学生，不得不有所“迁就”；至第四届以后，“均系按照本大学课程标准办理，亦不能谓为无一定标准也”①。

王兆荣认为，自己办理川大的效果并不理想，泰半是因四川政局不宁造成，确是事实。不过，这份报告书其实不是对其工作的鉴定，而是对即将赴任的新校长任鸿隽的工作指示。

王兆荣去职

王兆荣 1932 年 2 月被国民政府任命为川大校长，实际上在 5 月 2 日才到校视事。但从 1933 年 9 月起，就不断要求辞职，其中仅 1933 年 9 月 12 日到 10 月 31 日，就递交 3 次辞呈②。其去意坚决，主要原因有二：一是四川政局不宁，川大生存环境艰难；二是他本人与地方当局，尤其是与刘湘的关系恶劣。

如前所述，不管是在经费还是校产问题方面，刘湘对川大的态度都极不友善。但这并不是因为刘湘漠视四川高等教育的发展。萧公权和唐振常(1922—2002)都曾指出，二三十年代，四川虽是军人的天下，但社

---

① 《呈覆本大学设备费及讲义费情形由》(1935 年 8 月 30 日)，“川大档案”，第 6 卷。

② 王兆荣辞呈，均在“川大档案”，第 34 卷。

会风气仍重斯文，军人也不例外①。事实上，如果以数量而论，民初四川的新式学校位居全国前茅。从前章所引向楚为《四川教育公报》所写《弁言》可知，其时四川社会仍是以办学为荣的。成大即是在刘湘的支持下建起来的，他也为成大的发展提供了相对优厚的经济根基。1929 年，他又曾大力赞助重大的成立。

那么，刘湘为什么要刁难王兆荣时代的国立四川大学呢？现在虽然还缺乏直接的材料以供我们洞悉内中隐秘，但有证据表明，这与他和刘文辉的恩怨有关。“三大”合并组成国立川大，虽有教育部的指令，实际是在刘文辉主持下进行的。在整委会期间，刘文辉更是代行校长职务。这对其时正趋恶化的二刘关系无异火上加油：通过此举，刘文辉就取消了刘湘在成都高教界的势力。

至于王兆荣，有人称其出长川大，出自张澜保举②，亦有人说是张铮的推荐③。但无论如何，他被时论归为刘文辉一派④。1932 年 4 月 20 日，他刚到达成都，即与刘文辉联系川大事宜。但刘恰好不在成都。次日，他给刘拍了一份电报：“校事重民略为谈及。此后进行，尚乞指示一切，至所盼祷。”⑤不久，成都报纸又报道王兆荣“须俟刘氏返省后始能

---

① 萧公权：《问学谏往录》，第 119 页；唐振常：《武化世界》，《万象》第 1 卷第 5 期，1999 年 7 月。

② 吕振修：《追求光明的大学校长王兆荣》，第 332 页。

③ 吴天墀先生说：刘文辉看中王兆荣“有担当”，故请王来（访谈记录，2000 年 10 月 31 日）。吴虞也有类似说法，但具体原因则与吴说不同。吴虞 1933 年 7 月 25 号日记：“杨子寿来，言王兆荣赌债二万余，在上海困无办法，乃由吴永权找张铮，杨子寿找冷融（？—1943），合力打通刘文辉一条路，始长川大，盖费九牛二虎之力也”（《吴虞日记》下册，第 707～708 页）。考虑到此时吴虞已与王兆荣交恶，这一说法应当存疑。不过，王兆荣在上海有参与赌博事，郭沫若（1892—1978）亦有记载，参《创造十年续篇》，收在《郭沫若全集》“文学编”第 12 卷，北京：人民文学出版社，1992 年，第 262～263 页。

④ 比如，为刘文辉部下的冷寅东（1894—1982）后来就把王列入刘当时罗致的“各方面负有声誉之人”中。参见其《刘湘、刘文辉争霸四川的几次战争》，全国政协文史资料委员会编：《文史资料选辑》第 10 辑，北京：中国文史出版社，1986 年，第 55 页。

⑤ 《王兆荣电刘自乾》，《成都快报》1932 年 4 月 24 日，第 6 版。

到校视事”[①]。另一方面，王兆荣抵省数日，不断与“省中要人及教育界”往来酬酢。28日，刘文辉的政治部主任周儒海又联络北平旅蓉同学会为王接风洗尘[②]。

7月5日，王兆荣补行宣誓，同时举行国立川大第一届毕业生典礼。邀请名单包括：四川省政府主席刘文辉、省政府委员邓锡侯、田颂尧、向育仁、张铮，以及省政府秘书长、教育厅长、民政厅长、建设厅长、财政厅长、高等法院院长、高等检察厅首席检察官、成都地方法院院长、省会城防司令部司令、军警团处长、各校校长及地方士绅如徐炯等[③]。大会首由监誓员、四川高等法院院长致辞。王兆荣宣誓并发表演说后，刘文辉、张铮、向育仁作了演说。邓锡侯、田颂尧都有贺词[④]。虽然王兆荣邀请的人都是成都的，而刘湘则远在重庆，但与当年张澜就任时“速成系”和“保定系”均到场的情形相比，此次明显只是“保定系”的捧场。

如同刘湘对成大一样，刘文辉亦表示要大力支持川大的发展。在补行宣誓礼上，张铮代表刘文辉向王兆荣保证：“大学经费按月由刘主席负责，在盐款项下拨足。即在盐税淡月，其不足之数，要由刘主席筹垫”[⑤]。刘文辉在“二刘之战”开始前，也的确落实了他的保证。此外，刘文辉还向川大捐赠了10万元，以帮助川大修建新图书馆。并表示，还可以再捐20万元购买图书，从1932年10月起分期拨付[⑥]。

“二刘之战”结束后，刘湘控制成都，社会纷纷传统言，谓王兆荣与刘文辉勾结，张澜将代长川大云云[⑦]。吴虞在日记中便颇多记载。如

---

① 《成都快报》1932年4月25日，第6版。

② 《成都快报》1932年4月28日，第6版。

③ 《第一届举行毕业式拟请来宾》(1932年7月)，“川大档案”，第439卷。

④ 《川大校长补行宣誓暨举行第一届毕业志盛》，“川大档案”，第439卷。

⑤ 《川大校长补行宣誓暨举行第一届毕业志盛》，“川大档案”，第439卷。

⑥ 《校闻》，《川大周刊》第1卷第1期，1932年9月20日，第6页。

⑦ 张澜将长川大的消息早在2月份就在成都教育界流传，并谓系刘湘促成。见《社会日报》1933年2月28日，第4版。

1933年7月28号：“肇海来，言张仲文将来省监视王兆荣，恐其卷款潜逃，云是表方之意也。”8月20号：“肇海来，言李幼椿(即李璜。引者注)回成都，云表方当来，王兆荣不过一二月将去。”8月24号：“过叶秉诚谈，云教员组织索薪团，问王兆荣要钱。而兆荣既以款借刘文辉，收不回来，刘甫澄(即刘湘。引者注)当然不能拨款。”8月26号：“肇海来，言王兆荣见刘甫公多次，未见。近一次见之。兆荣陈述经费困难。甫公云，我按月有款。兆荣云，因借与刘文辉作战。甫公云，你既能借出，自能收回，遂不复言，兆荣无结果而返。”9月1号：“晨过王兆荣……兆荣亦言四川久住，使人闻见狭陋，子女读书亦不便，何日摆脱川大，何日出川？似亦知其地位不能持久矣。”9月21号：“过李劼人谈，云王兆荣交代颇难办，因差二十余万，恐不能脱手也。”①

其时吴虞刚刚被王兆荣解聘，对王大有怨辞，故日记中多记对王不利的言论。从前文所述情况看，川大经费是由刘文辉的提款专员以川大印章代提而去，王兆荣事先并不知情。不过，事情真相如何，王兆荣和刘文辉是否还另有一笔交易，并无其他证据。吴虞所记，也不过是传闻而已。但显然，这一说法在其时四川的文教界人士中流传甚广。由于经费紧张，王兆荣曾决定暂停附属学校招生一年。附属学校学生遂发表声明说，校款不充非附属各校之罪，且“侧闻去年军兴，二十四军挪用校款至十四万之多，以作军费。果尔，事前不闻力抗，事后未见索还”②。或即有此暗示。实际上，经费危机期间，王兆荣在提交教育部和行政院的呈文中，确实没有提到刘文辉占用的部分，而把经费不足的主要原因归结到刘湘身上。不但如此，王兆荣还特意提到，在委托二十四军提款专员代为提兑期间，若逢南所淡月，“收入不敷分配，未能拨足，亦由

---

① 吴虞：《吴虞日记》下册(1933年7月28号、8月20号、8月24号、8月26号、9月1号、9月21号)，第713、715、716、717、720页。

② 《社会日报》1933年8月2日，第4版。

该军垫拨。此项代提手续，办理以来，尚无困难”①。可见他的确有为刘文辉掩饰的举动。

社会上有关王兆荣与刘文辉有所交易的传言，必然会传到刘湘的耳朵里，刘湘也必会多多少少受到这一传言的影响。另一方面，不管王兆荣是否真的属于刘文辉一派，但既然世人如此想象，且刘湘又已总揽四川军政大权，王氏继续执掌川大，必会遇到不少麻烦。因此，他才主动提出辞呈，并“推荐”张澜继任②。不过，这时候的国民政府虽然早就有统一四川的意愿，却没有机会付诸实施，对川政策仍未提上日程。因此，王兆荣的辞呈也未得到教育部重视。虽然王还是留了下来，但他与刘湘之间的矛盾愈益激化。特别是“变卖皇城”的事件，使二人的冲突达到极点。

随着国民政府力量入川，川大渐受重视，王兆荣的位置却也因此不保。据40年代起和王氏有过密切交往的吕振修说：“1935年夏，蒋介石入川，刘湘提出川大易长之议，得蒋允诺。”③因此，王兆荣去职，首先是因为他自己曾经表达过退意，其次也是因为教育部对其成绩不满，同时王氏本人和中央也并无“交情”；但更重要的原因，恐怕是蒋介石与刘湘达成的一个妥协。尽管两人各怀心思：前者是为四川“地方中央化”，后者是想强化自己对川大的控制，但无论如何，王兆荣必须离开。

第五节　小结

如前所述，国立川大的发展与四川乃至全国政局的变化息息相关。这一时期，由于失去了地方军人的庇护，川大较前更需寻求中央的支

① 《本大学经费概况》，第2页。

② 《社会日报》1933年9月13日，第4版。

③ 吕振修：《追求光明的大学校长王兆荣》，第333～334页。

持，“国立化”也主要表现为大学与地方政府的冲突。在这一过程中，“国立”地位是川大用以维护自己权益、抵御地方权力的一个重要的法理依据。但是，由于中央远在南京，又并不视川大为“自己人”，学校仍不得不仰地方政府之鼻息，“国立化”只成为川大人的一厢情愿，“国立”二字也只能起到象征性的支援作用。

另一方面，川大在中央心目中的位置，却恰与“四川”这一地方性因素有着密不可分的联系。川大在国立大学中，由身处边缘到受到关注，乃是因为四川首先被中央重视。这一带有诡论性质的过程，既表明中央与地方关系的复杂性，亦表现出川大身处其间的尴尬。

川大的发展又与四川地方政治权力的斗争紧密关联。二三十年代四川政治的一个特色就是“一省俨同数国”，因此，国人所追求的“统一”观念，在四川有了一层新的含义，那就是欲求全国统一，先求全川统一①。与政治上的分裂相应，四川的教育也呈现“割据”状态。因此，教育上的统一同样重要。如上章所述，刘文辉整顿“三大”，合并为一，乃是其政治上统一全川的抱负在教育上的表现。但川大也因此卷入四川军人之间的争斗中。随着刘文辉的垮台，川大陷入了极度的危机。不过，这也反过来促成了校内门户之见的消除，带来了学校的空前统一。

这一时期，川大的确表现出不少与其他国立大学不同的特征。这是几个原因造成的。首先是实际存在的困难限制了学校的发展。我们看到，在聘请教师等问题上，川大还是希望能够从全国范围内着眼，但入川路途遥远，政治环境恶劣，办学条件艰难，都成为不少人不愿应聘的原因。其次，在全国不断趋新的形势下，四川学术界却不免显得保守，因此被人视为“落后”。造成这一现象的，有的是领导者的有意识行为，如向楚长文学院，便明确提出“以研求本国学术为主”，对省外大学最觉

① 王东杰：《国中的“异乡”：二十世纪二三十年代旅外川人认知中的全国与四川》，《历史研究》2002 年第 3 期。

契合的也是风气相近的中央大学、东北大学等。有的则是自然环境所限(如师资的聘请)。

这一时期川大的“地方”色彩也和王兆荣交游不广有关。他虽然曾在数所大学任职，也在平、沪两地有不少朋友，但在文化界中的影响非常有限。同时，似也不大注意与外界交流。1932 年 6 月，教育部致电王兆荣，通知他参加“全国专科以上学校校长会议”。这本来是个与外界联络的很好机会，但他以“到任未久”为理由拒绝了①。1935 年 5 月底，王兆荣接到中央研究院来函，通知他作为“国立大学校长”，具有中央研究院评议员选举人的资格，希望他能够参加 6 月 15 日在南京举行的中央研究院评议员选举工作。他仍以“校务纷纭，未克分身”为理由，托考试院考选委员会副委员长陈大齐(1886—1983)代为出席②。王兆荣交游既少，对学术界的一些“规矩”似也不太熟悉。以 1935 年向中英庚款委员会请款事为例。申请书是 3 月寄出，不久即接到庚款委员会的回函，谓：“教育文化机关请款补助，照前订处理请款规则规定，应于每年一月底以前，备具中英文请款书及计划书等各二十份，寄送本会审查；又逾期寄来者，亦一律不予接受”。川大的计划书“寄达之时，既逾限过久，而份亦有所不足。按照规定，本应退还。只以贵校路途遥远，邮件往返，多有不便，故暂为保存，俟下年审查之时，再为提出”③。而在这方面，王兆荣的继任者任鸿隽就要活跃多了。

---

① 《因到任未久未便赴会由》，“川大档案”，第 125 卷。

② 《托陈大齐先生出席研究院评议员选举会》，《川大周刊》第 3 卷第 37 期，1935 年 6 月 17 日，第 8 页。当然，托人代为出席的，不止王兆荣一人，中央大学的罗家伦(1897—1969)、武汉大学的王星拱(1888—1949)、中山大学的邹鲁(1885—1964)都未出席。但王在国内的声望显然远逊于罗等人。关于陈大齐，参考《陈大齐自述》，收在“国史馆”编：《“国史馆”现藏民国人物传记史料汇编》第 2 辑，台北：“国史馆”，1989 年，第 332～344 页。

③ 管理中英庚款董事会公函(二十四年第 9632 号，1935 年 4 月 24 日)，“川大档案”，第 919 卷。

第三章
“把国立二字真实化”：任鸿隽长校时期的改革

王兆荣时期的川大，虽具有强烈的“国立”意识，并做出了一些相应努力，但与其前身成都大学、成都师大一样，仍带着非常浓厚的地方色彩。而在中央方面，由于南京政府忙于应付各地军事实力派时起时伏的反对浪潮，对基本只在“窝里斗”、不大参与逐鹿中原的四川军人也就无暇顾及。对川政策被国民政府摆放在一个边沿地带，川大的发展也没有得到教育部重视。1935 年开始，随着四川“地方中央化”的确立，川大的改进也作为建设“民族复兴策源地”工作的一部分，被提上日程。

作为当时主流知识分子圈中的一位上层人物，任鸿隽入长川大后，即把建校目标确定为“现代化”和“国立化”。这一改革收到明显效果。但是，任氏的改革及其夫人陈衡哲(1890—1976)在《独立评论》中发表的旅川观感，在四川政界与社会上激起了大量反对声音。1937 年 6 月，任氏因此辞去校长职务。本章以任鸿隽在川大的改革及其社会反响为主要内容，在四川“地方中央化”引发的社会影响的背景下，讨论川大在 1935—1937 年间的“国立化”与“现代化”进程。

第一节 任鸿隽长川大

蒋介石与刘湘虽然就王兆荣辞职一事达成了协议，但是，由谁来取代王，刘和蒋却各有构想。刘湘心目中的人选是张澜。但是，张澜与国民党的关系一向不睦，其时又正在起劲地宣传“川人治川”[①]，蒋介石当然不会同意。至于任鸿隽，则有如下优势：首先，他是四川人，不会因籍贯问题遭到排斥。其次，他在国内知识分子中享有较高名望，担任着几个极具影响力的职务。特别是“中基会”干事长的位置，使他成为其时知识界中一个握有实权的人物[②]，在相对闭塞的川内青年学生中也具有较高的号召力。如前所述，1924 年春，成都高师学生提出的“聘选新校长的标准”，所举“理想人格”，就是张颐和任鸿隽(参看第一章)。第三，作为《独立评论》的撰稿人，他虽对国民党多有批评，特别是反对“党化教育”甚力[③]，但对国民政府仍基本认同，其立场类似于胡适所谓“诤臣”[④]，而非对手。同时，自 20 年代初开始，他就在不同场合多次对四川军人做出过措辞更为激烈的批评。1928 年，国民政府曾任命他为四

---

① 崔宗复：《张澜先生年谱》，重庆：重庆出版社，1985 年，第 75 页。

② 关于中基会及任鸿隽与该会的关系，参考杨翠华：《中基会对科学的赞助》，台北：“中研院”近代史研究所，1991 年；谢长法：《借鉴与融合：留美学生抗战前教育活动研究》，石家庄：河北教育出版社，2001 年，第 215～222 页(其中关于任鸿隽与川大，第 157～158 页)。

③ 叔永(任鸿隽)：《党化教育是可能的吗》，《独立评论》第 3 号，1932 年 6 月 5 日，第 12～15 页；叔永(任鸿隽)：《再论党化教育》，《独立评论》第 8 号，1932 年 7 月 1 日，第 10～13 页。按任鸿隽曾是同盟会员，但似未加入国民党。川大档案中藏有一份“新运会人事调查表”(“川大档案”，第 1539 卷)，其中关于任鸿隽的信息，在“是否加入国民党”一栏是空白。

④ 胡适对国民政府的态度，参看罗志田：《个人与国家：北伐前后胡适政治态度之转变》，收在《乱世潜流：民族主义与民国政治》，第 265～266 页。

川省政府委员和教育厅长；1932年，又发表他为中央大学校长。虽然任氏均未就职，但无论其在社会上的知名度，还是与国民政府关系的密切程度，显然都要比王兆荣高得多①。

之前几度推却要职的任鸿隽，这次也欣然接受了这个任命。其意何在？他曾在自传里谈到：

> 使吾生当承平之世，得尸位一基金会之执行领袖，目击所创办之教育文化事业，继长增高，日就发达，亦可以自慰余年。顾自民国二十年秋“九一八”事件发生，全国命运忽然入于惊涛骇浪之中而莫知所措。吾乃自计，中基会之事业既已规模大备，此后虽有润色，后贤其必优为。内地鄙塞之乡，其有待于吾人之努力，必且较大都市之文化事业十百倍之。于是民国二十四年秋政府以四川大学校长见征，余遂毅然辞去中基会事务而就川大校长。②

这段话写于1937年12月。那时他刚刚辞去川大校长不久，而全面抗战亦已突然爆发，其所担忧者变为现实，他心情的沉痛可想而知。

---

① 赵慧芝的《任鸿隽年谱》是目前国内较全面的关于任鸿隽生平的著述，连载于《中国科技史料》第9卷第2期、第4期；第10卷第1期、第3期。任以都对赵谱的评论，见任以都口述，张朋园、杨翠华、沈松侨访问，潘光哲记录：《任以都先生访问记录》，台北："中研院"近代史研究所，1993年，第105页。此外，陶英惠：《任鸿隽与中国科学社》，《传记文学》第24卷第6期，1974年6月；陈光复、王立信、张明、吴镭：《为川大树规模的科学家任鸿隽》，收在四川省政协文史资料研究委员会、四川省文史馆编：《四川近现代文化人物续编》，第336～352页；杨翠华：《任鸿隽与中国近代的科学思想与事业》，《"中研院"近代史研究所集刊》第24期上册，1995年6月。对于这样一位在专业（化学）领域并无贡献，但在中国现代思想史和教育史方面都颇具影响力的人物，学界的关注显然不够。美国学者郭颖颐（D. W. Kwok）的《中国现代思想中的唯科学主义（1900—1950）》（雷颐译，南京：江苏人民出版社，1995年）中对任鸿隽的科学主义思想做了不多的描述，但也犯了一些基本史实的错误，如谓任是数学家等。

② 任鸿隽：《五十自述》，收在《科学救国之梦：任鸿隽文存》，上海：上海科技教育出版社、上海科学技术出版社，2002年，第687页。

随着中央军的进入，四川被赋予了“中华民族复兴策源地”的使命，建设这一“最后防线”成为当务之急。任鸿隽聘请到川大担任农学院院长的曾省(字省之，1899—1968)就表示，他来川大，有三个原因：一是与任鸿隽的“私谊”；二是四川的农业资源“甲于全国”，即便“为研究生物及农业起见，也该到四川来考察考察”；三是“自蒋委员长莅川以后，四川方面的工作，颇形重要，国人都公认四川为将来中华民族复兴的策源地，也宜趁早努力打算，替四川农业寻一条出路，也好替国家建设下一点基础”①。

任鸿隽聘请的理学院教授江超西则从“吾国大学中心移动之轨迹”的角度，论述川大在国内政治中的重要性：五四时期，大学中心在北京；五卅运动，“上海各大学成为打倒资本侵略之策源地”；不久，“黄埔军校及中山大学成为打倒军阀专制之策源地。但今日之中大正在极力复古，目前全国文化中心，已向西南而转移。故设不幸国际战争一开端，四川大学必成为打倒帝国主义复兴中华民国之策源地”②。江氏虽然全以政治表现为文化中心表征，却也正看出川大地位随着国内政局变化而提升的事实。

另一方面，若无整个政治环境的变化，建设西南一语亦终归空谈。1935年8月28日，任鸿隽由武汉飞往成都，对报界发表演说，即称：“过去川大，在四川军政混乱之下，极不易办好，即因四川政治已上轨道，故敢来川。”③

任鸿隽辞去中基会的职务就任川大，当还有其他一些考虑。他的乡

---

① 曾省：《曾院长讲我国农业教育所谓“教”“学”“做”之错误》，《川大周刊》第4卷第4期，1935年10月7日，第2页。

② 江超西：《四川大学之任务与中华民国之前途》，《川大周刊》第4卷第7期，1935年10月28日，第6页。

③ 《四川大学校长任鸿隽昨由汉飞蓉》，《华西日报》1935年8月29日，第7版。

籍意识虽并不强烈，但四川是他长大的地方，桑梓之感亦是人情之常。早在1918年，他还在美国留学时，有次到绮色佳(Ithaca，今通译“伊萨卡”)开会，就曾感慨：“与绮色佳别才两年耳，已不禁令威重来之感。以此推之，吾六年不见之中国，十年不见之四川又何如也?”1919年，他刚归国不久，就首途回川。在给胡适的信中，他说自己“欢天喜地地把行李搬上轮船，以为十几年未见的故乡，可以计日而到了”。在川期间，他建议当时的四川省长熊克武，仿照美国的州立大学制度，设立四川大学，并草拟了发展计划。不过，那时他最大的志愿是在四川建钢铁厂。虽然“见得情形”并“不甚稳妥”，但还是计划在“二三年内，就专心办一两件实业”。1922年，他再次与陈衡哲回川一行，目的仍是办实业。陈衡哲在写给胡适的信中说：“我们来川之前，彼此曾经约好，四川有事可做，我们就做；四川如无相当之事可做，我们就自己去创造点事业出来做。”到后虽发现形势仍不理想，依然决定，“如四川一时可以不再打仗”，就“在此先磨一二年”①。

任鸿隽两次入川的感受都不太好，最终还是决定离川。不过，他对四川的局势仍很关注。杨翠华指出，作为中基会的干事长，任鸿隽对“民国的科学发展，有绝大的影响力；他对中国科学发展的理念也左右了中基会的补助方向”②。任氏个人的影响力是否有这么大，或可有其他估计。不过，从下表中可以看出，四川一直是中基会资助的重点地区：

---

① 任鸿隽：《任鸿隽致胡适》(1918年9月5日)、《任鸿隽致胡适》(1919年4月16日)，陈衡哲：《陈衡哲致胡适》(1922年10月3日)，均见中国社会科学院近代史研究所中华民国史研究室编：《胡适来往书信选》上册，香港：中华书局(香港)，1983年，第18、37、164～165页。

② 杨翠华：《中基会对科学的赞助》，第40页。

表 1：1926—1935 年度中基会资助各校科学讲习

（单位：席）

年度	北平师大	中央大学	东北大学	中山大学	四川大学	武汉大学	小计
1926	4	4	3	3	3		17
1927	5	4	3	4	3		19
1928	3	5	3	4	3		18
1929	4	5	4	4	4	3	24
1930	5	5	5	4	5	4	28
1931	5	5	3	4	5	4	26
1932	2	1		2	3	4	12
1933	1	1		1	2	4	9
1934					2	4	6
1935					1	1	2
合计	29	30	21	26	31	24	161

表格来源：杨翠华：《中基会对科学的赞助》，第 117 页。其中的“四川大学”，在 1932 年之前，应指成都师大和成都大学。

在这几所国立大学中，川大所获资助不一定是每年最多的，但历年合计却居于首席，这恐怕不能不说和任鸿隽有着密切关系。

1931 年，任鸿隽带领中基会组织的教育考察团赴川，并在成都大学发表了以创造四川新文化为主题的演说。1935 年 10 月，他在招待成都各报记者时提到这次经历，说：“本人在五年前来川时，鉴于环境恶劣，办学不易，勾留三日即去。途次，致函省方各当局，主张(一)打破防区制，(二)缩编军队。若此两点不能做到，教育决无振兴之望。”①这暗示他当时或曾有过在川办学之意。任鸿隽本来因为志愿不遂而离开四

① 《川大校长招待本市记者》，《华西日报》1935 年 10 月 2 日。本章所引报刊未注明版数的，均见“川大档案”，第 17、18 卷《1935—1936 年川内各报有关川大新闻剪辑》(一)、(二)。

川，现在既有机会回来做事，环境也大有改观，自然乐于受命。

不过，要作川大校长，就不得不考虑一个如何与地方政府相处的问题。熟悉四川军政状况的高兴亚(1902—1981)曾回忆，1935年，他正代表冯玉祥和刘湘接洽合作事项，接到四川大学的电报，聘他为特约教授：

> 因为南京教育部发表任鸿隽为川大校长，与刘湘原来推荐的人——张表方——不符，任恐以后刘与他为难，和四川协款有问题(当时四川省对川大每年有一笔协款)，故迟迟未敢到职，先派孟寿椿(1896—?)到蓉疏通。我适在蓉，孟与我系中学和大学的同学，因而托我代询刘湘对任鸿隽长川大的意见，并希望刘发电表示欢迎。刘答复因为他先推荐了张而又打电欢迎任，这对张未免难堪。但任也是一位四川学者，非纯粹的二陈派(即所谓CC派。引者注)，他以后决定帮忙，任来时他还要派自己坐的汽车和交际科人员去接，并住在他的招待处，用这样方式来欢迎。就这样任才来接长了川大。①

可见，任鸿隽在入川之前，就已经对如何与地方政府相处有过充分考虑，而刘湘对任鸿隽基本上也是接受的。

第二节 任鸿隽的治校思想

8月6日，行政院发表任鸿隽为川大校长，立刻受到四川社会舆论

① 高兴亚：《冯玉祥与刘湘的秘密往来》，收在全国政协文史资料委员会编：《文史资料选辑》第42辑，北京：中国文史出版社，1986年，第248页。

的欢迎。他的人还未到达，报纸上就开始对其行踪进行连篇累牍的报道。8 月 15 日，《华西日报》在一篇社论中，把任鸿隽长川大比为“汉世文翁西来，两川普化；清季王湘绮主持风教，人文蔚起”①。《华西日报》是四川省政府的机关报，其时正为刘湘抵制蒋介石势力的渗透进行舆论宣传，很大程度上代表了地方当局的意见②。

原为刘文辉二十四军机关报、此时已被国民党四川党务整理委员会接办的《川报》，也发表了一篇社论，将任氏长川大视作和“旧时代军阀制度之打破，防区制之毁灭，新省政府之成立”具有同等意义的事情。作者希望，任氏能站在有利于“西南文化之前途，与乎四川青年之学术获益”的立场上，“革除地盘学帮之关系”，同时“竭力排除官僚主义化之教育恶习”，完善院系规模和仪器设备，致力于学校的“科学化、社会化，使其学术科学能有实际贡献于西南各省，而其间毕业之学生，皆能具有实际担当开发西南，建设西南文明之使命”③。

8 月 31 日的《成都快报》社论则就“用人”“课程”“奖学金”等几个方面向任鸿隽作了建议，除了和《华西日报》《川报》相同的地方外，在“用人”问题上，明确提出：“用人之道，不问其楚不楚，宜问其材不材。谓蜀中无材不可，谓蜀才皆可用亦不可。其人果材，其材果可用，则楚弃楚材，诚属可惜。否则当征聘于外，即不可得，亦宁阙毋滥。”④

川大学生得知任鸿隽长校的消息后，更是兴奋。8 月 21 日，他们致电中央研究院，请转任鸿隽，促其早日到校：“近传月底来蓉，不免失望。恳速飞蓉，临校视事。各院教授并恳在外敦聘，多多益善。生等不

---

① 《四川学术前途之展望》，《华西日报》1935 年 8 月 15 日。

② 参看赵星洲：《回忆〈华西日报〉》，收在四川省政协文史资料研究委员会编：《四川文史资料选辑》第 40 辑，成都：四川人民出版社，1992 年，第 15～17 页；陈雁翚：《对〈回忆华西日报〉一文的几点质疑》，收在四川省政协文史资料研究委员会编：《四川文史资料选辑》第 44 辑，成都：四川人民出版社，1995 年，第 222～226 页。

③ 天骥：《新校长任鸿隽氏抵蓉后吾人对川大之希望》，《川报》1935 年 8 月 30 日。

④ 《今后之四川大学》，《成都快报》1935 年 8 月 31 日。

胜迫切翘望之至。"①其时正值暑假期间，这份电报只能是少数人所为，不过，其"迫切翘望"之情，显然极具代表性。

这些言论大抵代表了四川社会各方(包括入川的国民党势力)尤其是青年人对任鸿隽的欢迎和期望，其中所指陈的四川教育与文化中的弊病，也包含了这些生活在四川的人们的经验与体会。他们寄希望于任鸿隽的重点，大抵可表述为"提高川大水平"一语。《成都快报》的社论，更涉及用人标准是否应从省籍角度考虑的问题。当时四川文教界流传，任鸿隽要废止王兆荣所下川大教授聘书，《成都快报》的言论，大概就是针对这一流言所发，而它显然是支持这一决定的②。不过，当时大部分人考虑的重心，似还在前一方面。

多年旅外的任鸿隽虽与川内青年的想法有不少不谋而合的地方，但也有一般青年人不易体察到的更深一层考虑。8 月，他在北平发表"关于整理四川大学意见"，提出三项方法："第一，要提高教授待遇，在国内妙选学界名宿前往担任教授，至少要做到国立两字的目标，使此大学成一个国家的大学，不单是四川人的大学"；"第二，要极力增加设备"；"第三，要慢慢提高学生的程度"，包括"精通一种外国语""能应用学理解决社会的问题"等要求③。在 1936 年 6 月举行的川大第五届学生毕业典礼上，除了勉励毕业生"随时不忘操学问"以外，他再次详细阐述了他的治校宗旨：首先，"四川不能说是四川大学的四川，四川大学不能说是四川的大学"，而是"中国的大学"。因此，"我们要以全国为我们的目标，无论人才的造就，学术上的探讨，但应与全国要有关系"。"其次，四川大学要与世界上求生存竞争，使他成为现代化的大学。我们要把眼

---

① 《新新新闻》1935 年 8 月 22 日，第 9 版。

② 《成都快报》本为邓锡侯二十八军的机关报，1935 年转交国民党系统的蓝衣社主持(王绿萍编著：《四川报刊五十年集成(1897—1949)》，成都：四川大学出版社，2011 年，第 136～137 页)。此时的主持者为谁，尚不确定。从言论看，似已是后者。

③ 《任鸿隽在平发表"关于整理四川大学意见"》，《新新新闻》1935 年 8 月 28 日。

光放大，看看世界上的学术进步到什么地方，我们就应急起直追才对”①。

可知，在谋求川大“现代化”方面，他和成都舆论界颇多共识，但在“国立化”方面，一般舆论的考虑似乎不多，至少不像任鸿隽想得这样明确和系统。1936年9月，在新学期开学典礼上，任鸿隽回忆起一年前他刚刚来到川大的情形：“回想到去年的九月，我初来本校，在欢迎会的席上，曾经向大家宣布两点：一、如诸位欢迎的标语所说的：把学校现代化。二、把学校办成名副其实的国立大学，就是把‘国立’二字真实化。”②可知，“现代化”是当时川大学生欢迎标语的内容，代表了他们对任鸿隽的最大期望；“国立化”则是任鸿隽的补充。当然，这不是说“国立化”就只是任鸿隽的一厢情愿，其他人都没有考虑到，但任氏对此显然更多一层自觉。事实上，任鸿隽在谈话中虽然常常把“现代化”放在“国立化”之前，这两大目标在他的心目中所占的分量却可能刚好相反：“国立化”是他关注的重心，“现代化”则是其中的一个题目。

任鸿隽念念不忘川大的“国立化”，是与他自己的经验和对中国政局的认识有关的。30年代，国民政府虽然在形式上统一了中国，但内部纷乱依旧，日本的侵略又迫在眉睫，如何更有效地凝聚国家力量以抵御外侮，已经成为当时最重要的问题。国内主流舆论界对此也多有思考。以任鸿隽所在的圈子而言，从1933年底到1935年底，就先后有吴景超(1901—1968)、蒋廷黻(1895—1965)、胡适、翁文灏、傅斯年(字孟真，1896—1950)参加到这一讨论中来。其中关于实现国家统一的具体途径，他们虽各有不同见解，或主武，或主文，但拥护统一的态度是一致的。这些人大抵是其时知识分子中的上层人物，虽对政府多有批评，但并不

---

① 《川大五届毕业典礼昨午隆重举行》，《华西日报》1936年6月25日；又，《新新新闻》同日第10版对任鸿隽的话亦有报道，唯所述不如《华西日报》更详。

② 《本校举行本学期开学典礼》，《川大周刊》第5卷第1期，1936年9月21日，第1页。

反对中央，其中如翁、蒋等还在国民政府中担任职务。

这些讨论的时代语境，如翁文灏所说，是“中国人自甘分裂的本来极少，不过有些人往往想依仗外族的保护，自立一国”——动因主要在“外”。但是，“从历史上看”，中国“分裂必成衰弱，统一可臻盛强”；就“现在的立国”看，更是亟须统一。他从一个地质学家的角度确定，工业化所需资源在中国分布不均，“所以南北合起来，各物皆可有用，南北一分开，则工业便失基础”。他此处的讨论已涉及“国家统一”问题的另一面，即任鸿隽所谓“现代化”的方面。同时，他也注意到，国家统一的阻力不仅仅是政治的，也有社会方面的，即地域意识的影响：“其实许多分别都出自社会误解。江南人往往说华北有特殊情形，华北人也往往以此自解。其实不论南北皆是逼近强邻……所以特别情形可谓遍于沿海各省”。随处“特殊”，也就无所谓“特殊”了①。

傅斯年也关注到地域意识的问题。在《北方人民与国难》中，他以一个北方人的身份，向北方人说法。他首先否认中国真有所谓强烈的“南北观念”：“这经验至少在教育界是普遍的，我从没有听说大学请教员要以地方为一种标准”——这里他皮里阳秋地加了个小注：“或者邹鲁的中山大学除外”，剑指其时正在和国民政府对抗的两广势力。在教育界之外，“严峻的省界偏见”亦很少看到。但南京国民政府成立后，“有些头脑简单或失了职业的北方人，大大抱怨起来，以为北方人受了南方人的压迫”。但北方人抱怨的问题，在南方其实也一样，“这是政府好不好的总问题，并不是政府偏重南方的问题”。恰恰相反，“南京有些领袖，时时觉得北方应该格外重视”。最后他提醒“北方中国人”：“我们的处境已是站在全国家全民族最前线上的奋斗者”，“我们只有在整个的国家民族中才能生存”。虽然政府的作为并不令人满意，但“这时候，在此空气中

---

① 翁文灏：《我们应努力拥护统一》，《独立评论》第180号，1935年12月8日，第2～4页。

掩护着攻击政府，至少也是没出息”；进一步，“这时候，这环境，说话不留意，极易为人利用，所以要小心，要顾大体”①。

翁文灏和傅斯年着意打破地域观念，直接针对的是其时在日本人教唆下出现的“华北自治”，故针对的都是南北之分。而对不少旅外川人来说，四川在国内政治地图上的位置虽然恰与“站在全国家全民族最前线”上的华北相反，其重要性却并不因此有所减轻，盖“一旦太平洋战争爆发”，四川就成为“国家最后的出路”。因此，改造四川已势不容缓②。如果说，华北和东南都处在日本的直接威胁之下，因而无所谓“特殊”的话，四川远处内地，反而显出“特殊”来。1937 年 11 月，当时还在川大读书的中共地下党员熊复(1915—1995)就在一篇文章中谈到成都青年与“全国各地的青年”不同：

> 不要说在“一·二九”(原文如此。引者注)的当时，我们平津一带的同学展开了一幅英勇斗争的画面，上海、广州、汉口、桂林、杭州、开封的同学随着发出了热情响应的时候，而我们成都的青年却沉寂得像一潭死水！也不要说在去年一年中，北平、天津、上海一带的同学每月平均有一两次示威游行的勇敢表现的时候，我们成都的青年仍然一声都没吭过！就在今天，全面抗战已经持续一百天了，全国各地的青年都风起云涌，在热烈而勇敢地执行他们的战斗任务，做着他们在民族解放运动当中所应当做的事情的时候，而我们成都的青年却只是呈现出一幅枯寂零乱的画图！③

---

① 孟真(傅斯年)：《北方人民与国难》，《独立评论》第 181 号，1935 年 12 月 15 日，第 2～4 页。

② 古舞：《救救四川》，《独立评论》第 96 号，1934 年 4 月 15 日，第 18 页。

③ 青水(熊复)：《树立成都青年为救亡而斗争的旗帜》，原载 1937 年 11 月 6 日《救亡》周刊第 5 期，收在《熊复文集》第 1 卷，北京：红旗出版社，1992 年，第 4 页。

熊复对成都青年的描述并不公正，成都的青年并非不爱国(参看第二章)，只是较之华北与东南的青年，他们的表现不够激烈而已，这其中的一个原因，大概也和四川离“强邻”太远有关

不过，四川虽远离外患，却频生“内忧”。1932年开始，红军入川，川军抵抗不力。任鸿隽归咎于四川内部的分裂：“我们推求川军致败的原因，与其说是自信太过，不肯牺牲，不如说是各军缺乏统一指挥，而且互相猜忌，甚至于互看笑话，幸灾乐祸。”而其深层原因，则是国民政府成立以来，一直未曾关注四川的统一。他甚至认为：“四川历年的乱事，是中央放任的结果。”他强调，四川“地势险阻”“易出难进”“物产丰富”，非常适合“做抵御外患，复兴中国的根据”。故“整理四川，应该比开发西北尤为重要急切”。他提议国民政府，要“军事与政治双方并进”，特别是要拿出“实力”来[①]。在另外一篇文章里，任鸿隽还呼吁中央动用“国法军法”，对“剿匪”不力的“四川军阀”予以严惩[②]。

所谓“军事与政治并进”，是针对国民政府当时提出的以政治求统一的策略而发。这一提议与吴景超、蒋廷黼以武力求统一的观点更为接近，而不同于胡适所提出的“用政治制度来逐渐养成全国的向心力”的主张。胡适指出：“今日必须建立一个中央与地方互相联贯的中央政府制度”即国会，“方才可以有一个统一国家的起点”。他并批评蒋廷黻所说中央各部之沦为各省“会馆”，全是缘于“中国人的头脑里有省界”的说法，称：“省界是人人有的，并不限于中国人”，美国人也是一样，“不过他们的国家有较好的制度”，可以预防这一现象的出现罢了。所以“蒋先生指出的笑柄，只消一点点制度上的改革就可以消灭了”[③]。这仍是坚

① 叔永(任鸿隽)：《剿匪中的四川问题》，《独立评论》第119号，1934年9月23日，第8～10页。

② 叔永(任鸿隽)：《四川军阀的出路》，《独立评论》第75号，1933年11月5日，第3页。

③ 胡适：《政治统一的途径》，《独立评论》第86号，1934年1月21日，第5页。

持他一向温和的自由主义立场。

比较起来，任鸿隽在四川问题上，却一反其一向稳健的常态，偏向于动武解决。这应该与他彼时对国家局势的分析有关。1933 年他曾说，中国的前途虽有“悲观”与“乐观”两条路，但是，“悲观的可能性较多”。为此，他指出“必须立刻办到”四件事：“一切内争的釁罅必须消弭”；“剿共的工作，须从速得到一个相当的结果”；“一切无意义的军阀私斗，必须用实力严行制止”；“罢免一切不急之务，集中力量向增加国力一方面切实工作”[①]。均属“安内”的工作。其中第三条“实力制止”四字，尤值注意。在他看来，国难当头，其他办法已是缓不济急；要统一全国，中央政府便必须使用强腕。

事实上，早在 1932 年，任鸿隽就提出这一动议。他总结了四川战事的“退化”轨迹：

> 如民二倒袁，民五护国之战，是为大局而战，或者可以说是为主义而战。这时的四川，尚自命为中国全局的一份子，他的战事，也可以说和大局有几分关系……民六刘戴之战，民九熊顾之战，可以说是为驱逐外省军队而战。这虽然不成一个理由，但我们可以了解军人们狭义的爱乡思想，和卧榻之下不容他人鼾睡的情绪。到了民十以后，滇黔军队，既已驱除净尽，中央及外间的势力，对于四川，也是鞭长莫及，于是真成“四川者，四川人之四川也”。[②]

大概正是有此自觉，他在执掌川大时，便着意淡化“四川人之四川”的意识。他曾在自传里谈到：“吾父在时，无日不思返浙江原籍（任家原

---

① 叔永（任鸿隽）：《中国的出路》，《独立评论》第 56 号，1933 年 6 月 25 日，第 6、7 页。

② 叔永（任鸿隽）：《如何解决四川问题》，《独立评论》第 26 号，1932 年 11 月 13 日，第 2 页。

籍浙江。引者注）。吾辈则乡土观念甚轻，以为吾中国人自命为中国人足矣，于此中复自画为某省某县人，有何意义？”①也就是说，他要用“中国人”的大认同取代“某省某县人”的小认同。显然，这一看法也与蒋廷黻对省界意识的批评更为接近。至于省界意识的反面，则是其夫人、历史学家陈衡哲所说的，中国人民“向来缺乏”的“国家观念”。但她也指出：国难临头，“或能使我们牺牲了小我，而为全体着想”；“使我们与我们的仇敌握手合作，同卫邦国”②。外患为统一带来了契机。这正是任鸿隽在川大推行“国立化”政策的动因和目的。

如前所述，当时四川省内外的舆论都认为，四川地处僻远，交通不便，加之政局动荡，致使省外的人们裹足不前，与外界的信息交往不易，导致文化思想上的“落后”（参看第一章）。任鸿隽亦有类似认知。他在“关于整理四川大学意见”中说：川大“迄今尚未上轨道……学术空气与十五六年前北方各大学无以异”。原因有二，一是地理的，封闭的环境使得“外间的学术空气不易吹到里面去”，二是政治的：“历年动乱频繁，本省及外省的人才皆不愿在川内服务，学生优秀者大半出外求学。故教员人才缺乏，学生程度低浅”③。9 月 16 日，他第一次在川大总理纪念周上发表演讲时，又一次提到，四川“地形闭塞，容易与外间形成隔绝”；内部“被许多高山大川分割”，容易造成“部落思想”，进而导致“人民的智识程度，常常在水平线以下”，也就“常常为自私自利的引起战争”④。在他的逻辑里，文化“落后”既是四川“割据”状态的表现，又是“割据”造成的一个结果。

---

① 任鸿隽：《五十自述》，第 677 页。

② 衡哲（陈衡哲）：《我们走的是那一条路？》，《独立评论》第 157 号，1935 年 6 月 30 日，第 2、3 页。

③ 《任鸿隽在平发表“关于整理四川大学意见”》，《新新新闻》1935 年 8 月 28 日。

④ 任鸿隽：《四川大学的使命》，《川大周刊》第 4 卷第 2 期，1935 年 9 月 23 日，第 1 页。

进一步，近代中国各地差距甚大，“思想时段和社会时段”上都存在“不同步”的现象①，也在无形中加剧了国内的“分裂”。王宜昌曾抱怨，外省人对四川“误解”不少（参看第一章）；任鸿隽则强调，四川人不知“外间”何状，孤陋寡闻。为此，他提出川大负有三重使命：首先，是要“输入世界的知识，使我们……晓得世界的进步到了甚么程度，人类的大势，是个甚么情形”，以消除“我们从前所有野蛮战争，部落思想”。其次，因为中国文化资源分布不均，大都集中在“沿海口岸”地区，整个西部都瞠目其后，而其中就只有四川具有“做文化策源地的资格”，川大人应努力将其建设成为“西南文化的中心”。有意思的是，在谈到西南文化落后时，他饶有深意地插了一句话：“西南这两个字，近来被用来做特别区域的代表，我们决不赞成。”很明显，他在影射其时正忙于反蒋的两广军人，或许也包括表面上服从统一实际上别有怀抱的四川军人在内。第三，国难当前，川大学生必须承担“民族复兴”的重责②。

这三大使命中，第三项是所有国民都要负起的责任，暂时可以不提，其余第一、二两项都着眼于提高四川文化方面，但又有不同的侧重点。其中，第二条是要使落后的西南赶上发达地区，以消除其“特别”性；而其所说的“特别”二字，又主要指向了“反政府”的西南军人之政治“割据”——当然，按照他的意思，政治上的“割据”根本上还是源自观念，即所谓“部落思想”。第一条使命则不仅是要使四川赶上中国的先进省份，而且是要使其走向“世界”了。早在 1931 年任鸿隽在成都大学的讲演中，就曾提到：“四川这个地方，因为地形人事种种的关系，常常

① 罗志田：《新旧之间：近代中国的多个世界及“失语”群体》，收在《二十世纪的中国思想与学术掠影》，广州：广东教育出版社，2001 年，第 258～259 页。

② 任鸿隽：《四川大学的使命》，第 1～2 页。需要指出的是，“西南”二字在当时有其特殊的政治意味。这一概念本与北洋相对，属于“民党”一方；至 1925 年两广新势力兴起，在蒋介石领导的国民党眼中，“西南”乃由正面转向负面，渐被“军阀化”（参考罗志田：《国际竞争与地方意识：中山舰事件前后广东政局的新陈代谢》，《历史研究》2004 年第 2 期）。任鸿隽将“西南”视为一负面概念，亦是其认同于国民政府的表现。

有文化落后的危险，但是我们要是不能使四川的文化与世界的潮流并驾齐驱，不妨退转一步，在四川创造一个新文化。”其条件，一是要树立“进步”的“信仰”，一是要运用“科学方法”研究实际问题①。这旦则显然已经不再“退转”了。

“世界化”三字在新派知识分子那里是常谈，其实质则是“外国化”，具体指来，是“欧美化”。1932 年，国联教育考察团来华考察，发表了一份报告书，批评中国的教育受外国（主要是美国）影响太深，而不注意与中国的实际情况结合起来。任鸿隽则针锋相对地评论道，中国实际存在的问题就是，“我们的外国化不够”。这些具体包括“功课的编制，教材的选择，教学的方法，人格的培养”等，加起来大概就是他心目中的“现代化”内涵②。换言之，任鸿隽改革的第一个目标——把川大“现代化”实包含有“外国化”的成分。这与“国立化”看来相反，其实不管是最终取向还是思维逻辑，都可谓同条共贯③。不过，其中也到底有些不尽圆满之处。任鸿隽这样的美国留学生或以为言之成理，换一种语境，在别的人看来，可能就另有感想——事实上，这正是造成任鸿隽后来辞职的一个主因。

第三节 “现代化”与“国立化”的具体措施与表现

本节讨论任鸿隽在川大改革的具体措施与表现，也是任鸿隽所谓

---

① 任鸿隽：《赴川考察团在成都大学演说录·任叔永先生之讲演》，《科学》第 15 卷第 7 期，1931 年 7 月，第 1168～1169 页。

② 叔永（任鸿隽）：《评国联教育考察团报告》，《独立评论》第 39 号，1933 年 2 月 26 日，第 19 页。

③ 罗志田：《再造文明之梦——胡适传》，成都：四川人民出版社，1995 年，第 112～147 页。

“现代化”和“国立化”的具体内涵。这些措施主要表现为四个方面：人事的刷新、生源的扩大、课程的整理、设备的完善。

人事的刷新

如前所述，任鸿隽在北平发表的治校方案以妙选教授、增加设备、提高学生程度为主要内容。同时，成都的新闻机构不断报道他在外省聘请教授的消息。如 8 月 15 日的《华西日报》称，他“拟聘胡适之先生为文学院院长、陈启修先生为法学院长”，另外还请了严济慈（1901—1996）、陈衡哲、杨振声（1890—1956）等人①。8 月 22 日的《新新新闻》称，中央大学农学院院长王善佺（1895—1988）受聘为川大教授；24 日又刊登“南京消息”，谓任鸿隽拟请蒋廷黻为文学院院长、李乃尧为农学院院长，法学院院长一职“属意”于周鲠生（1889—1971），“史学系主任，则以陈衡哲为事实上之主持者”②。这些消息不乏媒体臆测的成分，比如胡适就亲口对报界说，任鸿隽“未对本人谈及此问题”③。但从中不难发现，川中社会对于任鸿隽的期待和一股兴奋之情。他们显然认为，以任鸿隽在国内学术界的地位和交游，川大的师资必会焕然一新。

这些消息公布后，再加上“一朝天子一朝臣”的惯例影响，引起了社会上不少猜测和川大一些旧教授的恐慌。因此，8 月 28 日，任鸿隽甫抵成都，如何对待旧教授，就成为新闻界采访任鸿隽时的一个中心话题。

任鸿隽接到任命已是 8 月份，即从教育部同他接洽起，到 9 月份开学，也不过短短一个多月的时间，想要全面刷新川大教师名单是不可能的。为了防止人心涣散，任鸿隽公开表示，在短期内，他不准备在这方面有太大动作，而要把主要精力放在整顿课程方面：“本期川大教授多

---

① 《四川学术前途之展望》，《华西日报》1935 年 8 月 15 日。

② 《新新新闻》1935 年 8 月 22 日，第 9 版；1935 年 8 月 24 日，第 11 版。

③ 《北平晨报》1935 年 8 月 16 日，第 9 版。

已下聘，且原有教师有过去教学颇能胜任。现在决就地取才，原有学问品行均佳之教授讲师，决继续聘请。此刻第一步工作，即为整顿课程标准。”①“若原来各教职员咸愿努力作事，本人当尽量留用。整理课程后，如实缺乏某项人材，再电外面请。”②

虽说不准备辞退旧人，但任鸿隽却决定重新下聘，包括对已经下过聘书的教授，也一律加聘。这一措施出台后，“教授中多人，均以此举不合法”。理由是，“该校聘请教授，系依据该校延聘教员规则四、六、七、八等条办理，其延聘主体，为大学本身，非校长个人”③。而按照延聘规则，每年的 7 月 1 日—15 日为延聘教员之期，教授第二次续聘期满后，未得解聘通知的，其续聘书继续有效④。任鸿隽此时加聘，确已超期。不过，加聘以后，大多数人实际并无变化，只有“最少数人，因课程革新”，课时数有所减少，其中大都是专题研究课。担任这些课程的，多为“老师宿儒”。他们本不同意任鸿隽的治校思想，自己的利益又受到侵害，当然表示不满。更重要的是，任鸿隽此举表明，他不承认王兆荣已经决定的政策，对于很多人来说，预示着自己的位子随时可能不保。因此，尽管受到直接影响的只是“最少数人”，认为此举“不合法”的，却有“多人”。对此，任鸿隽表示，此项办法是经过教育部同意的，“且最近河南大学，及国立上海商学院，均采用此项办法，并非川大创举”⑤。

1934 年，任鸿隽曾撰文劝告热衷于“择师运动”的学生，“与其择师，

---

① 《新新新闻》1935 年 8 月 29 日。

② 《建设日报》1935 年 8 月 29 日。

③ 《成都快报》1935 年 9 月 10 日。

④ 《国立四川大学延聘教员规则》，《国立四川大学一览》，1935 年，“规章”第 14～15 页。

⑤ 《华西日报》1935 年 9 月 11 日。又，1928 年罗家伦整理清华校务，就采取了重发聘书的办法，并得到了当时大学院的认可。参看罗家伦：《整理校务之经过及计划》(1928 年 11 月)，清华大学校史研究室编：《清华大学史料选稿》第 2 卷(上)，北京：清华大学出版社，1991 年，第 9 页。

不如择学校”。理由是：“在现今学校林立的时代，某校长于某种课程，大概在社会上是有定评的。而说某校长于某种课程，即无异于说某种功课有某某著名学者在那里担任教课。”[①]在此观念的指导下，他初到川大，就从省外请到原国立北平师范大学外语系主任杨宗翰（1901—1992，江苏人）担任文学院院长兼外文系主任、原国立山东大学理学院院长兼生物系主任曾省（浙江人）担任农学院院长、原国立暨南大学教授刘大杰（1904—1977，湖南人）担任中文系主任、中国科学社生物所所长钱崇澍（1883—1965，浙江人）任生物系主任、原国立中央大学园艺系主任毛宗良（1897—1970，浙江人）为园艺系主任。已经联系好的，另有法学院院长燕树棠（1891—1984，河北人，原国立武汉大学法学院院长）[②]、图书馆主任桂质柏（1900—1979，湖北人，原中央大学图书馆主任兼教授）等，后来大都陆续到达，共有20多位。此外，他还带来了秘书长孟寿椿（四川涪陵人，原国立暨南大学文学院院长）、训育主任钟行素（四川富顺人，原复旦大学训育主任）、文书课主任郑颖孙（1893—1950，安徽人）、会计课主任刘尚志（字立之，江苏丹徒人，曾服务于中基会干事处）。

可以说，在短短时间内，任鸿隽约到的人数并不算少。更主要的是，他们占据了校内几个最重要的行政职位，如秘书长、训育主任等。在文、理、法、农四学院中，除了理学院院长周太玄系续聘，农学院系新近加入外，余两院长皆系从外聘来。

但任鸿隽对此并不满意。他表示，“本人对于外地著名专家学者，随时均在物色中”[③]。1936年2月，新学期开学，任鸿隽又请到原中央

---

① 叔永（任鸿隽）：《论所谓择师自由》，《独立评论》第87号，1934年1月28日，第14页。

② 燕树棠后因故未到，法学院院长改由徐敦璋担任。徐系四川垫江人，曾任南开大学教授。

③ 《任鸿隽谈整顿川大》，《北平晨报》1936年5月29日。

研究院史语所研究员丁山(1901—1952，安徽人)、化学家张仪尊、原北平大学商学院教授杨佑之(1893—1971，湖南人)、农学家朱健人(江苏人)共 4 人。1936 年 9 月新学年开始，他更是一下子从省外增聘了 25 位教授、副教授，其中文学院 10 位、理学院 6 位、法学院 5 位、农学院 3 位。包括牛津大学哲学博士张颐、原中央研究院化学所所长王琎(1888—1996，祖籍浙江，生于福建)等。此外，又聘请原清华大学体育指导黄中孚(1908—2005，广东人)为体育部主任。到他 1937 年 6 月辞职时，“由省外增聘者达四五十人”①。

任鸿隽在国内学术界交往广泛，聘请到的人里有不少是国内大学和研究所的知名之士。从这些人到川大之前的履历看来，任氏择人的范围多集中在东部的国立大学和研究机构，正是他心目里中国文化的“先进”地区。

经过这番改进，川大教职员的结构(主要是学历和籍贯两方面)有了很大变化，此处拟用 1935 年上半年和 1936 年下半年的两组数字对此加以说明②。

表 2：主要职员学历与籍贯构成表

年份	总人数	留学生	非留学生	四川籍	外省籍
1935	20	13	7	16	4
1936	23	20	2	9	14

资料来源：《国立四川大学一览》1935 年版、1936 年版。

说明：1. 1935 年的主要职员包括秘书长、文书课主任、教务课主任、事务课主任、出版课主任、图书馆主任、体育室主任、文学院院长、中文系主任、英文系主任、史学系主任、教育系主任、理学院院长(兼生物系主任)、数学系主任、物理系主

① 任鸿隽：《电呈庐山蒋院长》(1937 年 7 月 2 日)，“川大档案”，第 6 卷。

② 1935 年上半年和 1936 年下半年的数字分别根据《国立四川大学一览》1935 年版的《本大学职员一览表》《本大学教员一览表》和 1936 年版的《职员名录》《教员名录》所提供的情况统计而来。

任、化学系主任、法学院院长、法律系主任、政治系主任、经济系主任，1936年包括秘书长、文书课主任、注册课主任、会计课主任、庶务课主任、学生生活指导委员会主任(即训育长)、体育部主任、图书馆主任、文学院院长、中文系主任、外文系主任、教育系主任、理学院院长、数理系主任、化学系主任、生物系主任、法学院院长(兼政治经济学系主任)、法律系主任、农学院院长、森林系主任、农艺系主任、园艺系主任、病虫害系主任。2. 1936年的会计课书记刘立之学历不详，故实际统计者只有22人。

表3：主要职员中留学生留学国家构成表

年份	总人数	留日	留欧美
1935	13	6	7(曾留美者2人)
1936	20	4	16(曾留美者10人)

资料来源：《国立四川大学一览》1935年版、1936年版。

表4：教员学历与籍贯构成表

年份	总人数	留学生	非留学生	四川籍	外省籍
1935	96	56	40	70	26
1936	141	70	71	85	56

资料来源：《国立四川大学一览》1935年版、1936年版。

说明：

1. 1935年的教员名单包括教授、特约教授、副教授、讲师、助教、改文教员与改英作文教员、专任教员、体育指导员、国术指导员、军训教官、军训助教、气象测候所助理员；1936年的教员名单包括教授、特约教授、副教授、讲师、专任讲师、助教、军事主任教官、军事教官、体育主任、体育指导、国术指导、戏剧指导、提琴指导、音乐指导。2. 1935年聘任的6位外籍教员，1936年聘任的1位外籍教员，均未列入总数。3. 1936年的名单中有2人情况不详，未列入计算。

表5：教员中留学生留学国家构成表

年份	总人数	留日	留欧美
1935	56	30	26(曾留美者9人)
1936	70	22	48(曾留美者25人)

资料来源：《国立四川大学一览》1935年版、1936年版。

数字虽然经常掩盖许多实质性的社会差异①，但参以实情的佐证与修正，仍可透露不少极富意义的信息。就教职员的学历构成看，根据表 2 和表 4，1935 年川大主要职员中留学生占总人数的 65%，教员中留学生约占总人数的 58%（如果去掉同时兼任“主要职员”的 12 人，则教员总数为 84 人，留学生占 55%）；到 1936 年，主要职员中留学生的比例为 87%，教员中留学生比例不足 50%（如果去掉同时兼任“主要职员”的 18 人，则教员总数为 123 人，留学生占 42%）。主要职员中留学生比例明显上升，教员中的留学生比例则有所下降。

不过，需要说明的是，1936 年的教员名单列入了 4 位课外活动的指导老师，他们均为大学本科毕业，这是 1935 年的教员名单中所没有的。1935 年的体育指导员只有 1 位（无留学经历），1936 年却增加到 4 位（其中 3 位无留学经历）；1935 年的军训教官和军训助教共 2 位（1 人无留学经历），1936 年的军事主任教官和军事军官却增加到 5 位（4 人无留学经历）。此外，1935 年全校各学院共有助教 9 人（均无留学经历），1936 年助教人数则增加到 31 人（均无留学经历）。这些职务在教学方面都处在相对次要的位置，如果去掉他们和兼任主要职员者，则 1935 年教员总数为 70 人、留学生数为 45 人，约占总数的 64%；1936 年教员总数为 81 人、留学生数为 70，留学生约占总数的 86%，仍比 1935 年有大幅度的增加。

以留学生留学国家的结构而言。1935 年的主要职员中留日学生约占 46%（法学院院长吴永权既有留日经历，又有留欧经历，归入留欧美学生中计算），留学欧、美者约占 54%；教员中留日学生约占 54%，留学欧、美者约占 46%（含 1 名留苏学生）。1936 年主要职员中留日学生仅占 20%，教员的留日学生占 31%；欧、美留学生的比例则相应增加

---

① 罗志田：《数字与历史》，收在《东风与西风》（与葛小佳合著），北京：生活·读书·新知三联书店，1998 年，第 143～151 页。

到80%和69%，留日学生所占比例大幅度下降。另一方面，1935年主要职员和教员中的欧洲留学生数目都超出美国留学生，到了1936年这一情况恰好颠倒过来，留美学生迅速增加。

30年代中期，尽管学界早已出现了质疑“留学”的言论，但对于尚在成长期的中国学术界来说，留学仍是“正途”，其中留美学生的数额大大超过早年占据了主要地位的留日学生，成为学界中坚。经过任鸿隽改革，留学生特别是美国留学生在川大教职员中的比重有明显增加，虽然绝对人数仍不算太多，但他们占据了校内几个最重要的行政职位，也是校务会议和各委员会的基本成员，对学校各种政策措施的制订具有举足轻重的影响。

因四川文化风气偏“旧”，新派人物多自省外聘来。其中虽然有不少是旅外川人，但经此改变，教职员的省籍变化仍然显而易见。1935年，四川人在主要职员中占了80%，在教员中占了约73%；这两个数字在1936年分别降为约39%和约59%，非四川省籍人士则相应上升为约61%和约41%(如果去掉同时兼任主要职员者，则1935年川籍教师为61人，外省籍教师为23人，分别占总数的73%和27%；1936年川籍教师为79人，外省籍教师为44人，分别占总数的64%和36%)。主要职员中的外省人远远超出本省人，接近三分之二。这还不算像任鸿隽这样的省籍认同并不明显的四川人①。究其原因，一方面固与任鸿隽的个人魅力有关，另一方面也有时局的影响。那一时期华北政治空气益形紧张，不少学者纷纷迁往内地。经此变化，任鸿隽要把川大办成一所全国性大学的努力收到了明显的效果。

与1935年比较，1936年的教员名单中增加了几位课外活动指导教

① 需要指出的是，人员构成中的“省籍”比例固然是衡量川大“国立化”程度的一个重要指标，但也不可教条化地理解，本书并不排斥具有“全国意识”的四川人(包括旅外的和在省的)在推动川大“国立化”方面的积极作用。

师(包括戏剧指导、提琴指导、音乐指导)，体育指导也大大增加。增设军事教官，则是其时国民政府推进军训政策的体现。值得注意的是，助教人数在一年多的时间中增加了22人，都是国内各大学(以川大为主)毕业生。这些助教主要分布在理学院(18人)和农学院(9人)。助教的设置，与任鸿隽对于中国“学术独立”的思考有关。不过，他的主张是多设研究所，作为人才深造的机构①。但当时的川大理学院尚无设立研究所的实力，增设助教便不失为一种变通，他们可以通过追随成名的学者，提升学术水平。同时，任氏也增聘了一批国内大学研究院的毕业生。他们主要集中在文学院，如中文系专任讲师萧涤非(1906—1991，江西人，毕业于清华大学研究院)、中文系副教授戴家祥(1906—1998，浙江人，毕业于清华研究院)、外文系专任讲师陈光泰(毕业于清华研究院)、史学系教授杨筠如(1903—1946，湖南人，毕业于清华研究院)。此外，史学系教授丁山也是从北大研究所国学门毕业的。

其时中国现代史学界的“新学术”典范已然确立，人员主要集中在中央研究院历史语言研究所，该所的人员又有相当一批来自清华大学研究院。四川学术界中原本的知名人士如庞俊、李植、李蔚芬、向楚等，则多予人“旧派”的印象。任鸿隽到校后，在人事方面倚重新派的意旨极为明显：比如，一直由向楚担任的文学院院长改由杨宗翰担任，杨氏于1936年夏回到北师大，改由张颐接任；李植的中文系系主任职务也由新文学家刘大杰取代。

1935年川大英文系有6位外籍教师，包括3位特约教授：巴黎大学博士邓孟德(法国)、加利福尼亚大学博士费尔朴(美国)、托仑妥(今译多伦多)大学学士罗成锦(加拿大)，1位讲师：美国人施女士(曾任成都

---

① 叔永(任鸿隽)：《大学研究所与留学政策》，《大公报》1934年12月23日，第1版；叔永(任鸿隽)：《再论大学研究所与留学政策》，《独立评论》第136号，1935年1月20日，第14～17页。

教士及各校英文教员），1位改英语作文的老师：加拿大师范大学毕业生倪克新，1位专任教员：黄微华兰（美国美丽底斯女子大学肄业）。任鸿隽到校后，只留下了黄微华兰——文学院哲学教授黄方刚（1901—1944）的太太，而其他几位外教都被辞退。外文系教师主要改由留学生和国内大学研究生构成。这或者是由于多数外教资格不足，与留学生和国内大学研究院的优秀毕业生相比，学术水平可能并不高明。盖外教所长，多在语言方面，于学问未必见佳。而外文系的课程，“隐然分语言文学两部分，相辅为用：盖非语言智识充足者，不足以言文学，非文学造诣深者不足以知语言也”①。语言的优长不能作为唯一的聘任标准。

理学院中欧美留学生原本就不少，故人事变动不大，比较明显变化的是任鸿隽请了王琎为化学系系主任、钱崇澍为生物系系主任。这两位都在当时国内最好的科学家之列，也是由任鸿隽发起的中国科学社社员。他们占据了理学院三个系主任中的两个位子，颇惹人注目②。农学院由于是刚刚划入川大，基本是一切更新。9位教授中，留日、留美学生各占2席，国内大学毕业1人，其余均为留法、留德学生，与全校的情况稍有不同。

生源的扩大

“国立化”的又一努力体现在招生方面。川大生源一向以四川为主，兼有部分云南、贵州等地的学生。以1934—1935年为例，在校生共793人，其中四川764人、云南13人、贵州10人，山西、湖北、安徽、陕西、广西学生各1人，以及1位韩国学生③。除去这位韩国学生，川籍

---

① 《外文系系务会议报告》(1935年10月4日)，《川大周刊》第4卷第4期，第6页。

② 任鸿隽在中国科学社中享有极高声誉。1940年中央研究院改选院长，该社社员多动议选任。任最后得到4票，均为该社社员所投。事见张剑：《1940年的中央研究院院长选举》，《档案与史学》1999年第2期。

③ 《国立四川大学教务统计一览》，“川大档案”，第189卷。

学生约占总数的96%，外省学生不足4%，且多来自四川周边地区。此外，任鸿隽也注意到，四川高中还不普及，“每年高中毕业生，仅有六百余人。其中能升学者，与能考入大学者，折扣下来，为数已经不多。而成都有四个大学(原文如此。当指川大、私立华西协合大学、四川省立农学院和省立工学院。引者注)，平均每大学有一百余人”，生源明显不足①。

为了改变这一状况，1936年夏，任鸿隽决定在平、津、京、沪、广东、陕西等地设立考场，扩大招生范围，“使省外各地青年都有来学的机会，要使本校属于整个国家的，不因为地理上的限制，而成为西南的一个组织”②。这次招到新生和转学生共164人，其中，河南4人、云南4人、贵州3人、湖南2人、浙江2人、广东2人、辽宁2人、安徽1人、江苏1人、山西1人、湖北1人，四川141人③。从省籍分布范围上看，新增河南、湖南、浙江、广东、辽宁、江苏等几个距离四川较远的省份(湖南除外)；以比例言，川籍学生仅占这次招生总数的近85%，外省学生占了15%。这虽然没有改变学生籍贯构成的基本格局，却使川大在向“属于整个国家的大学”的方向上迈出了重要一步。

课程的整顿

1938年，教育部发下整顿全国大学课程的训令，谓中国“大学课程除医学院外，向由各校自行规定”。虽可“因人地之宜，自由发展”也带来不少问题。比如，“若干大学，分系过早。各系所设专门科目，又或流于繁琐。一般学生缺乏良好之基本训练，所得知识，难免支离破

---

① 《任鸿隽谈整顿川大》，《北平晨报》1936年5月29日。

② 《本校举行本学期开学典礼》，第1页。

③ 《国立四川大学教务统计一览》，“川大档案”，第189卷。

碎，不能融会一科学术之要旨”[①]。这与任鸿隽初到川大的观察是一致的：“同学一入学校，似乎就是专门人才，所有功课都完全是专门的功课，如国文系则教文字学音韵学，史学系则教各国史，英文系则教莎士比亚，理院物理系则教高等物理”，而于“很重要的科学如像国文、英文、算学等，普通训练太觉缺乏”。他强调，国外虽“有此种科学标准”，但他们“经过多年的高中阶段”训练，“我国的中学，尤其是四川的中学如何够得上”[②]？

任鸿隽认为，“大学学生，重在求得研究学问门径，并不定须所学各科，均有深刻研究”。这固然“有赖于教授之指导”，根本上还在对于“关系各科之基本学科”具有“相当了解”。中国之大学“均重视专门科学之讲授，而忽于基本科学之练习，其在四川尤甚”。为此，他“规定一二年级，注重英文及基本科学之复习。三四年级，再作专门科学之研究”[③]。1935 年 9 月 7 日，任鸿隽到校后主持了“廿四年度第一次校务会议”，通过 3 个议案。第 1 件就是“各院系共通必修或选修科目应如何规定案”，要求“(1)各院系一年级英文必修课程由文学院主持，每周定为三小时……二年级则归各院自行规定。(2)各院一年级各系国文必修课程(国文系除外)以入学试验成绩优异者方得免修，其不及格者须在补习班肄业，以及格为度”[④]。一年级的基本国文和基本英文，均属“特设”课程，目的是“督促学生多读多作，以树立国学及西学之基础”[⑤]。1936 年，更规定“各院系一、二年级定英文为必修课程”，“国文为文学院一、

① 教育部训令(1938 年 9 月 23 日)，“川大档案”，第 52 卷。

② 任鸿隽：《任校长演讲词》，《川大周刊》第 4 卷第 1 期，1935 年 9 月 16 日，第 2 页。

③ 《任校长整顿农学院之计划》，《川大周刊》第 4 卷第 4 期，第 2 页。

④ 《廿四年度第一次校务会议议决案》，《川大周刊》第 4 卷第 1 期，第 5 页。

⑤ 任鸿隽：《电呈庐山蒋院长》，“川大档案”，第 6 卷。

二年级，理、法、农学院三年院第一年级之必修课程”①。

任鸿隽又批评川大对教学只“注重讲义。各教授讲义给同学们念念，试验时照讲义写一次，算是毕业”②。老师上课念讲义，学生考试考讲义，当然可以算是不负责任，但“注重讲义”其实是民初留下来的传统。冯友兰(1895—1990)就回忆说，他上大学时候，“对于教师的经验，是看他能不能发讲义，以及讲义有什么内容”③。1922年姜亮夫到成都高师读书，也发现高师办学的一个“特色”，“是这里的教师讲课都要发给我们讲义”，不但“自己编的”要发，就是已经出版但成都买不到的书，“也成本成本地印给我们”，如清人陈澧(1810—1882)的《切韵考》。他称赞说：“这种气魄在别的学校里很少见，可见这所学校对学术的重视。虽然这个学校外表是破破烂烂，可是教育的实际效果是扎扎实实的。”④根据姜亮夫的观察，高师所印，其实也包括了不少参考书在内，并不是通常所理解的“讲义”。

到任鸿隽时期，大概“讲义”已多是教师的授课内容。因此，他强调这个办法不符合教育界强调的学生“主动”的观念。他提出，要“把大学各科的教法，从自动方面发展”，即“在尽可能范围内，渐渐的废除讲义制，而代以参考书或概要制”；认为这样做“至少使学生得自己寻一点材料或一些书籍来完成他们的讲义，而不至死守一部讲章，其他一切都可不必措意”⑤。1935年度的第一次校务会议规定：“除法律系外，各系应

---

① 《本校举行本学期开学典礼》，第3页。又，据屈守元(1913—2001)回忆，任鸿隽当时“亲自”教授文理科新生的必修课“科学通论”(《怀源小札》，收在《晚初阁论著辑录》，成都：电子科技大学出版社，2002年，第423页)。即使其记忆准确，任氏常在外地，在校的时间并不多，上课大概也没有几次。不过，这的确证明任鸿隽对基础科学的重视程度，给人留下了深刻印象。

② 任鸿隽：《任校长演讲词》，第2页。

③ 冯友兰：《三松堂自序》，北京：人民出版社，1998年，第303页。

④ 姜亮夫：《忆成都高师》，收在王元化主编：《学术集林》第2卷，第275页。

⑤ 任鸿隽：《四川大学的使命》，第2页。

力求减发讲义，而多采用提示纲要办法。如目前骤行改革所有困难时，可先行筹备，在下学期开始实行。”①下面是1936年4月份由注册课制的一份比较表：

表6：二十四年度十月份暨二十五年度十月份讲义种数及页数比较表

院别	1935年度种数	1936年度种数	比例	1935年度页数	1936年度页数	比例
文	56	34	1.6∶1	111,550	34,180	3.2∶1
法	28	27	1∶1	88,350	39,450	2.2∶1
理	35	16	2.2∶1	94,070	23,730	4∶1
农	1	0	1∶0	400	0	
共计	120	77	1.6∶1	294,370	97,360	3.1

资料来源：“川大档案”，第189卷。

可见，新并入的农学院自始就执行了这一办法。文学院与理学院的讲义种数和页数都大幅下降，法学院在种数上虽然无大的变化，页数则减少了一半以上。政策得到了有效推行。

“从自动方面发展”的第二个表现是减少课程量。任鸿隽认为，川大“以前课程太多，现在我们把各系课程减少”，这样就可以给学生“一些时期去自动研究或读书”。相应的，“教授担任钟点，也相当的减少，使教授与学生，有多的时间去讨论与研究”②。

表7是1934年度和1935年度川大各院系课程门数和上课时数的比较。从中可见，除了史学系和法律系外，1935年度各系的课程门数均比1934年度有所下降，最多的是数理系和政治经济系，门数减少了一半以上，生物系的门数也减少了一半。除史学系、法律系、政治经济系和生物系，其余各系的授课时数也都有所下降，但幅度较课程门数的下降

① 《廿四年度第一次校务会议议决案》，第6页。

② 任鸿隽：《任校长演讲词》，第2页。

幅度要小，数理系的下降幅度还不到4%。另外，政治经济系和生物系的课程门数虽然减少，授课时数却大量增加。出现这一现象的原因大概与任鸿隽注重基础教学和实用教育的思想有关：精简课程门数之后，保留下的一般都是基础课。历史、法律二系的课程数量虽有增长，其教师（教授、副教授、特约教授、讲师）数目也在扩充。历史系比1934年度增加2人，法律系比1934年度增加6人，问题都不大。但政治经济系和生物系的教师却比1934年度各减少5人，故他们每个人的教学压力实际上比从前更大了。

表7：廿三、廿四年度各院系课程门数及授课时数指数表

院系		文学院				法学院		理学院		
		中文	外文	史学	教育	法律	政经	数理	化学	生物
1934年度	门数	54	44	22	41	37	31	26	46	41
	指数	100	100	100	100	100	100	100	100	100
	时数	32	32	17	27	28	23	26	33	29
	指数	100	100	100	100	100	100	100	100	100
1935年度	门数	40	27	23	27	41	15	12	29	21
	指数	74.4	61.4	104.5	69.5	110.8	48.4	46.2	63	51.2
	时数	27	21	23	24	30	32	25	26	30
	指数	84.4	65.6	135.3	88.9	107.1	114.3	96.2	78.8	103.4

资料来源：“川大档案”第189卷。

说明：因农学院是1935年下半年并入川大的，没有比较的意义，故本表删去了该院情况。

教学改革的另一个大方面是使学校向“实际应用方面发展”①。任鸿隽一向热衷于宣传，科学的价值不在其实用价值，而在其所体现出来的“科学精神”上，并且批评中国人太注重功利和致用，是对科学研究最大

① 任鸿隽：《四川大学的使命》，第2页。

的伤害；但另一方面，每当他面对中国社会的迫切需要时，又每每要自觉与不自觉地偏向于教育和科学的实用功能一边[①]。据生物学家张孟闻(1903—1993)回忆，1932年中国科学社入川募捐，任鸿隽和秉志(1886—1965)各写一篇募捐启事，结果被一个“晚辈青年”认为内容太偏重于实利[②]。任鸿隽本为救国使命而来，面对近在咫尺的国难阴影，注重实用学科更是和当时国家建设乃至救亡的迫切需求联系起来[③]。

任鸿隽时期的应用性科研方向，仍然延续了王兆荣时期的特点，大多集中在四川的地方性知识方面，有不少还是与地方当局合作的项目。如1936年5月成立的西南社会科学调查研究处，在一年时间里就进行了川东川西米量产销情形调查、重庆批发物价指数及成都零售物价指数调查、成都手工业情形调查、地方行政及地方财政调查、农民生活情形调查等[④]。在自然科学方面，除了与四川省建设厅合组水稻场、甘蔗实验场，农学院还对各地农业生产技术、作物种植及农业经济方面做了大量调查。理学院则有赴京沪平津工业考察团、食盐工业考察团等设施。这些调查活动的目的是获得对四川社会与自然情况的确切知识和数据，为四川地方建设服务[⑤]。

任鸿隽在1931年的成大讲演中，曾提出要应用科学方法研究实际问题：“如现在讲马克斯(今通译“马克思”。引者注)主义是最时髦的了，但是我们要晓得马克斯的唯物史观论，是用科学方法得着的一个结果。我们若是也用科学的方法去研究中国现在的社会问题，那末得到的结果，是不是与马克斯主义一致便不可知了。这个研究的结果，若是与马

① 详论参看王东杰：《“宋学”修养与任鸿隽对科学的诠释》，收在《历史·声音·学问：近代中国文化的脉延与异变》，北京：东方出版社，2018年，第200～223页。

② 张孟闻：《任鸿隽先生传略》，《科学》第38卷第1期，1986年3月。

③ 胡先骕：《留学问题与吾国高等教育之方针》，收在《胡先骕文存》上卷，南昌：江西高校出版社，1995年，第285页。

④ 任鸿隽：《电呈庐山蒋院长》，“川大档案”，第6卷。

⑤ 四川大学校史编写组：《川大史稿》，第188～190页。

克斯主义一致，我们方才不是盲从；若不是一致，便是我们新创的文明了”①。科学方法是现代的，也是不为地域限制的，但科学研究的对象则多有地方色彩。要“创造一个新文化”，就必须着眼于“地方性知识”。换言之，知识生产的“现代化”是建立在“地方性知识”基础上的。而任鸿隽对地方性知识的重视，又不仅仅出于知识创新的考虑，更是出于建设中华民族复兴策源地的目标。这一情形揭示出“现代化”与“国立化”(及“地方性”)之间更为复杂的关联，也再次提醒我们，任鸿隽心中的“现代化”虽然带有“外国化”的成分，但其施政依据仍着眼于国内(主要是四川)的实际。

从国立化角度看，任鸿隽颇注重教育与救国的关联。他给蒋介石的述职报告中，说自己“在可能范围内，极力筹设有关国难应用之科目，以期应付当前之严重国情”②。1936 年教育部要求征集国难教育意见，他提出两条意见：一、“目下大学教育多偏于空虚无用之理论。”但“国难期中，一物一器之有无，动关民族之存亡，故非极力提倡实用精神不可。鄙意除文法各科应多授本国历史及国际智识，以唤起民族意识外，理工各科应责成各校，就地域所宜研究平时或战时必须之制造工程一二种，其工作之种类则由各校报告于教育部，为之统筹而分配之”。二、“应付国难最有力有效之一点在造成强健的国民。”应把仅在一年级学生中推行的军事训练“普及于大学全体学生”，将中小学课程减少至三分之一，“以其时为户外作业及锻炼身体之用”③。

这些意见与任鸿隽治理川大的指导思想是一致的。在他的主持下，各院都拟订了“国难”期间教育计划，增加了针对性的特殊科目。其中，文学院方面，史学系增入《东北史》，试图通过“阐明东北数省在历史上

① 任鸿隽：《赴川考察团在成都大学演说录·任叔永先生之讲演》，第 1169 页。

② 任鸿隽：《电呈庐山蒋院长》，“川大档案”，第 6 卷。

③ 任鸿隽关于国难教育之意见(1936 年 2 月 22 日)，“川大档案”，第 46 卷。

之重要”，来“加深学生对于东北数省之认识”，进而“增强学生收复失地之观念”；教育系“为应付国难时期中小学教育之需要起见，特设置国难教材研究会”。理学院方面，数理系加入《无线电》一科，《光学》中加入“生理光学及军用光学仪器原理”；化学系的《应用化学》加入“关于国难之材料”的内容，《化学工程》加入“关于国防之材料及工场设计”的内容，增加《军用化学》一科，并拟增设《应用光学》。法学院课程整理的幅度极大，删除了一部分“不适合非常时期之需要”的科目，如法律系的《英文政治选读》、政治经济系的《现代政治问题》《社会政策》《政党论》《经济政策》《商业经济》《公文程式》《法学通论》，现有的10余种科目中均增加关于战时内容，增设《战时经济》课程及《粮食统制问题》《全川稻米产销状况》等研究科目。农学院鉴于“我国在国防上建设防空林，实为目前当务之急”，特在《森林问题讨论》课上增设“防空林之设施”；农艺系增加“四川省稻麦改进”的研究项目，以“求川省食粮自给，并供国家非常之需”；森林学系则增设“国防用木材性质之研究”的项目①。

除了注意实用，任鸿隽也特别注意加强体育训练②，试图改变“同学体格之孱弱”和“蜀中体育兴趣之淡薄”的局面③。由任鸿隽请来的钱崇澍也提醒学生，“不重视体育”，就会导致“身体日弱”④。这些都使我们想起蒋介石1935年7月1日在川大至公堂的报告——事实上，蒋的谈话可能就是任鸿隽在川大强化体育的一个重要背景。不过，我们也不能认为，任鸿隽的这些做法只是在执行国民政府和蒋介石指派给他的任务。钱崇澍的讲话提醒我们，四川青年的身体孱弱，同样也是一些关注国事的知识分子所忧心的。在这一点上，他们和政府达成了一致意见。事实

① 各学院关于国难教育计划书，“川大档案”，第46卷。

② 具体措施见四川大学校史编写组：《川大史稿》，第194～197页。

③ 《体育部举办各项球类锦标比赛》，《川大周刊》第4卷第7期，第8页。

④ 钱崇澍：《关于来蜀之感想》，《川大周刊》第4卷第8期，1935年11月4日，第2页。

上，中国近代思想中的一个重要线索就是，受到日本和西方文化的影响，“尚武”思潮的兴起，和“一洗文弱”风气的呼吁①。因此，即使抛开“国难”的历史大背景，重视体育也是教育“现代化”的一个组成部分。

也像蒋介石一样，任鸿隽强调体育的重要性，不仅是在关注身体，他还有更“形而上”的考虑，即培养学生健康活泼的精神。他曾谈到，自己到美国留学期间，曾考察过美国小学教育，其“第一个印象，就是他们养成学生的活泼精神和健全身体的注意”②。所谓“第一个印象”者，言其感触之深。的确，对于历来只注重大脑的使用而轻视身体的健康的中国读书人来说，看到“健全身体”与“活泼精神”的联系，一定使他看到世界的另一面。事实上，任鸿隽来校不久，就有人在报纸上议论道：“吾人尤感兴趣者，亦为最可爱、最可珍贵者，即四五年来之川大学生，都是沉沉暮气，鲜有蹈厉发扬的精神”，近来则“求进之心曲，饱满之精神，真有如雨后春笋，咸喜活气一团，欣欣向荣。此为川大复活的新机，亦是新四川建设各项专才之深远保育也”③。任鸿隽的努力没有白费。

设备的改进

任鸿隽来川之前，对川大设备的简陋就有耳闻。他在学生欢迎会上说：“记得《大公报》记者张季鸾来蜀，于川大很失望。他说川大不惟不及国内各国立大学，即私立大学亦不如。再如李仪社(原文如此，‘社’应作‘祉’。李仪祉，水利学家，1882—1938。引者注)先生来川参观，也说川大还不如陕西大学。这可见到川大给一般人的印象是怎样。”受此刺激，他把改进校舍、增加设备列为要务，并提出两套设想：“永久的

① 参考罗志田：《五代式的民国：一个忧国知识分子对北伐前数年政治割据的即时观察》，收在《乱世潜流：民族主义与民国政治》，第158～159页。

② 叔永(任鸿隽)：《评国联教育考察团报告》，第19页。

③ 万方：《川大复活的新机》，《新四川日报》1935年10月22日。

计划”就是向武汉大学学习，“由中央及地方筹款，在城外另建新校舍。不惟校舍问题解决，而且延聘教授及学生问题也同时解决”；“临时计划”是，“今年图书设备仪器，增加的增加，改革的改革”①。

改建校舍不只是改观一下校园环境而已，也是改善办学和研究条件。对此，当时四川有人并不理解。1936年11月，刚从省外回来的张颐说：“鄙人入夔门后，即闻有人说川大不应该新建校舍。殊不知本校校舍，实在陋劣已甚”。社会上的意见其实是“以从前书院的眼光来品评现代大学的设施”，根本不了解“现代教育所授的功课内容与从前的书院不同，所以她所需的建筑设备，亦自迥异”②。换言之，这不是建几幢大楼的问题，而是一个“现代化”的问题。新学术不像传统学问那样，只是需要相对有限的几册书本(实际上，即使是清代考据学，也已是史料多多益善的，但和现代学术，即使是社会科学相比，也还无法相比)，而是更加充足的资料和先进的设施，否则，科学研究是无法进行的。张颐指责川人的评论仍是“从前书院的眼光”，向我们提示出，在社会学的意义上，新旧文化人的观念差异是系统性的；“入夔门”这样的语汇，也再次从象征角度揭示出在时人心中，四川内外实在是两个世界、两个时代。

不过，改进设备需要投入大量钱财，而这是川大原有的60万元经费所无法负担的。不过，作为整顿川政的一个重要方面，任鸿隽的计划得到蒋介石的支持。这个计划分为两步：“第一步，先就皇城校址，添建图书馆一座……约须二十万元；农学院添建实验室一座，须费约三万元。第二步，为全体计画……由中央及地方政府，各担任一百二十万元，分三年拨划，为建筑文、理、法各学院教室、试验室、大礼堂、体

① 任鸿隽：《任校长演讲词》，第2页。

② 《本校庆祝成立五周年纪念》，《川大周刊》第5卷第9期，1936年11月16日，第2页。

育馆、教职员办公室、宿舍、学生宿舍及各种设备之用"。[①] 他将计划呈送蒋介石后。蒋回电："可照办，当负责为之主持，希速设计进行可也。"[②]9月28日，再次来蓉视察的蒋介石召见任鸿隽，"面询学校近况甚详，对改建校舍计划，嘱即绘图与兴工"[③]。

由于这一计划"历时较久"，10月21日，任鸿隽再次电呈蒋介石："请将除农学院添设试验室费三万元，令川省政府拨发外，余所须款项二百六十万元，指定的款，并示办法"，以"期其速成"。11月8日，蒋介石复电："一、农学院添建试验室费三万元，已令四川省政府，从教育经费下，即予提拨。二、各项建筑及设备所需之费，当由行营拨发四川善后公债一百四十万元，其余不足之数，当令四川省政府，并由中央于二十五年度起，各担任六十万元，各分三年匀拨，每年各拨二十万元。"并令其"将一切建筑计划，另呈中央核夺"[④]。任鸿隽接电报，即立刻请人担任设计。1936年春，由天津基泰公司和上海公利公司分别设计的两座新校舍模型完成，运抵成都。任鸿隽请即将来川的蒋介石亲自定夺，到底选用哪一座[⑤]。4月，蒋介石莅蓉，任鸿隽"数次谒见"[⑥]。蒋面饬四川省财政厅厅长刘航琛(1896—1975)，将善后公债全数拨与川大。刘答应道，第一批建筑费140万元将于半月内拨到川大。川大为保管这笔款项，经行政院批准，组织了保管委员会，由任鸿隽本人和财政部特派员关吉玉(1899—1975)、刘航琛及四川省教育厅厅长蒋志澄

---

① 《任校长改建本校校舍计画书》，《川大周刊》第4卷第3期，1935年9月13日，第1～2页。

② 《蒋委员长梗代电》，《川大周刊》第4卷第3期，第2页。

③ 《蒋委员长召见任校长》，《川大周刊》第4卷第4期，第5页。

④ 《本校建筑费蒋委员长电拨的款》，《川大周刊》第4卷第10期，1935年11月18日，第1页。

⑤ 《华西日报》1936年4月16日。

⑥ 《校长报告》(1936年4月20日)，《川大周刊》第4卷第31期，1936年5月4日，第1页。

(1893—?)等组成[①]。

任鸿隽鉴于川大原系三校合并而成，“对于校产，曩无系统之管理”，而新校舍建设在即，必须认真清理。决定由孟寿椿等组成校产清理委员会，“一面从事清理，一面设法收回所有一切之租佃屋宇、地亩及无契约借之基宅”[②]。为了避免在清理过程中可能出现的租佃纠纷，还组成佃户建筑物评价委员会，邀请四川省政府、成都市政府、成都市商会各派一人参加[③]。在川大要求下，四川省政府又命令公安局协助川大清理地产[④]。

这次清理校产工作不但涉及不少民间组织和个人，还牵涉了四川省政府、教育厅、军事委员会中央各军事学校毕业生调查处四川通讯处等地方与中央单位[⑤]。其间有不少单位和个人，或请托人情，或自行上书，要求通融，而均被拒绝。

校产清理工作暴露出不少历史遗留问题，主要的仍是皇城城基。早在1933—1934年的保卫皇城校产运动之前，大学就已围绕皇城问题和地方政府有过一次较量了。1926年1月，刘湘担任四川善后督办期间，曾与当时的省长赖心辉一起布告全城，准备开放皇城，修建马路，并将皇城城基丈量变卖。当时居住在其中的成都高师和成都大学均曾去函诘问，表示反对，但督办公署称皇城原属四川省产，所卖地皮也非学校所有，遂强行将其拍卖。“三大”合并后，国立川大一直对此持有异议。

---

① 《成都快报》1936年4月22日；《本校建筑费拨付有期》，《川大周刊》第4卷第30期，1936年4月27日，第8页。

② 《本校清理校产组织委员会》，《川大周刊》第4卷第18期，1936年1月13日，第6页。

③ 《省市府派员参加川大校产清理委员会》，《新新新闻》1936年4月11日，第6版；成都市商会公函(商字第309号，1936年4月30日)，“川大档案”，第628卷。

④ 《成都快报》1936年5月28日。

⑤ 《请转川府切实协助并克速将已变卖皇城地基收回交还由》(1936年4月1日)、《请于本年七月底交还借本大学原附小校址由》(1936年4月27日)、军事委员会中央各军事学校毕业生调查处四川通讯处公函，均在“川大档案”，第628卷。

1933年底保卫校产运动中，王兆荣就曾以皇城系旧贡院产业，“而旧贡院全址，在前清时即属国有财产，中华民国成立，迭经中央核准，陆续完全拨充前高师、前师大及本大学管理用益”为理由，试图收回，但由于地方当局坚持原案，终未成功①。

川大清理校产的消息公布后，有“承买皇城城根地皮主权团”发布启事，声称皇城城根是“刘督办、赖省长”所卖。“皇城既属官产，经军民首长皇皇示谕主卖，承买者依法取得主权，有省公署管业证为凭。”另一方面，“省、督两署主卖皇城在师大时代。当时议决，以师大所住必需校地，划作该校校址外，余概变卖”。因此，“川大接收皇城校地，依法只能接收其原来师大划定之地。现川大改为国立，政府拨皇城为校址，当亦限于官有校地，而民有者，自然不在此例，不能含混其词，抹煞法律主权与事实”②。此后，他们又不断向川大、教育部写信抗议，表示不满③。

四川省政府的态度则有所变化。一方面，他们仍坚持前议，称皇城地基原“系属官产，应归省有”。1918年，虽经当时的四川省长将部分地亩拨给高师，但“城垣以外地皮，未见明文拨用”。现在川大要求收回皇城地基，“不特原案指拨地方，是否皇城全部地址，尚未确定；而前省长公署已经变卖之省有官产，并已发给契约为凭，如又由本府予以收回，实于政府威信有碍。所嘱收回交还之处，本府实难照办”。虽然如此，但比较从前，其态度还是发生了变化：“惟承示皇城全部地基约五

① 四川官公产清理处与川大就此事交涉的来往公函（1933年12月—1934年2月），“川大档案”，第2560卷。引文出自四川大学致四川官公产清理处公函（1934年1月22日）。

② 《复兴日报》1936年2月14日。值得注意的是，“现川大改为国立”一语，也不自觉地透露出至少在部分成都人的心目中，实未将师大视为真正的国立学校。

③ 《明远四街校产佃当各户代表谭岳峰等为陈明详情恳饬各佃照常复租用杜纠纷事》，“川大档案”，第628卷；《奉交查复崇义堂等呈请饬发给收回皇城地基业价一案抄发原呈仰查明具复由》，“川大档案”，第629卷。

百余亩，以之改建文、理、法三学院及图书馆、运动场诸部分，尚有不敷应用之虞，自不能任其支离分割，阻碍建筑设计。兹本府为仰体中央发展西南文化之至意，及解决历年之界址纠纷，自今日起，承认皇城旧址全部为贵校管业。所有前省长公署或其他机关变卖之城根附近地基，即由贵校自行设法收回，以期兼顾而资救济。”省府还建议川大，“在建筑费内酌提若干，查照契价减觃收回”①。

对此，任鸿隽指出，皇城主权属于川大，并非“省有官产”，毫无疑义。1926 年出卖皇城地基，本“未奉中央明令”，“本校自无赎还之责任”；更何况“本校呈奉核拨国省库款，早经中央指定，全数作为改建校舍与充实设备之用，更无余款可供提拨，用为收回前省署卖出之地亩”②。四川省政府则称：“本府一切开支，均照预算办理。上项收回经费，既未列入预算，则所嘱收回之处，实难照办。”③到此，双方谈判陷入僵局。

另一方面，任鸿隽对校址的选择也一直举棋不定。其时社会上关于这一问题有两种主张，一是在城外另选地皮，新建一所校园；二是就在皇城。任鸿隽本人那时比较倾向于后者。他认为：“皇城在明为蜀王宫，在清为贡院，在民初迄今为学府，向为作育人才之所，与川中文化发源地，在历史上有伟大之价值”。若“以之整个作一学校之基址，在全国各省中可谓不可多得”，并因位处城市中心，能够尽到“以风化策动社会”的责任。美中不足的是其范围有限，只有 500 亩。但任氏以为，“欧美各国历史悠久的大学，本部的校址，都不算顶大”，将来尽可向外发展扩建④。可见，任鸿隽选择皇城，主要着眼于它的历史价值和文化象征

---

① 四川省政府公函（二十五年财字第 343 号），“川大档案”，第 628 卷。

② 致四川省政府公函底稿，“川大档案”，第 628 卷。

③ 四川省政府公函（二十五年财字第 657 号），“川大档案”，第 628 卷。

④ 《校长报告》（1936 年 6 月 8 日），《川大周刊》第 4 卷第 37 期，1936 年 6 月 15 日，第 2～3 页。

意义。当然，皇城已有基础，改造起来成本较低，也应是其考虑之一。不过，其历史遗留问题太多，困难重重，还不如选择城外，从头开始，更为简便。

5月12日，任鸿隽飞赴南京，向教育部汇报相关问题。教育部同意将校址定在皇城。关于皇城城基问题，则“仍请四川省府设法收回。其余各处，亦须如期收回，以利建筑。遇必要时，得由教部指派专员清理”。关于前师大债权团问题，教育部呈请行政院，“令四川省府在清理积欠下汇案办理”①。同时，任鸿隽邀请行政院秘书长翁文灏、政务处处长蒋廷黻、前清华校长周诒春（1883—1958）、教育部代表李济（1896—1979）和他一起组成川大校舍图样审查委员会：“因为这几位先生都是国内教育界的名宿，对于学校的建筑很有经验。”②

10月，川大新校舍图样经行政院批准，在南京教育部开标，计划第一期修建校本部图书馆、办公楼、数理馆、化学馆及农学院教室、办公室、宿舍。不意，10月下旬，任鸿隽突然接到教育部信件，说“川省政府有一代电至教部”，建议川大迁至城外。教育部回电谓，川大校址早经决定在皇城，临时未便更动。任鸿隽则表示：“本人对此并无成见，一切均根据中央的决定。”③工程还未开工就停顿下来。

不过，四川省府这次提议，另有一个附带条件，即可以在城外给川大2000亩土地以为交换，且可在短期内把地交出，不妨碍川大新校舍的建筑进行。任鸿隽考虑了这一建议后，认为可行。“不过在地亩以外，还有一个问题，便是因迁移而增加的建筑费，须由省府拨款补助。”双方就此又“商量了许久”。川大要求付100万，省府只答应给60万。但“因为迁移与否的大前提还没有解决”，这一“非正式的接洽”遂暂时中止。

---

① 《任校长公毕返校》，《川大周刊》第4卷第36期，1936年6月8日，第5页。

② 《校长报告》（1936年6月8日），第2页。

③ 《校长报告》（1936年12月14日），《川大周刊》第5卷第13期，1936年12月14日，第2页。

1937 年寒假，任鸿隽再次离校赴京，向教育部汇报交涉情况。“中央的意思”本来认为，改变计划，就不可能在“短期”内把川大“改建成功一个现代的大学”，因而“自来主张在皇城建筑”。不过，听了任鸿隽汇报后，教育部“也不反对，但以为应当有两个条件：1. 在东门外望江楼附近圈地二千亩。一月内交出一部分以便开工，其余在第二个月内交出。2. 建筑费七十万元，先交一部分，其余的在两年内匀交”。任鸿隽和教育部分别将此意见电达四川省建设厅厅长卢作孚（1893—1952）和四川省政府。省府提出，要调查后才能决定补助费的数额。3 月 15 日，任鸿隽在重庆会见卢作孚，卢谓可出补助费和搬移费共 66 万。任鸿隽明知再继续坚持下去也不会有大的突破，川大校舍却不能一拖再拖，遂表示自己“仰体中央顾念西南文化急于观成的意旨”，“立即承认卢厅长提出之数，但希望交地与交款力求迅速”。回校后，任鸿隽又向省政府发了一件公文，要求半月内做出答复。他在 3 月份的总理纪念周上对学生讲述了事情经过，表示：“我自己定下期限，在一个月以内非动工不可。省府如能照我们的条件成立合同，我们就在城外建筑，不然，我们只好不谈迁移问题，就在皇城动工。”①

这次并未等太久。1937 年 4 月，川大与省府双方组成“四川省政府办理国立四川大学迁移委员会”。26 日，任鸿隽在与孙洪芬（1889—1953）一起拜访蔡元培时，提到“已由省政府画拨地二千余亩，现在征收中”。孙也向蔡说，川大开办费已预备五百万元②。6 月 10 日，新校舍开工典礼举行③。川大和地方当局之间围绕着皇城校址之间旷日持久的

---

① 本段和上段，《校长报告》（1937 年 3 月 22 日），《川大周刊》第 5 卷第 22 期，1937 年 3 月 29 日，第 2 页；《致四川省政府公函》（1937 年 3 月 11 日），《川大周刊》第 5 卷第 23 期，1937 年 4 月 5 日，第 6～7 页。

② 蔡元培：《日记》（1937 年 4 月 26 日），收在《蔡元培文集》第 14 卷下，台北：锦绣出版事业股份有限公司，1995 年，第 268 页。

③ 《本大学新校舍开工》，《川大周刊》第 5 卷第 33 期，1937 年 6 月 15 日，第 4 页。

争执终于画上一个句号。

这场争论除了与双方利益直接相关外，还牵涉到"主权"归属问题，即皇城到底是国产还是省产。四川当局坚持皇城归地方所有，作为中央在川机关，川大(包括之前的高师、师大)则每将皇城的历史渊源追溯到前朝，证明它属于国有。双方之所以陷入"公理婆理"之争，一个主因就是，官产而有"国产""省产"之分，其实是晚清才开始出现的新观念[①]，故两边都可以从历史上找证据而均不能说服对方，更因没有一个高出二者之上的权威裁决，使争执经年累月而不分高下。川大离中央太远，其实是处在地方政府的势力范围内。因此，其尽管一直援引"国家"或"中央"的名义保护自己，终于不能收回皇城地基。直到中央势力入川，川大才得以更有效地寻求中央支持，而后者也把建设川大视为"地方中央化"和"民族复兴策源地"建设的重要部分。在此情况下，地方政府态度也有了转圜。当然，事情的结果仍是(代表中央的)川大做出让步，不过至少已不再是完全被迫的。

若把这一事件与同为中央在蓉机关的四川陆地测量局占地事件做一比较，就更值得回味。陆地测量局隶属军事委员会参谋本部，是 1917 年 12 月迁入皇城的，远在高师入驻之前。但从高师开始，学校就不断要求其迁离而未获成功。新校舍设计方案出来后，川大以测量局占地为建筑所必需为由，陈请行政院，令其搬出。测量局虽以局址非向川大借用，"且同隶中央，同属要政，更不宜兴彼废此"作答，但在蒋介石的直接干预下，还是迁了出去[②]。在这一事例中，测量局的"失败"，正因它与川大"同隶中央"，不得不服从中央命令；省政府则握有实权，同中央

---

① 一个相关研究，见杜恂诚：《民国时期的中央与地方财政划分》，《中国社会科学》1998 年第 3 期。

② 行政院公函(二十五年第 3214 号)、行政院公函(二十五年第 4700 号)、教育部训令(二十五年国字第 11437 号)、教育部训令(二十五年第 15657 号)，均在"川大档案"，第 628 卷。

的关系也更为微妙，后者多少要给其面子，反而更易获得成功。

国家观念的培育

作为“国立化”目标的一部分，任鸿隽还着意塑造学生的国家观念。他曾经专门提出，川大学生“不必”成立“同乡会等狭义的组织”。他对学生讲，希望“诸位自己要准备将来做一个国际上的大人物，不然也要做一国的国士，不要准备只作一县或一乡的乡人”①。就目前资料看，这是任鸿隽第一次（也是唯一一次）在公开场合对举办同乡会表示不以为然。就时间上看，这是在《川行琐记》事件（详下节）发生以后，其指责同乡的观念很“狭义”，应别有感触。事实上，当时川大立案的各团体，也的确没有同乡会之类的组织。任鸿隽辞职后，孟寿椿也曾谈到：

> 在学校向来一贯的主张，就是凡不含有地方性的学术团体，如教育半月刊社、政治月刊社等，学校是准其备案，乐于赞助的。至于含有地方性的团体，如同乡会与由某某中学毕业同学会等，学校向来是不能允许成立的。因为这类的小组织，如果成立以后，可以引起许多纠纷或小派别，我整个的力量就分散了。所以我们在学术方面，要以整个的川大同学为单位，收相互切磋之效；在救国方面，也要以整个的川大同学为单位，集群策群力以赴之，则其收效也更伟大。②

由孟寿椿的说法看，这不是任鸿隽一时心血来潮，而是他“向来”的主张，而孟寿椿等人也是赞同的。其实，当时全国高校大都有一些类似组织。比如，有报道指出，武汉大学的同学团体，宗旨多以“联络感情”

---

① 《校长报告》（1937 年 3 月 22 日），第 3 页。

② 《本大学第六次纪念周》，《川大周刊》第 6 卷第 6 期，1937 年 10 月 25 日，第2 页。

为主：“甚么‘××中学校友会’，甚么‘同乡会’，甚么‘级会’，甚么‘系会’。还有甚么‘学社’，不一而足”。乃至“同是安徽同乡，却有敌对的‘友声’和‘一一’两派；仅仅一百多个湖南同学，居然小团纷立，甚么‘湘西同学会’‘湘南同学会’‘岳郡同学会’‘邵阳同学会’。分门别户，各张旗鼓”[①]。因此，川大的这一规定未免显得苛刻，但也正可见出任鸿隽是多么自觉和刻意地在维护“中国人”的大认同。

川大举行升国旗仪式也是在任鸿隽来校以后。1935 年 10 月 18 日，理学院举行首次升旗仪式。院长周太玄主持了仪式，向学生讲解国旗的象征意义，说：“此后每日升降旗时，吾人宜善体斯意，多少可促起吾人为国家服务之精神与努力也。”[②]

1936 年 6 月，任鸿隽致电中基会孙洪芬，请转北大校长蒋梦麟、清华校长梅贻琦(1889—1962)及胡适，谓：“近日两粤出兵之说，甚嚣尘上。虽形势未明，而国难当前，何忍更为加重？请联合国内学界同人，通电劝阻。”后又直接致电蒋、梅、胡，请于署稿时加上四川省立重庆大学校长胡庶华(1886—1968)和私立华西协合大学校长张凌高(1890—1955)之名[③]。6 月 27 日，报纸上发表了任鸿隽与浙江大学校长竺可桢(1890—1974)、武汉大学校长王星拱、中央大学校长罗家伦及胡庶华、张凌高等六大学校长联名致中央和两广的函电，希望中央本着“宽大为怀之精神，详审国际环境，兼筹并顾，以济危亡”；亦希望陈济棠(1890—1954)、李宗仁(1891—1969)、白崇禧(1893—1966)从“避免国内战争，保全国家元气”的角度出发，“听候中央，决定抗敌大计”[④]。此事为任鸿隽发起，秉承了他一向反对内战的态度。函电以六校长的名义发出，当亦不乏提升川大(及四川省内各大学)在国人心中形象的考虑。

---

① 伯钧：《武大学生的生活》，《独立评论》第 186 号，1936 年 1 月 19 日，第 12 页。

② 《理学院旗台开幕典礼》，《川大周刊》第 4 卷第 7 期，第 8 页。

③ 任鸿隽致孙洪芬等电原件，“川大档案”，第 36 卷。

④ 《华西日报》1936 年 6 月 27 日；《时事新报》1936 年 6 月 27 日，第 1 张第 3 版。

第四节 《川行琐记》事件与任鸿隽去职

1936年2月1日，刚刚抵达成都“一个月”的陈衡哲给“住在北平、天津、上海、杭州、南京，以及华中各处的许多朋友们”写了一封“公信”，一个月后以《川行琐记》的题目发表在《独立评论》上，叙述1935年底她们一家四口人搬家到成都的情形。4月和6月，她又在《独立评论》上连续发表了两篇同题文章，叙述她在成都的生活[①]。

陈文一开始并没有引起太多关注。但从6月初开始，却在四川引发了一场大风波，最后导致了任鸿隽的辞职。

不过，这场风波的发起地却不在四川，而是从南京开始的。6月2日起，南京《新民报》的“地方”版转载了《川行琐记》之二《四川的“二云”》，并特意用大字标出“她说四川女生不以作妾为耻／她说四川的鸡蛋没有蛋味”为副标题。编者自称，报社接到一位川籍读者林昌恒的来稿《质问陈衡哲女士》，是驳斥陈衡哲《四川的“二云”》一文的。“为方便读者理解陈女士观察四川的错误起见”，特转载此文[②]。之后，该报又连载了《川行琐记》的其他两篇，并发表了一系列旅外川人的批评文章。

讨伐的主战场不久就转到了成都。6月20日，成都发行量最大的报纸之一《新新新闻》增刊的专栏作者“棉花匠”在其负责的栏目“七嘴八舌”中首先发难：“陈先生写这篇文章的时候，是才到四川不久。以一个妇女来到四川，而且又拖儿带女，奉行的是贤妻良母的职务，要想在短时间内，观察四川的社会情形，以至于天文地理。我觉得陈先生似乎草率

① 三篇分别见《独立评论》第190号，1936年3月1日，第14～20页；第195号，1936年4月5日，第14～20页；第207号，1936年6月28日，第15～21页。下引陈文，不再一一注明。

② 编者按，《新民报》(南京)1936年6月2日，第3版。

了一点”。他主要针对的是陈衡哲说四川有“二云”——天上的乌云和人间的鸦片烟云——的话，尤其是后者：“四川的烟民自然很多。可是，据我们知道，陈先生来川的时候，四川的烟民，已经在减少了。陈先生偏要以过去的事实，以短时间的天象，来罗织四川的罪状，使外省人得到了一个黑暗地狱的印象。这等于嫉妒别人豪富，偏要说他的祖先当过乞丐一样的心理。我想，陈先生看不惯四川的现象，一定不能再往下去了。”①

“棉花匠”虽然批评陈衡哲的文章，但把原因归结为其太过“草率”，措辞亦尚算温和。他承认四川的确存在陈衡哲所讲的现象，但强调那都是“过去的事实”了。他和南京《新民报》上的那些作者一样，认为陈文会使“外省人”对四川产生不良印象，而感到大损颜面。

从6月下旬开始，直到7月中旬，在20多天里，《新新新闻》等成都报刊对陈衡哲紧追猛打，几乎每天都有相关的文章或消息发表，批判的程度也不断升级。据该报7月5日宣称：“本报接到对陈衡哲女士污辱全川质问文，直到昨夜，已达五百七十余件。”②这还只是地方报纸中的一份而已（虽然可能是最畅销的一份），此事引发的舆论之激愤，可想而知。

不少论者异口同声指出，陈衡哲来川时间甚短，就妄下断语，表明她根本就是心存歧见。成都公学的高中生萧参愤愤地说：“你之尽量搜□四川的坏处（原文如此，下同。引者注），未始不是□叫人‘改过迁善’的意思，但却言中有刺，处处都在讥刺着四川。这却叫我怀疑你的叫人‘改过迁善’的态度，而想着你是在嫉恨着四川，对四川没有怀着‘友好’的意思。”戴上有色眼镜，自然处处见到不好的一面。陈衡哲在文章里

① 棉花匠：《一定不能再往下去》，《新新新闻（本市增刊）》1936年6月20日，第1版。

② 乡坝老：《女职校当局注意》，《新新新闻》1936年7月5日，第16版。

说："在别的地方，野孩子随地拉矢的'地'是马路；但在成都，那'地'却在我们的大门内!"萧参揪住这句话道："'处处老鸦一般黑'！只因一些孩子生在你所厌恶的四川，便披了'拉矢拉在门内'的恶名了。"①

一位署名"两极"的作者摘抄了陈文的一些段落，以证明陈衡哲对四川的"花""鸡蛋""孩子""西药房""浴室""阳光""云""社会""人""文化""女生""成都人"乃至"四川"两字都偏见极深。此文发表在"外省出版的《独立评论》上"，显然是在全国民众前败坏川人形象②。在这一系列主题词中，"女生"是激发众怒的关键词之一。陈衡哲提到四川有"女生作妾"的现象，尤其引起了妇女界的反感。不少作者要求陈衡哲"拿证据来"，证明四川的女生好为人作妾。7 月 8 日，华阳妇女协会召开紧急会议，认为《川行琐记》已经构成"诽谤罪"，号召各县妇女协会、各校女生起来诉讼③。

如果说一开始的言论还集中在对陈衡哲文中的某些内容进行批驳的话，随着局势的发展，越来越多的人把话题集中在陈衡哲本人身上，措辞也变得日益苛刻乃至下流。6 月 26 日，《新新新闻》另外一位作者"乡坝老"也加入进来。在他的专栏"老实话"中称：《四川的"二云"》"从第一节到第四节，我以为陈女士完全不是写的四川，却□□把他自己活活描写出来了。描写出来他是一位天人，纵不住在天上，应当住在金屋琼宫里；再换一句话来说，他是未来中国的代表女性，要等到物质享受发展到最高峰的未来中国出现的时候——不管美国来发展，日本来发展都可以——他才能够移住……然而我们也不欢迎他住。"④

《四川的"二云"》第 1—4 节的内容大致是说，12 月 13 日，任家一行

① 萧参：《给陈衡哲的一封信》，《新新新闻》1936 年 6 月 25 日，第 11 版。

② 两极：《陈衡哲果逃席耶?》，《新新新闻》1936 年 7 月 10 日，第 7 版。

③ 《新新新闻》1936 年 7 月 9 日，第 10 版。

④ 乡坝老：《读读陈衡哲女士的〈川行琐记〉》，《新新新闻》1936 年 6 月 26 日，第 16 版。

四人到达成都，由于路途颠簸劳顿，陈衡哲生病了：“在生活安定的情形下，你只要吃一片安斯辟零(今通译‘阿司匹林’。引者注)，洗一个热水澡，裹着棉被睡一夜”就好了。可是在成都，除了安斯辟零之外，其他几件事是“做不到的”。同时，衣服和房子都很湿冷，好不容易买了个在北京早已过时的小火炉，又没有匠人会安装。这里的太阳也很稀见，在 90 天中，“阳光虽然现了十九次，却只有六次是有热力的，只有两次是自早照到暮的”。

比起后文那些常被人拿来举证的文字(水果甜得不够味、鸡蛋没有蛋味、兰花不够香、“坏事全国都有，四川来得特别”等)，这里的表述其实也还客气。“乡坝老”挑出这几句做文章，很可能是因为他当时只看到这几节。在文章开头，他就表示：“《独立评论》敝老看过它创刊的几期后，便赌咒永远不看了。”注意到陈文，完全是因为“南京的读者，写信来责问敝老，为甚么不将陈女士的大作痛加批评？词语严厉，并随时个(原文如此。引者注)剪附南京《新民报》转载一篇，教我细读”，而 6 月 2 日的《新民报》只刊登了前四节。也就是说，如果陈衡哲对四川的观察是“戴着有色眼镜”的话(陈的确可能有先入之见，她在文章中对阳光出现次数的统计，似非无心之为。但也决不像人们说的，是来成都一个多月就率尔判断。1922 年她和任鸿隽到四川，住过半年时间，当时印象就不好)，“乡坝老”也是一样的。他是先有陈衡哲侮辱川人的结论在先，再来读陈衡哲文章的。因而还未见到值得发脾气的地方，就已经发现陈衡哲的“人格”有问题。

像“乡坝老”这样先由耳食得到一个印象，再来读陈文的人还不在少数。“乡坝老”说，他在成都费了很大气力也没有找到《独立评论》。畅销报纸的专栏作者尚且如此，一般人更可想象(虽然“乡坝老”这么说，很可能只是表示他对《独立评论》不屑)。多数成都读者是在 7 月 5 日《复兴日报》或 6 日《新新新闻》开始连载陈文以后才读到全文的。因此，并没有多少机会去了解陈衡哲在第一篇《川行琐记》中对四川的赞美，如谓重庆“许多机关真能现代化”；“一个受过教育的女子，在四川的教育界中——自重庆到成都一例都如此——似乎能不成问题的以她自己的资格来与社会相见”，而“这一层在中国许多大都会中，却似乎还不能，或不愿做到”；以及四川“无论高山低谷，都是水肥土润，田陌整齐”，并因此想见了“四川农民的辛勤”，等等。若他们是从第一篇读起，怒火或不至这么盛。

更重要的是，《新民报》的大字副标题其实已经改易了陈衡哲原文：“再说纳妾。这自然是中国的一个腐败制度，决不是四川所独有的。但四川的情形却另不同。在别的地方，妾的来源不外三处，那便是：丫头、娼妓，和贫苦的女孩子。在四川，有许多阔人的所谓‘太太’却是女学生，而有些女学生也绝对不以做妾为耻”。“有些”二字要紧，但批评文章都受了《新民报》的诱导，有意无意地忽视了这个关键词。

作为当时主流知识分子圈里的一员，陈衡哲一向以爱国与救国为己任。因此她绝对不会想到，自己对四川物质条件的批评被人指为挟洋自重。“乡坝老”所谓“不管美国来发展，日本来发展都可以”，就是影射陈衡哲是“洋奴”。一位曾在重庆第二女子师范读过书的旅京女生讽刺道，陈“真不愧是在外国去跑了一次，学了点洋皮毛的女人”，是在“当阔太太闹洋架子”①。一位作者说，陈衡哲“数典忘祖”：“炫耀我坐飞机，我乘过汽车，我住的洋房，我用的外国火炉，我又呼仆而使侍。”②中学生萧参更是怒火中烧：“四川再‘原始性发达’，国是最爱的！尤其是爱用国货的。”而陈给四川人“开的药方”，“五样中就有两样系外国货”③。另一位作者说得更直白：“十分洋气的陈博士，对我们国家民族的贡献就

---

① 念慈：《读〈四川的“二云”〉后》，《新民报》(南京)1936年7月7日，第3版。

② 朱巨圣：《致陈衡哲女士的一封书》，《新新新闻》1936年7月6日，第11版。

③ 萧参：《给陈衡哲的一封信》。按，陈衡哲在文章中为四川人开的“药方”包括：“掘除鸦片烟苗铲子”“销毁烟具的大洪炉”“太阳灯”“鱼肝油”“真牌社会工作人员”。

是要中国洋化”，可是，“像这样的洋化，只有殖民地化”①。

陈衡哲在文中表彰了一些“四川有知识有地位的人”，如卢作孚、一位毕业于北大法学院的县长、几位川大教职员，也常常征引几位“四川朋友”的话作为佐证。这篇文章又以给“朋友们”的“公信”的名义发表，都使人觉到陈衡哲带有“圈子”气，而使不少不能进入这一“圈子”的边缘读书人感到“你们”和“我们”的界线与对立。一位自称“军人”实际是军校学生的旅外川人程天杰就评论说，陈衡哲的话，“只有”胡适之才相信，还把它发出来②。“乡坝老”自称根本不看《独立评论》，也是在表示对上层知识分子们的不满。

程天杰的话还隐含着一层“今典”：当时一直有流言，说陈衡哲爱的其实是胡适，只因嫁不成胡，才嫁了任。“乡坝老”将此事拿出，暗示陈是“恨乌及屋”：“或者因不喜欢与某川人结合，待木已成舟，然后向全川父老昆弟姊妹泻愤耶？抑别有所指欤！”③6月29日，四川省立女子职业学校初级化工科学生胡季珊在《新新新闻》“中学生”版的一篇文章里说：“老实说，要吃够甜味的水果，有蛋味的鸡蛋，嗅香味浓的兰花，这才是姨太太闹的臭架子。我总不相信吃了海水的人，也会崇拜偶像。想做白话文祖师（指胡适。引者注）的如夫人，祖师看不起，又出让给冒牌许由（指任鸿隽。引者注）。自己却做了玩物，还来骂人，丑死，羞也不羞？”④

关于陈、任、胡之间的关系，人们虽有很多猜测，社会上也有不少传说，但成年人语多避讳，多是半明半晦，皮里阳秋。“中学生”则不通世故，“童言无忌”，用语亦泼辣直白。不过，胡文虽俗，却是文笔老到，绝非一般中学生所能办到。此文应有“高手”参与，惟因假名于“中

① 吉爱黎：《〈川行琐记〉中的陈衡哲》，《复兴日报》1936年7月8日，第4版。

② 程天杰：《〈川行琐记〉读后感》，《新民报》（南京）1936年7月8日，第3版。

③ 乡坝老：《鄙视老百姓》，《新新新闻》1936年6月29日，第16版。

④ 胡季珊：《敬致陈衡哲女士》，《新新新闻》1936年6月29日，第11版。

学生”之手，方始出言无忌。事实上，此文发表后不久，7月5日，除了《新新新闻》以外的成都各大报纸都刊登了一篇署名胡季珊的“启事”，声称文章是被人“借名”所作。而《新新新闻》“老实话”专栏却发出一篇题为“女职校当局注意”的警告词，说该校“派其事务主任施某来本报，强迫声明胡季珊女士文系窃名”，复“于今日在本市报纸刊登抹煞胡女士人格，不惜一并包办之声明启事，其自外于川人，漠视该校学生，莫此为甚”①。次日，《新新新闻》又报道说，胡被学校当局“以高压手段扣留四小时”，强迫其否认系文章作者，并言胡季珊的哥哥胡仲坚“愿与陈起诉”，温江县留省学会（胡是温江人）愿为之为后援。文末并录有胡仲坚致陈的一封信及温江县留省学会的评论，透露女职校如此做法，背后有陈衡哲的施压②。该报同时刊出胡季珊又一篇“启事”，声言前篇启事是被学校当局强迫所作。

7月上旬以后，事情越闹越大③。加之当时有人传言说，任鸿隽在陈衡哲催促下，要求四川省政府和公安局查封报馆，一时之间，谓陈衡哲破坏言论自由，立刻成为批评文章的主题。对陈衡哲这样一个深受自由主义影响的知识分子来说，这无疑是一沉重打击。《复兴日报》的专栏作家“佛公”就阴阳怪气地评论道：“我想，这事竟出之于与胡适之派的自由主义者论战中，是充分暴露了所谓民主政治者，是资产阶级的政治独裁，是实用主义学者的思想统制”。陈文“是一篇有力的反动的文化批

① 乡坝老：《女职校当局注意》。

② 《新新新闻》1936年7月6日，第6版。7月1日，“乡坝老”就在《老实话》中发表一篇《敬告学阀勿在堂堂天府滥逞威风》，称陈衡哲是“学阀”。该报第16版。

③ 成都的一份小报《复兴日报》此前一直沉默，自7月5日起加入，开始连载陈衡哲原文。其编者按称：“陈衡哲在《独立评论》上发表了《川行琐记》后，颇引起省内外川人的反感。然而，陈衡哲这篇文章却为《独立评论》增加了销场，许多想一读《川行琐记》的人们，不免有向隅之感。我们认为以陈衡哲的地位发出那样的言论，是有加以批判的必要。特将陈之原作移载本报，使大家得以按其原文逐一批评。”《复兴日报》1936年7月5日，第3版。其后，该报更是连篇累牍地发表批评文章。

判。因为《独立评论》是宣传美国资本主义的好人政府的喇叭。换言之，陈衡哲的《川行琐记》，不是湖南女子眼中的四川，而是美帝国御用学者眼中的中国”，也就是“文化领域中的汉奸”①。他在此处特意点出“湖南女子”，用以同“美帝国御用学者”相区分，显然是要尽力避免被人说成是狭隘的地域观念，而将之提升到爱国与否的立场上，便立刻“伟大”了许多。

佛公的这段话涵盖了不少类似文章的内容，并予以系统的“升华”，将矛头同时指向自由主义、实用主义、资本主义和美国，显然是按照国民党官方意识形态的口径量身定做的一套说辞。《复兴日报》是否有特殊背景，目前尚不清楚。因此，我们不能立刻断定，佛公背后有特别的政治势力作用，很有可能，是其本人就熟读并深信国民党官方的思想教条，或者只是单纯地出于商业目的，为了报纸销量而语出惊人。但无论如何，它的确展示出其时上层知识分子中流行的自由主义观念与普通文化人信仰之间的距离。

佛公大概对自己的认识水平很是得意，在接下来连续发表的两篇文章中再次提醒大家：“我们倘若是检讨陈衡哲的社会的和民族的底意识，那旁及于其‘朋友们’，是很有必要的。所以，我认为，批判陈衡哲就应该批判《独立评论》。因为，他们是一个思想的集体”。此事“不仅是陈衡哲个人的没落，而是胡适派实用主义者的哲学破产”。因此，我们不只是要进攻“湖南女子的陈衡哲个人”，而是要向“《独立评论》派的陈衡哲之徒”发起总攻击。然而，使佛公感到非常遗憾的是，大多数批判文章都没有达到这个思想高度，“我们的确是以四川人的立场在回敬陈衡哲。这就成了四川人与陈衡哲个人的法律问题”②。

---

① 佛公：《文章公案》，《复兴日报》1936 年 7 月 7 日，第 4 版。

② 佛公：《攻陈衡哲的阵容》，《复兴日报》1936 年 7 月 8 日，第 4 版；佛公：《实用主义宣告破产》，《复兴日报》1936 年 7 月 9 日，第 4 版。

比起一般的“批判”来，佛公的这几篇文章的立意的确要“深刻”得多。但是，此事根本起源于乡土意识，最易动人、见效最快的，自然还是“四川人的立场”。因此，“乡坝老”在报纸上批评女职校“屈服强权”，同时就是自外于川人：“我们到底不知女职校是四川办的呢，抑是陈女士私有？是用四川人的钱呢，抑是陈女士自掏腰包？是以四川教育厅为上司呢，抑当奉陈女士为上司？”①《复兴日报》同期发表的不少批判文章，用字下流，格调极低，其实也只是满足了单纯的“四川人的立场”。

事件发生不久，任鸿隽也被卷入其中。7 月 7 日，“乡坝老”在文章中“声明”：“本报之批评，之质问，完全是对事不对人，而且只是对文，只是对《川行琐记》而发挥意见，始终没涉及陈女士令夫任君……本报这种光明磊落的态度，是值得大家认识的。”②然而这实在有些“此地无银三百两”的味道。实际上，当天李思纯在该报发表的《评〈川行琐记〉》一文，就把“任君”拉了进来。

李思纯首先质问：“陈女士所指诸短处，为四川所独有，而各省除四川外，有完全无短处可指耶？”显然不是。那“陈女士何以独苛责四川”？他由此上纲上线，断言这是“殖民地中仅受肤浅欧化之洋奴故态”。他不像一般论者那样，抓住“洋奴”两个字大打出手，而是在前面加上“殖民地中仅受肤浅欧化”几个限定词，却是雷霆万钧：陈衡哲处处摆出“十分洋气”的样子，在真正的内行看，却不过仅得其表。李自己是法国留学生，不肯把“欧化”一棍子打死，但若揭发陈其实“欧化”得相当不够，无疑可以起到釜底抽薪的作用。他使用“欧化”一词，似也另有用心：20 世纪初的欧洲人尚不大瞧得起美国，以为他们缺乏历史沉淀，文化过于浅薄。李氏受其影响，并暗地把它用作评判留学生的标准：西方文化的正统在欧洲，去美国读书，充其量也只能得其皮毛而已。

---

① 乡坝老：《请女职校当局拿话来说》，《新新新闻》1936 年 7 月 6 日，第 16 版。

② 乡坝老：《请七千万人公开讨论》，《新新新闻》1936 年 7 月 7 日，第 16 版。

李思纯并没有站在下层民众或边缘知识分子的立场上发言，反而选择了一个更具文化优势和优越感的位置。有此铺垫，他开始理直气壮地质疑起陈衡哲作为“学者”的地位来：“平心论之，陈女士生平仅而（原文如此。引者注）高中历史教科书一部。若编教科书者便为学者，则上海各书局之学者遍矣。”进一步，“即陈女士尊夫任先生，其《科学家列传》与《科学通论》，今之教员学生，凡中英文精通者，皆能为之。任先生若为学者，亦尚须更有较高深之贡献，社会乃承认，遑论陈女士耶？”①

若从学术史角度看，李思纯对陈衡哲与任鸿隽学术水平的质疑，也并非毫无道理。新文化诸子“暴得大名”，确有“时势造英雄”的成分在②。不过，李的意图是要瓦解二人在学术界与教育界的影响力，与一般社会人士的关注点显然有异。这里的一个原因，应是李本人在文化观念上，比较接近于《学衡》一派，与任、陈所属的新文化阵营本有距离③。不过，也许还有更直接的原因：李其时虽已不在川大任教，但他与四川文教界联系密切，这番话大概是为他的某些朋友出头的（详见下文）。

进入7月，《川行琐记》事件越闹越大。自6月底开始，就不断有人威胁要以“侮辱川人”的名义将陈衡哲告上法庭。7月7日，《新新新闻》再次报道，四川省法律界人士正在研究《川行琐记》违法之点。名律师谢

---

① 李思纯：《评〈川行琐记〉》，《新新新闻》1936年7月7日，第11版。

② 但李对陈、任二位学术水平的评判未必精准。若单从专业角度来看，陈著虽是“高中教科书”，却可列入中国现代史学名著的行列，而任鸿隽的著作，则确实只是说了一些常识，故陈的学术成就应比任要大。但看李思纯的话，则似乎认为任比陈的水平高。这种在无意中流露出的性别歧视，对于陈衡哲这位女学者来说，实更多一重打击，转见李思纯心态的复杂、微妙。

③ 李德琬：《鱼藻轩中涕泪长——记李哲生一九二六年晋谒王国维先生》，收在王元化主编：《学术集林》第11卷，上海：上海远东出版社，1997年，第27～29页；李德琬：《记陈寅恪遗墨》，收在王元化主编：《学术集林》第13卷，上海：上海远东出版社，1998年，1～7页；李德琬：《吴宓与李哲生》，《新文学史料》2002年第2期。值得注意的是，1923年，李思纯在南京东南大学任教，时任鸿隽为该校副校长，李译述法国学者朗格诺瓦、瑟诺博司（C. V. Langlois and C. Seignobos）的《史学原论》（商务印书馆1926年初版，1931年再版）一书，尚由任氏校订。二人关系是否在此以后出现了问题，待考。

伯川主张提起公诉，并自愿作为发起人。同时，各留省学会也纷纷表示反对陈衡哲[①]。在这种情况下，7 月 8 日，任鸿隽一家离开成都，回到北平[②]。

《川行琐记》事件期间，在南京的川人自始至终与在川人士存在互应。7 月 13 日，挑起事件的南京《新民报》发表了一篇 11 日寄出的“成都航讯”，指责陈衡哲的文章抱着“姨太太式的贵族妇人底立场”。文章记叙了胡季珊一文引发的冲突，绘声绘色地描写道：任鸿隽先去找到“省府某要人”，“某要人仅置之一笑，劝他不要小题大做，和平了结。任氏又去哀恳省会公安局，亦被拒绝，叫他去找新闻检查所”。百计不成，又改用“温柔手段”，“于 7 月 6 日以川大秘书处名义邀请各报社记者到该校茶会”。任氏在会上“照例作了一篇自吹自擂的演说，报告川大下半年计划，想藉此掩盖他们的罪恶，不料亦无效果而散”。当任鸿隽一家离蓉的时候，“许多学生工人，在他的寓所——成都青龙巷——周围张贴‘驱陈逐任’的标语传单，五光十色，应有尽有”[③]。

平心而论，陈文确使外人对四川产生了不好印象[④]。陈自己就在《川行琐记》第三篇中提到：“有几位他们的太太不在成都的朋友们近来对我说，‘我们的太太看了您的第二公信之后，不肯到成都来了，这怎么办？’”同时，作为新知识分子的陈衡哲，与中国的“普通人”也存在不少隔阂。据任以都回忆，陈衡哲从四川回到北平后，说起四川，给任以都的印象是“落后闭塞得不得了”。理由是：“他们刚到成都，便有许多不认识的人一窝蜂跑到他们住的地方来，说要来看博士，问他们看什么博士呀？他们就回答说要看女博士。家母看到这个场面，觉得啼笑皆非，

① 《新新新闻》1936 年 7 月 7 日，第 9 版。

② 《陈衡哲行矣》，《新新新闻》1936 年 7 月 9 日，第 9 版。

③ 《陈衡哲侮辱川人》，《新民报》(南京)1936 年 7 月 13 日，第 6 版。

④ 但这也决非陈衡哲一篇文章引起的，至少从晚清开始，外省人中就有了关于四川的负面品评，民国以后四川的混乱局面又加强了人们的这一认知。

因为她并没有拿到博士学位，就算拿到了，女博士又有什么了不起呢？诸如此类的事情，使她深深感到四川的文化实在太落后了。”①

这就是陈衡哲不了解中国社会的一面了。“女博士”者，是报纸上的介绍，而当时的报纸又喜欢给知名人士戴“博士”帽，舒新城就说自己多次被人封过从“学士”到“博士”的各种学衔，而“现在到过纽约、巴黎、东京的文人学士，回国不常被人称或自称美国、法国、日本某某博士硕士吗？”②这话是20年代说的，但到30年代也仍如此。“博士”头衔本有吸引力，更何况是“女博士”，又是在内地耶？陈衡哲在北平的上层知识分子圈中待惯了，固然不以为意，但内地普通人觉得稀奇，也在情理之中③。双方观念不同，自然难以融洽。在来看“女博士”的“他们”来讲，这未尝不是一种友好的表示；但在被看的一方，便觉得很不自在④。加之陈衡哲“又是心直口快的人，言语间常常透露出对四川的不满，可以说她是不太喜欢四川的”⑤。爆发冲突是早晚的事。

但陈衡哲的文章里对四川人的批评，也没有超出一般评论的范围。

---

① 任以都口述：《任以都先生访问记录》，第89～90页。

② 舒新城：《蜀游心影》，上海：中华书局，1939年，第163页。

③ 陈衡哲出生在上流社会家庭，可说对中国农村的实际情形一向不甚了解。但她自己并不清楚这一点。罗志田、葛小佳先生曾注意到，赛珍珠（Pearl S. Buck，1892—1973）的小说《沃土》出版后，江亢虎（1883—1954）和陈衡哲都批评赛书“未能反映中国的真实”。“实则他们所指责的所谓不真实，多是城市知识分子不甚了解的农村情形，今日当过知青的读书人会发现赛珍珠的描述是颇接近真实的。倒是赛珍珠书中有些安在中国农民头上的西方观念，受西潮影响的江陈二氏反能安然接受，并不指摘”。详见罗志田、葛小佳：《形象与文化：换个视角看中国》，收在《东风与西风》，北京：生活·读书·新知三联书店，1998年，第35页。

④ 这里同时或者也还有一种心理上的优越感。陈衡哲指责这一情况表明了四川文化的落后，即是这优越感的反映。此点承辛旭提示。

⑤ 任以都口述：《任以都先生访问记录》，第90页。陈衡哲性格强毅，易与社会发生冲突。任鸿隽对此颇有体认。陈衡哲在纪念文章中提到，任鸿隽曾对陈说：“你是不容易与一般的社会妥协的。我希望能做一个屏风，站在你和社会的中间，为中国来供奉和培养一位天才女子”。见陈衡哲：《任叔永先生不朽》，收在任以都口述：《任以都先生访问记录》，第194页。

以最为川人非议的“鸦片云”和“女学生作妾”为例，其实是当时不少人(包括旅外川人自己)都指出过的，其态度也未必更加温和，但并未被认为“侮辱川人”。这自然与川人在四川成为“中华民族复兴策源地”之后的心态改变有关[①]，而任鸿隽在川大改革引发的各种矛盾，也是不可忽视甚至可能是更为重要的原因——李思纯那篇文章，就是一个信号。而任鸿隽本人也意识到了这一点。他在 1936 年 8 月 9 日写的一篇文章中，便特意提醒人们，此事发生在“六月下旬”，“即是学年将要完毕，也是西南问题发生之后”[②]。寥寥数字，指示我们，事件背后另有玄机。

“学年将毕”，也是延聘教员即将开始的时候。如前所述，1935 年任鸿隽刚刚受命，人们就猜测他会在人事方面做出重大调整。虽然他仍然保留了多数人的职位，但其废除旧的延聘规则，重新加聘的举动，却使很多人产生了危机意识。实际上，任鸿隽也一直在外物色人选。1936 年 6 月，他从北平、南京接洽校务回来，在总理纪念周上宣布，他此次在武汉、杭州、南京、北平等地联络了一批教授。只是“因为本校现状下的设备太不够，要真正的专家学者到此地来，非常感觉困难。这次请好几位先生……其余的各位先生，到了相当时候，再向诸位发表”[③]。他是表明在外聘请教授的困难，但很多在职者却从“真正的专家学者”几个字中听出了更多信息。

7 月 18 日，在《川行琐记》事件中一直保持沉默的《成都快报》报道，任鸿隽“本届暑期”准备在省外新聘大量教授，一部分旧教授得知后“颇感恐慌”，召开“秘密会议”，商量应对方案。有一位参会者向任鸿隽告密。“任意更决，乃索性将曾经参与此项协商会议之教授，除告密者外，

---

① 王东杰：《国中的“异乡”：二十世纪二三十年代旅外川人认知中的全国与四川》，《历史研究》2002 年第 3 期。

② 叔永(任鸿隽)：《四川问题的又一面》，《独立评论》第 214 号，1936 年 8 月 16 日，第 3 页。

③ 《校长报告》(1936 年 6 月 8 日)，第 3 页。

一体淘汰”。为了防止消息泄露，任于赴京前将延聘名单密封起来，待其启程之后，始行开封。未得到聘书者，占原教授总数的四分之三①。

20日，该报又发表一位川大教授的来信，谓前篇报道“多有失实”，自己愿将“近一月来之川大畸潮”公之于众。他否认了被解聘教授密谋应对的说法，说此事实际是一部分法学院教授对院长徐敦璋有意见，在某教授家中商议写信给任鸿隽，使其可以了解学院内幕。但他也认可了川大更换大批教授的说法，并深表不满。他指出，任鸿隽其实对此早有表示，并非临时决定：任氏来校之初即废止教授待遇规则，“而于过去一年之间，亦绝未宣布新条例。当然是自此取消教授保障待遇，俾任意辞退之”；任氏在六月份，“于总理纪念周上宣布新聘之‘真正学者’数人。并称尚有数人，俟相当时期再发表”，表明他“已有行动去旧迎新，仅时间问题矣”；其长校一年，“除极少数教授外，大多数至今尚未得与任氏一交谈者，则任氏预先承认此辈教授为将去之客”，故大多数教授亦多存“五日京兆”之心。作者指出，川大旧教授资格并不低。“即以此次之被辞退者而论，亦多数在省外有(原文如此。引者注)各大学执教多年，前届校长多方罗致方延聘到校者。其中更不乏著述宏博之士”。他质问道，被解聘者，“本省教授，尚可另外辟蹊径；外省教授，则何以堪?”②

此文应代表了不少被辞退的教师看法。任鸿隽所说“真正的专家学者”，使旧教授中那些自认的“将去之客”顿生危机。联系到李思纯对任、陈“学者”身份的质疑，可知这一不满早已在私下流传了。有意思的是，此人指出被解聘者也有不少曾在“省外大学”里“执教多年”，作为其不应被解聘的依据，提示出他认为任鸿隽是以此作为延聘标准的。这当然是个误解——这些人被辞退本身，就已是最好的证明。但这误解也并非毫无来由。任鸿隽不断强调四川文化落后，表示反对“四川人之四川”的方

---

① 《川大教授将更动大批》，《成都快报》1936年7月18日，第6版。

② 《川大教授停聘问题》，《成都快报》1936年7月20日，第6版。

案，都很容易给人造成一种崇拜“省外”的印象——事实上，当他津津乐道在外联络那些“真正的专家学者”的时候，未始没有和当年吴虞一样的心态：让闭塞的川人“开开眼孔”(参看第一章)。

很快地，《新新新闻》也对此事做出反应。“棉花匠”讽刺道：任鸿隽废除教授待遇条例，“使教授们对于饭碗知有今日不知有明日”——“这，我们不能不佩服任校长之威风，足以祸福群儒，大有雷霆不测之势。”果然，“真正的专家学者”几个字刺伤了不少人的自尊，连“棉花匠”这样的旁观者也产生同病相怜之情：“任校长宣布即将新聘大批‘真正学人’，决心除旧布新，淘汰旧聘的‘冒牌学人’。任校长此举对于四川教育，实已尽其敬恭桑梓之能事，我们不能不受宠若惊了！四十余位被解聘的教授，谁叫你们不做几部教科书，不到美国去逛逛，不先在平津著名大学去教教书，真是活该!”①

任鸿隽来川大，本身就抱着服务桑梓的意图，但这的确并非首因，故对任氏本人来说，这几句话应并无多少杀伤力。可是对报纸的读者(四川人)来说，它却可起到不小的暗示作用，有将任鸿隽打成“省奸”的效果。其实，延聘新教授亦是“敬恭桑梓”也，何以要用讥讽的口吻说出？可知其主要不满的是“去旧”，而非“迎新”。被解聘的教授虽有外省人，但其时川大教师中外省人数量本来就少，被解聘者当然仍以川人居多。更重要的是，解聘是在《川行琐记》风波后发生，很容易使人认定此举系对川人的报复。

“棉花匠”的话和那位川大教师的话一样，代表了时人对任鸿隽选聘教授标准的认知，大概包括几方面：出版过教科书，有留美经历，曾在平、津等地的著名大学里任教。这几条当然有讽刺任鸿隽夫妇的意思(他们两人都符合这三条标准)，但也确实反映出其时在教育界、文化界中占据主流地位的知识分子的一些共相。

---

① 棉花匠：《最高学府庆得人》，《新新新闻(本市增刊)》1936年7月23日，第1版。

任鸿隽还有意识地将《川行琐记》风波和“西南事件”联系在一起，暗示此事背后有反“中央”的地方军人的作用①，也绝非疑神疑鬼。任以都曾提到，任鸿隽在川大，“一直受到地方势力的抵制，原先的那一派不满，以为家父是中央政府派来的、是蒋介石的人，称之为‘中央人’，因而千方百计，极力杯葛，明里、暗里都给他带来不少麻烦和困扰”②。当时还在川大读书的吴天墀先生也说，蒋介石发表任鸿隽为川大校长，并在经济上给予任以大力支持，故刘湘一直对任有防范之心。二人感情不融洽，任办事，刘不合作；同时，刘亦认为《川行琐记》是反对四川的③。

魏时珍亦曾向时在川大秘书处工作的闵震东先生（1905—2010）谈道：

> 任鸿隽正筹新建校舍，广招贤才的时候，不幸招致地方军阀、土劣的嫉视，适因其夫人陈衡哲对川中军阀暴政以及社会风气，时有指责，不留情面。于是上下纠结，动用小报文痞自称“乡坝老”之类记者，利用成都《新新新闻》版面，连续多次登载短文，对任先生夫妇大肆攻击，甚至人身诋毁，近于下流。一个本地大学校长受到如此污蔑、揶揄，任先生十分气愤，但上面无人制止；地方当局的军阀刘湘正好以此报复任先生不向他低头拜望之耻，还在南京大施伎俩、鼓噪，说他纵容夫人陈衡哲侮辱四川，借此排挤、打击任

① 1936年6月，两广军人陈济棠、李宗仁、白崇禧等发动反对南京政府的“六一事变”，或称“西南事变”。

② 任以都口述：《任以都先生访问记录》，第89页。“中央人”的称呼直到40年代初尚为四川军人使用。1941年夏，随在乐山武汉大学任教的父亲杨端六（1885—1966）、母亲袁昌英（1894—1973）住在乐山的杨静远（1923—2015）在日记里说：中央军与川军再起冲突，川军“准备抵抗，并且扬言在中央军来前先杀尽中央人”。参看杨静远：《让庐日记》，武汉：武汉大学出版社，2003年，第6页。

③ 吴天墀先生访谈记录，2000年10月31日。吴先生在《吴天墀文史存稿》一书的《后记》（成都：四川大学出版社，1998年，第525页）中也提到，任鸿隽“和地方当局，特别是刘湘本人的关系不甚融洽”。

> 氏。任先生才愤而辞职。事先，任校长一度邀请川大素称正直、公道的几位教授先生，如周太玄、李劼人、胡少襄、魏时珍诸人，请教办法，李劼人当即向任先生说："那个记者'乡坝老'是他们豢养的一条狗，你犯不着和他们理论！"当日几位先生都为之不平，但都是书生，手无寸铁，徒呼奈何！①

《川行琐记》风波发生时，李劼人并不在川大任教。不过，周、胡、魏几位都是川大元老，李劼人则是文化界名流，任鸿隽找他们商量办法是可能的。

从任鸿隽在任期间与地方当局合作的情况看，打交道比较多的是建设厅厅长卢作孚②。与其他官员的接触甚少。这在一向讲究人情来往的中国社会，不免给人以"清高"之感。而地方官员对川大新校舍的建设，虽在表面上并未刁难，但不合作的态度却明白可见。事实上，如果站在地方当局的立场，任鸿隽的许多言论确乎不算友好；更何况在不到一年时间里(1935年9月到1936年7月底)，蒋介石在成都、南京等地数次接见任鸿隽。故任被视为"中央人"，也并非毫无由头(尽管在任鸿隽自己看来，他是站在整个国家立场上发言的)。另外，在清理校产过程中，任鸿隽不假颜面，也得罪了不少人。不过，如果没有《川行琐记》风波，地方的掣肘恐怕还不足以使任鸿隽辞职。

---

① 闵枕涛：《回忆魏时珍先生二三事》，收在魏时珍先生纪念文集编辑组：《魏时珍先生纪念文集》，第192页。闵枕涛即闵震东先生的笔名。闵先生在2002年4月4日上午接受我的访问时，对此事的叙述与文中引用魏时珍的说法大致相同。需要说明的是，闵先生与任鸿隽夫妇都有交往，他的话带有较强的倾向性和感情色彩，主要反映了拥任派的感想。

② 任、卢两人的交情至少从1931年就开始了。当时中国科学社的年会在重庆召开，实际由卢作孚接待。卢给科学社的不少人留下了不错的印象。如胡先骕(1894—1968)就称卢为"四川杰出人物"。见其《蜀游杂感》，《胡先骕文存》上卷，第336页。

另外，在此事件中最为活跃的《新新新闻》自1929年创办起，即有刘文辉、邓锡侯的支持。尽管当时已经与CC派有了联系，但“对于地方实力派的原发起人，仍竭尽奉承之能事”①。虽然四川的地方军人之间彼此摩擦不断，但此时因“中央”的“侵入”，中央与地方的矛盾成为压倒性的。因此，其参与“杯葛”任鸿隽的行动，绝非偶然。在此事件期间，四川省政府的机关报《华西日报》自始至终未发一言，既不参与对陈衡哲的攻讦，也不表示反对，实际上采取了纵容的态度。

更值得注意的是，这一风波是由南京的《新民报》首先发难的，而且《新民报》对陈衡哲形象的塑造为整个事件的发展奠定了基调。据《新民报》的创始人和主要负责人陈铭德（1897—1989）、邓季惺（1907—1995）的回忆，原来此报与四川地方甚有渊源。其发起人陈铭德、刘正华、邓季惺等都是四川人，另一位发起者吴竹似（1907—1931）系江苏武进人，曾和陈铭德一起，在隶属于刘湘系统的《大中华日报》社工作过。《新民报》筹办期间，陈铭德就利用这层关系，由刘湘的师长蓝文彬（1887—1955）赞助开办费2000元。“《新民报》出版后，又通过刘的驻京代表傅常（1887—1947）和财务处长刘航琛等人的说动，由刘湘按月津贴报社五百元。稍后，刘又每月给铭德个人活动费二百元。”这样，《新民报》实际上成为刘湘派的一份报纸：

> 《新民报》从创刊到一九三八年刘湘去世，和刘湘的联系一直难解难分。一九二九年《新民报》创刊时，刘湘还止于割据于川东，四川各派军阀混战正酣，还不知鹿死谁手。在这种局面下，他需要挟“中央”以自重，从而在“中央”所在地也需要有一份报纸来替自己宣

---

① 陈祖武：《记成都〈新新新闻〉》，收在四川省政协文史资料研究委员会编：《四川文史资料选辑》第24辑，成都：四川人民出版社，1981年，第93～94页。陈祖武是《新新新闻》的发起人和编者之一。

传吹嘘。这时的《新民报》正适合了他的需要。举凡刘湘集团的扩张和“文治武功”，《新民报》总是大登特登。刘湘的驻京办事处就有一位司员专司发稿的工作。《新民报》每隔三几天总有刘湘的消息，而且都登在显要地位。①

陈、邓的这段回忆证实，《川行琐记》事件的背后，确可查到刘湘一派的活动线索。

在事件发生过程中，旅京川人始终与川内舆论保持着呼应关系。1936年8月2日，四川旅京同乡会在中央大学召开第二届会员大会，通过了一份“纠正陈衡哲，警告任叔永”的要案②。6日，旅京同乡会理、监事联席会又通过决议，委托傅况鳞、邓季惺两律师代表该会指控陈衡哲侮辱川人之罪③。该会既包括了张群等较为得势的国民党人，也有像杨沧白这样已经边缘化了的国民党人，其会员更是与四川地方社会及军政力量有着密切联系。

《川行琐记》风波对任鸿隽的打击甚大，一度萌生辞职之念。经过行政院、教育部和四川省政府去电慰留后，任鸿隽表示仍愿继续留任，推动川大改革，但其积极性已经大不如前。1936年8月，任鸿隽独自返校，陈衡哲及子女留平。次年1月寒假，任返回北平，辞职之意更坚。1月31日，胡适在日记中说：“写一封长信(一千六百字)给叔永、莎菲(按即陈衡哲英文名。引者注)，力劝叔永不要辞川大校长。写了，我自己带出，和他们长谈了两点钟。但终无效果。明知无益，但朋友之谊应

① 陈铭德、邓季惺：《〈新民报〉二十年》，收在全国政协文史资料研究委员会编：《文史资料选辑》第63辑，北京：中国文史出版社，1986年，第99～102页。

② 《新民报》(南京)1936年8月3日，第5版；《中央日报》1936年8月3日，第3版。川大图书馆所藏本日《新民报》(南京)恰缺第5版，不知何故。此条材料承赵灿鹏先生抄示。

③ 《新民报》(南京)1936年8月7日，第5版。

尽忠言，他人更不肯如此恳切说了。”胡应知此事极难转圜，故说“明知无益”。不过，该事的决定因素还是陈衡哲的态度。3 月 1 日，胡适又记：“叔永来谈。他很明白，只是因为太太不明白，故不能不辞川大的事。我看他很可怜，还想再劝莎菲一次，叔永说：‘只是白费笔墨。’”虽然如此，4 月 8 日，胡适又一次拜访陈衡哲，“谈四川大学事”，但结论仍是：“她是无法劝的。”①

任鸿隽准备辞职消息的传出，川大师生也尽力挽回。1937 年 6 月 21 日，张颐在写给蒋梦麟、胡适的信中说：“近常以欢(原文如此，当为‘劝’。引者注)挽叔永一事，电函相扰。”②可知校方亦做了不少努力。

在国民政府方面，则至少从 3 月中旬就已准备接受任的辞呈。3 月 18 日，王世杰在日记中记：“四川大学校长任叔永坚辞校长(因家庭关系)。今日与蒋院长(即蒋介石。引者注)商定将以张伯苓(1876—1951)继任；张亦同意。”③可知这时他已和张商量过。3 月 22 日，担任国民政府行政院秘书长的翁文灏在赴欧考察前，也写信给胡适说：

> 四川大学事已商得一继任人选，叔永兄如能续任自所最盼，但彼之困难亦可深谅。故此学期后如不愿续任，亦可有法解决。此事不能宣布太早，以免引起波澜，即对叔永兄亦尚未说明。兹以告兄者，盼于弟行后，遇有必要时，兄可与雪艇(即王世杰。引者注)、叔永双方接洽。叔永如不任校长，政府可给以出国考察名义(叔永

---

① 胡适：《胡适的日记》(1937 年 1 月 31 日、1937 年 3 月 1 日、1937 年 4 月 8 日)，香港：中华书局(香港)，1985 年，第 533、542、553 页。

② 张颐致蒋梦麟、胡适，收在耿云志主编：《胡适遗稿及秘藏书信》第 34 卷，合肥：黄山书社，1994 年，第 29～30 页。张写此信时，已任代理校长，信的主旨是希望蒋、胡帮助他劝说朱光潜(1897—1986)应聘川大。

③ 王世杰：《王世杰日记》第 1 册(1937 年 3 月 18 日)，台北：“中研院”近代史研究所，1990 年，第 37 页。

言中基会可出费用)，亦经说明同意也。[①]

翁信中虽说任能续任最好，但其时一些党国要人对任并不满意。1937年3月1日，浙江大学校长竺可桢在日记中说，他欲辞浙大校长职，推荐任鸿隽接替。但“布雷(即陈布雷，1890—1948。引者注)谓任至浙大极不相宜，因中央有若干人颇不喜之”。第二天他再次提出这一动议，陈布雷只好以“内情”相告：“据谓当初请叔永为川教育厅，而叔永不往，颇不为戴季陶所喜，因此调浙大亦难成事实。”1941年，竺可桢又旧话重提，因他思来想去，“觉其资望材能为最相宜”。但陈布雷再次否决，并提出一条新证据：“因其长川大事，蒋公予以二百余万元，嘱其放手进行，但未能请得好教授，故印象不佳。”第二天，竺可桢又从另一个人那里得到同样的回答：“以川大经验不佳，委员长殊不喜之。”[②]

陈布雷是掌机要者，知晓许多内幕。他先是把问题推到戴季陶身上，且将起因追溯至20年代末。但任鸿隽在30年代曾先后被任命为中央大学(虽然没有就职)和川大校长，可知这乃是托词。直到1941年，竺可桢坚执前意，陈布雷不得已才将真正的原因讲出[③]，但仍未必十分到位。他说任鸿隽没有请到好教授，其实并不公平(虽则蒋对“好教授”的定义或与任有所不同，但也不至于离学界的一般看法太远)。反倒是另一个人所述也许更接近真相：所谓“经验不佳”者，应该包括了与地方关系没有处好。看来，经过《川行琐记》风波，蒋介石大概也不能不考虑

---

① 翁文灏致胡适函，收在中国社会科学院近代史研究所中华民国史研究室编：《胡适来往书信选》中册，第352～353页；又收耿云志主编：《胡适遗稿及秘藏书信》第32卷，第61～62页。

② 竺可桢：《竺可桢日记》第1册(1937年3月1日、1937年3月2日、1941年4月12日、1941年4月14日)，北京：人民出版社，1984年，第91、92、502、503页。

③ 根据钱昌照(1899—1988)的观察，戴季陶跟蒋跟得相当紧，“以蒋介石的意志为意志，做蒋的传声筒”(参看钱昌照：《钱昌照回忆录》，北京：中国文史出版社，1998年，第26页)。故1937年3月陈布雷以戴季陶为由回绝竺可桢，很有可能是蒋介石的态度。

四川地方的人心所向。

任鸿隽辞职后，继任人选颇费教育部的思量。5 月 28 日，王世杰在日记里说：

> 任叔永因其夫人为川人所辱，坚辞国立四川大学校长职。今日予晤南开大学校长张伯苓，请其任川大校长。彼允就，但坚不肯解脱南开校长名义，即请假，亦不愿。依法国立大学校长不得兼职。此事遂予部方以甚大困难。近来教部对于大学校长人选问题，指定极感艰窘：一方面人与校须相生，他一方面人校相生之人选却未必能得政府信任通过。此年来予对各大学校校长人选，颇感无所贡献。

刘湘得知任鸿隽辞职后，想再次把握机会。5 月 28 日，王世杰在日记中说：“刘湘密电张岳军(即张群。引者注)，请其推荐晏阳初(1890—1990)为川大校长继任人，予未答。”①其实，晏阳初并不是刘湘的人，其资历也不是不可以做川大校长。不知王世杰做何考虑，没有答应，大概跟晏出自刘的推荐有关②。王世杰考虑再三，终于决定选择任鸿隽推荐的张颐。6 月 4 日，他请那天要面谒蒋介石的教育部常务次长周枚荪(名炳琳，1892—1963)“转达数事”，第一件即“准任鸿隽辞职，以张颐代理川大校长”③。

---

① 本段和上段，王世杰：《王世杰日记》第 1 册(1937 年 5 月 22 日、1937 年 5 月 28 日)，第 53、55 页。

② 晏阳初在 1936 年夏被刘湘聘为四川省政府设计委员会副委员长，刘自为委员长(《复兴日报》1936 年 6 月 30 日，第 6 版)。但晏阳初回川，并不全应刘湘所请。据晏自述，蒋介石由川返京后，建议晏回川做平教工作，接着他才一连收到刘湘三通电话邀请。因此，刘倒可能是受了蒋的怂恿。不过，据晏阳初观察，刘的态度“极诚恳”，或者真有结纳之意。事见晏阳初：《平民教育运动的回顾与前瞻》，收在《告语人民》(与赛珍珠《告语人民》合刊本)，桂林：广西师范大学出版社，2003 年，第 201 页。

③ 王世杰：《王世杰日记》第 1 册(1937 年 6 月 4 日)，第 57 页。

第五节　小结

任鸿隽在川大的改革必须放在四川“地方中央化”的背景下去理解。与王兆荣独立支撑川大的局面不同，任鸿隽的改革，得到了国民政府和蒋介石的大力支持。此前一直困扰川大的经费问题有了改善。经费改由嘉定中央银行拨发，无须再由学校向盐务稽核所交涉[①]。校舍问题虽几经波澜，也终于有了结果。而任鸿隽在川大推行的“现代化”和“国立化”改革，也有意地配合了国民政府推行的“地方中央化”政策[②]。

从“中央”角度说，国民政府和蒋介石对川大与任鸿隽的支持也具有两层含义：这固是建设“中华民族复兴策源地”的一个重要方面，也不乏在高等教育领域推动“中央化”的考虑。但任鸿隽虽支持国民政府的国家“统一”政策，却更强调“国士”的立场，使他所推动的“国立化”与国民政府在四川推动的“中央化”在共通之处外，亦有歧异的地方。胡适苦劝任氏不要辞职，亦出自同样关怀。然而，这一认知却未完全被地方政府理解。故川大在此时期的“国立化”进程，既从一个侧面反映出中央政府与地方当局的权力配置和竞争情形，也暴露出“国家”和“中央”之间“和而不同”的关系及其实际效应。

事实上，“地方中央化”这一表述本身就是含糊的。在理论上，中央

---

① 盐务稽核所本身也在“中央化”，其过程中仍然存在着地方与中央的矛盾。缪秋杰(1889—1966)于1929年11月—1930年9月第一次入川整顿盐务，希望将由军人把持的四川盐务收归中央，但因开罪地方，未能成功。1935年，缪第二次入川，并得到孔祥熙(1880—1967)、宋子文(1894—1971)的支持。但终因与四川省党部曹任远等人的矛盾，在1939年12月被免职(可参看下章曹任远在“拒程”运动的表现)。详见李涵等：《缪秋杰与民国盐务》，北京：中国科学技术出版社，1990年，第51～53、101～125页。

② 任鸿隽来川大之前，对川大的情形并不完全了解，而受到教育部(尤其是视察员报告)或他所在阶层的某些人如张季鸾的影响，而这些又影响到他的改革举措。

政府本是一国之象征，所谓“地方中央化”，在中央政府的宣传中即是国家统一的实质化，或谓“国家化”；但与此同时，也包含从地方政府手中“集权”的意味①。地方实力派虽不敢公开反对“统一”，然在他们心中，“中央”的资格本身就很可疑。刘湘就曾暗示，如果自己因为是“带兵的官”而被认作“军阀”的话，那蒋介石也是“军阀”②。因此，他们更倾向于从“中央扩张权力”的意思理解“地方中央化”，而不将其视为真正的“国家化”。进言之，当时所谓“统一”，一方面固有实际上的“统一”，另一方面也是一种合法化利益的“说辞”，虽然众口喧腾，却不免“虚悬”。

地方政府也是国家的一部分，对于其所治地的人民，更是“国家”的直接代表。在“承买皇城城根地皮主权团”看来，不管是国立的教育机构，还是地方政府，都属于与“民”相对的“官”，代表着“治人者”。然而，对于国立机关来说，二者之间的区别就要明确得多，也有意义得多。不过，二者虽属不同“系统”，但同为“国家”的一部，同隶中央政府，这既为国立机关在中央与地方之间的运筹提供了一定便利，也可能因此使其利益最终受损。

除了任鸿隽和地方政府在“国士”还是“中央人”这一认知上的歧异，任鸿隽有意要做“中国人”并因此而着力淡化“乡人”的特殊考虑，也并不为地方人士(包括官、民两方)所理解。这一区分本来出自任鸿隽对“军阀私斗”的反感。他所谓的“西南”，实际上更多的是政治概念，但任氏认为这一政治问题的根源在社会心理方面，造成他着意强调“国家”和

① 抗战爆发，“国府”迁渝，这一态度便更为明确了。1941年6月16日，蒋介石在第三届财政会议及四川省清乡会议开幕典礼上发言，便特意指出，“四川为中央之四川”，并请行政院粮食部部长、川人徐堪(1888—1969)转语四川参议会，“对中央须客气”。见翁文灏：《翁文灏日记选》，《近代史资料》总104号，北京：中国社会科学出版社，2002年，第141页。

② Kapp，Robert A. *Szechwan and the Chinese Republic*：*Provincial Militarism and Central Power*，*1911-1938*，New Haven：Yale University Press，1973，p. 65.

“地方”之别。而这又使他明确提出的“国立化”的含义与王兆荣时期川大师生并未言明的“国立化”之间，产生了内涵上的差异：它不再是一种抗议性的目标，在追求“国立性”的同时，也有着明确的“去地方性”意识。

从时代思潮的角度看，强调国家和地方之别，并不是任鸿隽个人的特殊关切，而是广为接受的看法。比如，黄炎培(1878—1965)1936 年 3 月 4 日在川大的演讲，也说：“就是做梦也要做国家的梦，不要做思乡的梦。”[①]这与 20 世纪初兴起的由地方自治以获得国家统一的思路形成了鲜明对比。

不过，国家观念为大家广泛接受，同时意味着它成为大家都能拿来使用的思想武器。如前所述，陈衡哲曾经激烈批评过中国人缺乏国家观念。她在写《川行琐记》的时候，心中所想大概也正是做好川人的“诤友”，好使四川这个“特别”的地方变得不那么特别。事实上，《川行琐记》事件发生后，任鸿隽从川人的反映中看到的正是狭隘的地域观念。他在事件稍微平息后(8 月 15 日、8 月 16 日)，连续写了两篇文章抒发感想。在《四川问题的又一面》中，他说：“我常常说，四川人尽管有许多短处，但排外不是他们的短处之一。但近来也觉得他们如其不积极的排外也许消极的排外，那就是说，于他们的面子或特殊利益有关的时候。”[②]在《关于〈川行琐记〉的几句话》中，他更是亲自出马，对川人的批评做了一一回应，指出其中或有“误会”，而这误会“不是由于读者程度浅稚，有意或无意的不了解，便是由于奸人恶意的挑拨”。他认为，四川社会之所以对《川行琐记》反应如此激烈，就是“四川的朋友们近来习闻民族复兴根据地一类的话，以为我们的一切一切都已尽美尽善，如其有人把我们的缺点拨弄出来，我们便非把他打倒不可”。他警告说：“这

---

① 黄炎培：《大四川之青年》，《川大周刊》第 4 卷第 25 期，1936 年 3 月 23 日，第 3 页。

② 叔永(任鸿隽)：《四川问题的又一面》，第 4 页。

样讳疾忌医，正是民族复兴的大阻碍。真正以民族前途为念的，应当痛加革除才是。”[①]胡适对此深有同感，不但把这两篇文章连续发表，而且将前文列为首篇。

但这些话恰好也是陈衡哲的某些批评者要说的。如“佛公”指出的，若只是站在“四川人的立场”批陈，并不能占到上风，必得转到“民族立场”才能稳操胜券。7 月 2 日，“乡坝老”在专栏中宣称，他接到一封署名“陕西街一三九号”的读者来信，“似若对陈衡哲女士的《川行琐记》亦薄有微词，而实则着意在指播敝老及棉花匠……立论过于尖酸刻薄”[②]。“乡坝老”辩解说，他们批评陈衡哲，不是出于私心，而是表达公义：“当此国家危乱，举国共谋团结不遑之际，举凡地方观念、土酋意识、是我非他、入主出奴一类狭隘思想，均应力加袪除。”知识分子对此“尤应力行不背”。他还举出国内那几年出现的若干类似事件，认为都是“充分发泄畛域观念，挑拨地方情感”所致，皆“有背中枢统一团结之旨”。并反手一记，指称陈衡哲的《川行琐记》就是犯了这个错误[③]。

法律界人士谢伯川也说：“在这国家多事的时期中，团结全国上下的同胞，一致协力对外，是刻不容缓的事。故调和全国上下的感情，是我们知识界应有的态度。所以现在各个同胞站在整个民族着想，是应把‘地方观念’进一步扩充到‘民族意识’来。”《川行琐记》则“无异是挑拨民族内部的意见不统一”[④]。换言之，他们都认为《川行琐记》对四川的批评，恰表明陈衡哲抱着的仍是“地方观念”。而一旦扩充到“民族意识”上，《独立评论》派的美国“出身”就立刻成为最致命的软肋。有一位名叫

---

① 叔永(任鸿隽)：《关于〈川行琐记〉的几句话》，《独立评论》第 215 号，1936 年 8 月 23 日，第 12 页。

② 查川大教职员名单，陕西街是川大教职员住处比较集中的一处，这封信或与川大人有关。但名单上显示的教职员住址却没有 139 号，只有暂时存疑。

③ 乡坝老：《正告陕西街一三九号的辩护人》，《新新新闻》1936 年 7 月 2 日，第 16 版。

④ 谢百川：《读了〈川行琐记〉以后》，《新新新闻》1936 年 7 月 8 日，第 5 版。

乔华甫的作者就讽刺道："帝国主义者想要征服中国，一面需要'下人'，一面需要'优秀分子'。陈衡哲却可在《独立评论》上写篇文章寄给外国朋友，说：'我不是做妾。'"①

论辩双方都以同样的武器攻击对方，表现自己"政治正确"。不过，对陈衡哲的攻击大抵聚焦为"侮辱川人"一项，可见背后起作用的其实正是"地方观念"，但在这里，"国家观念"或"民族意识"却成为"强化"乃至使"地方观念"合法化的一种方式。

任鸿隽过于强调"国家"与"地方"的区分，对川大也带来了一些不利影响。这特别表现在清理校产过程中与地方政府的冲突方面。此事虽与利益相关，不完全是一观念问题，但也表明任鸿隽不善于处理与地方关系，造成与地方的紧张。其实，早在1935年11月，教育部视察专员陈礼江(？—1984)就曾提示说："我们还须得唤起一般社会人士的注意，使他们知道大学的重要，而且请他们帮忙。譬如说，武汉大学，从前将要扩充校舍时，无论湖南人湖北人，都争着来捐款修建房子。因为他们都争着这样想，'这大学是我们大家的！'所以新校舍不久就扩充得很有个样子了。这一点，贵省人还得努力，而且我们也更应当不忘记去向外宣传。"②但任鸿隽显然在使川人感到川大是"我们的"这一点上，做得不甚成功。

任鸿隽的乡土意识不强，是他有意识地要做一个"中国人"而非"某省某县人"的结果。但中国有着注重乡土情谊的传统，任鸿隽的做法有时难免使人不解甚至不快。罗宗文先生告诉我，1936年，他曾以"桑梓之情"邀请任鸿隽担任重庆中学生运动会的裁判长，不意被任一口回绝。

---

① 乔华甫：《下流统计》，《复兴日报》1936年7月6日，第4版。乔在该报上围绕此事发表了不少用语极下流的文章，似是一无行文人。

② 陈礼江：《川大之特殊任务》，《川大周刊》第4卷第9期，1935年11月11日，第5页。

后来他去找张伯苓，张很爽快地答应了[1]。按任鸿隽未答应罗的邀请，或有其他原因，当时未必即想到这是“四川的事情”，更不等于真的在感情上对四川有何疏离。他强调“国家”与“地方”之分，着眼点本在政治方面，但既是有意识而为，有时便不免矫枉过正，如以“乡人”待之，自然会产生“失落”之感。罗宗文先生的困惑，正表明双方观念的异趋。

如前所述，在“知识”领域里，国家与地方的关系则显示出更为复杂的形态。如果说“科学方法”具有超越性质的话，科学研究的对象却不能不回到具体的时空环境中。任鸿隽在川大倡导的学术现代化，就同时具有这两项内容。对四川特殊的自然与社会现象的研究，乃是其“科学化”的具体表现。实际上，从后来的发展看，川大具有全国性影响的，正是“地方性”较强的那些学科，如生物学和农学等。社会科学就更不能忽视地方特色。随着外患催逼，对西南社会问题加以研究更成为当务之急。1935年，黄炎培就在川大呼吁：“从前南开大学对于东北问题，曾加以研究，对社会贡献很多。我们四川大学对于西南问题，大可加以切实之研究……西部无国立大学，只有川大，这个责任只有川大能负得起，亦责无旁贷。”[2]而西南社会科学调查处的成立，就是以此为目标的。

另一方面，在任鸿隽、胡适这样的上层知识分子看来，对整个中国来说，“现代化”带有“外国化”的成分；而对四川这样的“落后”地区来说，“现代化”则同时兼具“平津沪宁化”和“外国化”两重看似不同实则一致的内容。即是说，“世界”(或“外国”、“现代”)和“中国”以及中国的不同“地方”之间存在着一种复杂的对应关系。四川与平、津、沪、宁这样的“先进”地区比起来显得“落伍”，即不“现代化”，因此也被他们视为不够“国家化”(在这里，国家被等同于中国的“先进地区”)[3]。但事实上，

---

① 罗宗文先生访谈记录，2001年4月1日。

② 黄炎培：《大四川之青年》，第4页。

③ 其实这些地区有不少被任鸿隽等人视为不太“现代化”的东西也是“外国”——日本化了的，只是与任他们心目中的外国——美国不同罢了。

到底哪一个中国才是真正的中国，不同的人在不同的语境下会有不同的认知。比如在社会学和人类学家费孝通(1910—2005)看来，答案或者就恰恰相反[①]。同时，这一认知也不能不令人质疑任鸿隽、陈衡哲是否抱了“平津沪宁”的“地方观念”。

任鸿隽提倡的“现代化”和“国立化”，在学术上的一个重要表现就是倡导“新学术”的建立。1936年，他邀请考古学家李济做了题为《建设中国的新史学》的演讲。1937年初，为了弥补四川“地处偏僻”造成的“风气闭塞”，“以谋学术上风气的开通”，他用中基会资助川大的5000元演讲基金，邀请生物学家秉志、政治学家张奚若(1889—1973)、历史学家傅斯年和物理学家丁燮林(1893—1974)来校演讲。为此，他特别要求学生“要利用这个机会去亲近一下当代的学人”[②]。“当代学人”和“真正的专家学者”，所指涉的其实是同一批人，但语义的侧重不同。后者着眼于学术水准的高下，前者则重在学术风格的新旧之分。“真正的专家学者”可以从新，亦不妨守旧；“当代学人”则只能是“新学术”的实践者。因此，在川大任教的不少巴蜀学界的老派学者，虽然学问极佳，但在任鸿隽的区分中，显然无法进入“当代”行列。尽管他对于“非当代学人”并无歧视——实际上，他自己的国学修养就相当扎实，与同时代的蜀学学者也有不错的交情，但在政策上，他无疑更加重视对新派的扶植。

与“新学术”相比，蜀学风格偏“旧”。但“旧”不等于不好，甚至不一定是“落后”，至少对“国学”来说如此。程千帆曾说：“四川这个地方，一方面外面的人根本不晓得四川的学者有多大的能耐，另一方面，四川的学者还很看不起外面这些人。他看不起自有他值得骄傲的地方。”又

---

① 费氏强调，“中国社会是乡土性的”。这是从“基层”看，在此之上还有一层“和乡土社会不完全相同的社会”。而新文化人表彰的先进地区，其实是近百年来“在东西方接触边缘上发生”的“一种很特殊的社会”。参看费孝通：《乡土中国》，北京：生活·读书·新知三联书店，1985年，第1页。

② 《校长报告》(1937年3月22日)，第2～3页。

说：“有一段时间任鸿隽请刘大杰先生到四川大学当中文系主任，就丢了丑。因为刘大杰作的那些旧诗，连他们的学生都不如，所以后来没多久他就走了。那个时候刘大杰是新派人物，那同四川学者的旧学基础相比差得很远。”①后一个例子是蜀中学人喜欢津津乐道的轶事。自然，学问的好与坏，与每个人的评价标准有关。程千帆的标准，或与李济、傅斯年等人不同。但这并不是说，四川学者“闭门造车”，就一定不能“出门合辙”。中文系的向宗鲁(1895—1941)即是“外面的人不晓得”而“还很看不起外面的人”中的一个，但是他的学问，便颇得傅斯年的好感。1941 年向逝世后，傅曾对王利器(1912—1998)表示，本来希望把向“请出来，在史语所或北大工作”②。从这个角度说，任鸿隽倡导的学术“现代化”在不同的学科中取得的效果是不一样的。在农学方面的成就极大，以至于李约瑟(Joseph T. M. Needham，1900—1995)抗战期间来华考察时，把农学称为川大“最强的学科”，并因此把成都称为中国的“农业中心”③。而从后日的结局看，“新文学”或“新学术”在川大中文系实未生根，相反，倒是其旧学一直在国内占有较高地位④。

---

① 程千帆：《桑榆忆往》，第 25 页。

② 王利器：《李庄忆旧》，收在杜正胜、王汎森主编：《新学术之路——“中研院”历史语言研究所七十周年纪念文集》下册，台北：“中研院”历史语言研究所，1998 年，第 799 页；王利器：《往日心痕——王利器自述》，太原：山西人民出版社，1997 年 第 82 页。有意思的是，傅斯年使用了“请出来”这样的字眼，而“出来”的目的地又是“史语所或北大”。可见在其心中，直到 1941 年，已经成为“天子脚下”的四川(或川大)还是文化上的僻远之区。

③ 李约瑟：《川西的科学(二)生物学与社会科学(1943 年)》，收在李约瑟、李大斐编著，余廷明等译：《李约瑟游记》，贵阳：贵州人民出版社，1999 年，第 116 页。不过，李约瑟文中谓川大为“省立”，倘不是一时手误或误植，就可知其时川大的地位和声望仍然有限。

④ 1942 年底，黄季陆接长川大后发现，“‘朴实敦厚’四个字，要算是川大的一个特点”，以至于青年学生有时不免“表现出颓废与迂腐”。他曾向“老教授们”透露对此的不满，“不意竟遭致他们的联名抗议。可见这种流传已久的‘朴实敦厚’的学风是如何为老教授们所钟爱”。黄季陆回忆说，抗战胜利前后，他曾劝傅斯年将史语所迁至川大，意在为学校灌注新的学术空气。“想不到傅先生说：川大的老先生们，多认为我们没有读过(转下页)

这里边也反映出上层知识分子和已经“边缘化”的知识分子及知识青年之间的矛盾。我这里所谓已经“边缘化”的知识分子，是指那些取得过功名或在晚清时候有过留日经历的学者。他们在民初教育界和政治界曾活跃一时，其中又大体可以分为两类。一类是治中国传统学术即当时所谓“国学”的，一般说来，传统人文素养很高。另一类是在日本学习政法的，通常带有速成性质，专业根底不强。任鸿隽来校后，前一类教师在学校生活中的重要性大为降低，后一类则多被排除。至于大量知识青年，一般说来，对上层知识分子的“现代化”观念多是拥戴的。任鸿隽初到成都时，他们表示的欢欣鼓舞并非作态。从报纸上看（这批人是报纸的主要读者和作者），他们对任鸿隽的改革也多持肯定态度。不过，陈衡哲的文章显然刺伤了他们中的相当一批人。他们从中读出了“洋”气和“富贵”气，这离他们的生活实在太远。《复兴日报》一位作者说：《川行琐记》“引起人家反感的”，不是陈衡哲批评了四川，而是“她那为文的态度”。“我们根本不认为陈衡哲的《川行琐记》是在批判四川人，她不过是在向她的朋友和一般不及她那样‘舒服’的人卖弄自己的华贵而已。”[①]上

（接上页）中国书，其实我们这群人都是从古籍中下过苦工夫来的。我们有我们的治学方法，他们自有他们的道理。”黄季陆说：“这正说明了两种不同的精神”。颇有意味的是，当他把自己的设想告诉“川大文学系的老先生们”时，“他们并不感到甚么快慰，甚至有一位先生的意见认为傅先生中文不通，读古书句读都弄不清楚，大有反对的情绪，使我深深感觉到‘文人相轻’的恶习，和治学的人的成见之深，壁垒之严，真叫主持大学的人，难于有所兴革了”（详见黄季陆：《国立四川大学——长校八年的回忆》，收在《黄季陆先生论学论政文集》第3册，台北：“国史馆”，1986年，第1743页）。黄氏引用傅斯年和“川大的老先生”的话，均属转述，但大致意思应不差太大。黄季陆学的是政治学，又多年从事国民党党务工作，于“新学者”和“国学家”的学术对立或不甚了解，此事绝不能以“文人相轻”和“成见”一笔带过，而是两种学术“精神”的差异。值得注意的是，傅斯年回答黄季陆的话，比起二三十年代，对于“老先生们”已经客气很多。他亟于声明“我们这群人都是从古籍中下过苦工夫来的”，似透露其潜意识中或有“与川大的老先生们比起来，‘我们这群人’读书确不多”的想法。若与他对王利器说的话对勘，这也大概不是无稽之谈。“川大老先生”的话，则印证了前引程千帆所言。故任鸿隽在川大引介新学术和新文学，把“老先生”边缘化，在“老先生”们心中，感想或不太妙。

① 木鸡：《论陈衡哲的“批判”态度》，《复兴日报》1936年7月9日，第4版。

层知识分子和追随他们却不及他们“舒服”的知识青年之间产生了裂痕。实际上，不少在1936年夏天大做其批陈文章的人，与1935年秋对任鸿隽的到来欢欣鼓舞的人，根本就是同一群体，他们态度的变化(还要把胡适和《独立评论》扯进来)颇耐人寻味。

任鸿隽在川大校长任上的不到两年时间，却是川大“国立化”进程中最为关键的时期。他所奠定的基本方针，也为后任继承。不过，比起任鸿隽，张颐的运气更糟。他做代理校长才一年半的时间，新任教育部长陈立夫就任命CC派的程天放替下他的位置。川大教师为保张驱程大起风波。这一风波背后的原因是多方面的，其中一个(或者不甚重要的)因素就是程天放不是川人。但另一方面，程天放比起任何一位前任，却显然更加“中央化”——或者说“国立化”。不过有意思的是，程天放又重新起用了在任鸿隽和张颐时期一度受到冷落的向楚。虽然这可能和向楚是国民党人有关，但更重要的恐怕还是后者有在地方上可以利用的资望。其中的纠葛从另一个侧面表现出“国家”(及“中央”)和“地方”之间错综关系的长期性和复杂性。

第四章

成为“名副其实之国立大学”：“拒程运动”的前前后后

张颐接任不久，抗战爆发，四川真正成为“中华民族复兴根据地”。随着战争发展，平、津、宁、沪、汉等地先后陷入战火，甚至沦入敌手。战争给川大带来了一些不利影响，比如经费被压缩等，但更带来了一个良好的发展契机。比起纷纷内迁的东部高校，远在后方的川大处在一个相对和平的环境中，一度成为其时国内最为完备的一所国立大学，被人寄予“文化复兴之策源地”的厚望①。1938 年，国民政府西迁重庆，四川开始由“天高皇帝远”的僻壤变成了“天子脚下”的畿辅地带，川大地位也随之上升。随着东部地区大批高校师生来川，改变了川大的人员构成，川大也被认为实现了真正的“国立化”。但与此同时，中央政府对川大的控制也得到空前的强化。1938 年底，国民政府发表刚刚卸任的驻德大使程天放为川大校长，当即引起了一部分川大师生的反对，掀起“拒程运动”。这是川大第一次和中央政府对抗，却是在实现“国立化”以后。其间的吊诡之处，耐人寻味。

---

① 《司法院长居觉生先生在本大学讲演》，《川大周刊》第 6 卷第 28 期，1938 年 5 月 2 日，第 2 页；邵维坤：《对于我国高等农林教育之观感》，《川大周刊》第 6 卷第 10 期，1937 年 11 月 22 日，第 6 页。

第一节 “国立化”进程的迅速推进

本节所述主要是张颐任代理校长期间和程天放长校初期川大的“国立化”情况。其中一些方面，如师资的聘任等，与校长的更迭有密切关系。这方面的讨论基本限制在张颐长校时期。不过，这两个阶段虽在具体的人事方面有所不同，其中有些人的地位升降还颇具象征意义，但整体趋势并无改变。

1937 年 7 月 1 日，张颐就任川大代理校长。他在就职典礼上表示，除继续推行任校长的既定计划外，在原则方面，拟从三方面下手：第一，继续提高学生程度，使与其他国立大学同等而不含地方色彩；第二，充实设备，提高研究兴趣，使文化水准和欧美各大学同等；第三，更进一步使中国学术能与欧美各国齐头并进①。这与任鸿隽的办学理念基本重合。继续留任的秘书长孟寿椿也在“新生周”的演讲中说：“任校长同张校长都很想把这个学校从现代化、国立化方面尽量的去发展。”②

川大的办学条件自 1935 年后虽有所改善，在国立大学中仍属较差的一所。但抗战爆发却使其一变成为其中最优者。如，经济学家赵人儁在研究战时国内经济状况时就感到：“自抗战以还，交通阻碍，报纸所载，支离破碎。杂志则往往出版愆期，且事实寥寥。政府机关刊物范围较前狭小，重要事实因军事关系间多隐讳。差幸在川大此项报章杂志力为搜集，参阅便利。他处则并重要刊物亦不易见。此吾人对于今日之川

① 《新新新闻》1937 年 7 月 1 日，第 10 版。

② 孟寿椿：《四川大学之新精神》，《川大周刊》第 6 卷第 3 期，1937 年 10 月 4 日，第 3～4 页。

大深为欣感者也。”[①]1939年4月，程天放也说，川大“图书馆中文书籍约有十三万册，西文书籍约有两万余册。定期刊物，中西文共有五百余种……在战前川大图书仪器比较尚不算多，但战后则为数可谓不少。因他校屡经迁徙，均受摧残，独川大未受影响，较为完整”[②]。到了40年代抗战期间，一位美国学者参观了川大农、理两院的设备后，很感兴奋，对其时的校长黄季陆说：“我以为中国的大学都是一间间的大教室，想不到僻处成都的川大有这样完备的设备。”黄季陆说：“看来他不深悉战时播迁中大学的困难，而川大则为后方惟一有充实设备而未受战争损害的大学。”[③]这种情况为川大聘请教师和吸引学生都创造了良好的条件。

教师与学生

任鸿隽辞职后，川大的人事略有变化。与任氏关系密切的钱崇澍和王琎等先后离校。另一方面，从1937年上半年任鸿隽辞职的消息确定以后，张颐就开始在北平等地约请教师。从现存“国立四川大学档案”存留的资料来看，张先后接洽过化学家李相杰(名俊甫，1905—1981)、历史学家束世澂(1896—1978)、吴永权(1936年离开川大，转任北平大学教授)、经济家曾天宇(1885—?)、张奚若、美学家朱光潜、历史学家蒙文通、心理学家叶麐(1893—1977)、经济学家熊子骏(名世骐，以字行，1894—1956)等人。他还给蒋梦麟、胡适写信，请他们将汤用彤(1893—1964)、贺麟(1902—1992)等人“相让”[④]。

接到邀请的人中，有不少本不打算赴约，但抗战的爆发，使事情出

① 赵人儁：《开战后我国经济之动态》，《川大周刊》第6卷第32期，1938年5月30日，第1～2页。

② 《程校长招待渝蓉新闻记者》，《川大周刊》第7卷第29期，1939年4月24日，第2页。

③ 黄季陆：《国立四川大学——长校八年的回忆》，收在《黄季陆先生论学论政文集》第3册，第1744页。

④ 张颐致诸人函件，“川大档案”，第1371卷。

现了转机。1937 年度新学年开学时，张颐请到了 22 位新教授，其中文学院 9 人(全院教师总数为 31 人，新聘教授约占 29%)、理学院 5 人(全院教师总数为 20 人，新聘教授占 25%)、法学院 3 人(全院教师总数为 14 人，新聘教授约占 21%)、农学院 5 人(全院教师总数为 14 人，新聘教授约占 35%)[①]。其中以文、农两院新聘教授最多。农学院能够请到这么多人，是因为其时中国“比较健全”的农林院校本来就少，又大都“已被摧残”，川大也就成为优选[②]。文学院新教师有不少是从北平等地聘来，以致朱光潜发现，其中“许多都是旧日的同学或同事”[③]。时在川大中文系读书的王利器也回忆说：“日寇入侵华北，平津名教授多来川大任教，同学们私下里认为这是四川的北京大学。”[④]

高层职员方面的变化较大。文、法两院院长分别由朱光潜(并兼任史学系主任)、曾天宇(并兼任经济系主任)担任，中文、外文、教育、生物、化学、政治、农学等系主任分别由李炳英、钟作猷、叶麐、周太玄、曹任远、徐敦璋、王善佺担任。其中，朱光潜最受张颐倚重，担任了除体育委员会、仪器委员会、卫生委员会以外的学校 13 个委员会的委员及出版委员会主席委员、图书委员会常务委员、《国立四川大学学报》主编等要职，在 4 个院长中兼任职务最多。另外，张颐与理学院院长魏时珍的关系较好，在校务决策方面受魏影响较大[⑤]。

由于平、津等地大学不能开学，教育部除了在西安、长沙设立两所临时大学外，其他教授均由中英庚款董事会礼聘，送往后方讲学。经过川大申请，得到了 7 个席位：考古学与人类学，由原中央研究院研究员

① 《本年度第一次纪念周》，《川大周刊》第 6 卷第 2 期，1937 年 9 月 27 日，第 2 页。

② 邵维坤：《对于我国高等农林教育之观感》，第 6 页。

③ 《本年度第一次纪念周》，第 4 页。

④ 王利器：《王利器自述》，收在高增德、丁东编：《世纪学人自述》第 4 卷，北京：北京十月文艺出版社，2000 年，第 199 页。

⑤ 四川大学校史编写组：《川大史稿》，成都：四川大学出版社，1985 年，第 210 页。

冯汉骥(1899—1977)担任；物理学，由原北大教授吴大猷(1907—2000)担任；工业化学，由原南开大学教授张洪沅(1902—1992)担任；政治学，由原清华大学教授萧公权担任；经济学，由原清华大学教授赵人儁担任；历史学，由原中央研究院研究员徐中舒(1898—1991)担任；教育哲学，由原教育部高等教育司司长黄建中担任。这7位教授由中英庚款董事会致送薪金，聘送期限为1年；期满后，经川大要求续聘，其薪金也由川大和庚款董事会共同负担①。

《川大周刊》第6卷第11期刊载了截至1937年11月底到校的新聘教授、副教授名单，其中留学生17人，非留学生3人，留学生占总数的85%；从籍贯看，川籍13人，外省7人，四川人占其中的65%，其中大多是长期在外地大学教书的②。如曾天宇是民国前十年出川，1912年回川，1914年又出省的③。数理系教授李珩(1898—1989)自巴黎大学留学归国就一直在山东大学教书；生物系方文培(1899—1983)在英国爱丁堡大学获得博士学位后，就在中国科学社生物研究所和河南大学供职；王善佺在美国乔基亚(今通译“佐治亚”)大学硕士毕业后，就在北京、江苏、浙江、天津等地的大学任教。此前他们多认为四川高教不发达，设备不足，不利研究，宁可选择外地，若非抗战发生，或者还不会回到川大教书④。

新聘教师中还有几位是“故地重游”。如中文系的向宗鲁，1935年曾随重庆大学文学院一起并入川大，但不久就因修撰《巴县志》的工作辞职

① 《国立四川大学二十六年度校务进行概况》，《川大周刊》第7卷第1期，1938年10月3日，第2页。

② 由于战争影响，不少人到校较迟，没有列入名单。如萧公权、赵人儁、黄建中、杨人楩(1903—1973)、徐中舒等。如果把他们考虑上的话，外省籍的教师比例还会更高一些。

③ 曾省：《曾院长演讲》，《川大周刊》第6卷第2期，第6页。

④ “川大档案”第221卷藏有李珩致魏时珍的一封信，从内容上看，当是1937年夏魏写信请李到川大任教，李向魏陈述需要天文学的仪器。

回渝。蒙文通曾在成大、成师大任教，1931 年因反对“三大”合并辞职，以后在中央大学、河南大学、北京大学、河北女子师范大学任教[①]。曹任远曾作为“庚款教授”在成大任教。周太玄是前一年出国考察离校的。杨伯谦曾做过成师大校长。

抗战是川大得以汇聚群贤的主要原因。孟寿椿在 1938 年初的一次演讲中说道：“我们学校处此境遇，真是不幸中之幸。国家虽危，四川稍安，外来人员避难者甚多……聘请教授也较容易，各国内名宿都联翩莅校讲授，从前请都难请得到的。”[②]1938 年 6 月，川大举行第七届毕业典礼，张颐也指出：“本校经费既少，年来亦无甚增加，而所聘教授人数，近年却略有增加。在王校长的时候，全校教授为六十位，任校长时增加到七十二位，本年专任教授业已增加到八十七位了。除管理中英庚款董事会聘送七位外，由本校所聘者亦已有八十位之多”[③]。

1938 年度开学，学校又增聘美国康奈尔大学博士、原国立北平大学农学院院长董时进(1900—1984)等 18 人为教授、副教授、特约教授，另聘美国春田体育大学毕业生、原国立山东大学教授兼体育主任宋君复(1897—1977)为体育主任，英国爱丁堡大学硕士、原山东大学专任讲师饶余威和原中央大学中华文化基金化学研究室研究员查雅德为专任讲师。董时进还代替辞职的曾省担任农学院院长[④]。新教师分布在各个学院。其中文学院 3 人、理学院 6 人、法学院 4 人、农学院 7 人。比起上一年，理学院的师资力量大有增强。1938 年底，中英庚款董事会干事长

---

① 张颐 1933 年任教北大时，与蒙文通同住，“两人过从甚密”。见张文达：《张颐年谱》，收在侯成亚、张桂权等编译：《张颐论黑格尔》，成都：四川大学出版社，2000 年，第 259 页。

② 《孟秘书长在本学期第一次总理纪念周(二月十四日)报告》，《川大周刊》第 6 卷第 19 期，1938 年 2 月 28 日，第 2 页。

③ 《本大学举行第七届毕业典礼》，《川大周刊》第 6 卷第 36 期，1938 年 7 月 11 日，第 2 页。

④ 《本校新教授纷纷莅校》，《川大周刊》第 7 卷第 1 期，第 14～15 页。

孙洪芬继1936年春之后第2次来到川大，“极力称赞川大现时人才之盛”。孟寿椿颇为骄傲地指出，“孙先生与各大学都有关系，其意见亦自足注意”[①]。

在学生方面，1937年夏季招生，投考川大人数约1200人，录取270人；比较起1936年投考640人，录取331人[②]，投考者大幅增加，录取比则大为降低。由于大量学生失学，教育部还命令川大再次招生[③]。两次录取人数相加，达407人。此外，截至1938年6月，还先后收借读学生488人，使川大学生总数增至1294人[④]。到了11月下旬，借读生“已达六七百人之多”[⑤]。

大批借读生的涌入，也给川大带来了不少困难。一是学校设备有限，特别是因为新校舍还未建成，寝室人满为患[⑥]。另一方面则是川大的课程设置有与外校不尽相同的地方。农学院就曾在院务会议上讨论过这一问题。最初决定对一、二、四年级借读生，“尽量容纳”。“至三年级借读生，因本院现无此班，难于容纳。若任各该生自由选修二、四年级课程，亦颇多抵牾，及不能衔接之处，殊感不便”[⑦]。但仍然有不少外校三年级学生要求借读。在此情况下，农学院最终决定允其旁听，并制定了种种带有限制性的办法[⑧]。

为使新生和借读生了解川大，学校还在1937年9月20—25日举办了“新生周”。“每日午后课余时，由校长、秘书长、各院长、各系主任

---

① 《本年度第二次纪念周》，《川大周刊》第7卷第8期，1938年11月21日，第2页。

② 《本年度第一次纪念周》，第2～3页。

③ 《本年度续招新生》，《川大周刊》第6卷第3期，12页。

④ 《国立四川大学二十六年度校务进行概况》，第1～2页。

⑤ 《本年度第二次纪念周》，《川大周刊》第7卷第8期，第1页。

⑥ 《本年度新生周续志》，《川大周刊》第6卷第3期，第11页。

⑦ 《本大学农学院二十六年度第一次院务会议纪录》，《川大周刊》第6卷第3期，第12页。

⑧ 《国立四川大学农学院二十六年度第三次院务会议纪录》，《川大周刊》第6卷第5期，1937年10月18日，第4页。

分别演讲求学方法及严守纪律等要项”。按照孟寿椿的说法，这一活动是借鉴了“欧美日本及中国境内所办的外国教会学堂”的做法。“国立大学，除清华外，盖不多睹”①。其实清华的办法也是从美国来。因此，这一形式可谓是“外国化”了。

借读生的人数比新生还多，使川大原有的学生构成情况发生了极大变化。在9月21日按照历年惯例召开的迎新大会上，张颐专门向“因母校不能开学，来到这里借读的学生”表示了“同情”和“欢迎”，并承诺道：“因本校既属国立，合全国为一家，应无主客之分。”②

截至1938年，川大在校学生共1327人。其籍贯分布情况如下：江苏82人、浙江24人、安徽74人、江西22人、湖北42人、湖南24人、四川912人、西康18人、河北15人、山东8人、山西3人、河南9人、陕西5人、甘肃5人、青海1人、福建8人、广东20人、广西4人、云南13人、贵州18人、辽宁6人、吉林1人、察哈尔1人、绥远3人、南京4人、上海3人、天津2人③。其中四川（含西康）籍学生所占比例不到70%，可谓大幅下降④。相应地，外省学生不但人数大量增加，籍贯分布的范围也扩大了。

虽然随着各校内迁，借读生的人数也略有下降，但其比例依然不小。1939年4月14日，程天放招待重庆、成都新闻记者时，宣布学生总数增至1325人，其中“长江下游及华北各大学学生来此借读者有五百余人”。他把这一现象视为川大已经实现了“国立化”的标志：“战前川大

---

① 《张校长与孟秘书长在新生周之演讲》，《川大周刊》第6卷第3期，第1、4页。

② 《本年度新生周续志》，第11页。

③ 《二十七年度国立四川大学学生之籍贯》，“川大档案”，第2024卷。

④ 比较一下战前的中山大学。直到1937年，广东籍学生仍占中大学生总数的82%，加上广西学生，则高达91%。黄福庆认为，这表明中大仍“局限在地区性大学的范畴，带有浓厚的地方色彩”（见其《近代中国高等教育研究——国立中山大学》，台北：“中研院”近代史所，1988年，第194页）。显然，在国立大学中，需要“把国立二字真实化”的，不仅川大一所。

地方色彩较为浓厚，因学生大多数为川籍。战事发生后，外省学生人数达三分之一以上，现时可为一名副其实之国立大学。”①

院系与课程

随着师资力量的增强、学生数量的增加和学校地位的提高，以及战时经济发展的需要，这一时期教育部批准川大增设了不少学系，学校规模日益扩大。

农学院早在 1935 年就根据“四川环境之需要”，拟办农学、林学、园艺、病虫害四系。当时教育部只批准设置农学与林学两系。1937 年 5 月，准设园艺系和病虫害学科讲座②。当年夏，经曾省赴京向教育部详陈利害，病虫害系亦获批准③。1938 年春，学院为了让学生毕业后，可以应对农业金融方面工作的需要，增设了“合作簿记”“合作金融”“银行簿记”三门课程④。1939 年，教育部更先后批准了该院提出的改农学系为农艺系和设置蚕桑学系的计划⑤。

1935 年，根据教育部整顿四川高等教育计划，法学院的政治系和经济系合并为政治经济系，理学院的数学系和物理系合并为数理系。当初这样做，是因为四川高中毕业生不多，投考这四个系的人数较少。但随着情况的改善，“一系名额有限，殊有不能容纳之势”。因此，1937 年 9 月、1938 年 7 月，经教育部批准，先后将此四系回复原貌；同时将教

---

① 《程校长招待渝蓉新闻记者》，第 2 页。

② 教育部指令(1937 年 5 月 17 日)，“川大档案”，第 9 卷。

③ 《农学院二十六年度第一次总理纪念周曾院长报告》，《川大周刊》第 6 卷第 4 期，1937 年 10 月 11 日，第 2 页；教育部指令(1937 年 10 月 3 日)，《川大周刊》第 6 卷第 4 期，第 3 页。

④ 《曾院长在农学院第四次总理纪念周(三月七日)报告》，《川大周刊》第 6 卷第 22 期，1938 年 3 月 21 日，第 2 页。

⑤ 王善佺报告(1939 年 3 月 8 日)、《国立四川大学农学院增设蚕桑学系计划大纲》、教育部训令(1939 年 7 月 20 日)，均在“川大档案”，第 9 卷；教育部指令(1939 年 6 月)，“川大档案”，第 8 卷。

育系改为师范学院[①]。1939 年 9 月，教育部鉴于战时急需“农、工、商、医等学科专门人才”，而当年国立各院校统一招生中，报考工科和经济学系的生源又大幅度增加的情况，令川大增设经济学系一年级一班[②]。

在课程与教学方面，张颐萧规曹随，沿袭了任鸿隽时期的措施。经 1937 年度第四次行政会议决议，彻底取缔讲义，“完全以印发大纲为原则。若有必须翻印之书籍，则由注册课出版组斟酌办理”。据报道，这一政策出台后，“各院系学生，均各努力从事笔记及参证原书云”[③]。关于基本国文和普通英文，1937 年度规定，每学年终各举行一次会考。会考成绩优秀者，由学校发给奖金；不及格者，需要补修。为此，学校专门设立了两科的会考委员会，主任委员均由朱光潜担任[④]。1938 年，在教育部颁发的大学一年级学生共同必修科目中，亦列入国文、英文两科。为此，川大又制订了《基本国文规程》，做了更详细的规定[⑤]。

按照教部规定，大学应设“党义”一课，但川大直至 1937 年度才增设此课，由各院系各年级共同开班[⑥]。不过学生的积极性不高。1938 年 3 月 7 日，曾省在农学院总理纪念周上就提到：“据注册课报告，上周党义钟点，有许多同学均未到班听讲，殊有未合。希望诸位同学自本周起都要一律去上课。不要以为党义一科只记成绩，不计学分，便马虎了事。值此全面抗战、思想统一的时期，凡属国人，均应细心研究党义，秉承总理遗教，努力革命工作，才能得到最后的胜利。”[⑦]曾省未必真的

① 张颐致陈立夫电（1938 年 7 月）、代理校长张颐布告（1937 年 9 月 21 日）、教育部训令（1938 年 7 月 21 日），均在“川大档案”，第 9 卷。

② 教育部训令（1939 年 9 月），“川大档案”，第 8 卷。

③ 《本校减发讲义以后》，《川大周刊》第 6 卷第 5 期，第 7 页。

④ 《本大学基本国文会考条例》，《川大周刊》第 6 卷第 32 期，第 8～9 页；《本大学普通英文会考条例》，《川大周刊》第 6 卷第 34 期，1938 年 6 月 13 日，第 2～3 页。

⑤ 《基本国文规程业已订定公布》，《川大周刊》第 7 卷第 10 期，1938 年 12 月 5 日，第 6 页。

⑥ 《本年度第一次课程委员会记录》，《川大周刊》第 6 卷第 2 期，第 12 页。

⑦ 《曾院长在农学院第四次总理纪念周（三月七日）报告》，第 2 页。

相信党义能够统一思想，这番话也不乏冠冕堂皇的成分，但川大增设此课，除了因它是部定课程外，也确有时代语境。1938 年 2 月 28 日，黄建中在总理纪念周上的演讲，也强调“过去中国的大学颇重视个人的自由”，但在国难期间，“应极度限制个人的自由，力求挽得国家民族的自由”，培养“纪律精神”与“牺牲精神”。为此，他提出“使学生生活军人化，使学校纪律军队化”的口号①。

这两句口号虽然未必得到每个人的赞同，但加强军训和体育锻炼，确是多数人所认可的。抗战开始后，就有许多学生“联名呈请实施国难教育”。张颐表示：“学校方面对于这件事也非常重视。教育部早有训令要我们后方学校有战时后方服务的组织及训练，但是一面仍叫我们力持镇静，照常上课。必要时可将每周功课减少四时到六时，以便兼施战时服务之教程，但是从何时办起亦未明白规定。”后经校务会议决定并教部核准，决定将 1937 年秋冬学期的上课时间缩短。“把功课结束后，专为诸位设施一种军官训练。同时还设有政治部，专司政治教程”②。1937 年 12 月，他发布布告，令全体学生于 1938 年 1 月 2—26 日，参加寒假在校战时训练，“非亲丧病重，不得豁免”③。1938 年 11 月又规定，自 12 月 5 日起，“除星期日外，每晨六时四十分钟至七时举行晨操”，要求全体参加，“不得借故规避”④。

战时科研与知识推广工作

抗战为川大科研带来了新的发展机会，也使这一时期的研究带上了

---

① 黄建中：《抗战时期的高等教育》，《川大周刊》第 6 卷第 23 期，1938 年 3 月 28 日，第 3 页。

② 《本大学第十次总理纪念周》，《川大周刊》第 6 卷第 10 期，1937 年 11 月 22 日，第 2 页。

③ 《本大学布告》(1937 年 12 月 22 日、1937 年 12 月 27 日)，均见《川大周刊》第 6 卷第 15 期，1937 年 12 月 27 日，第 2 页。

④ 《国立四川大学布告》(1938 年 11 月 24 日)，《川大周刊》第 7 卷第 10 期，第 5 页。

浓厚的战时色彩。同时，后方建设的需要也使得川大更为重视与地方社会的联系，特别是在农业知识推广方面，做了很多工作。

1938年夏，学校组织成立“川军抗战史料搜集整理委员会”，由孟寿椿任主席委员，朱光潜、曾天宇、蒙文通、周谦冲(1903—?)、徐中舒、杨伯谦、徐元奉、桂质柏、何鲁之任委员①。1939年4月，学校在二十八年度预算中加入该委员会经费2000元②。这个委员会虽以研究搜集“川军史料”为目的，但从立意上，显然带有表彰川人爱国之意；从人员的组成上讲，则既有川人，亦有外省人。

1938年，在冯汉骥呼吁下，学校函请中央古物保管委员会联合调查四川文物。川大对川内的石器时代遗址、汉晋墓葬、古代建筑、壁画、石刻、造像等做了全面普查。这是国内第一次文物普查工作③。川大档案中藏有一份“四川区域内之古物调查研究之计划简明书”，虽未署名，然就内容上看，似即是冯汉骥为此次普查设计的。根据计划书，同年，冯汉骥还在汶川县清理了一座石棺墓，“开创了川西考古发掘研究之先声”，把现代考古学研究带入了四川④。这虽与战争本身无甚关联，但不能不说和战争爆发的契机有关。

为了应付战时需要，川大在化学系教授张洪沅的建议下，于1938年成立了应用化学研究处⑤。研究课题多注重“现在川省一般所注意者”，包括：“1. 利用川省资源，提制代替汽油或汽油之研究。2. 川省盐产

---

① 《本大学成立川军抗战史料搜集整理委员会》，《川大周刊》第6卷第35期，1938年6月20日，第4页。

② 国立四川大学川军抗战委员会公函(1939年4月28日)，“川大档案”，第62卷。

③ 林向：《著名考古学家冯汉骥》，收在四川省政协文史资料委员会编：《四川近现代文化人物》第3编，成都：四川人民出版社，1995年，第83页。

④ 童恩正：《冯汉骥小传》，收在冯汉骥：《冯汉骥考古学论文集》，北京：文物出版社，1985年，第221页。

⑤ 《为设立应用化学研究处呈报工作计划概要及规则仰祈鉴核备案令遵由》，南京中国第二历史档案馆藏国民政府教育部档案，档案号：5-6759。

之利用与溴碘之提取。3. 钝碱制造之改进。4. 四川天然硫磺之调查与提炼。5. 利用川煤，提取煤膏苯甲苯等物之研究。6. 测量彭山芒硝之产量与藏量”。应用化学研究处的经费一半由中基会拨给，一半由川大自筹①。

农学院则继续注重与地方政府合作，“为地方造就人才”。1938 年夏，四川省教育厅委托川大代办四川省立高级农科职业学校。曾省考虑到“四川农村诸待改良，下级干部人材亟感缺乏。且各地所办职校，仅有初级农科”，不利于人才“深造”，答应与教厅合作②。1938 年度招收 80 人，先设农、林二科，经费概由四川省教育经费下拨充③。

1935 年，农学院在成都市华阳县县属狮子山圈地 300 余亩，开辟为果树、园艺、畜牧实验场，至 1938 年方将征购手续办理完毕。为了加强与地方上的联络，便于农民了解并推广实验场的工作，1937 年 11 月 5 日，学院特地宴请了“该地团甲绅首”。曾省在宴会上提出，使该地成为“其他乡村之模范”的目标④。狮子山农场也的确吸引了“地方人士之注意”。1938 年初，成都著名的慈善组织慈惠堂的总理、五老七贤之一的尹昌龄(字仲锡，1869—1942)到场参观后，与农学院议定，由该堂选送学生 20 人到场实习。农学院同时决定开设农场农民学校，经费由慈惠堂和农学院共同负责，教授“浅近科学及实用工作”⑤。

农学院教授杨开渠(1902—1962)研究的再生稻“正合政府长期抗战，增加粮食产量的需要”，得到四川省政府资助。省建设厅还建议川大农学院学生“分赴各县去扩大宣传，及登记试种农户”。在学生前往各地之

---

① 《国立四川大学二十六年度校务进行概况》，第 4 页；“川大档案”，第 21 卷。

② 《农学院二十六年度第一次总理纪念周曾院长报告》，第 2 页。

③ 《国立四川大学二十六年度校务进行概况》，第 5 页。

④ 《本校农学院欢宴狮子山团甲绅首志略》，《川大周刊》第 6 卷第 8 期，1937 年 11 月 8 日，第 8 页。

⑤ 《本校农学院狮子山农场农民学校开学》，《川大周刊》第 6 卷第 19 期，第 4 页。

前，曾省除了要求他们注意采集农民的耕作经验，“留作研究改良的借镜”外，还特意提醒他们，“对乡人应持和蔼态度，举动应该慎重，服装勿事华丽。乡民有问必答，勿惮繁琐。如此定能给乡民以良好印象，而结果亦必佳”。

这些工作不仅出于学术的考虑，更有当下的语境。曾省说：“本院同仁对于后方生产的农垦事业，向甚关心，总希望在危急存亡之秋，打通一条血路”[①]，正是此一心态的总结。

抗战宣传

抗战是此一时期校园生活的主要内容，其中川大抗敌后援会的工作极值得重视。对此，《川大史稿》已经作了较为详细的叙述，此处不拟重复[②]。不过，该书主要从中共党史和革命史角度切入主题，虽然揭示了不少内幕，但也因此忽视了一些重要内容。本段将以拾遗补缺为主，详其所略，略其所详。

川大抗敌后援会是 1937 年 8 月 14 日成立的，隶属于四川各界抗敌后援会。后援会成立后，通过了一系列提案，包括将纪念周例行的默念 3 分钟改为对前方抗战将士及死难将士致敬默念 3 分钟、设立战时常识讲习会与战时各种常识编译委员会、组织纠察队及抗战歌咏队、组织话剧队、组织汉奸理论检讨委员会、举办汉奸理论检讨周等。其中汉奸理论检讨周是 11 月 13—20 日举行的，由各系同学搜集流言、一般谈话及出版物中的“汉奸理论”，包括“主张中国必败论，以销灭抗战的勇气”；“主张局部休战，以破坏统一战线”；“造谣惑众，扰乱后方秩序”；“为维持少数人的和目前的利益而牺牲全民族永久的生存与自由”；“分化抗敌力量，排除广大民众于抗敌战线之外”；“加重牺牲抗战的恐怖，诱致

① 本段和上段，《曾院长在农学院第四次总理纪念周（三月七日）报告》，第 2～3 页。
② 四川大学校史编写组：《川大史稿》，第 209～256 页。

一般人苟安心理，以赞成妥协”等[①]。

自20年代起，就不断地有人指责川人缺乏国家观念。抗战爆发，四川远在后方，如何有效进行广泛的社会动员，成了一个重要问题。1937年11月，川大举行6周年校庆，国民党四川省党部代表陈紫舆在题为《四川大学之重要任务》的演讲中提到，在四川，“一般的人关了夔门剑阁，不知尚有国家”，以致军人之间长期混战。“外方的朋友常常说到我们四川文化落后，风俗鄙俚，还有许多酋长割据的现象”，听来很是“刺耳”，但这是事实，也“无法自护其短”。好在抗战一起，国人“一致对外，吾川健儿正已大多上前线抗战，其能奏殊勋者且不乏人，这是我们中国最好的现象，也是我们四川最好的现象”。随着战局扩大，前线节节败退，“后防的四川”乃愈形重要。这就要求青年们，“尤其是受了大学教育的青年们，更应当以浅近明白的文字语言，作锐利宣传的工具去唤醒民众”[②]。

1938年3月28日，故宫博物院院长马衡(1881—1955)也在川大的演讲中提出，“一般民众——尤其是最后方的民众”还有很多人对于“抗战的意义，救亡的责任”一无所知，暴露了“智识分子对于宣传指导的工作还未能充分做到”[③]。共产党方面的熊复则在写于同一时期的一份报告里提到：“川大的同学到德阳县去宣传，不敢下乡。原因是他们宣传不要皇帝(傀儡组织)，要打日本，却在农村听说‘日本是打不得的’，宣传打日本的要挨打。”[④]为马衡的观察提供了证据。6月底，熊克武、邓锡侯在川大毕业典礼上讲话，也都要求学生们将民族意识和抗战的意义

① 各提案、决议，均见“川大档案”，第54卷。

② 《本大学成立六周年纪念》，《川大周刊》第6卷第9期，1937年11月15日，第3页。

③ 《孟秘书长报告并介绍故宫博物院院长马叔平先生讲演》，《川大周刊》第6卷第24期，1938年4月4日，第2页。

④ 熊复：《一个关于四川的政治经济文化的报告》，收在《熊复文集》第1卷，北京：红旗出版社，1992年，第8页。

“普及到民间去”①。

抗日宣传是其时川大后援会的主要工作。在这方面，《川大史稿》所述主要集中在1937年12月该会改组以前，认为经这次改组，国民党CC派、复兴社和青年党等“顽固派”的力量夺取了后援会的领导权，对该会此后的情况未做叙述。

事实上，在此之后，该会的抗战工作并未停顿。1938年1月6日，后援团组织的寒假乡村宣传团一行50多人赴郫县、温江，通过讲演、戏剧、歌咏等方式宣传抗战意义。其中公演救国剧4次，演出了《放下你的鞭子》《我们的国旗》《一颗炸弹》《九一八以后》《汉奸的子孙》等剧目，据云每次观众数目皆在四五千人以上。此外，宣传团还“以极浅近之调查问讯，测验一般乡民对此战争之认识”②。3月中旬，后援会组织第二次乡村宣传团，赴成都附近红牌楼、簇桥、双流、中和场、中兴场等地，宣传方式包括“讲演、歌咏、戏剧、标语、传单、宣言、漫画多种”。其中，在双流和中兴场观看爱国剧的观众“俱在数千人以上，为该两地空前之盛举”③。抗敌后援会还举办了战时民众讲习班，第1、2期共毕业学生200多人。第3期开始在农、理学院各设一分班，学生达160多人④。

1938年6月，学生生活指导委员会议决，发动学生写信给前方战士。每周由值星负责完成，由学校统一发出⑤。暑假，学校组织夏令乡村服务团，既“使学生深入农村作抗战建国宣传，俾农民明瞭此次抗战之意义与自身之责任”，又鼓励他们服务农村，“以巩固复兴民族之新基

---

① 《本大学举行第七届毕业典礼》，第3、4页。

② 《本校抗敌后援会寒假乡村宣传团赴温郫各地宣传之情形》，《川大周刊》第6卷第17期，1938年2月14日，第5页。

③ 《本校抗敌后援会近讯》，《川大周刊》第6卷第21期，1938年3月14日，第3页。

④ 《战时民众讲习班一二两期毕业》，《川大周刊》第6卷第31期，1938年5月23日，第3页。

⑤ 《学生生活指导委员会第五次会议纪录》，《川大周刊》第6卷第34期，第4页。

础”。服务团分为抗敌宣传、农村服务和露营三组，通过举行通俗演讲、戏剧公演、展览会、幻灯片表演、纳凉会夕阳会、清洁运动、游艺会、游艺指导、讨论会，开办诊疗所、各种训练班、平民识字班、歌咏班，组织农事指导会，举行农产比赛等方式，进入农民家庭，进行生活和娱乐指导①。

抗战宣传为中共在成都的发展提供了契机。熊复的报告中说，“1935 年以前，似乎在四川没有党的组织，因为过去党在四川的力量完全被摧残了……党在成都的组织，似乎是在 1936 年以后才建立起来的”。用了两个“似乎”，表明他对于“党在四川的情形”，确实“知道得很少”②。这或与他其时资历较浅有关，但也符合 1936 年以前中共在成都的力量比较薄弱的事实。中共组织在成都的发展，与 1936 年川大扩大招生地域范围有关。时中共北平市委指示正在北大就读的韩天石(1914—2010)等人考入川大，建立起了中共在成都的最初组织“中华民族解放先锋队”③。随着抗战宣传的深入，中共在成都的力量也逐步扩大，在 1937 年底设立了地方训练班，训练下级干部④。这也使川大的学生运动成为全国学运的一部分。

第二节 “拒程”运动

抗战爆发后，国民党加强了对大学的控制。1938 年 1 月，陈立夫继任教育部长后，实行了一系列整齐划一的措施，如国立院校统一课程、统一招生、统一教材，审订大学教师资格，推行导师制，统一大学行政

① 《国立四川大学夏令乡村服务团办法》，《川大周刊》第 6 卷第 36 期，第 10～11 页。
② 熊复：《一个关于四川的政治经济文化的报告》，第 24 页。
③ 四川大学校史编写组：《川大史稿》，第 217～218 页。
④ 熊复：《一个关于四川的政治经济文化的报告》，第 25 页。

组织等[①]。在他就任后不到一年，发生了川大易长事件。

1938年10月，原中国驻德全权大使程天放卸任回国。11月中旬，国民党中央党部为“撤底整理四川党务”，在成都举办了“党务工作人员干部训练班”，派其主持[②]。12月13日，国民政府忽然发表行政院会议的决定，任命他为川大校长[③]。

程天放是江西新建人，美国意里诺(今通译“伊利诺”)大学政治学学士、硕士，加拿大都郎度(今通译“多伦多”)大学政治经济学博士。曾任江西、安徽、湖北省政府委员兼教育厅长，安徽省政府代主席，国立浙江大学、安徽大学校长等职[④]。他在政治上属于CC派，与陈立夫的关系很好[⑤]。任命发表的次日，程对记者表示，对此决议，“教育部事先未得本人同意”，他自己也是从报纸上看到的。“在教育部或以国立大学校长重要，命余承乏。但余本人则感觉过去虽从事教育行政有年，现在已无此兴趣。甚愿在他方面对国家有所贡献。故闻讯之后，即函陈部长询问经过。关于此事须俟与陈部长详细商谈之后，始能决定态度云”[⑥]。

川大教师看到这一消息后，大吃一惊。他们认为，张颐代理川大校长年余，校务发展一切顺利，却在事先毫无征兆的情况下突然被撤换，令人不平。他们尤其反对以程天放为继任者。盖其时陈立夫以多年办理国民党党务的身份担任教育部长，加强对大学控制，已被认为在推行

---

① 陈立夫：《成败之鉴——陈立夫回忆录》，台北：正中书局，1994年，第251～257页。

② 《兴中日报》1938年11月18日，第7版。

③ 《新新新闻》1938年12月14日，第3版。

④ 程天放履历表，“川大档案”，第38卷。关于程天放，又见《程天放先生事略》，收在“国史馆”编：《“国史馆”现藏民国人物传记史料汇编》第1辑，台北：“国史馆”，1988年，第512～516页。

⑤ 陈立夫：《程天放兄逝世二十周年纪念》、萧铮：《忆南昌程天放兄》，均载《传记文学》第51卷第5期，1987年11月，第52～54页。

⑥ 《兴中日报》1938年12月15日，第7版；《新新新闻》1938年12月15日，第9版。

"党化教育"[①]。程既是他的人，也是主持党务出身，此举自然被认为教育部推进"党化教育"的明证。而程在30年代初担任浙江大学校长期间，确有推行"党化教育"的"前科"。1936年初，竺可桢初任浙大校长，就了解到"浙大自程天放长校以后，党部中人即挤入浙校"[②]。另外，当时社会上还流传程天放在德国因不懂餐桌礼貌而失仪之事[③]。因此，校内外"拒程"的情绪很高。

拒程运动的主要推动者是文、理、农三学院院长朱光潜、魏时珍、董时进。其中，朱、董都是自由派知识分子。朱很少发表政见，董则常在《独立评论》等刊物上议论时政[④]。魏时珍是青年党员，与李璜、曾琦（1892—1951）等人交好；作为川大元老，他在校内威信极高。这三位都赞同维护学术自由，而朱光潜和魏时珍都又与张颐有着极为密切的私交。法学院院长曾天宇则不大积极[⑤]。14日，由三院长会商，决定致电重庆行营主任张群，请求中央收回成命。电文由朱光潜起草，曾天宇也

---

① 陈立夫：《成败之鉴——陈立夫回忆录》，第239页。

② 竺可桢：《竺可桢日记》第1册（1936年2月23日），第16页。

③ 熊丸口述，陈三井访问，李郁青记录：《熊丸先生访问记录》，台北："中研院"近代史研究所，1998年，第91页。罗宗文先生2001年4月1日在接受我的采访时也讲过同样的故事。

④ 董时进在程天放长校后辞职，主编《现代农民》月刊，发表了大量政论；1949年后，又自费印刷《董时进上毛主席书》，反对土改。50年代初，移居香港，后赴美国。参考熊炬：《主编〈现代农民〉的农业学家董时进》，收在四川省政协文史资料研究委员会、四川省文史馆编：《四川近现代文化人物续编》，第233～240页。

⑤ 据"当时适在川大"的汪潸（1919—1995）先生云，曾天宇"不表示态度，但偏向于程"（见其《反对程天放作川大校长》，收在四川省政协文史资料研究委员会、四川省省志编辑委员会编：《四川文史资料选辑》第13辑，成都：四川人民出版社，1979年，第54页）。现存"川大档案"关于拒程运动的材料极少，《川大周刊》更只字未提，汪潸文对其事内幕叙述较详，值得参考。我同时并采访了其时正在川大历史系做助教的吴天墀先生及在秘书处工作的闵震东先生。他们与汪文所述相同之处，本文径引汪文为据。又，《川大史稿》对此事叙述，除了依据汪文外，也引用了韩天石、王怀安（1915—2015）、康乃尔（1910—1980）、郭治澄（1918—1985）、邵松乔、陶然等人的回忆材料，对了解中共在此事上的态度极有帮助。

签了名。文曰：“顷见报载，川大校长于学期中途无故变动，校务进行极感困难。校内外群情惑然，拟请我公顾念桑梓，婉致当轴，暂缓明令发表，用维教育，而息流言。”①

15日，四院长联名邀请全校教师在至公堂大会，由朱光潜担任主席。“会上发言者很多，情绪激昂，都主张联名致电教育部请求收回成命，并发表宣言公开反对，当即推定朱光潜起草”②。16日，魏时珍在接受成都《新民报》记者采访时表示：“川大各院长对于更易校长事，均觉过于‘突然’。张校长虽无赫赫之功，但一本学者办学之旨，努力从事，初非政客者可比。若中途易人，殊有影响于校务及学风。此种感觉，不仅各院(长)同有，即各教职员亦莫不皆然。”③他的谈话虽然简短，但含蓄地点明，反对易长的主旨即反对“政客”办学。

当天下午，川大63名教授联名发出致教育部电：

> 四川为今日抗战后方重地，四川大学为今日全国仅存之完整的最高学府。人事进退，匪仅关系一校，实为抗战全局视听所系。自更换校长之息披露于报端后，同人等服务川中，与闻较切。除已电陈当局，请即收回成命外，兹特以所见为全国关心教育之人士沥陈之。大学为作育高深学术人才之机关，学术理想贵在保持自由独立之尊严，远离潮政(原文如此，应作“政潮”。引者注，下同)之波荡，研究工作，尤需环境安定，不容轻易更改。欧美各国对于大学校长人选，必求其学术精深。一经任命，决无无故纷更之理。今加以撤换，使全校师生研究工作，顿受影响，后何□尚肯实□任□?

① 《新民报》(成都版)1938年12月16日，第3张第11页；汪潜：《反对程天放作川大校长》，第56页。

② 汪潜：《反对程天放作川大校长》，第56页。

③ 《川大理学院长魏嗣銮谈易长问题》，《新民报》(成都版)1938年12月17日，第3张第11版。

此同人等所认为不可者一。后方教育事业于政治、军事、社会一切设施□□□□关，当抗战前途千钧一发之际，后方人心之安定，实为首务。川大自抗战以来，全校师生对研究学术之外，努力救国工作，尚无愧于国家。今于全校无问题之□，忽生翳问题（原文如此），风声所播，窃恐人存观望，影响一切事□，有碍抗战工作。此同人等所认为不可者二。国家兴亡，系于士气。养士之来道（原文如此），节操为先。近年以来，从事政治活动者，往往排斥异己。世风日下，国亦随之。为校长自宜奖励学术，专心教育，人格皎然者，然后足为青年师表。今必欲去洁身自好之学术界先进，流弊所及，影响士风。此同人等所认为不可者三。以上三点，为同人等共同之认识，为今后进退之标准。事关教育学术前沿，揭诸国人，以求公论。①

签名者为朱光潜、魏时珍、董时进、林思进、龚道耕、向楚、李植、叶麐、钟作猷、周谦冲、胡助、周太玄、张洪沅、郑衍芬（1893—1979）、徐敦璋、向宗鲁、萧参、曹任远、熊子骏、顾葆常、李蔚芬、何鲁之、彭举、宋诚之（1892—1955）、邓胥功、张敷荣（1904—1998）、胡子霖（1892—1970）、顾绶昌（1904—2002）、饶余威、张佐时、罗念生（1904—1990）、杨秀夫、熊祖同、周光煦、谭其蓁（1888—1959）、杨人楩、谢文炳（1900—1980）、罗容梓（1900—1967）、黄建中、刘绍禹、冯汉骥、柯召（1910—2002）、傅葆琛（1893—1984）、杨伯谦、王善佺、曾宪朴（1908—1966）、萧公权、赵人儁、凌均吉、李华宗、谢苍璃、曹诚英（字佩声，1902—1973）、邵均（1903—1977）、余其心、张文曦、蓝梦九（1901—1953）、张文湘（1900—1996）、忻去邪、朱显祯、李家葆、高

① 《新民报》（成都版）1938年12月18日，第3张第11页。

新亚、刘世楷(1897—1966)、郑愈(1900—1979)①。

汪潜在回忆文章中把参加拒程运动的人分为三类。一是自由派知识分子，他们主要是为了捍卫学术自由；一是一些川籍教授，他们主张“川人长川大”，由江西人做川大校长，未免视川中无人；一是青年党员，他们拒程，主要出于和国民党的矛盾②。这个名单也似乎证实了这个说法：自由派知识分子如朱光潜、董时进等，四川文化界的老先生如林思进、龚道耕、李植、向楚、向宗鲁等，青年党员如魏时珍、周谦冲、何鲁之、彭举、顾葆常等，组成了这个名单的主体。汪潜还指出，龚道耕、林思进、李植、叶麐、吴君毅(然而此名单并无其名)、熊子骏和高新亚等“尤极愤慨”。

不过，参加过运动的邓胥功在解放后的回忆文章里认为地域和党派这些因素“只是构成反对程氏来长川大力量之一，而不是主要原因”。他说：

> 反对程氏来长川大的主要原因，我认为提高一点，应是人心向背。从蒋介石登台后，十多年来，一直在学校进行法西斯统治，一

① 豆瓣网上有一篇署名杨成堉的书评，指出第一版中所录名单乃据汪潜文转录，多有遗漏，连带下文比较罢教宣言签名者的变化也出现误判；又，书中把饶余威写作饶孟侃，《新民报》(成都版)发表的罢教宣言日期也弄错了(我查了一下，是把该报发表的《四川大学教授启事》的日期与罢教宣言搞混了)。所述俱属事实，此处已遵其指示改正，特此声明，并志吾过。不过，杨氏据此怀疑原书所引《新民报》(成都版)的拒程电文乃从二手资料转抄，则是误解。因我并没有看到过包括汪潜的文章在内的任何“二手资料”曾披露此文。事实上，本章多处标注出自汪潜文章的史料，实在不必遮掩此条。查本书第一版，用来说明资料出处的注释标记，也标注在电文之后，而非名单之后，说明这份名单并不是从《新民报》上引录的。我下段开始的注释即引用汪文，应是合并说明之意。此事已隔多年，我不能确切记起当初情形，但我那时为了省钱，很少复印材料，大都依靠手抄，想来是因为汪文既有此名单，也就没有再从报上誊录。但无论如何，拒程电文确实来自《新民报》，而我也绝没有把从二手材料上转引的材料伪装成一手资料。疏漏和错讹当然不足取，但与有意造假仍有区别。不过，我当初没有比对两份名单，致此失误，所以仍应承担最终责任。

② 汪潜：《反对程天放作川大校长》，第54～55页。

般师生都只要求在政治生活上能多少有点民主气息，这就是张澜、王兆荣、任鸿隽、张颐虽不就是理想的人选，但大家都能相安的原因。现在程天放来了，他是一个著名的CC党棍子，他凭党棍子的关系，做过教育厅长、大学校长以及驻德国大使，皆无成绩可言，还留有若干丑迹。这些问题还小。人们想到这个党棍子若来川大掌握了校长权柄，学校生活决不可能再像过去那样比较平静，将会发生川大未曾有的局面，还必然导演出许多恶剧，这是大家所关心的，也是大家所忧虑、所害怕的，这在当时是主要原因，是大多数教师也包括些社会人士的共同心理。①

除去“提高”云云明显带有“解放后”的语言痕迹外，邓的评论基本可以描述“大多数教师”的真实心态②。事实上，宣言全文论述的重点也主要集中在这一方面。

虽然如此，地域和党派因素在其中起到的作用仍不可忽视。萧公权在回忆录中就把原因归结为，“多数川籍教员认为‘川人长川大’是‘顺理成章’的办法。因此他们相信张真如必然会由代理而真除。教育部另派程天放先生长校的消息传到学校之后，他们大为失望”。后来他又听蒋廷黻说，“发动风潮的人多系中青党的党员”③。如果萧公权回忆无误，则“党派之争”是国民党中央方面对此事的定性(详见后文)，无党派的萧

① 邓胥功：《拒绝程天放与川大迁峨眉》，收在四川省政协文史资料研究委员会、四川省省志编辑委员会编：《四川文史资料选辑》第13辑，第69～70页。

② 比如向宗鲁反程，就主要是这个原因。程天放接任后，曾派人向各教授进行疏通。时向宗鲁谓：“谁能相信党棍子能办好大学教育呢?”参看罗元晖：《考据学家向宗鲁》，收在成都市政协文史资料研究委员会编：《成都文史资料》总第19辑，第101页。屈守元在回忆文章中也提到此事，不过略有不同：“时守元方侍座问难。先生借与守元语，大声呵斥蒋介石。”见其《精于校雠的学者向宗鲁》，收在四川省政协文史资料研究委员会、四川省文史馆编：《四川近现代文化人物》，成都：四川人民出版社，1989年，第282页。

③ 萧公权：《问学谏往录》，第135页。

公权对此显然未曾留意，他观察到的，只是其中的地域心态。

除了青年党之外，国民党内非 CC 派的势力以及中共的力量，在其中也都有参与。曹任远是国民党元老谢持的女婿，曾参加胡汉民(1879—1936)的“新国民党”，与 CC 派向来不睦①。他参加拒程，不排除国民党内部斗争的成分。吴天墀先生就告诉笔者：“陈立夫党性极强”，发表程天放为校长，“四川老国民党不愿，军人不愿。”②高新亚和中共、冯玉祥及四川地方势力都有来往。熊子骏则是中共地下党员。从这些因素来看，拒程运动应是川大校内不满程天放或 CC 派的各方力量汇集的结果。

即使抛开这些因素，“一朝天子一朝臣”，对有的教师来说，换校长就有可能意味着自己饭碗不保。吴宓 1938 年 12 月 14 号的日记里，谈到川大易长问题，谓曾天宇“恐院长不稳。其他如孟寿椿、李炳英、向宗鲁、李植等亦恐有变局。拭目俟之可也”。他为何要点出这几个人的名字，所言不详，从最后一句看，似乎有幸灾乐祸的意思。其 16 号日记又言：“川大学生已欢迎程天放矣。沈克勤来，言川大换校长，吴君毅略感恐慌。”③当然，这只是吴宓眼中的拒程运动，未必尽合当事诸人的真实想法。不过，吴天墀先生告我，当时大学不多，又有派系，若被解聘，谋生不易④。吴宓的猜想似也未尝无据。不过，也正是有“饭碗”的危机，有的人始终未曾深度参与此事，或在程天放到校后采取了妥协态度。

---

① 杨天石：《曹任远与胡汉民的“新国民党”——读谢幼田未刊稿〈谢慧生先生年谱长编〉》，收在《海外访史录》，北京：社会科学文献出版社，1998 年，第 351～354 页。张颐因参加辛亥革命的缘故，与谢持“关系甚深”。参看李璜：《学钝室回忆录》(增订本)上卷，第 203 页。

② 吴天墀先生访谈记录，2000 年 10 月 31 日。

③ 吴宓：《吴宓日记》下册(1938 年 12 月 14 号、1938 年 12 月 16 号)，第 789 页。吴宓对曾天宇看法不佳，似受其四女儿影响，日记中多有引述，如第 397、434、441 等页。

④ 吴天墀先生访谈记录，2000 年 10 月 31 日。

张颐对此当然不满，惟以其身份不便有所公开表示。17 日，他接受成都《新新新闻》记者采访，表示“心力交瘁，早思退避。惟以国难严重若此，故未敢言辞……本人一切决惟中枢命令是遵，无任何意见可告”。话虽这么说，他的谈话却很长，回顾了自己一年半来的治校成绩，如谓“现各院教职员多系国内知名之士，与国立各大学相较，殆无逊色”，学生、教授人数皆有增长，经费亦“绝对公开”等①。实际表达了愤慨。直至 1944 年 1 月 31 日，此事过去已四年有余，张颐还在给胡适的信中谈到：“弟于二十六年夏接管四川大学，至二十七年底，初未有何过失，徒以程天放自柏林回，政府无事与之，遂命渠来接。渠任职四年，教员四散，学风败坏，乃自动让交黄季陆以省党部主任资格兼任大学校长。”②此是私人信函，张颐无须掩饰，愤懑之情溢于言表。

在拒程运动进行的同时，迎程派也行动起来。此派的头脑系孟寿椿和法学院教授徐则骏。据云，孟随任鸿隽到川大后，由于任经常出省接洽校务或参加各种活动，在校时间不多，孟就培植了一批自己的势力，试图架空张颐。张颐对此颇不满，故在校务方面多求助魏时珍。张、孟之间嫌隙渐深。孟遂加入积极迎程的行列。他组织了一批学生，以川大抗敌后援会的名义决议，进谒程天放以表欢迎，致电教育部促其尽快就职，同时筹备迎送新旧校长大会③。14、15 两日，后援会和部分毕业生分别致电，称其“实为主持本校最适宜人选”④。当天成都《新民报》记者到川大采访魏时珍时，也在皇城本部的学生布告处发现了抗敌后援会和成都石室中学川大校友会的迎程通报⑤。

---

① 《川大校长张颐访问记》，《新新新闻》1938 年 12 月 18 日，第 10 版。

② 张颐致胡适（1944 年 1 月 31 日），收在中国社会科学院近代史研究所中华民国史研究室编：《胡适来往书信选》中册，第 568 页；又见耿云志主编：《胡适遗稿及秘藏书信》第 34 卷，第 31 页。

③ 《新新新闻》1938 年 12 月 16 日，第 9 版。

④ 《兴中日报》1938 年 12 月 16 日，第 7 版。

⑤ 《川大理学院长魏嗣銮谈易长问题》。通讯中提到“川大石室中学同学会”，表明任鸿隽、张颐等虽然不允同学会备案，但仍有类似组织的活动。

不过，12 月 18 日，成都报纸刊出刘彦和等 48 人署名的《川大毕业同学会紧要声明》，谓川大毕业同学会“凡属对外行动，均须大会议决”，前此报上所登毕业同学迎程电文，“留省同学均属不知，当系少数分子假借同学会名义所为。同人等决不承认”。并同时刊出川大学生 423 人启事称：“查此更易校长问题，多数同学虽多慎重考虑之中，却未表示任何意见。此等举动，必系少数学生假借名义所为，决非公意。”①

国民党四川省党部中的 CC 派也在策划迎程。成都报纸报道，15 日，有川大学生赴沙利文饭店程天放居所，程又对他们重复了 14 日对记者的谈话内容②。吴虞在 18 号日记中也记：“丁鍊秋来，江津人，川大讲师，云程天放乃此次蒋委座来川所委。李琢仁引川大全体学生往见程，陈述一切。故川大内容如何，程氏尽知。”③丁氏提到的李琢仁系国民党四川省党部委员，亦属 CC 派④。

也有人基本采中立立场，但考虑也不尽相同。曾天宇是不愿意得罪国民党中央，法学院教授裘千昌（1895—1969）和胡恭先则是因为了解相当一部分学生对此事并不积极（详见下文），也不愿参加党派斗争，故始

---

① 《川大毕业同学会紧要声明》《国立四川大学学生刘顺和、陈仲英、李荫远、杨正华、龚汲门、秦□、喻焘、汪榕等四百二十三人紧要声明》，《新民报》（成都版）1938 年 12 月 19 日，第 3 张第 8 页。汪潜称，此举由青年党为主发起（《反对程天放作川大校长》，第 56 页）。《川大史稿》则称签名运动是中文系学生王利器发起的，“青年党的一些学生也积极参加了签名运动”（该书，第 260 页）。王利器亦有此说：“一些有正义感而又好学的同学，都认为川大在一个黑格尔专家、英国皇家学会会员张颐博士长校以后，办得勃勃有生气，蒸蒸日上，不能让一个党棍子来把好端端的一个最高学府断送了，于是由我发起签名运动，揭露所谓‘川大全体学生’去电欢迎程天放，是盗名欺世，并商拟一个声明，由我去找成都一些报纸刊登，他们都一概拒绝了，说省党部有通知，凡是关于川大的消息，一律不予刊登”。（参看王利器：《王利器自述》，第 199 页）。王利器参与的这份声明，不知是否即“四百二十三人紧要声明”。

② 《新新新闻》1938 年 12 月 16 日，第 9 版。

③ 吴虞：《吴虞日记》下册（1938 年 12 月 18 号），第 790 页。

④ 汪潜：《反对程天放作川大校长》，第 53 页；罗宗文先生访谈记录，2001 年 4 月 1 日；李一氓：《李一氓回忆录》，北京：人民出版社，2001 年，第 36 页。

终持旁观态度[①]。赵人儁和萧公权在接到魏时珍等人的邀请后，商量的结果是“我们是‘客卿’身份，不便过问校务，但也‘不好意思’置身事外，似乎不妨去开会，看情形后决定行止”[②]。

据汪潜的观察，在学生方面，“无党派关系者占大多数，但因无组织，不能形成一致的意见和集体的力量。这大部分学生，在当时说不上什么思想觉悟，其中还有不少惑于程天放曾任驻德大使之虚名，和不喜欢张校长之老大(张氏平日不喜接近青年)，幻想程来对川大前途发展有利”。国民党学生“即在这部分学生中积极活动，组织迎程”。青年党学生虽“人数较少，但步调一致，表示反程”。至于“左派进步学生”，一方面是“力量不大”，另一方面“对张亦感觉无可信赖，因而对这次拒程，不愿即时轻易介入，而主要把力量放在推动教师造成社会舆论上”[③]。

吴天墀先生告诉笔者，青年党在学生中的影响不大，“不能挑起这么大的运动。魏时珍当然是反程的，但力量不够”。该党主要是通过运动四川军人的力量来反程的。相对说来，左派的“力量还强些”，但表现得较为“隐蔽”[④]。对于左派力量的估计，汪、吴两先生从不同角度解释，意见不尽一致，但亦不无可以互相印证的地方。即，学生反程，青年党和左派是基本力量，但青年党比较积极，左派学生则表现得要更加“隐蔽”。这样，就形成了汪潜所说“教师中反程的空气浓厚，学生中留张的态度淡薄”的局面[⑤]。

张颐是老同盟会员，在地方上本有一些人事关系[⑥]。他又不像任鸿

---

① 汪潜：《反对程天放作川大校长》，第54～55页。

② 萧公权：《问学谏往录》，第135页。

③ 汪潜：《反对程天放作川大校长》，第55页。

④ 吴天墀先生访谈记录，2000年10月31日。吴先生当时系青年党员。

⑤ 汪潜：《反对程天放作川大校长》，第55页。

⑥ 他和朱叔痴、黄圣祥、陶闿士(1886—1940)等川籍老同盟会员的交情都不错，参看张文湘：《张文湘自传》，1991年，手稿，第2页。按，张文湘是张颐的侄子，毕业于东南大学园艺系，1927年由张澜聘为成大生物系讲师；1931年“三大”合并后，转入四川省农学院园艺系副教授；1936年赴美国加州大学洛杉矶分校进修；1938年秋回国，聘为川大农学院园艺系教授。

隽那样，喜欢刻意强调“地方”与“中央”的区分。相反，他在讲话中经常使用“我们四川”或“吾川”一类的字眼，在地方上颇得好感。1938 年夏川大举行毕业典礼，张颐邀请了中央委员熊克武、川康绥靖公署主任邓锡侯、中央监察委员曾通一（名道，以字行，1877—1948）、重庆行营厅长叶元龙（1897—1967）、四川省党部委员周荫棠、中央军事学校成都分校主任陈又新（1891—1957）、四川高等法院检察官林超南、光华大学校长张寿镛（1875—1945）、副校长谢霖（1885—1969）、金陵大学校长陈裕光（1893—1989）、华西大学校长张凌高、军事参议官但懋辛（字怒刚，1886—1965）、地方耆老刘咸荥（字豫波，1857—1949），及四川的老国民党人朱叔痴和李伯申等。这些人大致包括三类，一是中央与地方官员，一是驻蓉大学校长，一是地方名流。如果和任鸿隽时毕业典礼所请来宾做一比较，其中的“地方”色彩一望而知，不但有地方绅士和地方军人，即使中央官员熊克武、曾通一（在国民党内均已边缘化）也同为川人。

魏时珍等与四川地方军人也有密切联系。他们提醒四川军人，程天放是蒋介石的人，到川大来会加强蒋介石在川力量。其时，刘湘已死，邓锡侯、潘文华（1886—1950）、刘文辉等联合起来，抵制蒋介石的势力的渗透，与中央矛盾很深。魏时珍的劝说打动了邓锡侯等人①。不过，邓、潘等也只能在“暗中对反程表示同情”，却不能大张旗鼓地有何举动②。明确表示反对程天放的，是成都的地方耆绅。12 月 16 日，他们向国民政府主席林森、参政会、国民党总裁蒋介石、副总裁汪精卫、行政院长孔祥熙、教育部长陈立夫发出两份代电。

一份由周道刚、徐孝刚（1880—1956）、萧德明、罗春士、黄肃方（1878—1951）、唐宗尧（1877—1964）、裴纲（1884—1950）、夏之时

① 吴天墀先生访谈记录，2000 年 10 月 31 日。
② 汪潜：《反对程天放作川大校长》，第 56 页。

(1887—1950)、彭植先、曾宝森(1884—1952)、廖学章、刘星垣(1891—1978)、李星辉、陈月舫(1886—1968)、李劼人、周子龙等人署名，多为原军政界和教育界人士。他们除了称赞张颐“任职年余，众望允孚”外，特别强调要从“安定后方”的角度处理此事：“当此抗战紧张之际，国家安危，系于一发，后方一切，似不宜轻于更动，诚恐引起反响，为害实不忍言。事关大计，固不仅教育一端为然。用敢迫切陈词，伏请本安定后方之旨，立予收回成命。”另一份代电由方旭(1851—1936)、尹昌龄、刘豫波(即刘咸荥)、林思进、卢子鹤(1879—1963)、向楚、李伯申、王子骞(1887—1991)、郭湘、谢百城(1882—1951)、闵次元署名，领衔几位都名列五老七贤，声望卓著。他们的诉求对象除了林、蒋、汪、孔、陈诸人外，还有重庆行营主任张群、川康绥靖公署主任邓锡侯、副主任潘文华、四川省政府主席王缵绪(1886—1960)。内容与周道刚等电大致相同[①]。

对川大内外的“拒程”运动，国民党中央也做出了反应。16 日中央社电称：某教育专家谈，川大易长与否，“当局亦自有其绝对之权，他人无由置喙”。17 日的《兴中日报》登载了这条消息并发表短评，称“某教育专家”所言，“真是鞭辟入里之论，我们极表赞同”。并称：

> 川大□职教授和川大学生业已形成对立的双方。我们就现实的事实来论，川大学生之迎程送张，或者出于某种愿望也未可知，这还情有可原。至于教授名流们，即或不避维护自身地位嫌疑而高谈阔论，那么，所谓最高学府在政治上宜处于超然地位一语，我们不知道是否有最高学府校长永不更换的意思？而所谓在政治上宜处于

① 《新新新闻》1938 年 12 月 18 日，第 9 版；《新民报》(成都版)1938 年 12 月 18 日，第 3 张第 11 页；汪潜：《反对程天放作川大校长》，第 58 页；四川大学校史编写组：《川大史稿》，第 260 页。

> 超然地位一语，又不知道是否含有川大易长已成为政治斗争问题的意思？至于所谓维护思想之自由一语，更不知道学校是否应当受中枢的管束？是否学校易长以后学术思想就会失其自由？……教授名流们如果是防区制时代的封建军人和多事政客，对于中央的政令动辄藉口反对或表示不能接受，我们不想说话。奈之何在国家已告统一的时期，在抗战建国的时期，更在最高学府作育人才、或以耆老自居、清高自许的人们，对于中央行政措施，居然大发其议论，学术之谓何？思想之谓何？教育之谓何？纪纲之谓何？①

《兴中日报》由四川省县政人员训练班毕业学生所办，由四川省政府秘书处每月拨款2000元②；该报报头亦由王缵绪题写，可知其背后的势力。这篇社论大抵代表了地方政府里亲中央一派的意见。其批判对象，不仅有川大教授，亦有地方耆老，向中央靠拢的倾向相当明显。

但成都士绅的反对声潮并未停止。18、19日，他们又分别发出两份通电。第一份通电的签名者有黄肃方、夏亮工（即夏之时）、刘亚修、唐宗尧、曾子玉（即曾宝森）、李伯申、谭创之、闵次元、熊慕颜、周绍芝、王子骞、王伯常、郭梦芝、颜仲卿、汪蜀宇、杨懋实、谢百城、陈朴安（？—1947）、陈潜溪，其中多数人也曾在四川军政界活跃过。文曰：

> 窃以为川大年来经现任校长锐意整顿，秩序井然，学风丕变。所延教师均属全国知名之士，人才之盛，向所未有。且现值学期当中，校务方在顺利进行之时，原任校长亦不闻有辞职失职之事，突

① 《川大易长问题》，《兴中日报》1938年12月17日，第7版。

② 王绿萍编著：《四川报刊五十年集成（1897—1949）》，成都：四川大学出版社，2011年，第405页。

> 然变易，已不可解；而继任者又为贻讥友邦，有辱国体之辈，更属可异。况明令尚未发表，而校内教员学生与各界人士之中已大起骚动。设若果成事实，势必掀起绝大风潮，先机之兆已见其端。当此国家危急存亡之秋，前线喋血苦战之际，我政府对于后防重地之措施，无不力求其安定。况迩来川中各县，民变之事已屡见不一，人心极为浮动。今若更对此原本安定之学府，无故更换校长，既非其时，复非其人，若竟因此而惹起学潮，殊失我政府慎重教育安定后防之本旨。心所谓危，不敢不告。①

电文中“人心浮动”云云，已隐约有以民愿相威胁之意了。

第二份通电的签名者有方旭、尹昌龄、刘豫波、林思进、卢廷栋(即卢子鹤)、黄金鳌(即黄肃芳)、向楚、李伯申、萧德明、曾宝森、王子骞、夏之时、谢百城、唐宗尧、闵次元、陈朴庵(即陈朴安)、郭湘、杨声(即杨懋实)、李劼人。文曰：

> 窃自抗战军兴，举国教育机关多被日寇摧残，四川大学幸地处僻远，得以照常推进。其校长张真如君，质直纯朴，一心学务，未尝为本分外之生活。循循师表，实吾川父老所供(原文如此，应作“共”。引者注)信赖友者。报纸忽传钧院更动川大校长之消息，于是校内疑虑顿起，校外流言滋多。佥谓川大成绩已著，且于学年中途无故更张，于事为不必要，于理为不可解。四川为后方重镇，最高领袖既已一再以安定二字相勉，川人亦正仰承旨意，奋智力，竭资材以相从事。若川大者，既已安且定矣，而又突然纷更之，何益于事，只见其扰耳。设因此竟使识浅虑薄者流，各怀疑虑，影响所

---

① 《黄肃芳等请勿更动四川大学校长案》，中国第二历史档案馆藏国民政府教育部档案，档案号：5-2607。

及，非细故也。学校公器，舆论公言，任免权衡，应请慎重出之。除电呈蒋总裁、参政会外，谨供鄙怀，诸维明察。[①]

18日晚，程天放接受记者的采访，再次表示自己“从事教育行政多年，实已有倦意”。但“中央极为重视川大，今后本人一切唯中央之命是从。何日到校视事，尚待回渝与中枢教育当局详商，三数日后返蓉，方可决定云”[②]。口气已经与初闻消息不同，当是与陈立夫“详细商谈”的结果。19日，程飞往重庆。当日中央社电：程天放日内返省接事[③]。程天放在渝期间，又向陈立夫请示了“川大今后改革方针，及就职日期”[④]，显然已经做好了准备。

为了寻求舆论支持，19日中午，朱光潜、魏时珍和董时进在成都明湖春宴请成都市新闻界人士[⑤]。吴虞在12月20号的日记中说：“癸叔夫人来，言川大教授举代表见王治易(即王缵绪。引者注)，请主张公道。治易云，此国立大学，我不便言。又云学生见程天放要求换五院院长，故魏时珍已未到院。诸人窘急之态如画矣”[⑥]。“癸叔”即周岸登(1872—1942)，时在川大中文系教授词曲[⑦]。周未在反程宣言上签名。查其履历，他1931年曾在安徽大学任教，时适值程天放主持安徽省政

① 成都方旭等：《为川大校长任免权衡请慎重出之谨贡鄙怀诸维明察》(1938年12月19日)，中国第二历史档案馆藏国民政府教育部档案，档案号：5-2607。此文与方旭等16号通电中的词句大体相同，仅有数字之差，如“其校长”为“川大校长”、“报纸忽传”前有“乃者”等。发电人名和顺序也不一致。故19日通电当在16日通电的基础上所作。

② 《民声报晚刊》1938年12月19日，第4版。

③ 《新新新闻》1938年12月20日，第3版。

④ 《民声报晚刊》1938年12月20日，第4版。

⑤ 《民声报晚刊》1938年12月19日，第4版。

⑥ 吴虞：《吴虞日记》下册(1938年12月20号)，第790页。按川大其时只有四院，吴虞记录有误。

⑦ 关于周岸登，参考林荫修：《词坛巨匠周岸登》，收在四川省政协文史资料研究委员会、四川省文史馆编：《四川近现代文化人物》，第293～298页。

之时，或因此与程氏有旧。

面对川大教师和四川社会的巨大压力，陈立夫对不同的人士采取了不同的措施。12 月 20 日，在程天放晋谒陈立夫的当天，教育部给张颐发出一份电报：

> 国立四川大学张代校长：该校校长一职已奉院议通过，以程天放继任。本已令程校长克日到校就职，并令该代理校长移交在案。顷悉该校有少数院长教授对于校长问题颇持异议。查简命校长，权在政府。该院长教授，身为学生师表，应知服从政令，何能出位干政，败坏学风？本部甚望传闻之失实。如果确有此项情事，该代理校长应有导正之责，勿使学校前途发生不良影响。并盼于移交后来渝报告。特电知照。教育部。号。印。[①]

号电措辞严峻，而且有用“学校前途”来威胁张颐等人就范之意。显然，陈立夫是想采用高压迅速平息事件。

次日，教育部发出两份代电，分致黄肃方和方旭等人。致黄肃方等代电表示：“四川大学校长一职，自任鸿隽辞职及本部暂以张颐代理，使校务进行益加顺利。最近中央正式任命程天放为该校校长，系属恢复学校行政常轨，本非无故易长。”电文叙述了程天放在教育界的履历，称其“办学经验极富，以长川大，足资表率而期进展”。接下来又说：“委座对于国立大学校长人选，审虑周详，与诸先生爱护川大之意正复相

---

① 教育部号电（1938 年 12 月 28 日），“川大档案”，第 1940 卷；《新民报》（成都版）1938 年 12 月 21 日，第 3 张第 7 页；汪潜：《反对程天放作川大校长》，第 58～59 页；四川大学校史编写组：《川大史稿》，第 261 页。吴虞在 1938 年 12 月 21 号日记中亦有引用，但文句颇有不同：“云闻新校长发表以后，全体师生均表示热烈欢迎，惟有一二院长教授，因地位关系，略有异议”（吴虞：《吴虞日记》，第 790 页）。其实，原文不是“略有异议”，而是“颇持异议”。至于“地位关系”云云，则显然属于“创作”，这可能是“所传闻异词”，但也有可能是他把自己的解释加入了其中。

同，想为明达所共悉。”致方旭等的代电基本内容与致黄电相同，但强调“此职悬虚已久，校务改进，诸多困难。顷中央任命程天放继任，借以恢复行政常轨，自与易长不同”。前电尚承认张颐的治校成绩，后电则根本不认为张颐是真正的校长，故任命程天放也就不算是“易长”了①。

张颐属于“下属”，可以严厉训斥。但地方耆绅甚是不同，他们在社会上的声誉和势力都不容小觑，对他们说话，需要讲究策略。这两份代电态度委婉，表示理解地方绅士对中央的反对，只是因为“远道传闻”造成的“误会”，强调双方心意相同，希望以好言宽慰抚平人心。

事实上，教育部看到黄肃方等人的代电后，就已命令川人郭有守调查“列名各人履历”。郭呈文称：“兹经查明，黄肃方等多系成都一般人所称现时之在野名流，寓居蓉城，未任军政现职者盖居多数。”从这段话看，国民党中央最担心的大概就是这一事件中有现任军政职务的地方势力的参与。郭有守开具的调查情况如下：

黄肃方　军人，保定生

萧静轩　大竹人，旧一军系统，曾任财政厅长

夏亮工　曾任都督，其如夫人即在上海开锦江饭店者

刘亚修　曾任熊克武代表，刘湘时代任专员

唐宗尧　旧一军系统

曾子玉　同上

李伯申　曾任省议会会长，闻此人尚好

谭创之　曾任国文教员

熊慕颜　曾任旅长

① 《复黄肃方不录由》《致方旭》，均为中国第二历史档案馆藏国民政府教育部档案，档案号：5-2607。《陈部长昨电复蓉绅耆》，《新新新闻》1938年12月22日，第10版；《新民报》(成都版)1938年12月22日，第3张第11页。

闵次元　商人

周绍芝　曾任邓部旅长

王子骞　曾任旅长

王伯常　曾任邓部旅长

郭梦芝　自流井人

颜仲卿　名流

汪蜀宇　刘湘旧部

杨懋实　前重庆大学事务长，甘绩镛之儿女亲家

谢百城　曾任蒙藏委员会，石时代简任秘书

陈朴安　曾任川团练局长

陈潜溪　不详[①]

从这份名单看，郭有守主要调查的是12月18日代电的签名者。19日的代电有不少人与此份重复，其他如方旭、尹昌龄、刘豫波属“五老七贤”，林思进、向楚、李劼人则是文化名人，并与川大关系密切。郭的调查极简单，不过也是花了一些心思的。其中介绍比较特殊的，有两个人。一是李伯申，国民党人，曾任四川省议会议长，和张群的关系不错，后来张群做四川省政府主席时，他被任命为秘书长，较接近中央，故得到“尚好”的评语。另一位是杨懋实，调查专门指出他是四川省财政厅厅长甘绩镛(1888—1962)的儿女亲家。不过，正如郭氏所说，他们都已是“过气”之人[②]。夏之时这位辛亥革命时期的“都督”，竟然要靠其“如夫人”董竹君(1900—1997)来确定身份。不过，最值得注意的就是这份名单上的人多数都有地方军人背景。

① 郭有守呈文，中国第二历史档案馆藏国民政府教育部档案，档案号：5-2607。

② 罗宗文先生在2001年4月1日接受我的采访时看过这份名单，也有这些人在当时已经“过时”的说法。

郭有守负责调查的这份名单中，只有夏之时和李伯申等和张颐一同参加过辛亥革命，双方大概有过一些交往。其余的人，既有属于旧一军系统，又有属于刘湘、邓锡侯等系统的。而张颐自民初出川，直到1936年才回省，本人又是较为纯正的学者，和这些新旧军人势力当无太深的关系。也就是说，他们拥张反程，应无私人关系在其中。更重要的，恐怕和当时四川军人与国民党中央的矛盾有很大关联。

同日，陈立夫并以个人名义密电邓锡侯、王缵绪和潘文华，为程天放寻求地方支持：

> 成都川康绥靖公署邓主任晋康兄、省政府王主席治易兄勋鉴。密。前在汉晤教，承示川大校务亟待整顿，甚感关垂。该校自任前校长辞职以后，一时未得继任人选，因准以文学院院长张颐暂摄。惟为整顿校务起见，校长一职未可久悬。适委座莅渝，命以程天放继任，已奉院令发表。程校长两长大学，成绩卓著，以长川大，必能施展素抱。适合先生整顿川大之期望。已令克日到校就职。以后关于校务之改进，务祈就近赐予赞助，无任感兴。

致潘电内容相同①。陈电中提到“承示川大校务亟待整顿”，所指不知是邓锡侯还是王缵绪。若是邓，他为何要有此建议，其真意如何，都不清楚。

21日，《兴中日报》刊出短评，宣布“程天放即飞蓉接长川大”，明确点出对“党化教育”的拥护：“如果不是倭寇和汉奸，绝不能说党化教育已成过去的话”。短评提出，一些“‘别有用心的人们’，故意造出一些谰言蜚语来耸动老同志们的听闻；而另一方面，这些‘别有用心’的人们，

---

① 教育部电邓主任、王主席(1938年12月20日)，教育部电潘副主任(1938年12月20日)，中国第二历史档案馆藏国民政府教育部档案，档案号：5-2607。

却在大肆弹'党化教育已成过去'等论调。这不是自己揭露了'利用老同志'的马脚么?"此是将朱光潜等"别有用心的人们"与李伯申等"老同志"加以"区别对待"。成都耆绅代电用"抗战""安定"等大名目说事,《兴中日报》则反其道而用之,称拒程派是"扰乱民族复兴根据地的败类",等于在"为敌人作先锋队"。况且"张真如既是'代理'川大校长,根本上又是中央所任命",则其"反对中央命令可以说是等于叛逆"①。

21日晚上,孔祥熙设宴招待程天放。22日,张群分别致电王缵绪、邓锡侯、潘文华等,要求他们对川大教师与成都社会上的"种种浮言","施以导正,并协同新任校长程天放到校视事"②。当天,程天放与国民党中央委员曾扩情(1894—1988)、黄季陆,贵州省党部委员李厚如同机到蓉。曾、黄都不属CC派,此应不是有意的安排。到机场欢迎的,则有四川省党部书记长黄仲翔(1903—1994),委员彭纶(1901—1951)、李琢仁、冷曝东、周遂初,秘书罗文谟(1902—1951),科长董家骥、李征梧,绥靖公署参谋长马德齐,以及"川大教职员及在校学生代表等"400人③。

程天放在机场对中央社记者发表谈话说:"本人对中国政界积习,往往一机关长官更易,僚属即大加更动,素认为不应有之现象。大学为学术机关,与行政机关有别,更□安定。故在渝时,即电达孟秘书长,请先转告各同事安心供职。此后自有秉承中央意旨,尽个人力量,谋川大之发展向上,尤注重于设备之充实、精神之振作,及学术研究风气之提高云。"④当天,他接受《新新新闻》记者采访,又做了同样的表示。并谓:

---

① 《程天放即飞蓉接长川大》,《兴中日报》1938年12月21日,第7版。

② 《兴中日报》1938年12月22日,第7版。

③ 《程天放今接长川大》,《兴中日报》1938年12月23日,第7版。据云,在四川省党部诸人中,除了黄仲翔与周遂初外,均属CC派或亲二陈派(汪潜:《反对程天放作川大校长》,第53页)。

④ 《程天放今接长川大》,《兴中日报》1938年12月23日,第7版。

> 关于思想一层，大学教育，首重学术研究。必须在学术方面有成绩，大学之地位始能提高。自由不成问题。惟此项自由，系指在一定范围之内而言。去年七七抗战以来，国内各党各派均捐弃成见，一致集中于三民主义旗帜之下，受国民党最高领袖之领导，向前迈进，以求达致抗战建国民族复兴之目的，从无人对信奉三民主义稍持异议。而国民党之教育方针，即系以实行三民主义为最高原则，在此原则之下，思想、行动均尊重自由，并非如一般人曲解之“党化教育”，以为非国民党人即不能做教职员也。①

张颐接到号电后，感到事态紧急，立刻在电文上批示：“速笺函各院长及全体教员查照。”“速”字画了3个圈②，可见其心情之焦急。号电印发后，激起众怒。22日，在朱光潜、魏时珍、董时进召集下，全校教师80余人在文殊院大会，由朱光潜担任主席。“朱讲话慷慨激昂，痛斥陈立夫专横颟顸，蔑视大学教授人格，主张全体罢教，以示抗议。魏、董两院长亦相继发言，对陈立夫之挟其党派偏见排斥异己，摧残学术自由，大加抨击。会上群情激烈，均赞同罢教。当即决定自二十三日起实行罢教，公推朱光潜草拟罢教宣言及驳斥教育部文电，请求社会各界声援。”③

吴虞22号的日记中也记有相关情形：“君毅来，言七十余教员签名留张颐。和君(即曾天宇。引者注)亦签名，后又取消之。张颐大不谓然。其实和君签名与否，程氏皆不必用，徒为笑耳。此足知其心劳日拙矣。”④从这段记载中我们可以看到，曾天宇夹在现任同僚与未来校长之间的那种依违失据的心态，而处此困境的人当不止曾氏一人。

---

① 《程天放访问记》，《新新新闻》1938年12月23日，第10版。

② 张颐在号电原件上的批示，“川大档案”，第1940卷。

③ 汪潜：《反对程天放作川大校长》，第59页。

④ 吴虞：《吴虞日记》下册(1938年12月22号)，第790～791页。

23日上午8时，上课教师将《罢教宣言》发给学生后退出教室。宣言全文曰：

本校校长问题，同人前为维持学术尊严，陈述意见，公诸社会。顷由张校长转到教部来电，谓为出位干政，败坏学风；并谓校长有导正之责。披览之余，不胜骇异。窃同人以学术界之人谈学术界之事，何为出位干政？同人在校并未制造派系，利诱生徒，何为败坏学风？院长、教授皆由学校礼聘而来，与校长不过暂时宾主，迥非主管僚属之比，何得言受其导正?！教部之电，实属不明体制，蔑视教授人格，同人认为此学术界莫大耻辱。自本日起，不再到校上课。特此声明，伏维公鉴。①

同日，罢教教师还向外界发布了一则启事，宣布了罢教的消息，并公开了致教育部电文：

查本大学更动校长问题，引起校内校外重大纠纷。所有经过情形，大部容或未能尽悉。既承指示，“勿使学校前途，发生不良影响”，具见尊重学术，维护教育之意。同人等敢不将事实真象及所持理由，为大部一详陈之。

窃大学校长地位，与普通行政官吏不同。进退黜陟虽由政府，而其道德学问必为社会所公认，而后可以为人师表。故政府有任免之权，而社会实司其选择之任，非可纯用政治权力，强之服从。使学术界教育界人士，一切如小吏之于长官，奉事惟谨而已也。故欧

---

① 《国立四川大学教授罢教宣言》，《新民报》(成都版)1938年12月28日、12月29日、12月30日、12月31日，均为第3张第8页；汪潜：《反对程天放作川大校长》，第61页；四川大学校史编写组：《川大史稿》，第262～263页。

美大学校长，多行推选之制。其尊重学术，因而推崇大学教授地位，不以寻常法令格之，意其盛也。今推选制虽不行于吾国，然大学教授对于校长问题，自述其意见，以为本身进退之标准，而乃谓之出位干政，岂普通言论自由、出处进退自由，一经置身国立大学，遂为赫赫威令所剥夺乎？此同人所不解者一也。

大学教授有发展文化领导社会之责。平时在既定国策之下，自由讲学。遇国家多事之时，无论政治法律外交，乃至国策之修正，或受政府咨询，而发抒谠言；或自陈所见，以供社会采择，皆为国法之所容许，贤明政府之所乐受……教育问题之外，大学教授尚可自由发表主张，况对于政府任用大学校长之标准，陈述意见，公诸社会，无触犯忌讳之辞，无牵涉私人之语，尤无所谓阻挠政府行政用人之意，何得目之为出位干政？此同人所不解者二也。

且以学术所得贡献政治，则政治可期改善；以政治之力束缚学术，则学术日就衰败。故欲保持学术机关之尊严，但于既定国策之下，不使有扰乱政治之行；此外不以政治手段干之，不以派系私意行之。所以然者，惧其以势利而乱学术之公是公非也；惧使学生慑于威武，诱以利禄而隳其节概也；惧政治权力，利用学术机关，以惑乱社会之视听也。故大学无论公立私立，要必使之成一纯粹学术集团。而大学校长之唯一选格，必其学术湛深，操行纯洁，为学术界教育界所推服而不营营于政治活动者。若其人具政治长才，乏教育兴趣，而以之为大学校长，非用违其才，则别有用意。二者无一而可。知其不可，而曰此政府命令也，服从之而已，是则非大学教授所宜出也。大部以同人此举为败坏学风，不知败坏学风之责，究应谁属？此同人所不解者三也。

校长之于教授，非如长官之于属僚。聘任之始，自当慎重人选；既聘之后，则当尽量使之发抒其学术能力与主张，又当尊重其人格与地位，不容干涉其个人言论行动。此次同人发表宣言，动机纯洁，不受意于任何要人，不就谋于任何党派。况在张君，自有志趣，岂同人所得而□制之？而同人所欲为，又岂为校长者所得而约束之？校长非尊官，同人实否认其导正之权，而大部以此责之张君，此又同人所不解四也。

又大部电中□目同人为少数院长教授。查本大学设文理法农四学院，院长四人，教授八十余人。列名宣言者，朱光潜、魏嗣銮、董时进三院长也，林思进等七十余人，皆教授也。大部有案可查，其不为少数甚明。此则事实真象，大部或为人所蒙蔽，而未能尽悉，尤不能不为大部郑重声明者矣。

要之国家垂危，至于今日，我最高领袖之宵旰勤劳，全国人士之艰苦奋斗，只为民族生存，争最后之胜利而已。语曰："白刃在胸，自不暇瞬"。我政府宜多为有利抗战之举，少做后方不必要之事。如学年中途，而更张平静无事之大学，同人所谓不必要者也。惟大部慎重权衡而措施之。国家幸甚！全国教育幸甚！

文末并希望"各界同胞，同声响应，予以援助"。①

在罢教宣言及文电上签名者，由在拒程宣言上签名的 63 人增长为 85 人。新增者有余锡嘏(字又荪，1891—1965)、张宗元、吴永权、阎汶玉、郭子雄(1900—1944)、吴太岗、祝同曾、曾宇康、周煦良(1905—1984)、游学泽、吴昌源、曾用修、庞俊、路朝銮(1880—1954)、林如稷(1902—1976)、李万沅、李仲卿(1906—?)、黄斗懿、萧敦俊、孙炳章、何崇焕、马骥群、李君懿、冯素芸、丁缉熙、陈义掞、濮谷、高华寿、桂质柏、吴天墀、张垂诚、胡芳萍、张孟修、刘雅声、徐荣中等。也有一些人曾在拒程宣言上签名而未在罢教宣言上签名，如宋诚之、张

① 《四川大学教授启事》，《新民报》(成都版)1938 年 12 月 21、22、23、24、25 日，均为第 3 张第 8 页。

敷荣、饶余威、罗容梓、黄建中、柯召、曾宪朴、李华宗、曹诚英、邵均、余其心、蓝梦九、忻去邪 13 人[①]。这或许是因他们认为教育部已经明令程天放接任，转圜余地已经不大的缘故。

罢教宣言与拒程宣言不同的第二点是，拒程宣言由朱光潜等三院长首先签名，接下来是林思进、龚道耕、向楚、李植等地方文化名流和川大元老，罢教宣言则是由向、龚、林、李起头，接下来才是朱、魏、董。根据中国人的习惯，排名顺序的变化通常都包含有特殊的意味。朱、魏、董等人大概是想借这几位元老的声望增强拒程的力量。

当天上午，孟寿椿等到出纳课，逼迫干事张文淮(张颐的侄子)打开保险箱，取出校印。10 时，程天放到校，受到约百余学生的欢迎，孟寿椿随即奉上印箱，程天放正式就职，并宣布聘请周岸登为文书主任。下午 2 时，在至公堂召开了迎程大会，来宾有省党部代表黄仲翔、省府代表王白与(1902—1949)、省府秘书长陈筑山、教育厅代表吴且雄等。先由学生代表蒋祥信致辞欢迎，接下来由程天放训话，大致谓：“中枢当局对于我国大学教育，尤其四川大学”极为重视。“本人做事，不避艰难”，“即经负责以后，必尽力为之”，表示绝不让步之意。之后，陈、黄、王、吴等先后发言，表示祝贺。3 点半，大会结束[②]。

25 日，程天放邀请全校教师在明远楼举行茶会。到会者有 60 多人，除了未在罢教宣言上签名的曾天宇、王文元、王少成、金尤史(1881—1950)、徐则骏、张少墨、曾省外，签名的王善佺、傅葆琛等也到了会。程天放在会上又一次重复了在三民主义下尊重学术独立和不更动教师等许诺。曾天宇等也在会上发了言，对改进川大提出意见。这次会议从下

---

① 《川大史稿》则谓张敷荣参加了这次签名活动，见该书，第 261 页。

② 《程天放到川大就职》，《新新新闻》1938 年 12 月 24 日，第 10 版；又，《本校教职员学生举行欢迎程校长大会》，《川大周刊》第 7 卷第 12、13 合期，1938 年 12 月 26 日，第 6 页。

午 3 点开到 6 点，与欢迎大会的草草结束形成了对比[①]。26 日，《川大周刊》在停了一周后继续出版，刊头由任鸿隽所题换成了程天放所题。

26 日，拒程教师经商议后，发出由杨人楩执笔的《文化宣言》，谓："民族之兴衰，系于文化之消长；而文化之进退，又随学术以转移。"政权、制度、人事的变化，对民族的影响久不过百年，暂者不过数十年。"是以远识之士，不愿因政治之需要而牺牲学术使独立。"宣言举出五点理由，证明学术必须独立于权力之外：第一，"学术之目的在于探求真理"，此"绝非政治所能包举"，"更非任何主义所能限制"。学术和政治不同："政治有党派，而学术无党派；政治有恩仇，而学术无恩仇。此所谓学术独立者，并非强为高论，实学术本身之性质有以致之。不应包者而强包之，不应限者而强限之，其结果必致于削足适履。"第二，"近世科学昌大，学重专门"，"学者不兼为政治家，而政治家亦不必兼为学者"，但"学术之与政治，途径既殊，界限綦明，不容越俎代庖"。第三，学者"不因其具有国民之资格，受政府之支配，而遂丧失其学术上之独立之资格"。学者自可有其政治见解，"然而只须界限分明，不以学术为政治之工具"，就不损害其为学者的身份。"学校非政党之地盘，学术非政治之工具，此学术独立之又一意也。"第四，政府对教育的"指导统制"，"只求方向正确，不悖立国之精神，非谓举学者超然之品格而摧残之，取学术自由之空气而破坏之，置文化之尊严于政治需要之下也"。政府评价教授，不应以其党派、政见为标准。第五，今日世界各国，"学术独立之国家皆为民主"，"学术附庸之国家皆为独裁"。三民主义乃是"一高尚之民主主义"，国民政府致力于民主制度，"非独裁之制度也"，因此也应以学术独立为原则。抗战以来，国人"泯除党派之成见"，"团结效忠，已著成绩"。同人等虽"不能于抗战有直接之献，然亦有慕

---

① 《程天放昨招待四川大学教授》，《新新新闻》1938 年 12 月 26 日，第 10 版；《程天放报告治理川大方针》，《兴中日报》1938 年 12 月 26 日，第 7 版。

于团结效忠之旨，愿就每人训练所专，兴趣所向”，贡献智能，以“维持国家树人进学之大计”。参与拒程运动诸人“别无立场，只求国家与民族之盛兴，不拘党派，凡主张保持学术之独立尊严者即为同志”。最后，宣言并提出四项建议：

> (一)发挥学术上最高量之智能，以应用于抗战，使学、教皆有力量供献于抗战之机会；(二)应设立一独立而崇高之最高学术文化机构，以统筹文化建设事业；(三)在不违背抗战救国纲领之原则下，解除一切言论出版之取缔与限制；(四)慎选各校教师，首以人格为标准，提高其礼遇，以尊师重道。大学应设立审议机关，根据舆论，进退教师。①

之后，“法学院教授高新亚(即高兴亚。引者注)又草拟宣言一篇，明白提出二陈系、CC派之名，对其摧残学术、压制言论出版自由、迫害青年学生之种种发动活动，痛加斥责”。川大学生彭德明等200多人，也以《我们对于文化的态度》为题，“发出宣言响应”，提出“发扬民主精神，打破封建观念，提倡自由思想，反对垄断与奴化”的号召②。

27日，张颐在成都的报纸上刊登声明，引述了张文淮23日的报告：“文淮本日早七钟在本课办事室接得孟秘书长电话，询问校印箱是否发至出纳课保险柜内，当即答云：是的。至九时许，文书课职员曹增荣来课索取印箱。文淮当云，闻文书课路主任已辞职，何人需要？曹答系奉孟秘书长之命来取。因程新校长本日到校接事，即刻需要此印。文淮□言，印箱系路主任派人送来寄放，现路主任已将箱匙缴呈校长。现校长因公外出，容向请示。语至此，孟秘书长已率同多人入室，怒气汹汹，

① 《川大教授文化宣言》，《新民报》(成都版)1938年12月29日，第3张第10页。
② 汪潜：《反对程天放作川大校长》，第62～63页。高兴亚等宣言原文未见。

拍柜大骂，并谓你敢于违抗政府命令么？你若不开柜，我要拿你查办。遂逼开保险柜，亲自检出印箱携去。”张颐宣布，孟寿椿此举“如果属实，不仅违法渎职，实于最高学府尊严有碍，依法查究”。因印箱内除校印外，“尚有颐橡皮私章及密码电本等物，诚恐以后有人毁箱盗用，发生弊端”，故登报声明私章作废①。

当天，朱光潜等 77 人又一次发出致蒋介石等人代电，谓：

> 教部立言失体，致激动公愤，演成罢教……现在新任校长程天放未约定交代日期，竟于梗日到校，劫夺印信，强为接替。内外嗤鄙，纷扰益甚。窃念川大易长问题，教钧座维护教育，尊重学术，历年对于川大扶持奖掖，尤具苦心，无非为国家培养士风，为民族阐扬文化。复兴之效，实基于是。今此完整之大学，忽乱清宁之学风，推演所届，将使士类蒙羞，群情沮丧。上负荩猷，下泱民志。国难当前，岂宜有此？光潜等身居大庠，出处进退自有节度。惟事有关学术消长，事业兴坏，与夫钧座所兢兢爱护者，公正发愤，义不容已。近日默察情势，深知程天放不洽舆情，恐难继任。似宜别简学行俱优、声望素孚之士，接长川大，以慰士林之望，以系川人之心。不揣冒昧，敢举所知如胡适、李四光(1889—1971)、任鸿隽、王世杰、陈启修等，学术湛深，行谊端正，物望所归，足备斯选。钧座领导全民，尽瘁国家，素以汲引人才为重，敬乞一言主持，俾后方安定之。大学得复常轨，不特芸芸学子沾被大德，全国学术前途实利赖之。

此份代电由国民政府军事委员会办公厅转交教育部。陈立夫在“深知程

① 《新新新闻》1938 年 12 月 27 日，第 1 版。闵震东先生 2002 年 4 月 4 日接受我的采访时，证实了张文淮的说法。

天放不洽舆情”一句旁，有墨笔圈点，文后并有批注：“本党竟无一人！”[①]盖指朱光潜等提出的候选名单而言。其愤懑之情，跃然纸上。

青年党在拒程运动中的表现极为突出。张颐本人虽不是青年党员，但他是青年党领袖李璜的姐夫，与李璜关系甚笃，且在北大时就与“国家主义派的教授及学生皆相处得很好”[②]。而四川又一向是青年党的根据地，国民党对此早就特别留意了。12 月 27 日，李琢仁致电陈立夫：“国派虽略有表示，但在川大之力量有限，究不能为害。已饬川同志全体出动，决无问题也。”[③]两天后，李氏又有一封电报：“川大事国派总动员，已变为国派与本党之争。故坚促放公（即程天放。引者注）皓（当时通行的电报日期代码，皓日即 19 日。引者注）飞渝请示。此间军事当局以有接洽，决能贯彻中央威信，详情放公面陈。请分电邓、潘及王协助接收，则彼辈面子成全，必能顺利成功。再，此间绅耆为国派利用，可不理。签名教授多因位置关系，应严斥。学生一致欢迎放公，为极好之现象。”陈立夫回电表示：“王主席及邓、潘二先生及绅耆等均已去电，说明经过。望本党同志团结一致，以应付此事”[④]。将陈立夫在朱光潜等代电上的批注、李琢仁的密电以及前引蒋廷黻的话等材料综合而观，我们可以发现，国民党方面早就怀疑，这一运动乃是青年党在后作梗[⑤]。这

---

① 朱光潜等代电，中国第二历史档案馆藏国民政府教育部档案，档案 5-2607。

② 李璜：《学钝室回忆录》（增订本），上卷，第 201～204 页。

③ 李琢仁电，中国第二历史档案馆藏国民政府教育部档案，档案号：5-2607。文中所谓“国派”即国家主义派，亦即青年党。

④ 李琢仁电文及陈立夫回电，中国第二历史档案馆藏国民政府教育部档案，档案号：5-2607。陈立夫回电中对王、邓、潘所用不同称呼，显有亲疏之分，值得注意。

⑤ 后来黄季陆曾在回忆程天放的文章中提到此事，谓“那时四川刚从防区制归中央统一指挥不久，地方的狭隘观念仍然很重，又夹杂了党派的因素”（见其《无比的哀痛——悼念程天放先生》，收在《黄季陆先生论学论政文集》第 3 册，第 1784 页）。黄氏在此所说，大概仍是国民党中央一派的看法。不过，地方上的反对力量主要是实力派军人和士绅。其中地方军人在政治压力下，只敢在私下里有限度地表示同情，地方士绅则多是过气人物，并不能成就气候。故国民党实际并未把“地方观念”看得很重要。而青年党的力量就不可忽视了。

一认知使得问题失去了挽回的可能。

陈立夫提到致王、邓、潘之电，或即汪潜文中引用的："国府迁川，中央近在重庆，经行政院会议通过任命之国立大学校长，竟不能顺利就任。有损中央威信，委座甚为震怒，责成四川军政当局，协助解决。"张群也致电和他关系较好的李伯申，"要李在地方绅耆中为程疏通。陈立夫又派教育部主任秘书郭有守到成都与各方商洽"。蒋介石也为此致电邓锡侯、潘文华、王缵绪。邓、潘二人找到李伯申，李伯申又找李炳英和向楚。向、李二人均表示"教育部号电蔑视教授人格，激起公愤；程天放办党多年，排斥异己，恐难与共事"。邓、潘将这层意思转告了张群与程天放。

对罢课教师来说，随着时间推移，也有骑虎难下之感。朱光潜等27日的代电表明，他们已经把运动的策略由"留张拒程"修改为"拒程"。即是说，他们已经意识到"留张"是不可能的了。同时，国民党籍学生又组成复课大会，派代表拜访各院长、教授，要求结束罢教①。拒程教师的处境日渐尴尬。

27日，在罢课将近一周之际，程天放也致函各教授，对号电问题做了解释：

> 先生惠鉴，天放猥以菲材，忝长川大，当明令公布之时，踟蹰去顾，不敢递承。盖自抗战以来，川省已成民族复兴最重要之根据地，川大又为国立大学中最完整之一校。中央期望至殷，地方关系至切。自维谫陋，恐贻覆□。加以本学期业已开学，校中一切，正循轨进行，中道更张，或非最妥。在中央用人则度德量时，自有权衡；但本人则度德量时，于心未惬。因此中央社记者来访之际，发表谈话，表示尚须考虑，非故为谦让，实出诸至诚……到校以后，

① 本段和上段，汪潜：《反对程天放作川大校长》，第63、64页。

获知诸教授先生，颇有以教育部致前张校长之电，措词较严，遂未到校授课者。此在诸先生为保师道之尊严，天放自能谅解。比将诸先生之意旨转陈教育部，顷奉陈部长覆电如下：“成都四川大学程校长天放兄勋鉴，四川为今后抗战建国之策源地，川大实西南培育人才之枢纽。切望吾兄与各教职员，共体时艰，协力迈进。俾树之风声，勉作楷模。前本部致张代校长电，对教职员诸君，虽责之稍严，实以期待过厚。希转述此意，切盼。弟陈立夫。宥。印。”足征过去不幸事件之发生，完全由于误会。现在经此电之解释，诸先生当可以瞭解教育部之本意……尚请以学校前途、学生学业为重……共期在三民主义范畴之内，崇学术之自由，策校程之进步。①

由于程天放接长的局面已成，学生又要求复课，不少教师也开始动摇。在这种情况下，中共川康特委指示川大总支部，从国共合作的立场出发，要求共产党员不应直接出面参与拒程，并提出新的斗争策略：一、欢迎程天放，建设新川大；二、欢迎81位教授全部返校，要求程天放不得辞退其中任何一个教授；三、改组秘书处，驱除孟寿椿；四、实施抗战教育；五、救济平津失学、失业同学。最终要达到钳制程天放的目的，“既使他不太难堪，又能给他以制约”②。“驱孟”的要求提出后，获得了拒程派的大力拥护。盖孟寿椿在校内培植私人势力，早已为人不满；此次抢夺校印，积极迎程，更为反程派不齿。“拒程”既已不可能，“驱孟”成功，亦算小胜，且可借此削弱程氏势力，达到一小部分目标。因此，多数人将重点转移到“驱孟”方面。

12月31日、1月2日，反程派学生另外组织的“复课请援团”派出

① 《新新新闻》1938年12月29日，第10版；《程校长陈部长均促各教授即日到校上课》，《川大周刊》第7卷第14期，1939年1月2日，第3～4页。

② 韩天石等回忆材料与罗世文讲话，转引自四川大学校史编写组：《川大史稿》，第264～265页。

代表两次见程，提出挽留全体教师返校上课、尊重学术独立与自由和整顿学校，驱逐孟寿椿的要求。程天放对于前两项要求一口应承，对于后一项要求，表示还须考虑。

1939 年 1 月，程天放向参加明远楼茶会的教师表示，愿意公开赞助学术自由的主张，将另设教务处处理教务问题；各院系教师的聘任，由校长征求院长、系主任同意后决定，现任教师的位置全不更动；任用学生以成绩和操行为标准①。2 日，陈立夫又对在罢教宣言上签名的教师发出一份电报：

> 顷接代电，得悉诸君对本部致前代校长号电，有所未解。查号电所称各节，原令张前代校长查明办理。诚如来电所称，既无阻挠政府用人行政之意，本部方幸传闻之失实，对诸君初无改敬礼之心。惟近据报告，诸君竟因校长问题，而宣言罢教。消息传来，惋惜至深。按诸君罢教宣言所揭橥者，为学术之自由与教授之尊严。大学为崇尚学术之地，学术研究自当尊重。但行政体制，亦不能不顾。川大前代校长，原系于任前校长辞职以后，由部派代。今政府以合法之手续，任命正式校长，为政府应尽之职责，决非为任何妨碍学术自由之意，此点当为诸君所谅察也。大学教授，为士林表率，一举一动，皆垂范于后学。本部爱重大学教授者至深，故所期望者亦愈切。既置疑于传闻之词，实无改于尊重之心。自当无损于师道之尊严，诸君亦可无所芥蒂于心矣。今当国家危急存亡之秋，政府对于人力财力俱艰之时……我后方教育同人，正当加倍努力，共维秩序，方无负于国家，无愧于前方将士。立夫忝司教育，凡有学生因罢教而失学者，无论事之曲直如何，职责所在，均难坐视。盖罢教一日，即牺牲千百学生一日之学业，亦即损伤抗战建国之一分力量。诸君皆明达之士，想亦心有未安，尚望消释误会，即日复

① 本段和上段均见汪潜：《反对程天放作川大校长》，第 64～65 页。

教，以重教育。至于崇奖学术，尊重师道，原系本部既定方针，与诸君所期望者，正无二致。此则愿与诸君共同努力者也。朱、魏、董三院长，能于复教后来渝一叙，尤所企盼。特此电复，即希查照。[1]

其实，程天放此时对教师之去留已有打算。1月1日，周岸登拜访吴虞时就透露说，李蔚芬、魏时珍“在所必宰”[2]。周是程的文书主任，此话当非无据。

同时，成都的报纸上也出现了要求复课的声音。1月3日的《新新新闻》发表评论道：“我们不忍心这民族复兴根据地的最高学府，一旦陷入停滞状态，所以始终未置一议。有之，则我们不赞成学生参预于反对拥护之列。”在抗战建国期间，“第一要加强我们的团结，第二更要不去做亲者所痛仇者所快的事情”，对于大学来说，尤“不应使他成为两个敌对的壁垒”[3]。1月5日，对川大教师态度更为友好的成都《新民报》也登出通讯，谓川大一派冷清。文章引述一个学生的话：“不管是张校长也好，程校长也好，总得想法不缺我们的课。真是神仙打仗，凡人遭殃。”[4]这些声音都使罢课教师面临更大的压力。

在这种情况下，拒程方面仍在做最后的努力。吴虞1月2号的日记载：“景伯云，魏时珍等拟组织聘任委员会，要求校长承认有执行实权。作函与癸叔言之。”[5]很明显，魏时珍等试图以此委员会限制程天放权力，

---

① 《新新新闻》1939年1月3日，第9版；《程校长陈部长均促各教授即日到校上课》，第4页。

② 吴虞：《吴虞日记》下册(1939年1月元旦)，第791页。

③ 《为川大问题说一句话》，《新新新闻》1939年1月3日，第5版。

④ 更生：《罢课中的川大》，《新民报》(成都版)1939年1月5日，第3张第7页。

⑤ 吴虞：《吴虞日记》下册(1939年1月2号)，第791页。按，此段文意较为模糊，是魏时珍“作函与癸叔言之”，抑或吴虞得知消息后写信给周报告此事，很难判断。从吴虞此时段的日记看，他对拒程运动的态度似乎是不以为然的。但若是吴作书给周，则是告密，就不能仅以“不以为然”概括了。

俾其不得从政治立场出发，任意进退教师。

1 月 5 日，邓锡侯、潘文华、王缵绪等在沙利文饭店宴请尹仲锡、徐孝刚、周道刚、邵从恩、李伯申、廖学章等地方绅耆和程天放及川大教授向楚、林思进、李蔚芬、王善佺、钟作猷、朱显祯、徐敦璋等 70 余人。邓锡侯在致辞中表示，他们此次是受蒋介石、张群、陈立夫的委托，协助程天放解决罢教问题的，希望教师能复课。邵从恩也代表地方绅士提出复课希望。程天放讲述了他的办校方针：着重于品格的陶冶、学术的研究、技能的训练。最后，向楚代表教师方面致辞，感谢邓、潘、王的调解，同意程天放的办学方针，"并希望程校长尊重全体教授意见"，定于下周复课①。

下午 5 时许，"沙利文饭店宴会厅中宾主正欢谈甚洽之时"，反程派"复课团"成员"前来欢迎教授复课，并向新校长陈述改进学校意见，要求首先撤换秘书长孟寿椿，高唱事先编好的驱孟拉拉词"，并声言将于 1 月 7 日召开驱孟大会。邓、潘、王当即向学生表示，将赴渝面请教部撤换孟寿椿，以"圆满解决此事"②。12 日，驱孟学生致电行营，并转在渝的邓、潘、王，云："驱孟无果，群情不安。除□呈教部外，祈钧座等秉公维护，用伸正义。"③事已至此，陈立夫、程天放也不愿因为孟寿椿再起纠纷，孟遂不得不与受命"议处川大问题"的郭有守一起，"奉教部召飞渝"④。

1 月 9 日，罢课教师发表了由李蔚芬起草的复课宣言，称教育部"不察情实"，对川大教师施以"严词诃责"，"同人等不忍见最高学府之尊严、大学教授之人格，扫地以尽。既不能忍辱含诟以对生徒；又不能归(原文如此。引者注)饰辞巧说以欺社会，不得已而出于罢教之一举"。

---

① 《新新新闻》1939 年 1 月 6 日，第 10 版。

② 《新民报》(成都版)1939 年 1 月 7 日，第 3 张第 6 版。

③ 《四川日报》1939 年 1 月 13 日，第 7 版。熊复说，该电是在中共影响下所发。详见《一个关于四川的经济政治文化的报告》，第 24 页。

④ 《四川日报》1939 年 1 月 12 日，第 2 版。

经过当局反复解释，其对于“学术研究之自由、学校教师之尊严”并无干涉之意，想来“必有明确之认识”。加之“罢教以来，大学诸生，仓皇辍业，坚请早日复课；而军政当局、乡邦耆老亦皆殷勤关念”，又接程天放来函消释误会，“其维护教育，尊重学术之意，与同人等初无二致。同人等鉴于国难当前，负荷綦重”，宣布“即日复课”。此时，领导运动的朱光潜、董时进都已离开成都，魏时珍表示欲与二人相商决定去就[①]。三人最终选择了辞职离校的方式，表示抗议。朱光潜与张颐一起，就聘于内迁至乐山的武汉大学[②]；董时进自办农场，主编《现代农民》杂志；

---

① 《新新新闻》1939 年 1 月 9 日，第 10 版。

② 1 月 15 日，朱光潜到武大后，辗转收到了 1938 年 12 月 29 日周扬(1908—1989)的来信。周信未见，内容如何，不得而知。朱光潜在回信说：“假如它早到一个月，此刻我也许不在嘉定而到了延安和你们在一块了。教部于去年 12 月中发表程天放做川大校长，我素来不高兴和政客们在一起，尤其厌恶与程氏那个小组织的政客在一起。他到了学校，我就离开了成都”。(朱光潜：《致周扬》，收在《朱光潜全集》第 9 卷，合肥：安徽教育出版社，1996 年，第 19 页。)“早到一个月”，其实是客气话，因从周扬写信到朱光潜收信，尚不足一个月也。又，朱光潜在 1949 年写的《自我检讨》一文中，谈到自己从学生时代接受“为学问而学问”的观念。“假如说我有些微政治意识的话，那只是一种模糊的欧美式的民主自由主义。26 年抗日战事起，我转到四川大学。校长是一位北大哲学系的旧同事，倒是规规矩矩地办学，可是因为不会逢迎教育部长陈立夫，过了一年就被撤了职，换了他的党羽程天放。当时我以一个自由思想者的立场，掀起风潮去反对。反对不成，我就辞了职离开四川大学。这是我生平第一次感到反动政府的压迫而起反抗。这消息传出去了，一位在延安做文化工作的先生曾经写信邀我去延安，我很想借这个机会去看我能否参加比较积极的工作。由于认识的不够和意志的薄弱，我终于辜负了这位先生的好意，转到武汉大学去继续教书。”(见其《自我检讨》，收在《朱光潜全集》第 9 卷，第 535～536 页。)这位先生就是周扬。朱光潜在这篇真诚反省的文章里对拒程运动的动机及运动对自己思想的触动，都说得很清楚。从中可见，中共其实很关注朱光潜等人在此运动中的表现。此事对朱光潜的影响也很大。后来他成为武大教务长，武大校长王星拱还为此受到陈立夫斥责。在王劝说下，朱遂加入了国民党。据其时在武大读书的卢祥麟(? —1997)回忆，朱光潜在武大又与程天放、陈立夫发生过一场类似冲突。1943 年，陈趁王星拱患病期间，派程天放接长武大，武大教师发起“挽王抵程”运动。叶圣陶(1894—1988)、朱光潜、丁燮和、戴名巽、彭迪先等为此联名发表宣言。“对此，陈立夫亲自出马施加压力，召开师生大会，多数教师和学生拒绝参加，结果任程天放为校长的企图未能得逞。”参看卢祥麟：《在乐山时期的武汉大学》，收在中国人民政治协商会议西南地区文史资料协作会议编：《抗战时期内迁西南的高等院校》，贵阳：贵州民族出版社，1988 年，第 231 页。

魏时珍于 1940 年起担任川康农工学院院长①。至此，拒程运动宣告结束。

第三节 余波：从“国立化”到“党化”

程天放接任后，一面继续推进“国立化”措施，一面加强“党化”教育。

他校后面临的第一个问题是如何消除反对力量。为此，他在不同场合几次宣布要“谋川大的进步”。在这方面，国民政府也确实给了他不少支持。

首先是经费问题。1938 年 12 月 26 日，程天放第一次出席学校的总理纪念周，说自己还未完全明了学校的情形，但“一切事业的发展，经费为先决条件”，故他最重经费问题，为此曾与四川省政府有过交涉：

> 过去本大学经费来源，为中央政府与地方政府共同拨给，中央约占三分之二，地方约占三分之一。最近省当局，以本大学系国立

---

① 川康农工学院是蒋介石以军事委员会的名义筹办的。据魏时珍先生的学生、川大物理系姚昌瑞教授于 2002 年 4 月 10 日转述，魏时珍的院长职务是由李璜向蒋介石“要”来的。学院的董事包括张群、陈布雷、王世杰、张道藩(1897—1968)、李璜、左舜生(1893—1969)、任鸿隽、邓锡侯、刘文辉、卢作孚、黄季陆、胡次威(1900—1988)和魏时珍(汪克勇：《魏时珍先生年谱(简略稿)》，收在魏时珍先生纪念文集编辑组编：《魏时珍先生纪念文集》，第 106 页)。从名单看，基本是由国民党、青年党和四川地方实力派组成的，象征着三方(不稳定)的“联合”。这一名单的构成和拒程运动牵涉到的各方颇有相似之处。据邹韬奋(1895—1944)言，“有几个教员因为有了青年党籍被发现，便被打破饭碗”。李璜“非常愤慨。他乘着和蒋先生见面的机会，把这件事很具体地告诉了蒋先生，并把因党籍问题被打破饭碗的教员名单都交给了蒋先生。蒋先生听了之后，认为这是不应该的。他说：‘我把青年党的同志看作和国民党的同志一样，让我叫他们查明纠正。’”(邹韬奋：《患难余生记》，收在《经历》，长沙：岳麓书社，1999 年，第 192 页)李璜所说未必是拒程事件，不过亦可作为旁证，理解运动结束后，青年党一派的遭遇。

的缘故，经费应全用国款，故将本校每年应领省款十八万元，未列入省预算内。本人闻讯以后，深感川大经费若突然减少十八万元之巨，困难极大。前日特与省当局谈及此项问题，并说明川大在四川特殊重要。就系统上，四川大学虽是国立，应用国款；然实际上川大的陶铸之青年，四川学生最多数，故川大前途之发展，直接于四川求学青年有密切关系。省当局答覆本人，可向中央建议，请求增加经费。本人对省当局解释，以后中央若获增加经费，应作为充实设备之用。不应因中央增加经费，而地方减少经费。仍请省当局保存本大学年领省款十八万元的原案。①

1939 年 2 月，程天放再次提到：“本人到校以后，就感觉经费很少。无论就人数、院系来说，川大经费在国立大学中却算是最少的。如中山大学、中央大学经费均在百万以上，西北西南两联大、武汉、同济、浙江大学的经费亦比本校为多……这对学校的前途影响颇大。所以本人特向教部请求增加经费，一以提高教职员的待遇，一以增加图书仪器，请每月增加一万元。经再三接洽的结果，教部已有允意。”最后决定每年增加 5 万。另外，“抗战以后购买外国图书颇不容易”，教育部成立了战时图书征集委员会，在英国得到 15000 镑的捐款，购买英国图书。“本来这个办法教部是想补充抗战以后被迁徙的学校”，程知道后，向教育部请求分润，“结果大约可得两千英镑的书”②。同时，他鉴于“国内国立大学教职员薪给多以七折计算，而本校则为六折”，决定自 1939 年 3 月 1 起，教职员薪水以 7 折计；到职一年以上薪水在 50 元以下者，一律加

① 《程校长出席总理纪念周讲演词》，《川大周刊》第 7 卷第 12、13 合期，第 2 页。

② 《本校程校长在渝公毕返校》，《川大周刊》第 7 卷第 19 期，1939 年 2 月 6 日，第 8 页。

薪5元[①]。这一政策有利于改善其在教师中的形象。

1939年春，四川省政府在下年度预算中，又未列入川大经费。蒋介石得悉这一情况，“曾电饬川省府对补助川大之教费迅予照拨”。经四川省与教育部协商，将四川省应拨西康教育经费而未付部分移拨川大，不足数则由省教育经费旧欠项下拨付[②]。同时，经程“迭次向中央请求”，1940年度川大经费由原来的53.7万元增长至63万元。“除了固定的经常费外，又增加临时经费，迁移费三万，建筑费八万，设备费八万”[③]。1941年初，全国高等教育经费总计2230万元，川大占有其中的1/22，由国立大学中的第十三四位，跃居第四[④]。

程天放长校以后，不少人相继辞职，特别是高级职员[⑤]。因此，这方面人员构成的变化很大。接替朱光潜、魏时珍、董时进三院长的是向楚、张洪沅、王善佺，接替“因事请假”的孟寿椿的是法学院教授傅况鳞。傅况鳞是四川人，“前京沪著名律师”，历任南京《中央日报》《新中华报》《建设日报》《妇女晨报》主笔。他在地方上有些关系，和邓锡侯交好。1936年，他还在南京时，曾受四川旅京同乡会委托，准备对陈衡哲

① 《程校长提高教职员待遇之第一声》，《川大周刊》第7卷第26期，1939年4月3日，第6页。

② 《川省府补助本大学教费将拨发》，《川大周刊》第7卷第29期，第7页。教育部为此与四川省教育厅的函电，中国第二历史档案馆藏国民政府教育部档案，档案号：5-3587。

③ 程天放在1939年12月5日新生开学典礼上的讲话，收在国立四川大学教务处出版组编：《程校长讲辞选辑》上册（1942年6月编印），“川大档案”，第39卷。在程天放要求下，教育部又答应给临时搬迁费2万元，见《二十八年度校务会议记录》（1939年12月13日），“川大档案”，第178卷。

④ 程天放在1941年2月24日国父纪念周上的讲话，《程校长讲辞选辑》上册，“川大档案”，第39卷。

⑤ 1943年2月1日，武汉大学教授何定杰（1895—1973）的女儿、时在川大就读的何海平对杨静远说，自朱光潜“带了一批先生到武大来，川大只剩下一些脓包了”（杨静远：《让庐日记》，武汉：武汉大学出版社，2003年，第109页）。此说对留下的教师自然不公，但反映出一批学生对程天放长校以后情况的不满。

提起诉讼(参看第三章)。1938 年回川，应邓锡侯邀请，出任川康绥靖公署上校秘书、驻汉办事处处长①。1939 年 2 月，程天放又聘请前中央政治学校研究部总干事、国立戏剧学校训导主任廖登学为庶务课主任②。

萧公权回忆，程天放到校后，请赵人儁出任经济系主任，萧公权任政治系主任。萧向赵表示，自己“立志专心教学，不担任任何学校行政工作”。其次，“昨天，政治系教授张宗元先生对我说，学校通知他，下年不再续聘。他是南开大学毕业生，曾留学美国。在川大任教将满三年。我听见现任系主任徐敦璋先生说：‘他教学的成绩不错，颇受学生的尊敬。只是他心直口快，爱谈时事，毫无顾忌。’校长想整顿政治系，因而要我做系主任，依理我应该协助他。然而在约我之先，他解聘了系里并未渎职的教授。系主任的职务我确实不便承担”③。这表明，程希望借助赵、萧等在拒程运动中态度相对中立但在学术上极有建树的学者，提升自己的支持率，同时又极力排斥“爱谈时事”者。按照学校的教师聘任条例，教授的聘任与解聘应与系主任商量。程天放解聘张宗元之举，使萧感到程对学术独立并无认同，因此坚不接受。

程天放也加强了学校的训育制度。1940 年 1 月起，规定“总理纪念周实行点名”④。在生活指导方面，“采取积极消极并重之原则，一方面订定励志公约、奖励办法，鼓励学生自觉、自强、自治、自信；一方面订定各种规则，制止不合规律之思想行为生活”；在生活考查方面，“根据各种考核办法，就其平时记载参以导师报告，综合而定学生操行成绩”⑤。

---

① 《川大周刊》第 7 卷第 22 期，1939 年 2 月 28 日，第 6 页。

② 《川大周刊》第 7 卷第 20 期，1939 年 2 月 13 日，第 7 页。

③ 萧公权：《问学谏往录》，第 136 页。

④ 牌告，“川大档案”，第 122 卷。

⑤ 《四川省教育视察团视察报告》(1941 年 4 月)，中国第二历史档案馆藏国民政府教育部档案，档案号 5-1975。

程氏对发展党务极是热心。1938年底，国民党四川省党部、省执委会就在四川的各大学中组织了直属区分党部，对川大的党员进行了登记①。1939年春，程天放报请国民党中央，设立国民党川大直属区党部和三青团川大直属区队，并建立两个筹备处，前者由向楚、傅况鳞、钟行素负责，后者由徐则骏负责。半年之间，川大教职员、学生经程天放介绍加入国民党者已达400多人，学生加入三青团的有200多人②。1939年2月15日，他写信给陈立夫，希望二人共同介绍私立华西协和大学校长张凌高等100多人加入国民党，并增加华西大学补助费③。此事当是张凌高希望由程的引介，谋求教育部更多的财政支持，但这样一来，华西大学校内国民党的力量也就大大增强④。

1939年6月，川大党义研究会成立。程天放亲自致函国民党中央政治部、正中书局、军事委员会政治部、中央宣传部、国立编译馆、中山文化教育馆等处，搜求"各种有关本党主义、革命事迹及抗战建国之报章杂志书籍论著画片等"，以充实该会书报室⑤。1940年10月10日下午，川大直属区党部召开"教职员同志座谈会"，到会100多人，由训导长兼党部书记柯育甫(1904—1961)主席，讨论题目为"如何推进学校党

---

① 《本校国民党员行将组织直属区分部》，《川大周刊》第7卷第10期，第6页。

② 汪潜：《反对程天放作川大校长》，第67页。程为筹备直属区党部，向川大教授散发入党申请书。张颐的侄子、农学院教授张文湘为此辞去教职，改任江津园艺示范场场长。事见缪彤希：《张文湘与伏令夏橙》，收在江安县政协文史资料研究委员会编：《江安文史资料选编》第5辑，1991年，第76～77页。

③ 程天放致陈立夫，中国第二历史档案馆藏国民政府进一步档案，档案号5-2706。

④ 华西大学因系教会学校，故长期以来自成一套。据30年代中期在该校读书的艾西由等人回忆："华西坝成为事实上的租界，军阀势力不敢侵入，一九三二年，军阀刘文辉、田颂尧在成都巷战，城内不少'士绅'逃往华西坝避难。两军军队调动，宁肯绕道也不敢通过华西坝的捷径。教育制度上更是自搞一套，不用国民党的党义而用基督伦理，拒绝成立国民党党部。我们在华大读书几年，没有哪里挂过'党国旗'。"(艾西由、李宋、徐庆坚：《回忆一九三五年华大反逮捕斗争》，收在成都市政协文史资料研究委员会编：《成都文史资料选辑》第7辑，1984年，第74页)

⑤ 程天放致各处函电，"川大档案"，第1800卷。

务”，“对各种学科及训育实施配合三民主义之教学，均由各教授交换意见，发挥详尽”①。

经过程天放等人的努力，1941 年 4 月，四川省教育视察团第一组视察了在川各高校(含内迁的中央大学、武汉大学等)后表示：“就各校党务团务工作现状言，似以四川大学及华西大学为最佳；就党与团工作言，团之工作似较佳。”②可见两校在党化教育方面的成功。

被认为程氏实行党化教育措施的，还有迁校峨眉的决定。由于重庆、万县等地遭到日军轰炸，因此，从 1939 年 1 月起，程天放就计划迁校，先后派人到灌县、彭县、崇宁、峨眉等处勘察。陈立夫最初对此并不赞成，主张川大应以疏散为主③；但终被程天放说服，最终应允，并拨了一笔搬迁费。6 月，学校开始搬迁；9 月，正式在峨眉开课。程天放坚持要迁校的原因，汪潜、邓胥功两先生异口同声地认为是为“逃避舆论的攻击”④；吴天墀先生则说，程天放认为成都社会复杂，把学校搬到偏僻之区，可以防止学生受到各种思想的影响。此时刚好有日军飞机轰炸成都，给了程一个机会⑤。虽然我们不能据此断定迁校的动机，但此举显然不为川大师生欢迎。因此，后来黄季陆接任校长，做的第一件事就是把学校重新迁回成都。

在拒程运动中，程天放目睹了地方士绅、特别是一些在川大任教的老先生发挥的重要作用，而地方军政势力也是中央政府不能小觑的一种

① 川大送交成都《中央日报》《新新新闻》《党军日报》及重庆《中央日报》新闻稿，“川大档案”，第 1935 卷。

② 《四川省教育视察团第一组视察高等教育意见》，中国第二历史档案馆藏国民政府教育部档案，档案号 5-1975。

③ 《程校长出席总理纪念周讲演词》(1939 年 3 月 27 日)，《川大周刊》第 7 卷第 25 期，1939 年 3 月 27 日，第 3 页。

④ 汪潜：《反对程天放作川大校长》，第 68 页；邓胥功：《拒绝程天放与川大迁峨眉》，第 70 页。

⑤ 吴天墀先生访谈记录，2000 年 10 月 31 日。

力量。因此，在提升“国立化”程度和强化“党化”教育的同时，程天放也试图与地方搞好关系。他任用傅况鳞，即和邓锡侯有关。另外一个例子是向楚。向虽是国民党员，但政治色彩不浓，更近地方派。他是川大元老，从其地位升降中，颇可看出历任校长在用人方面的一些考虑。在王兆荣时期，向楚一直担任文学院院长，并经常出面与地方当局交涉。任鸿隽和张颐时期，文学院院长改由新派人物担任，向在校务活动中也较为沉寂。拒程运动开始后，由于要得到地方势力支持，向楚等人的地位随之上升，并在解决问题过程中扮演了重要角色。程到校后，再度起用向楚为文学院长。这让我们想到人类学家雷蒙德·弗思(Raymond Firth)的一个发现：在一些新兴自治国家里，往往伴随有传统的复兴，原因是新的政府试图塑造一个与此前的政权有别的新的社会特征[①]。程天放之于向楚的关系，或许就具有类似的象征意义。

根据“川大档案”所存记录，1939年1月—1942年10月，程天放外出16次，其间，校务由向楚代理8次之多，占了一半[②]。可知其受倚重的程度。此外，现存向楚诗集中有《育仁招饮，程天放、戴季陶两君在座，天放赋诗奉和》一首，大致当在程天放长校期间。前四句谓：“向柳园中各尽欢，疏狂失笑广文毡。多才能赋程元凤，好事当官戴伯鸾。”[③]第一句中的“向”指设宴的向育仁，第三句中的“程”即指程天放。此是酬酢之词，从中不能判断两人交往的深浅，但绝非偶一为之。

向楚作为地方民间社会的领袖，对于知识界和中央政权均有吸引力，表明“民”的象征性政治潜力因为“民国”这一国家形象的树立得到强化，而在中央和地方的竞争中占据了一个更为超越性的地位。这种潜力不一定成为现实，但各方出于与政治有关的目的，要对这一非政治的力

① 雷蒙德·弗思著，费孝通译：《人文类型》，北京：商务印书馆，1991年，第6页。

② 程天放历次外出牌告，“川大档案”，第41卷。

③ 向楚：《空石居诗存》，成都：四川大学出版社，1988年，第77～78页。

量加以有意识地利用，正说明其作用未可轻忽。

第四节　小结

经过抗战初期的努力，川大基本完成了“国立化”。下表是1938—1939年度上期在川各高校的概况比较：

表8　在川高校概况一览表

学校名称	学生	职员	教授	讲师	助教	经费（元）	图书仪器费（元）
国立中央大学	1940	134	160	39	102	1720000	2152400
国立中央大学医学院	65	12	9	4	9	12000	5100
国立中央大学附属牙专	48	2	3	1		80000	1400
国立东北大学	330	40	28	2	6	193200	15281
国立武汉大学	800						
国立四川大学	1200	76	78	28	18	720000	1200000
国立北平师大劳作专修科	23	2	1	6	1	14400	
国立药学专科学校	180	22	15	12	7	114000	19131
省立重庆大学	720	72	79	27	18	500000	
省立教育学院	144	34	13	7	1	150000	
省立戏剧教育实验学校	63	16	10	2		50000	
私立华西协合大学	568	28	48	43	17	6152159	
私立光华大学	386	18	34		3		30000
私立金陵大学	506						
私立金陵女子文学院	115	13	23	6	4	172192	
私立复旦大学							

续表

学校名称	学生	职员	教授	讲师	助教	经费（元）	图书仪器费（元）
私立齐鲁大学	280						
私立朝阳学院	103						
私立武昌中华大学							
私立武昌艺术专科学校							
私立武昌文华图书馆专校							

资料来源：《新四川月刊》第1卷第2期，1939年6月30日，第40～41页。

除了少数几所学校情况不详外，由表中可以看出，中央大学的实力仍属最强，川大在学生、职员、助教、图书仪器价值等方面均位居第二，教授、讲师人数和经费数目均列第三。其中教授人数与居第二位的重庆大学相比，仅差1人；在经费方面，川大已跃居第三位。但居首的华西大学是教会大学，原本就比中央大学的经费还要充裕，故川大在国人自办高校中，实际位居第二。这虽然只是对在川高校的分析，但是，除了云南的西南联大、贵州的浙江大学，当时川中已汇聚了中国最好的高校。因此，当时的川大已进入全国实力最强的几所学校之一。这当然和“四川”在抗战中所处地位分不开，重庆大学的发展也有赖于此。

大概正是由于这个原因，1943年初黄季陆接任川大，就提出“四川大学要在建国的大业中，竭尽其国立大学应尽的义务”。他希望“不但要使川大成为全国最高最完善的学府，同时还要使川大成为世界上有名的完善的学府”①。即是说，在黄季陆看来，川大的“国立化”已经完成，此后的问题已经不是“国立化”，应向“世界化”迈进了。这当然只是其一厢情愿，因为此时川大虽已有极大进步，距离“全国最高最完善的学府”的

① 李有为：《黄季陆略历及长川大建树》，收在成都市政协文史资料研究委员会编：《成都文史资料》总第19辑，第24～25页。

要求还差得远。不过，川大已经实现“国立化”，倒已获得公认——只是这已是在“国”缩小了的情况下，不免带有几分讽刺色彩。

另外一个具有反讽意味的现象是，川大此前一直同地方当局存在着或明或暗的冲突，在这一过程中，“中央”常被川大人当作一种庇护性力量来求助。但是，随着国立化完成，川大人冲突的对象却换成了中央。拒程运动夹杂着“道势”之争、党派之争、地域之争等因素，参与者各有理据，但对大多数人来说，体会最深的却是学术独立受到了政治权势的蛮横干预。

程天放出长川大，当然有陈立夫等提倡“党化教育”的考虑，但是，国民党政府对这一运动未必准确的“定性”（青年党与国民党之争）却是造成事情难以转圜的一个重要原因。另一方面，这次运动的参与主体是教师，和此前几次运动中学生积极参与的情况形成了对比，似乎也是造成运动失败的因素之一。

就学理而言，国立化的实现并不必定干预到学术独立，省管也不一定就会有更多自由。川大的情况带有一定的特殊性，它和程天放本人的政治背景以及拒程运动被政治化地理解分不开。不过，在事实上，由于四川政局动荡，地方政府本身就极不稳定，中央政府在此更是形同虚设，加之社会尚文，对学校自然疏于管理，如能获得地方军人的“庇护”，还会得到一些实际利益（当然亦是相对的）。1935 年以前的川大，遇到的危机多在经济方面，这自然不利于教育和学术的发展，但学术本身也获得了一个相对宽松的空间。此前地方军人与学校虽也有因任命校长发生冲突的情况，但通常并不涉及教师进退和教育理念问题，因地方军人本身对于“主义”其实并不大关心。从这个意义上说，任鸿隽说四川军人不为“主义”而战，未必全无好处。周辅成说，北伐前的四川是“军阀专横的世界；他们虽然已知自己前途不妙，但也仍在力求生存。他们怕共产党，但不怕国民党，所以力求左右逢源；只要你不惹他，言论还是可以自由的”[①]。反观陈立夫，他执掌教育部之所以激起大量反对，主要原因便恰好在于他有自己信奉的“主义”，并试图以此去统一学术和思想[②]。

即使放在全国范围看，这一点亦有一定的代表性。一般说来，北洋政府对教育的管理相对宽松。萧公权便注意到：“北京政府对于教育似乎倾向于放任。任何‘热心教育’的人，组织一个董事会，筹集一些经费，租赁适宜的房屋，雇请必需的教职员，便可设立‘大学’，定期招生。”[③]当然，办学随便，许多学校的教学质量当然也就大打折扣。国民政府成立后，加强了在教育方面的管控，但学术环境也随之受到影响。这一具有诡论性质的转变，提示我们，学术独立和思想自由所赖以生存的条件是何等脆弱，在缺乏全国性共识和制度性保证的情况下，只能由当事者小心翼翼地审时度势，折冲樽俎。

---

① 周辅成：《我所亲历的20世纪》，收在《论人和人的解放》，第491～492页。

② 王汎森注意到，新文化运动以后，中国的思想界有两条相矛盾的思路“平行前进”：“一方面是追求新学术”，也就是要建立一个脱离政治教条的“学问之独立王国”；“另一方面是要找‘主义’”。见王汎森：《“主义崇拜”与近代中国学术社会的命运——以陈寅恪为中心的考察》，收在《中国近代思想与学术的系谱》，第470页。

③ 萧公权：《问学谏往录》，第89页。

第五章 大学中的“国家”：总结与思考

四川大学国立化进程历时甚长，其间不管是全国和四川的政局还是学校的状况都发生了很多变化。国立化虽是其中的一条“主线”，但在不同的时间，随着不同的情势，对不同的参与者来说，其实际意味并不完全相同。大体而言，这一进程可分三个阶段：第一阶段是 1935 年以前。四川政治为中央政府的实际控制能力所不及，处在半独立状态。学校虽名国立，实是一所地方性大学。川大师生为了对抗地方势力的控制，积极寻求中央的支持，成为此期国立化的基本特征。第二阶段是 1935 年到抗战初。在中央政府的支持下，任鸿隽和张颐两位校长大力推进国立化，使川大从地方力量的控制下解脱出来，并着力消除学校地方色彩。中央则将此视为权力扩张的一部分，又使国立化带上了中央化的色彩。第三阶段是随着抗战爆发，川大的国立化基本完成，学校被牢牢地掌握在中央政府手中。但这一结果却使川大人与中央产生了分歧，并因党国体制的存在，进一步与“党化”纠缠起来。

这一进程涉及多种社会层面与问题的互动，为民族主义和国家统一运动的广泛作用与表现形态提供了一个超越简单的观念史思考的广阔空间。虽然本书选题本身属于教育史、学术史、政治史和地方史的交叉地带，但我对这个问题的思考，受到我自己所接受的思想史研究方法的引导。不过，在我看来，思想并不仅仅表现为言论与观点，也具体地展示为不同社会群体的行动脉络和各种社会制度的构建。而要清晰地勾勒思想和观念在行动与制度中的运作机制，最简单的办法，莫过于从中剥离出几个概念，梳理出这些概念与其所在的历史语境相互作用的过程。本章拟在前文的事件叙述基础上，对此进程中各群体与阶层的互动、“国家”及与之密切相关的“中央”“地方”等概念在不同事件语境中的落实情形、现代国家制度建设与学术教育的吊诡关系，以及国家建构、国家—社会等理论在中国近代史研究中的适用度等问题加以初步反思。

在中央与地方之间

国家、中央、地方及其与大学的关系，是川大国立化进程中一个最具启示意义的主题，其具体情况随着时间推移而有不同表现。这也使得“国立化”三字不能被圈定在一个边界清晰的语义范围内，而是随着事件的实际展开不断变动的内涵丛集。

1912 年《大学令》颁布，取消高等学堂的建制以后，四川社会就一直有筹设大学之议。不过，多数议论却并未明确这所大学是国立抑或省立。或者说，此时四川知识界的大多数人(包括绅耆)关注的主要问题还是四川地方教育和文化的发展，至于拟设中的学校之“归属”问题，似还没有太多的考虑。1916 年，成都高师定名“国立”，是四川境内有国立学校之始。1925 年傅振烈筹办成都大学，本来计划就高师改造而成，故延用高师旧制，定为“国立”。在此后的成、高纠纷中，四川需要一所国立大学的要求开始浮出水面。成大最初不同意成、高分办，而是要“附丽”于高师之上，便是出于这一考虑。盖成大本是地方善后会议的决议，其“国立”之名不正，说起话来不无虚张声势，实际上并没有那么理直气壮。直到教育部批准两校“分途并进”，成大“瓦解”的危险才告解除。但不管是北洋政府还是南京政府，对于成大这一在地方势力支持下建立起来的学校，虽然都允许“备案”，然均未正式认可其“国立”身份。成大师生虽然也一向以“国立”自居，但“名分”仍深深地困扰着他们内心。

如张澜所说，成大使用国款，虽无国立之名，却有国立之实。成大也因此成为成都的三所大学中实力最强的一所。因此，成大对“国立”身份的渴求，并不完全出于对实际利益的追求，更多地还在“国立”名分本身的吸引力。那么，“国立”对成大人来说究竟意味着什么？比起省立大学来说，国立大学听起来地位更高，恐怕是最主要的原因。这背后的一个刺激因素是，四川政局自民初以来一直动荡不宁，促使川籍知识分子的地域自尊心亦变得益发锐敏。1931 年张澜要求承认成大为“国立”的呈文，从中央政府不应有地域歧视这一角度立论，便可见出这一层关怀。在这层意义上，“国立化”要求的背后乃是对地方文化教育事业乃至整个四川社会的深刻关切，而地域自尊心的存在，更是因为这些读书人无论是在实际还是想象中，都是在一个全国性情境里发言的。换句话说，他们是天下士，至少是国士，但他们同时也是乡人。

1927 年夏，龚道耕要求高师改大的呈文与张澜呈文的立论角度如出一辙，但是，二人的具体目标却恰好是南北反背。如果说成大之所欲在“国立”之名的话，高师（师大）则是空有国立之名，而无国立之实。它的经费来自四川省款，常常入不敷出，并且因此而受到省立各校的排斥。师大人犹如蝙蝠一般，成为两无所属的异类。因此，他们所要求的，是实现经费上的“国立化”。否则，就有可能在实际上被当作非国立学校来看待。1927 年吴芳吉所云，省立学校经费不充，“成大是国立”，故情况稍好。这句话严格推敲起来是不通的，因高师更是如假包换的“国立”，情况与省立各校一样糟糕。吴在有意无意中以经费的来源作为“国立”与否的标准，或者正反映出时人心目中对“国立”标准的一种实际认知。

但问题是，成大使用的“国款”，恰恰是掌握在地方手中的。或者说，“地方”在这一方面反而比从理论上最能代表国家的“中央”更具“国家”的实力。说到名分，成大的“国立”实际无异自封，因其并未得到中央许可，也使得高师无法心服。然而，在四川，中央的命令只是一纸空文，能否落实，全看地方政府的意愿。高师在地方上没有刘湘这样更为强大的靠山，就在经费上得不到“国立”的保障，空有一个头衔而已。其间所呈现的“国家”与“地方”之间的复杂关系，或者说，中央与地方谁更有能力代表“国家”的问题，颇具吊诡意味。

“国立化”的另一好处，就是尽可能地少受地方势力的干预。高师学生在反对傅振烈的宣言中就强调地方势力无权管理国立学校。姜亮夫先生也曾回忆说，成都高师的学生是“在枪炮声中读书”的，这使他们“对四川军阀非常厌恶”：

> 在举行毕业典礼时，杨(即杨森。引者注)以当地长官身份出席毕业典礼。等校长、来宾讲过话后，我作为毕业生代表致答辞，我便傻里傻气地说：“今天在这里的一切人要明白，这块地方属中央，不属四川省，成都高师要象个国立大学，不要被地方扰挠……”这两句话是指杨森，因为杨森进城，换了好几个校长，后由于学生反对，阴谋未成，最后由张表方先生调解自任校长，风波才得以平息，我的这两句话一出口，掌声不绝达二三分钟之久，大家情绪振奋！杨森立即带一排军人盛怒而去。张表方校长看了，知道不好，立即和林山腴先生商量……匆匆写了一封信叫我去华西大学。据说我离开成都高师不久，杨森就派兵来成都高师抓我，我已到华西大学，正好当时有个传教士一家五人要回国，华西校长派人替我化装成抬滑竿的人，混在这群人中逃出成都，来到资中，资中已不是杨森的防地。①

或者因为时间久远，姜先生的回忆在细节方面不尽确切。其中最有问题的是，张澜任高师校长是 1926 年春，其时杨森已经兵败退出成都了，怎么可能会有派兵抓人之事呢？因此，此中应有误记。不过，姜先生表达出的国立大学“不应被地方扰挠”的想法，却绝非捏造，而是具有鲜明

---

① 姜亮夫：《忆成都高师》，收在王元华主编：《学术集林》第 2 卷，第 279～280 页。

的时代色彩[①]。高师学生拒绝傅振烈的宣言中，抱怨"本校国立于斯，亦数苦其荼毒"，即为此意。

另一方面，如同省立各校观察到的，由于中央在四川形同虚设，国立的成都高师有时可以利用自己的地位赢得真正的国立学校和四川的省立学校都无法获得的自主权——这又成了蝙蝠的优势。在这种情况下，"国立"成为一个可资利用的名义，"中央"也成为一个旗号，学校借此从地方政府这里获得自主，其所欲恐怕未必是要真正被国家管起来。

但是，国立学校自主权的大小与有无，实际要看地方政治力量想不想管。有时，问题特别棘手，比如在成、高纠纷中，双方各有援据，负责处理的教育厅长万克明夹在两大之间，便以高师属于国立，"向来直隶教部管理"为理由，希望能够推脱干净。但是，当地方权势要插手学校事务的时候，由于中央权力在地方上的实际缺席，国立大学也无可奈何，如1931年刘文辉强行合并"三大"。

四川大学国立化进程中，各方政治权势的运作清晰可见。在中央入川以前，主要是地方政治势力之间的冲突。从校长的更替来说，从傅振烈到张澜，背后分别有杨森和刘湘的支持。合并"三大"，是刘文辉统一四川的一个步骤，标志着他在成都教育界打败了其他各军。刘文辉对待国立川大，有似刘湘对待国立成大；这样，王兆荣和国立川大也在事实上被卷入了地方军人之间的争斗。"二刘"大战，刘文辉败退，刘湘入主，张澜再长川大之说也沸沸扬扬。此事虽然没有变现，刘湘却和国立川大屡起冲突。显然，谁掌握了四川的权力中心，谁也就自然掌握了，或自以为有理由掌握四川大学。

---

① 英国口述史学家保尔·汤普逊(Paul Thompson)曾引用过一句经验之谈："记忆作为有关具体事件的裁判是非常容易出错的。但是在特征和气氛上，在文献资料不充分的事务上是非常具有启发性的。"见保尔·汤普逊著，覃方明等译：《过去的声音——口述史》，沈阳：辽宁教育出版社，2000年，第166页。事实上，姜先生回忆的价值也恰是在"特征和气氛"上表现出了那个时代的"真相"。

1935年以后，这一进程则主要转变为中央政府与地方势力的权力竞争。刘湘两次推荐川大校长人选，都未经国民政府认可。此一时期，川大的“国立化”实有两重涵义：对于国民政府来说，这是四川“地方中央化”的一个组成部分，意味着中央政府权力的扩张。因此，校长人选牢牢地控制在中央手中，不像20年代，国立学校的校长要由省政府照会，事实上变成地方政府的权力。在1938年底的“拒程运动”，中央政府特别留意的一个问题就是其中是否有地方派的现任军政人员的支持，大概就是鉴于此前的类似经验。而在实际上，邓锡侯、潘文华等川军将领对于“拒程”也的确抱着同情态度。但时移势易，成都已由僻远之区变成了畿辅地带，亲中央派占据上风，邓、潘等也只好依违其间，见风使舵。在川大教师向王缵绪求助的时候，王答以川大系国立大学，自己无权干涉，与万克明当年的回答如出一辙。但实际的政治情势已不复当初。万克明想推脱责任，是因处在地方政治的旋涡中；王缵绪拒绝川大的求援，则是向中央靠拢的表现①。

但是，对于任鸿隽这样的知识分子来说，川大的“国立化”实有较“中央化”更重要的意义，那就是推动中国的“学术独立”与发展。在这种意义上，国家并不等于“中央”，相反，全国的发展，倒必须建立在各地区发展的基础上(详见后文)。

四川大学的发展一直存在经费问题。20年代，成大在实际掌握盐余的刘湘支持下，在各校中后来居上，佼佼一时。但因为盐区散在各军防区之内，经费仍不能拨足。国立川大成立后，最初由于刘文辉的支持，尚无大碍。在二刘之战爆发以后，经费遂为二刘瓜分(刘文辉提款在前，刘湘提款在后，故不排除刘湘提款也有与刘文辉竞争之意)。战

---

① 校长的人选常是地方与中央争夺的对象。据赵俪生(1917—2007)回忆，“青岛大学起过风潮，学生背后有各派势力，如山东省政府、胶济铁路局之类，目的是想撵走教育部派来的杨振声”。参看赵俪生：《篱槿堂自叙》，上海：上海古籍出版社，1999年，第36页。

争结束，由于刘湘对王兆荣的恶感，情况也一直没有好转。直到 1935 年任鸿隽长校时期，才在蒋介石的直接干预下，有了明显改善。而地方政府拖欠的情况，仍时有发生。即便是“亲中央”的王缵绪执掌川政时期，也还有取消川大补助费的决议。从这些事实中不难发现，中央和地方在实际利益上有各怀心思的一面[①]。

另一方面，川大虽是国立大学，但它在中央政府心目中的地位，却常常随四川地位的变化而迁移。比如说，在高师立案时，关于经费问题，当时的教育行政委员会只表示办法可行，到底能否落实，却要看四川地方当局的处置。其实，不管是国立成都高师(师大)，还是最初几年时的国立川大，在中央的教育政策中都一直处于非常边缘的位置。如北洋政府国务院档案中有一份 1922 年编印的中央教育机构设置及编制表，在“隶属机关”一栏中，只列入北京、武昌和沈阳 3 个高师，并无成都、南京和广州高师[②]。按，1918 年教育部公布的“全国高等师范学校概况”称，南京、成都和广州三高师，“仍准由省费继续办理，俟国库稍裕再为接收”[③]。如是，则成都等 3 个高师因未用国款，虽在名义上属“国立”，但并不被中央视作“隶属机关”，可知吴芳吉用以判断“国立”与否

① 地方政府拖欠国立大学经费，并非川大一家。竺可桢被任命为浙大校长后，向陈布雷打听学校情况，得知学校“经费每年七十六万元。其中中央补助月四万五千元，完全可靠，而浙省月万余元则常须迟发”。参看竺可桢：《竺可桢日记》第 1 册(1936 年 2 月 21 日)，第 15 页。

② 《光绪三十一年至民国十一年中央教育机构设置及编制的演变》，收在中国第二历史档案馆编：《中华民国史档案史料汇编》第 3 辑“教育”，南京：江苏古籍出版社 1991 年，第 4～5 页。事实上，按照舒新城的说法，民初教育部虽将全国划分为北京、南京、武昌、广州、沈阳和成都六个高等师范区，但“1919 年以前教育部只设北京、南京、武昌、沈阳四高师，广州及成都则由省立优级师范改办，仍属省立”，皆因二者乃“北京的教育部在事实上管不到”之故，而成高改为国立，则系傅振烈任上所为(参看舒新城：《三十五年来教育生活史(1893—1928)——舒新城自述》，杭州：浙江大学出版社，2018 年，第 201 页)。这最后一句，大概是误解，前边所说，则甚有启发性。

③ 《教育部公布全国高等师范学校概况》，收在中国第二历史档案馆编：《中华民国史档案史料汇编》第 3 辑“教育”，第 191 页。

的标准也并非异想天开。由于高师(师大)性质含混，教育部一度似并不把其当作国立学校看。比如 1930—1931 年，教育部发给师大的各项训令中，均直称“成都师范大学”，前并不加“国立”二字(此前是有的。这一变化的具体原因不详)，成大就更不用说了。

国立川大初期，情况也好不到哪里。虽然教育部颁布的《民国二十年度全国高等教育概况统计表》中“国立各大学”部分列入了四川大学的名称①，但是，1932 年教育部编印的《教育部职员录》，在“直辖国立院校校长名单”中，却没有川内任何一所大学校长的姓名②。或者与北洋政府时期的情形相类，在“国立”大学中还有“直辖”与“非直辖”的区别乎？1933 年之前，甚至川大的经费都没有得到财政部的正式认可。虽经王兆荣催促，财政部把川大经费列入当年的补助费，但仍未获得国立大学应有的待遇。直到 1934 年，蒋介石已经确定了开发四川的政策，川大经费才列入国家教育费中。

川大“国立化”的另一个后果是校内的党派问题开始突出。成大时期，由于整个国内政治都处在激变时期，张澜也有意识地实行兼容并包的政策，国民党、共产党和青年党在校内都很活跃。但经过 1928 年的“二·一六惨案”③，学生的政治热情开始下降。国立川大初期，无论是

---

① 《民国二十年度全国高等教育概况统计表》，收在中国第二历史档案馆编：《中华民国史档案史料汇编》第 5 辑第 1 编“教育(一)”，南京：江苏古籍出版社，1994 年，第 248 页。

② 《教育部职员录》，“中研院”近代史所藏“朱家骅档案”，档案号：154-1。此条材料承罗志田教授抄示。

③ 1928 年 2 月 14 日，四川省立一中的学生在冲突中打死该校校长杨廷铨(同时也是刘文辉的二十四军军士教导队教官和军部秘书)，刘文辉等认为此事系中共指使。16 日，四川省整理党务特派员、三军军警团联合办事处处长向育仁出动军警，从成大、成师大及附中、公立川大法政学院中捕去师生 100 余人。当天下午，即枪杀 14 人，其中成大学生 6 人、师大学生 1 人、师大附中教师 1 人、公立川大学生 1 人。事件发生后，张澜以人权无保障为名，宣布辞职。成大师生也大力抗议。详见四川大学校史编写组：《川大史稿》，第 132～136 页。

中共还是国民党的力量，在川大都很薄弱，势力相对较强的青年党也因没有对手显得比较沉闷。1936年，任鸿隽扩大招生，中共地下党员韩天石等奉命投考川大，在学校里恢复了中共地下组织。此后，共产党、青年党和国民党之间的斗争也越来越突出。在党派摩擦问题上，川大一改过去相对平稳的局面，开始与国内“先进”地区的学校趋同①。尽管全国性政党在校园内活跃与否，并非衡量学校“国立化”程度的法定指标，但从人们的印象和认知的层面来看，却也是勘测川大“国立化”进程的重要尺度。

这一事例启发我们对近代中国“国家建构”问题的讨论加以反思。这一理论多采国家行政力量基层化的视角，着眼于“国家”对地方“社会”的权力渗透，其理论前提则将各级的行政力量视为一个整体，均为“国家”之代表，从而构建出“传统-现代”“国家-社会”的二元分析框架②。但此一思路到底在多大程度上适合于近代中国，尚可讨论。

一方面，在中国传统观念中，“官”和“民”的区分在理论上似比“中央”与“地方”的区分更为重要。后者在现实政治中虽确实存在，且所谓“藩镇”与中央的对立或对抗也不是偶然现象，但在理论上思考甚而区分“中央”与“地方”，恐怕要到晚清以降了。尽管中国以前并无近代西方那样的“国家”观念，将所有的行政层级笼统视为“国家”之代表，却可能更近乎所谓“前近代”中国的官、民之分；从“国家”中正式区别出“中央”和“地方”，并认可双方的相对独立性，则是一“近代”现象。而“中央”和“地方”在政治生活中的长久冲突，更表明各级政权的实情与理论上的

---

① 据四川大学校史办公室编《川大英烈》(成都：成都科技大学出版社，1999年)一书统计，20年代“三大”校友中共有中共烈士18人，30年代国立川大时期0人，40年代有18人。此虽不能完全代表中共在四川大学的活动情况，但其活跃程度的变化也可见一斑。

② 参考Richard S. Horowitz，“*State Making Theory and the Study of Modern Chinese History*，”《近代中国史研究通讯》第19期；杜赞奇(Prasenjit Duara)著，王福明译：《文化、权力与国家——1900—1942年的华北农村》，南京：江苏人民出版社，1995年，第1～3页。

“一以贯之”相去甚远。

另一方面，中国文化中“道高于势”的传统仍在近代潜存且与某些西来观念如“学术自由”等结合并发挥着其力量。沿此思路，“国家”实际已超越了中央和地方的政治层级划分，具有独立的涵义，故虽因“地方割据”的现实而使中央在与地方竞争中作为“国家”的代表者受到了知识界的拥护，但这一竞争仍需经过“道义”的考量，中央并不必然被视为国家的化身。川大国立化进程中的“国家”“中央”和“地方”在人们的认知和实践层面上呈现的错综关系，提示着“国家”在近代中国的具体意味还有待进一步研究。

地方观念与全国观念

国家由“地方”而成。因此，一般情况下，地方观念与国家观念并不截然对立，有时还可相辅相成。但遇到特殊情境，尤其是外患剧烈时，两者便常常发生严重冲突。不过，即使在后一种情形下，二者的关系仍呈现出相当复杂的面向，难以概而言之。

20 世纪初，一部分国人因对清政府救亡能力失望及受西方“地方自治”的启发与鼓励，开始倡导通过“爱乡”来“救国”的思想。到了 20 年代，处在南北分裂夹缝中的几个地区提出“联省自治”的主张，在看似“分裂”之中包藏着走向全国统一的目标。不过，其时也有人注意到“联治”思路确实存在着真正分裂的危险。因此，在 20 年代中后期，更强调内部整合的统一观念就在国内舆论中取得了压倒性优势。30 年代，随着日本侵略的步伐日益逼近，中国的国家危亡迫在眉睫，国家观念的重要性益形显露，其思想说服力和社会号召力均大大增强，地方观念也越来越在国人的思想论说中成为一个负面形象①。

事实上，地方观念（感情）有时会成为刺激国家观念的重要动力。罗

① 罗志田：《五代式的民国：一个忧国知识分子对北伐前数年政治格局的即时观察》，收在《乱世潜流：民族主义与民国政治》，第 153～158 页。

志田教授曾注意到，咸同以降，随着湘军的兴起，湖南士人心态大变，开始日益强调湖南人“对天下之责任”，表现出全国性的眼光[①]。不过，这种对于“天下”的责任感，又是与对“湖南人”这一地域性认同的强调分不开的。

川大国立化运动也体现出国家观念与地方观念既有冲突又有互助的多重纠缠关系。30 年代，在外患催逼之下，拥护国家统一，成为其时人心所向，但政治上的统一并不能掩盖各地人们在心理上存在的实际差异。1935 年中央军入川，自然是国家统一的表现，却在社会中引发了不同反响。有些人对蒋介石和国民政府的势力扩张表示警惕，如一向提倡打开夔门的张澜，此时一变，提出“川人治川”的口号。而通常被新知识分子当作“落后”势力的徐炯，则本着“春秋大义”，力辩“今日大势，有国界无省界”：“若有英法俄日而治中国，当极端反对之，所谓有国界也。若山东、河北、浙江而治四川，当极端欢迎之，所谓无省界也。”盖“四川者，全国之四川，非四川一省之四川。以四川为一省之四川，此土司之见也。以四川为全国之四川，此春秋大一统之义也”[②]。据国民党人易劲秋（1918—2006）说，徐文发表后，“赢得一般知识分子尤其大中学生的热烈回响”[③]。徐炯一向以守旧知名，向来被新青年视为对立面，这篇文章能获得大中学生的“热烈回响”，可知其时统一观念之深入人心。

不过，正如《川行琐记》事件表现出来的，地方认同仍是人们根深蒂固的情感形式，赞成统一并不一定会磨灭地方观念。陈衡哲的文章激起了四川人的强烈反感。但有意思的是，川人表达地方情感的方式却是指

---

① 罗志田：《近代湖南区域文化与戊戌新旧之争》，《近代史研究》1998 年第 5 期。

② 子休（徐炯）：《异哉所谓川人治川也》，《川报》1935 年 6 月 2 日，第 6 版。徐文谓，“倘分省界焉，而谓山东人不可以治川，岂谓诸葛武侯尚不如张澜乎？”可知其作文时心目中实有一张澜在，当与四川社会的新旧之争不无关联。

③ 易劲秋：《忆成都》，《川康渝文物馆年刊》，1997 年。

责陈衡哲存有地域歧视，破坏了国家团结。此固然可知其时“团结”和“统一”在国内的号召力，但也表明，它们作为标签，也有虚悬象征的意味，而不免沦为思想论争甚至权势竞争的武器。事实上，除了任鸿隽这样对作“中国人”而非“某省某县人”具有明确自觉的知识分子，地域观念实难破除①。

值得注意的是，任鸿隽指出，四川的地方意识是随着四川被称为“民族复兴策源地”而得到强化的。换言之，四川在全国地位的上升，加重了四川人的使命感，也进一步强化了四川人的自尊心。此前，他们有过不少犀利的自我批评。比如说，不管是较旧的龚道耕，还是较新的张澜，都认为四川文化落后于东部地区。旅外人士在这方面的言论就更多。另一方面，不管是在四川“自成格局”的时代，还是在“民族复兴策源地”时代，川人却有个一以贯之的认识，即四川在西南实为翘楚。成大、高师等都强调自己培养的学生中不仅是川人，也有不少云南、贵州的学生，并以此作为“国立”的表现和应尽的职责。换言之，四川人的地域意识有时或包含了“西南”的意味。但强调自己在西南地区文化最“先进”，对云、贵人来说，仍是“地域歧视”的表现，又恐怕是川人自己没有意识到的。

钱穆曾经以包括四川大学在内的几所大学为例，批评了中国近代的地域观念：“近代国人崇慕西化，喜言通俗，恶称大雅。惟求分裂，不

---

① 熊丸（1916—2000）先生说，抗战时期在四川发生过不少地域冲突。但有时是不同地方人们在生活、语言上的差异引起的，未必即是地域歧视。详见熊丸口述：《熊丸先生访问记录》，第5～6页。值得注意的是，抗战前由于外省人与四川人的交往相对较少，很多地域差异并未成为一个问题。战争爆发，外省民众大批入川，省际隔阂的问题反而显得较前更为突出。如《四川日报》1939年2月10日（第3版）报道，重庆市警察局“通令各局所查禁长警呼喊‘下江人’”。命令说：“四川因素年积习，素有川省人与下江人之分，此虽为一幼稚之语，然而引起无谓纠纷实属不少，因此往往起因甚微反致事态扩大，均由□‘下江人’三字所致。”警察局“徐局长并表示希望一般市民共同努力抗战建国工作，不必画分地域，而一起无谓之纠纷”。

务和合。各地设立大学，亦务求地域化。如武汉大学、浙江大学、四川大学，其校长必限于当地人。云南大学亦然。”①他和任鸿隽在反地方观念这一点上是相同的，但地方观念是如何造成的，两个人的看法却正好相反。任鸿隽以乡土意识为中国传统，而“吾辈”则重国家观念。钱穆却恰恰认为，中国传统读书人系“天下士”，关怀的范围要宽得多，地域观念乃是近人向往西化的结果②。

批评中国人缺乏国家观念，是从晚清梁启超(1873—1929)等人以来中国思想界的主流见解。但在更了解中国传统的钱穆看来，问题并不这样简单。他的这段话是在批评新文化运动者学习西方、在中国推行言文分离运动时所说。在提倡白话文的胡适心中，“国语的文学”可以打破阶级的畛域，起到统一全国人民的作用。这是他从欧洲“文艺复兴”中得到的一个启示③。但钱穆如同章太炎(1869—1936)一样，强调中国传统的统一主要是靠“文字”而非语言，文字较语言更具“全国性”和“天下性”。钱穆并不否认中国传统有雅俗之分，但他认为，正是因为中国传统重“雅”尚“通”，故不为地域所限；而“俗”是地域性的，一味追求通俗的结果恰是不能“通”。

英国学者厄内斯特·盖尔纳(Ernest Geller，1925—1995)把以“识字”为基础的高层次文化的普及，以及其因此打破了农业社会中上层与下层阶级的界限，视为民族主义形成的一个表征④。美国人类学家本尼

---

① 钱穆：《再论中国文化传统中之士》，收在《国史新论》，北京：生活·读书·新知三联书店，2001年，第212页。

② 不过，钱穆也认识到国家观念和乡土观念是不可截然二分的：“国家观念即建立于乡土观念上。没有乡土观，很易没有国家观与民族观。”见《漫谈新旧文学》，收在《中国文学论丛》，北京：生活·读书·新知三联书店，2002年，第203页。这和任鸿隽的见解相当不同。

③ 罗志田：《再造文明之梦——胡适传》，成都：四川人民出版社，1995年，第162、186页。

④ 厄内斯特·盖尔纳著，韩红译：《民族与民族主义》，北京：中央编译出版社，2002年，第11～15、33～51页。

迪克特·安德森(Benedict Anderson)也强调由“印刷资本主义”激发的方言的兴起对民族这一“想象的共同体”的建构所起到的推进作用[①]。但这一模型是否适合中国？胡适把白话文运动与但丁俗语入文的努力相提并论，意在使中国像西方一样“复兴”[②]，却未料到文言和白话之分与拉丁文和近代欧洲各国国语的区分并不能简单地画等号。事实上，中国重“文”的传统确实有其独特之处，白话文学也并非方言文学。唐德刚(1920—2009)就曾指出，中国的方言文学并未能滋长，“是因为我们有个全国一致通用的记录文字把他们规范了、约束了”[③]。

传统的音韵学也在某种程度上起到了削弱方言的作用。清代学者对方言的研究，往往从书上寻求出处，即所谓“寻源”[④]。章太炎之《新方言》，即在指出“俗”中之“雅”，方言原可相通：“读吾书者，虽身在垄亩与夫市井贩夫，当知今之殊言，不违姬汉。”[⑤]向楚 1902 年曾在广州的两广师范教国文，“当时教一班学生 80 余人中，只有 30 人听得懂他的四川话，因此往往讲授课文还得依靠翻译，很不方便，有时不能不勉强改用一些普通话语音来讲课。加之他通音韵，对方言也有研究，很快便能大致听懂学生的广东话”[⑥]。就此意义而言，钱穆的观察不无道理[⑦]。

---

① Anderson Benedict. *Imagined Communities*: *Reflections on the Origin and Spread of Nationalism*. London: Thetford Press, 1983, pp. 67-79.

② 罗志田：《中国文艺复兴之梦：从清季的“古学复兴”到民国的“新潮”》，《汉学研究》(台北)，第 20 卷第 1 期，2002 年。

③ 胡适口述，唐德刚注：《胡适口述自传》，上海：华东师范大学出版社，1993 年，第 180 页。

④ 胡奇光：《中国小学史》，上海：上海人民出版社，1987 年，第 313～323 页。

⑤ 章太炎：《新方言》，转引自许寿裳：《章炳麟》，收在存萃学社编：《章炳麟传记汇编》，香港：大东图书公司，1978 年，第 99 页。

⑥ 向在淞：《前川大文学院长向楚》，第 28 页。

⑦ 新文化运动的文言与白话之争，现有研究多自新旧角度考虑，对其具有的民族主义意义似考虑不多，钱穆等人的批评更少有认真对待。但是，雅俗之辨确实牵涉到全国与地方关系的问题，这与西方式的民族主义大不相同。这一问题颇可注意，唯不是本书重点，不及详述。

新旧文化观的纠葛

上述事件其实牵涉到一个如何对待传统文化的问题。在传统中国，本存在着一个“统一的思想意识市场”①。但是，在西潮冲击下，这一“市场”却呈现崩溃之相。对任鸿隽这样西化意识较强的知识分子来说，中国需要在某种程度上“外国化”，“外国化”即等于中国的“现代化”，只有实现了现代化才能实现真正的“国家化”。但同样力倡国家观念的徐炯却强烈反对任鸿隽、胡适等人提倡的新文化。1935年夏，成都报纸传言任鸿隽要请胡适为川大文学院长，徐炯闻言，便在题为《凡有血气莫不尊亲》的祀孔大典演讲词中说：“胡适素以打倒‘孔家店’自豪。此间报纸，若《快报》、若《新新新闻》，皆谓有人聘之来蜀，长文学院”，如果胡适真的来的话，“吾党之士，则惟有毅然决然反对之而已矣”②。在徐炯的眼里，孔子可谓中国文化的象征，反孔岂非反对中国文化？“凡有血气”者莫不能为的“尊尊亲亲”尚不能够，又何来国家观念？故其反对新文化，正是出自同样的民族主义冲动。

这几位一致赞同国家观念的人在文化观念方面却不尽相同，甚至针锋相对。而文化观，特别是民族文化观，实是民族主义的一个重要内容。换言之，他们同是民族主义者，但心目中对于“中国”的理解却颇多差异。这一事实颇能表明中国现代民族主义的多歧性质。

在中国现代教育史和文化史上，“新”是主流。因此，川大的国立化进程也不可避免地存在着新旧之争。这里边既有美国化取代日本化的学制之争，也有文化思想之争。向楚的学生陶亮生(1900—1984)曾经引述向楚的一段回忆：

---

① 参考罗志田：《地方意识与全国统一：南北新旧与北伐成功的再诠释》，收在《乱世潜流：民族主义与民国政治》，第194页。

② 《明日省文庙祀孔》，《新新新闻》1935年8月26日，第11版。

清末张之洞(1837—1909)说："中学为体，西学为用"，一般人则体会为"用"指物质文明，"体"指精神文明。自蔡元培长教育部，主北京大学，随后又有所谓大学院。其人本旧学，然一味崇拜西欧，以为缘饰。当时，南京高师转化之东南大学，不遵此轨，成都高师直至国立成都师范大学，尤为不遵此轨。然功令所限，始终有不得不同文共规之势。我任四川教育厅长时，兼摄国学院。此校乃省立，有伸缩余地。所以，我才敢沿前院长骆公骕(即骆成骧。引者注)先生之例，请徐子休先生讲宋元哲学。徐先生辞以老，乃商得每周开讲座一次。先生不受聘，不受酬，安车迎送，出席一载。于是学生始闻"义理之学"，使学生知读书当与立身行己挂钩。此所谓大人之学，亦即精神文明的体现。但不久三大学合并，此事便废。①

此处所谓"国学院"，即公立川大的中国文学院。向楚这段回忆颇能传达出川大的"国立化"进程对新旧思想竞争所具有的决定性影响②。

"国学"是清季民初以来四川学界的"强项"，四川学者也颇以此骄傲，并对"新学者"不以为意，在很多情况下，这又常常和地域意识结合

---

① 陶亮生：《先师向仙乔先生言行忆录》，收在成都市政协文史资料研究委员会编：《成都文史资料》总第19辑，第28页。

② 王汎森先生在中央研究院与河南地方当局就殷墟发掘之冲突的研究中，发现民初中央、地方与学术观念上的新旧之争的"纠缠"，与本文所注意到的问题颇有相类之处。不过，王先生所发现的"在安阳，中央代表著新，地方代表著旧"的情况，与川大的例子不甚相同。一方面，川大的新旧之争更多地由私人发动。另一方面，不大和外界交往的四川学人在"国学"方面具有的特长表明，"地方"的未必就是"旧"的，反而可能是全国的。但是，新派占据上风确实是川大"国立化"的一个结果。另外，王先生还注意到，20年代末，南京政府虽然在表面上实现了国家统一，中央研究院也自认"全国最高的学术研究机关"，但由于河南尚非国民政府能够实际控制之地，地方上对中央命令阳奉阴违。在此情况下，由谁来发掘，以及怎样发掘殷墟这个学术问题也就和政治权力绞缠在一起。这一情形可与本文所考察的现象互相发明。参看王汎森：《什么可以成为历史证据》，文后附录《民初中央、地方与新旧学术观点之纠缠》，收在《中国近代思想与学术的系谱》，第367～372页。

起来，表现为“看不起外面这些人”。随着川大国立化的推进，这一情况虽然有所减弱，但至少到40年代初仍有存留。语言学家赵振铎回忆说：抗战开始后，不少外省学者到川，“由于各自的经历不同、学问不同，外来的学者与四川大学本地学者，特别是与一些老先生有矛盾，有冲突，宗派现象比较明显”：

> 当时四川大学有一种不好的习惯，一些老先生看不起外地的教师，像叶圣陶这么著名的学者，到川大来，居然没有让他在校本部教书，而是在成人夜大教书。叶圣陶当时在省教育厅兼职，常常要到外地去考察。一些老先生见他有时不在学校，就趁机贬损他，说“叶圣陶为啥不敢来上课嘛，他的《辞源》《辞海》还没有运来，等运来了，他就来上课了”。①

如赵振铎所说，川籍学者的这种自信来自双方的“经历不同、学问不同”，显然与不同地区的学术风气有关。由于大学在现代成为学术研究的重要体制性场域，这种差异自然要在不同地区的大学中表现出来。“国立大学”虽并不一定与学术上的地域化相矛盾，且地域化学术往往成为一国之中不同学术风格与流派的实际表现，但川大的国立化进程显然伴随着校内学术典范的转移。此处不妨以文、史两个系为例对此略做说明。40年代以后，四川学者最为擅长的“国学”，较多地集中在中文系，历史系则经几位外省人如徐中舒、冯汉骥等先生的提倡，成为“新史学”（或曰“新汉学”）在国内的重镇，即是一有趣的对照②。而另一有趣之处

---

① 赵振铎口述，张家钊整理：《音韵文字世家二三事》，《当代史研究》2003年第3期。

② 以“文字学”为例，中文系的研究沿承清代“小学”之风，多少属于傅斯年所说“以《说文》为本体，为究竟，去做研究的文字学”（语见《历史语言研究所工作之旨趣》，收在傅斯年：《史料论略及其他》，沈阳：辽宁教育出版社，1997年，第42页）；而（转下页）

是，如就学术风格而言，四川学者所做“国学”实更为“传统”，故也可说更为“正宗”，但在“新学者”的眼里，却不免“地方”色彩(“蜀学”)，也揭示出学术和“国家”之间更为复杂的对应关系。

大学自主与学术独立

省立大学有“伸缩余地”，可以做一点国立大学做不到的事，有此体会的不止向楚一人①。早在1917年，杨昌济(1871—1920)就提出，每省均应设立一所大学，而教育部当局则“似认为大学应归国立而无需省立者”。他对此绝不赞成：

> 余以为此中央集权之政策，乃少数政客之迷梦，徒酿政争，无裨实际，此不可不大声疾呼，唤醒国人者也。中国之有省，有将近千年之历史，已成一有机之体，自有生命，不能以一二人之私意强行解散者也。中国之省，盖几如德国之邦、美国之州焉……中国民族单纯，地势连属，固非英国之比，然欲以中央政府之权力，干涉各省地方之事务，其势固有所不行也。况教育行政本为地方行政之一，而画一教育之弊又为东邦人士之所昌言乎！吾愿后来任教育部之事者，鉴于国家之大势，抛弃此垄断教育权之主张，庶几各省之学风咸得自由发展，将来万派争流，终归大海，祖国之文化且将大放其光明焉。此余所馨香祷祝者也。②

(接上页)历史系的古文字研究则以甲骨文为中心，与考古学关系密切，目的在用作历史学的工具，《说文》仅仅降为“材料之一种”。自然，此处所论文史两系学风的差异仅就“大体”而言，且不及今日情形，如具体论，就要复杂得多。如，历史系的蒙文通先生属于近代“蜀学”传人，实游离于新旧之间，但基本上与“新史学”有不少同调之处。

① 但是，如本书提到的，省立大学的“伸缩性”不应被夸张。在“三大”合并过程中，公立川大较之其他两校的发言权要少得多，原因就是它从属于四川省政府。

② 杨昌济：《论湖南省创设省立大学之必要》，收在《杨昌济文集》，长沙：湖南教育出版社，1983年，第349～350页。

湖南省的地方自治运动虽然是1920年开始实行的，但此前这一思潮就已在社会流传了[①]。杨文中也颇可见出晚清以来的地方自治思潮的影响，与向楚所回忆的时代语境颇不相同。另一方面，两人看法虽有同调之处，但“省”的地位在其观念中所占地位并不一样。相对而言，杨昌济更重地方在发展教育中的作用；而向楚虽对国立大学与省立大学在“伸缩余地”方面的区别有较为明确认识，却仍积极推进“三大”合并。这固然出于他试图整顿四川教育的实际考虑，然亦与他的全国观念有关。

省立大学毕竟仍是“官学”，更具“伸缩余地”的是私立大学。1919年，王征就写信给胡适，提议蔡元培在上海办一所新大学，理由之一就是：“私立大学较官立者易于措置，于吾党新学新业定易为力。”[②]吴芳吉在1930年给主持江津聚奎中学的友人的信中也说：“所贵私立学校，在其自有权威，自有尊严，为社会中人素所信仰。”只要聚奎中学办好了，“彼一省教育厅批准与否，无关于轻重也”。他并强调：“吉等对于重庆大学即抱此旨，不向南京教部请求立案。”[③]自晚清起，章太炎等就在思考“官学”和“私学”的问题，更趋新的王征和不太新的吴芳吉的言论，可以明显看到与之类似的关怀[④]。但是，私立学校的自主权仍然有限。徐炯因“不满现行学制”，在尊孔的大成会的基础上创设了大成学校，“取书院、学校、私塾三制而混合组织之”。1928年，他进而拟改大成学校为书院，“以造就通儒”，却因“格于部章，未克实现”[⑤]。而不向教育部立案的重庆大学，后来不但立了案，更成为国立大学。

---

① 李达嘉：《民国初年的联省自治运动》，台北：弘文馆出版社，1986年，第60页。

② 王征致胡适(1919年6月11日)，收在中国社会科学院近代史研究所中华民国史研究室：《胡适来往书信选》上册，第53页。

③ 吴芳吉：《致戴叔墉》，收在《吴芳吉集》，第1041页。

④ 陈平原：《中国现代学术之建立——以章太炎、胡适之为中心》，北京：北京大学出版社，1998年，第70～115页。

⑤ 刘子健：《徐子休先生传》，《新四川月刊》第1卷第2期，1939年6月30日，第48页。

不过，对20年代四川的多数读书人来说，国立大学是否有“伸缩余地”，似并未进入他们的考虑。至少，这一考虑并不紧迫。事实上，1935年以前，由于中央政府相距遥远，无法真正地控制四川，川大发展所遇到的最大问题，如经费危机、校产危机等都直接来自地方。而每当川大遇到地方政府的侵害时，便要诉诸中央政府。换言之，在这一阶段，川大师生所追求的“国立化”确有“中央化”的内涵。

当然，这一时期，中央政府的作用常常只是象征性的，并不能对地方政府产生真正的威慑力量，对中央政府的命令，地方政府可以找到种种借口加以应付；但是，诉诸中央却可以使地方当局在道义和法律上处于不利状况。因此，在这一时期，“国立”的地位常常是川大对付地方政府、赢得发展空间的一种手段。

“国立化”的类似意义也在武汉大学(以下简称“武大”)的历史中体现出来。1932年5月30日，时任武大教务长的周鲠生在题为《大学之目的》的讲演中说，“武汉大学初提议设立的时候，究竟是省立或国立，性质没确定，实则名称也没确定”。当时蔡元培为大学院长，决定武大为国立大学。

> 这虽然是形式问题，而究竟是重要的。鉴于湖北省政府变动之频繁，湖北教潮这样纷扰，我们试想，假使武大是省立的，便很难平和发展到现在局面；而且有许多教授也不会来教书，有许多同学也不会来读书。不但外省同学有许多不会来读书，就是湖北同学也必然有许多不会来的。①

武大因与国民政府关系密切，很早就实现了真正的“国立化”，而川大的

① 周鲠生：《大学之目的》，原载《国立武汉大学周刊》第130期，转引自高平叔撰著：《蔡元培年谱长编》第3卷，北京：人民教育出版社，1999年，第613页。

“国立”性质则长期处在有名无实的境地；不过，周鲠生所做的“试想”却说明在时人心中，真正的国立大学可在某种程度上超脱地方政局的动荡，获得一个相对“平和”的发展环境(实际是否能够实现又是另一回事)。川大确是常随地方政潮波动，与武大的实际情况恰好相反，却证明周鲠生的担忧绝非无因。

然而，历史又常常呈现吊诡之相。地方势力虽然力图控制川大，也在物质方面给川大造成了诸多麻烦，甚至直接影响到学校的生存。但四川本是尚文重道之地，同时，军人对教学和学术并无特别的兴趣，更无意干涉学者们的“治学自由”。随着中央西迁，川大真正实现了“国立化”，却一改昔日情形，因学术自由的原因直接和中央政府发生了对抗。拒绝教育部派来的校长而宣布罢课，在东部的不少大学都曾有过，如清华大学、东南大学等，但在川大却是第一次(高师学生 1924 年反对傅振烈，正因其是地方派来的)。从这方面说，也可以看作川大“国立化”的一个表现。但这显然不是中央心目中的国立化，而是经各国立大学的实践形成的一个“典范”。这背后则是拒程宣言中所表现的，中国传统读书人一向秉持的“道高于势”的理想。不过，“道”原本和超出“国”的“天下”相联，此处的“学术”则与“党派”相对而与“国”相应。知识界本不以为“国立化”即“中央化”，更不必是“党化”，这一区别虽在现实中并不完全明晰，却不时可见。因此，较诸其各位前任，程天放是最为“中央化”的一个，却也最不受川大人的欢迎。“国立化”实现了，大学师生想要捍卫的学术独立目标，却较之在地方政府控制时期更难办到——这一“党化”的结局，显然是当初大力推动国立化运动的川大师生始料未及的[①]。

按照舒新城的说法，“国立”的真正标准存在于各“先进”学校的实践中。这一思路也潜存于成大学生的言论里：成大虽非政府所办，却体现

---

① 当然，“党化”主要与程天放个人有关，换一个人，就未必会推行“党化”教育，如黄季陆也是国民党员，但并无人批评他搞“党化”。

出社会的需要，并自觉地担当起改造社会的重任，因此成为“国立”的。这些认知又启示出另一问题：“国家”的象征主要是中央政府，还是“社会”？

胡适曾徘徊于理想的政治和实际的政府以及由此带来的“政府的诤友”与“国家的诤臣”这两种角色之间，却因实际操作层面上“政府”和“国家”的难分难解而不得不由“诤臣”兼做“诤友”。不过，川大国立化进程中不少事例表明，由于“民”这一概念在政治言论中的地位得到提升（在政治实践中则未必），在不少人的认知中，“社会”确比“政府”更有作为“国家”象征的能力，而这或者可为“国家—社会”理论提示出一个相异的空间：社会不但与国家相对，它也可能是国家的根源。

其实，抛开“党化”与否的问题，当时也有不少人指出，教育部实行的集权体制对学术的发展未必有益。其中，知识的地方性是一重要视角。如川大史地系就曾对教育部统一全国课程的计划提出意见：

> 选修课不宜规划过于方整固定。学分虽有定明，但课程则不必全国划一也。中国幅（原文如此。应遗漏“员”字。引者注）广大，各地情形殊异，各校自具特色，如地方及专题研究，皆当因时、因地、因人而设置其最适宜之选修课（如川大因特殊环境与需要，即设有“西南民族及其文化”一学程，定为三、四年级选科），庶能发展特长，有益实用。①

中国思想传统向有从家到国再扩展到天下的思路，晚清时候受到由爱乡到爱国的西方观念影响，朝野均有写作“乡土教科书”的行动，史地系的这一提议大概与此不无关联。当然，从现代人类学、民族学的角度看，

① 《对于教育部史学系课程标准草案之意见》，《川大档案》，第 225 卷。原文未详时间，从“史地系”的名目看，至少是在 1939 年以后。

西南地区为中国民族聚居最为复杂的地区，确有其特性。如不了解这一特性，自然也就无从了解中国。

自然科学也存在地方性知识的问题。杨翠华在研究中基会的著作中指出，中基会“对‘本土性’或‘地方性’的科学特别重视”。所谓地方性的科学，“是以各地特殊事实为题材而研究建立的科学，如地质学、生物学、气象学等”，而物理学、化学等则是具有“世界性”或“普通性”的科学。任鸿隽、严济慈、翁文灏等对此都有明确见解。任鸿隽认为，中国之所以应发展地方性的科学，原因有二。一是普通科学在“科学程度尚未十分发达的国家”难以“一蹴而就”，二是“此类科学的题材，既然于世界共通的，故我们乐于利用他人已有的成就，而不发生迫切祈求的需要”。翁文灏也说，“中国的材料我们自不利用，外国科学家就来利用了”。[①] 这一体认落实为具体的研究成就，就如陈寅恪（1890—1969）在 1931 年观察到的，中国的自然科学中，地质、生物、气象等，“可称尚有相当贡献，实乃地域材料关系所使然”[②]。

在这方面，任鸿隽、翁文灏的具体理由不尽相同，不过，其出于民族主义的考虑则一。要注意的是，以上诸人所说的“地方性”的科学，实指“中国”的科学：从“世界”的角度看，“中国”即是地方。因此，这些言论出自要把学术“中国化”的努力。但是，在“中国”内部，又有着不同的“地方”，在这一层意义上发展“地方性知识”，又和学术“国家化”的主题

---

① 参看杨翠华：《中基会对科学的赞助》，第 204～206 页。任鸿隽、翁文灏文亦转引自此处。傅斯年提倡的“东方学”，也有防止外国人抢材料的意思。可知这一认识乃是当时中国的自然科学家与社会科学及人文学者的共识。需要指出的是，这些言论不仅体现出中国知识分子“防守”的一面，还有明显的“预流”心理，即希望进入世界学术之林并为世界学术做贡献。详论参考罗志田的几篇文章：《走向国学与史学的“赛先生”——五四前后中国人心目中的“科学”一例》，《近代史研究》2000 年 3 期；《学术与国家：反思 20 世纪前 30 年关于国粹、国故与国学的思想论争》，《二十一世纪》2001 年 8 月号；《古今与中外的时空互动：新文化运动时期关于整理国故的思想论争》，《近代史研究》2000 年 6 期。

② 陈寅恪：《吾国学术之现状及清华之职责》，收在《金明馆丛稿二编》，北京：生活·读书·新知三联书店，2001 年，第 361 页。

有关。我们看到，任鸿隽担任川大校长期间，一直将地方性知识作为重要的科研方面(王兆荣时代已经如此)。张颐等人也继承了这一取向，并将这种地方性材料扩大到人文学术领域(抗战史料、人类学)。从这个意义上讲，大学的国立化也意味着有关“中国”各种地方的知识被整合起来。但是，学术史的发展证明，这又必然要求并表现为地方性知识的大力发展，未必支持全国雷同式的整齐划一。而这又是与中央政府的集权趋势恰相反对的。

虽然如此，从制度上看，现代中国仍以“国立大学”为高等教育的主流。所谓“国立大学”，本是中央政府调控全国教育的一个手段，如1929年由国民政府颁布的《大学组织法》第二条规定：“国立大学由教育部审查全国各地情形设立之。”①不过，一方面，国民政府对私立学校有着诸多限制，如规定“不得以省市县等地名为校名”②；另一方面，作为国立大学，由国家拨发经费，经济上有保障，而这是一所大学成功的重要条件。事实上，我们看到，经费危机常常是促使私立或省立大学谋求“国立化”的一个基本动因。如，1938年春，私立复旦大学(重庆校)和大夏大学因经费困难，要求改为国立。复旦最初要求保留校名和校董会，但后一条件未被批准。1939年夏，改为向教育部申请补助费，“国立决作罢论”。如是“勉力撑持”到1941年秋，“学校经济真达山穷水尽之境。不改国立，势必中辍”，于是又“恢复国立前议”③。与此相似的，还有私

① 《国民政府颁布大学组织法》，收在中国第二历史档案馆编：《中华民国史档案史料汇编》第5辑第1编“教育(一)”，第171页。

② 《教育部公布之修正私立学校规程》，收在中国第二历史档案馆编：《中华民国史档案史料汇编》第3辑“教育”，第41页。

③ 有关文献见复旦大学校史编写组编：《复旦大学志》第一卷(1905—1949)，上海：复旦大学出版社，1985年，第174～177页；《教育部关于私立复旦、大夏两校申请改为国立呈与行政院批》，收在中国第二历史档案馆编：《中华民国史档案史料汇编》第5辑第2编“教育(一)”，南京：江苏古籍出版社，1997年，第839～842、847～851页。与复旦同时提出改“国立”的大夏大学也是两次提出改国立之议(1939、1942年)，起因也是经费问题。大夏大学的校董之一何应钦(1890—1987)“认为保持私立，学校能够独立自(转下页)

立厦门大学(1936年)、广西省立广西大学(1939)、河南省立河南大学(1942)、四川省立重庆大学、浙江省立英士大学、山西省立山西大学(均为1943年)、私立海南大学(1950)等①。

另一个原因大概和国人重“官学”而尤崇“国学”的传统有关。1904年，英国留学生严复(1854—1921)在翻译甄克斯(Edward Jenks)《社会通诠》的原序中，就把牛津大学译为“鄂福斯国学”②，显然不能理解为严复不清楚牛津大学的性质(事实上，牛津、剑桥等校，很难纳入国立、私立的范畴中定位)。美国留学生胡适在《非留学篇》里，提出要办中国自己的大学，虽以“国家大学”“省立大学”和“私立大学”并列，却显然最重“国家大学”。盖“此等国家大学，代表全国最高教育，为一国观瞻之所在”。且其校中教师“所编各学科讲义，宜供全省大学之教本”，也就是说，“国家大学”足以领袖“省立大学”③。我们从四川知识分子积极推动川大“国立化”进程的态度中，也不难发现“国立”二字的巨大吸引力。

(接上页)主，少受政潮影响，人事稳定，教授安心，有利于学术的自由探讨。但若不改国立，又不能解目前和今后之危。而经费之筹措，何实爱莫能助。最后，只好采取两全之策，何将大夏申请改国立事，在行政院会议上提出讨论，如不获准，则请政府适当拨款补助”。教育部决定将大夏与贵州农工学院合并，组成国立贵州大学。此议一出，即遭大夏师生反对。教育部收回成命，大夏仍保留私立性质。详见张廷勋：《大夏大学内迁记略》、王守文：《抗战时期的大夏大学》，均收在中国人民政治协商会议西南地区文史资料协作会议编：《抗战时期内迁西南的高等院校》，第141、151～153页。由于大夏大学有着具有权势的董事，教育部想“改编”大夏的目的失败，可知经济政策并不总能保证干涉大学事务的成功。不过，像大夏这样能够坚持下来的学校并不多。事实上，川大的事例也的确证明了何应钦所说的，国立大学多受政潮影响，人事(特别是高层人事)也因此不够稳定。

① 分别见《时事新报》1936年6月27日第2张第3版；《行政院关于省立广西大学改为国立呈与国民政府批》《教育部关于省立河南大学改为国立呈与国民政府批令》《行政院关于改重庆、英士、山西等大学为国立并恢复北洋工学院呈与国民政府批及有关文件》，均载中国第二历史档案馆编：《中华民国史档案史料汇编》第5辑第2编“教育(一)”，第842～845、852～860页；苏云峰：《私立海南大学(1947—1950)：近代中国高等教育研究》，台北：“中研院”近代史所，1990年，第113～119页。

② 严复译：《社会通诠》，北京：商务印书馆，1981年，无页码。

③ 胡适：《非留学篇》，收在《胡适学术文集·教育》，北京：中华书局，1998年，第19页。

而这吸引力又不仅仅来自于经费等具体的物质性条件，也来自于“国家”在人们心目中的崇高地位①。

最后要说明的是，如同前文试图证实的地方与国家之间的复杂互动关系一样，我这本讨论大学“国立化”的作品，同时亦自觉地继承了民国学人早已奠定的地方性知识的讨论传统。事实上，作为丰富我们对中国历史、地理和文化多样性认知的努力，地方史的研究不是要在地方层面上复述从全国视角获得的整体性的“中国历史”经验。它的目标是特殊的地方性的知识，包括对“国家”的地方性体验和认识。但与此同时，地方史也是国家历史中一个不可或缺的组成部分，甚至是国家历史的依存之所。因此，我们对“大中国”的深入理解，也离不开对无数个像四川大学这样的“小社会”的真切认知。

① 对多数人来说，“国立大学”当然是具有吸引力的字眼，但也并不是在任何情况下都令人趋之若鹜。至少，在 20 年代末 30 年代初，国立劳动大学的“国立”招牌就曾遭人诟病——该校是无政府主义者和国民党短暂合作的产物，其初衷是在中国最终实现无政府主义，然而，有人辛辣地指出：“大学名字里的‘国立’二字与其无政府主义的目标在术语上就是矛盾的。”参看阿里夫·德里克(Arif Dirlik)著，孙宜学译：《中国革命中的无政府主义》，桂林：广西师范大学出版社，2006 年，第 247 页。

附录
学术“中心”与“边缘”互动中的典范融合：四川大学历史学科的发展

民初蜀中天才学者刘咸炘认为，治史重在“观风察势”，所谓“风”又分“时风”与“土风”两面①。一时一地，各有其独特风习；时过境迁，便不免风气更易。“风”无形象可见，但有形态可寻，由其带动所及，草上林梢，皆可想见其力道走向，感觉其寒暖燥湿。流风散播，全不为物拘囿，然而有形的格局，亦常成一种制约力量，其势之强，足以易俗移风。政治、社会、学术，莫不如此。

本文的目标是从学术机构视角观察民国时期蜀地学风之变。近代“蜀学”的兴起，对19世纪晚期的四川学界造成了深刻影响②。如果说这主要还只发生在一个地方性场景中的话，那么，与此同时，整个中国学术界的激急动荡，也使其流风所掠之处，无不笼罩其中。而当本文大幕拉开的时候，“西学”已经稳占主流，迫使“中学”亦不得不“洗心革面”，否则即似难以与西学分庭抗礼。这其中一个重要动力来源和施行渠道，就是新的专业性研究机构（大学和研究院）。通过资格审查、规范拟制、资源分配、人才培育等途径，这些机构型塑了特定时空下的学术面貌；而这些因素本身，又受制于一个更为广大的历史进程。

---

① 略见刘咸炘：《中书》，《推十书》第1册，成都：成都古籍书店，1996年，第19页。近年来王汎森教授对此一概念做了不少富有启发性的阐释，参看王汎森：《执拗的低音：一些历史思考方式的反思》，北京：生活·读书·新知三联书店，2014年，第172～205页。

② 参看王东杰：《地方认同与学术自觉：清末民国的“蜀学”论》，《四川大学学报》（哲学社会科学版）2010年第6期。

我们已经描述过二十世纪二三十年代四川大学国立化运动与全国性政治格局以及地方社会之间的频密互动。这里，我们把目光转向川大内部，特别聚焦于历史学科，以从更微观的角度探索国立化对蜀地学风的影响路径。简单来说，在 30 年代中期以前，川大史学研究的风气，自觉保持了与由新文化人主导的主流典范的距离[①]。不过，随着国立化的切实推进，川大史学系的人事构成与学术风格也发生了醒目变化，不但使我们再次看到学术与非学术力量的纠缠，而且提示了“地方文化”是怎样在外来因素作用下，不断实现自我更新的。

一、学科肇建

（一）从课程到科系

由于资料遗存有限，目前尚难以较为详尽地讨论历史学在川大早期阶段的发展情况。但可以肯定的是，作为近代新式教育体系的一部分，历史学首先是作为一门课程出现的[②]。1902 年开设的四川高等学堂即要

---

① 这里的“典范”一词关注的是不同学术流派与学人的学术风格；于历时性的典范更替之外，更有并存融会的一面。同时，我使用的“中心”与“边缘”、“主流”与“非主流”等概念，也是描述性而非评价性的（其含义可参考王汎森著，王晓冰译：《傅斯年：中国近代历史与政治中的个体生命》，北京：生活·读书·新知三联书店，2012 年，第 111 页注释 2）。简单地说，“中心”或“主流”指那些掌握了最重要的学术资源和最具影响力的学术人物、流派和机构，“边缘”与“非主流”则恰好相反。但“中心”未必高明，“边缘”也不一定就真的落后。具体来说，所谓主流派特指由胡适、傅斯年等人倡导的实证主义史学风气。但这一区分落实到具体学人身上，仍有模糊性。通常所谓民国时期的“新史家”，大多指主流派，但某些处于“主流”之外的学者如本章提到的李思纯等，显然不能说是“旧史家”，这也是要注意的。

② 就全国来看，多数大学的历史学系是在 20 年代以后设立的。北京大学于 1917 年组建史学系，是国内出现最早而影响较大的史学系。参考刘龙心的论文《学科体制与近代中国史学的建立》，收在罗志田主编：《20 世纪的中国：学术与社会（史学卷）》下册，济南：山东人民出版社，2001 年，第 542～543 页；以及她的专著《学术与制度：学科体制与现代中国史学的建立》，北京：新星出版社，2007 年。相关情形并参考陈以爱：《中国现代学术研究机构的兴起——以北京大学国学门为中心的探讨（1922—1927）》，台北：政治大学历史学系，1999 年。

求优级师范科的学生入校先学习包括外国历史在内的公共科。1908 年，该校正式开办正科，其中的“一部”即文科部开设了中国历史、外国历史两课，中国历史讲授明清史，外国历史由日本教习担任，讲授罗马史和上古史。1905 年成立的四川通省师范学堂中，也开有中、外历史课程①。

在 1910 年创办的四川存古学堂中，“史学”是与“经学”“词章”并列的三科之一(1918 年改名为“历史科”)。当时担任史学正教员的是杨赞襄。从遗留下来的少量资料看，从 1910 年到 1911 年底，该科学生除了主修史学外，尚须修习词章、理学、地理、算学、篆隶、书画、品行等课程②。存古学堂史学科的设立是历史学在川大成为一门正式学科的开端。不过，这种三科体系并非四川存古学堂所特有，而是全国各存古学堂的惯例。就名目看来，史学主要是作为“国学”的一部分而成立的；但其具体内容如何，是否已具有近代形态，由于材料缺乏，目前尚难判断。

辛亥革命后，四川高等学堂停办，通省师范学堂几经波折，改名为国立成都高等师范学校，属于教育部划定的六大国立高师之一。按照教育部规定，1916 年 7 月，成都高师增设史地部，但实际上并未开办。不过，国文部、英文部都开设了历史课程。以 1918 年为例，国文部所开为中国史(教员为祝同曾)、东亚史(教员为刘冕，并讲授心理学)，英文部所开为西洋史(教员为卢观泰，并教授英语)。1923 年春，中国史教员仍为祝同曾，外国史地教员为肖汉勋、彭昌南，肖氏并教授人类学课程③。这年春天，国文部改名为文史部，从科系设置上确定了历史学的地位。

---

① 四川大学校史编写组：《川大史稿》，第 20、23 页。

② 有关存古学堂史学科，参考郭书愚：《清末四川存古学堂述略》，成都：四川大学硕士学位论文，2002 年，第 106、108 页。

③ 四川大学校史编写组：《川大史稿》，第 36、37、96 页。

由于仅仅作为课程存在，历史学不可能获得太大发展。从教师情况看，中国史教员杨赞襄、祝同曾在当时的四川教育界较有影响，但并未获得全国性声望，至于几位外国史教员，则即使在川内也不甚知名。比如刘冕、卢观泰二人，恐怕便是修习心理学（或教育学）、英语等专业的留学生，历史仅是兼任。这种情况在当时师资匮乏的情况下是比较常见的，也在一定程度上表现出，现代意义上的历史学在四川的发展水平不高。不过，随着时间推移，史学教师的专业化程度也慢慢地得到提升。1923 年春的材料显示，卢氏已专任英语科教员。肖、彭二氏的情况虽不得而知，但肖氏兼授人类学，至少在学科上离历史学更近了一步。

1924 年夏，成都高师预备升大，设立了首批 10 个系。作为其中之一，历史学正式成为独立的学科建制单位。20 年代中期，成都高师的大学预科独立组建为国立成都大学（参看第二章），史学系的建制得以保持，并获得了初步发展。1929 年该系人员构成情况如下：系主任叶茂林（1891—1968，字秉诚，以字行。四川罗江人。前清举人，曾任四川省立优级师范学校史地科主任，教授中国通史），教授何鲁之（四川成都人。巴黎大学文科硕士。讲授西洋古代史，代系主任）、刘掞藜（1899—1935，湖南新化人。东南大学毕业，历任河南中州大学历史教授、国立武昌中山大学历史社会系主任，讲授中国通史）、洪承中（安徽寿县人。美国西北大学文学士，曾任厦门大学史学系教授，讲授欧洲中古史）、张大龢（字仲和，以字行。四川华阳人。北京高师毕业，历任朝阳大学、北京师范大学、国立武昌高师、河南中州大学、广州中山大学历史、地理教授，讲授东洋史、地理学。其时出版有《西史纲要上卷》）[1]。张森楷（1858—1927）、祝同曾亦曾在该系担任教授，分别讲授历史研究法和中国通史课程。

1927 年 6 月，成都高师升格为国立成都师范大学。1929 年设立了

① 《国立成都大学一览》，成都：国立成都大学，1929 年，第 7～8 页。

史学系。李思纯（巴黎大学文科毕业，柏林大学史学研究所研究一年，历任东南大学教授、四川省立外国语专门学校校长、北平师范大学讲师等）、祝同曾等为系主任[①]。

在专业人才培养和教学方面，1929 年成大史学系的课程设置情况如下：必修课包括中国通史、西洋通史、东洋通史、中国史学、历史地理学、中国法制史、中国政治史、中国哲学史、西洋哲学史、中国外交史、世界外交史、西洋文化变迁史、史学原论及研究法、历史哲学、历史目录学。选修课包括：社会心理学、人类学及人种学、古生物学、历史地质学、金石学、统计学、中国民族史、中国经济史、西洋经济史、中国文学史、西洋文学史、中国美术史、欧洲美术史、欧洲政治史、欧洲社会运动史、印度史、希腊史、罗马史、英国史、日本近世史、法兰西革命史、俄国革命史、世界革命史、世界大战史、欧洲文艺复兴史、帝国主义侵略史、史学名著研究（其中又含中国古典史学名著和“世界新史学”名著。中国史著包括前四史及《元史》《明史》《通典》《通志》等，学生须做提要）。史学系要求学生除必修课外，每学期至少选修五门以上选修课[②]。

成都师大史学系在课程方面也和成大史学系差不多。唯必修课中将东洋通史改为东亚各国史、西洋文化变迁史改为西洋近代文化史、中国外交史改为中国近代外交史、世界外交史改为世界近世外交史，添设中国近代文化史、中国现代法制史、考古学、世界现代史和师范院校必修的历史教学法，将成大选修的社会学、人类学、中国民族史、中国史学名著研究等科目改为必修，将成大必修的中国政治史改为选修。师大的选修课没有成大丰富，除了与成大重合的课程外，还开设了中外交通

① 《国立成都师范大学概览》，成都：国立成都师范大学，1930 年，第 14～16 页。
② 《国立成都大学一览》，第 51～56 页。

史、史前史、西洋法制史、美国史、小说史、殷墟文字研究等课[①]。

从两校课程体系来看，必修课除了通史外，极重专门史(尤其是当时所谓“文化史”)。另外，有关历史学的基本理论和工具性的课程至少有三(史学研究法、历史哲学、历史目录学，史学史亦与此相关)。

另外一个值得注意的现象是，当时国内不少大学的史学系都开始组建专门性的研究团体，出版专业刊物。成大在这方面不后于人，也有“史学研究会”和《史学杂志》之设。《史学杂志》第1期出版于1929年7月，然无后续。杂志所刊均是成大史学系师生的作品，因此，为我们分析此一时期成大史学系的学术路向提供了宝贵的资料(详下)。

(二)20年代的人员结构与学术风格

就名单来看，历史教员的专业化程度显然较20年代初要高得多。细分起来，则主要由两类人员构成。第一类是近代“蜀学”传人[②]。李思纯曾说：“晚近蜀人以史学鸣者”，有张森楷、杨赞襄、叶秉诚、祝同曾等人。然张氏“雄豪，非儒者象”；杨氏“早卒，学亦未精”；叶氏“从政，多亲世务”。唯自己和祝氏“充实光辉，萃然君子”[③]。这当然只反映李氏个人看法，且涉及人品、性格，非仅就学术造诣而言，不能视为确论；但也基本可知，在“外来”学者大规模进入四川之前，张、杨、叶、祝诸氏在地方学术界较有声望，而均参与了川大历史学科的发展。

在这四位中，张森楷最为长老。1879年，尚在锦江书院就读时，张氏就开始了学术研究，一生有著述27种，包括经学、小学等方面，而尤以史学著作为多，其中用力最大的为《二十四史校勘记》337卷、《通史人表》296卷、《史记新校注》133卷等。张氏治史，盖从校勘学人，曾

---

① 《国立成都师范大学概览》，第41～45页。

② 有关“蜀学”概念的讨论可参考第二章。此处所谓“蜀学”传人取其最广义定义，指由晚清民初的四川学界培养出来的学人。

③ 李思纯：《祝屺怀先生事略》，《国立四川大学校刊》第11卷第9期，1941年12月1日，第6页。

云：“整齐故事，谌正文字，诚治史者入门关键。”其从事史学研究之初，“即发起地理、人物两大纲，作为史学校勘着手的基础”，后乃专事人物。《通史人表》一书，参考《史记》《汉书》表例，“以年为经，以事为纬”。其取法《汉书》人表，又变班书之九等为十六目，将分类标准由人物臧否改为更客观的“名位”。该书参考书目不下千种，被罗振玉等称为“孤学”与“独创”之作。其《二十四史校勘记》则被中华书局《二十四史》点校本采纳多条①。

张森楷在川大任教的时间不长，更具代表性的是祝同曾。他毕业于四川高等学堂，清末加入同盟会，参与革命。民国成立后投身教育，历任四川各地中学历史教员、省立第一师范学校校长等，在川大教授“中国通史”课程，直到 1941 年辞世。时人谓：“川中习中国史者，无不出自先生之门。”②可见其资历之老。李思纯说祝氏学术如下：

> 凡诸名物典制政俗，所以兴废存亡之故，口诵□持，援据详要，沉酣其中。其治史以烂熟正史为务。壮年点读廿四史，多过于诸史纪□，强半成诵。尤当熟诸史异同，明其得失……条分缕析，言之历历，其发现有远的【过?】于王应麟、王鸣盛、赵翼之外者。每升座授课，言辞风发，引证繁博，诸生耳受笔追，苦不能尽。愚常读《史通·曲笔》篇中，有“秦人不死”句。注云：未详。质之先生，应声曰：“见《洛阳伽蓝记》。”其强记如此。③

曾在成都高师受教的姜亮夫先生也回忆道：祝氏讲《中国通史》，

---

① 本段参考刘放皆：《著述等身的历史学家张森楷》，收在四川省政协文史资料研究委员会、四川省文史馆编：《四川近现代文化人物》，第 98～108 页。

② 《史学家祝屺怀先生逝世》，《国立四川大学校刊》第 11 卷第 2 期，1941 年 10 月 1 日，第 6 页。

③ 李思纯：《祝屺怀先生事略》，第 5 页。

“经常用《通鉴》《二十四史》《六经》的材料。而且祝先生都是成篇地背。我们只来得及写书名和篇名”①。至其著述，据李思纯所列有三：一是《通史》，但只写到五代；二是《律音义跋》，考证江苏局刻《唐律》附影宋钞《律音义》不出于北宋大圣本；三是据《朱子年谱》《宋元学案》《齐东野语》等材料写成，以补《宋史》不足的《唐仲友事略》。此外，并“裒集诸史中蜀獠乱事”数十条，“拟为文论之”，然无存稿②。

无论著述丰俭，张、祝等人的学术风格与20年代以后国内的史学新典范显然有很大的距离，其共同特征是：

1. 重视正史。他们二人都周览“二十四史”，治史均自文献学入手。从内容上看，张氏的历史校勘学、祝氏对诸史异同的考辨等，均沿袭了清代以降的学术问题，而与新史家旨趣迥异。1938年2月，陈述(1911—1992)曾在致傅斯年的一封信中谈到，自己经过在史语所的半年学习，“略窥老旧史家与今日史家之异趣，似旧日多以书为本位，现代则多重历史问题”③。可谓片言居要。而张、祝诸氏所做，确是“以书为本位”的学问。

事实上，祝同曾对于自己和新史家的风格区别不无自觉。李思纯谓，祝氏于“晚近”史家“或好征引杂书小记，以疵疑正史；或专攻史中细端，自翘□为专家，而不读全史”的风气颇不满意：

> 先生之言曰：正史固不足全信，然杂书小记之未经审考，其不足信，乃较正史尤甚。取以致疑正史，未见其可。又必熟读全史，乃可专研其中某篇。若徒炫新奇，专攻枝节，而昧于全史，亦非求

---

① 姜亮夫：《忆成都高师》，收在王元化主编：《学术集林》卷2，第275页。

② 李思纯：《祝屺怀先生事略》，第6页。

③ 陈述致傅斯年，1938年2月25日，转引自陈雯怡：《从“以书为本位”到“历史问题”的探索——陈述在史语所时期的学术发展》，收在杜正胜、王汎森主编：《新学术之路》下册，台北：“中研院”历史语言研究所，1998年，第508～509页。

> 真之道。又云：正史未得真相，不妨博求例证；其已□真相者，不宜妄疑，□欲推倒。居常每举荀子“信信，信也；疑疑，信也”，以教学子。盖其不妄信妄疑，真符于近代史家所谓科学精神。①

与当时处在主流之外的一大批学者对所谓新史学的批评同声共气②。李思纯本人当然也持同样立场。值得注意的是，他所翻译的法国史学家朗格诺瓦、瑟诺博司的《史学原论》是一部实证主义史学理论名著，在观念上与傅斯年提倡的学风同出一源③。但在这里，李思纯盛赞祝氏的做法才合乎真正的“科学精神”，实际却直指高唱“怀疑精神”的新史家乃是“妄疑”，并“不科学”。

2. 崇尚淹通博雅。张森楷说，自己“读儒先所称天人性命诸学说，多格格不能入，独于古人行事与其时之典章制度，暨其国家废兴存亡之迹，每一关览则为之心开，或废寝忘食以终穷其究竟”。因而，“当吾蜀经学方盛时代，而森楷以专门史学特闻”④。其所云“经学”，应特指廖平一路的今文传统，而不是考据学意义上的经学，盖张氏的学问门径即出于后者。另一方面，就史学本身而言，张森楷和祝同曾所治均不限于断代，大抵均属严耕望所谓“博通”一路，与新史家“仄而专”的研究取向格

① 李思纯：《祝屺怀先生事略》，第5～6页。

② 关于民国非主流学者对于“新史学”的批评，参考罗志田：《史料的尽量扩充与不看二十四史》，收在《近代中国史学十论》，上海：复旦大学出版社，2003年，第83～126页；王汎森：《价值与事实的分离？——民国的新史学及其批评者》，收在《中国近代思想与学术的系谱》，第446～459页。王先生在文中认为，民国时期对新史学的批评主要来自传统派史家和左派史家。不过，像李思纯、何鲁之等人，则既非传统派，也非左派，实际是另外一支。

③ 黄进兴：《中国近代史学的双重危机：试论“新史学”的诞生及其所面临的困境》，收在《圣贤与圣徒》，台北：允晨文化实业股份有限公司，2001年，第30～31页。

④ 张森楷：《〈二十四史校勘记〉序例》，收在唐唯目编：《张森楷史学遗著辑略》，重庆：西南师范大学出版社，1998年，第55页。

格不入①。

事实上，尽管历史学自 1924 年就独立设系，但对更老一辈学人而言，恐仍很难将之与“国学”区分开。姜亮夫回忆到，廖平 20 年代初曾谓国学“以历史为基础”，经学“以哲学为基础”②。这是廖氏区分经学与史学的一贯路数。不过，到了 20 年代，所谓“经学”的很大一部分也很难和“经学史”分开，而成为廖氏所谓“国学”的一部分。由于“国学”是一极具包容性的概念，因此，如将眼光扩大到史学系之外，不少学者所做均可归入广义乃至狭义的史学范围。以当时在成大、成师大中文系任教的几位学者为例：蒙文通先生后以史学名家，暂且不论。吴虞、伍非百等治先秦诸子，固可算入其时正风行的“思想史”或“学术史”一路。庞俊后来写有《吃菜事魔与墨家者流》（发表于 1945 年）等论文，且有《宋人亲党考》的著作计划（未完成）③，其晚年所著《养晴室笔记》三卷，搜集了不少有关唐、宋、明、清代社会史的资料，如“宋代官吏休假”“明代士人演戏”“唐代米价”等，篇幅约占全书的三分之一稍强④。龚道耕（向农）主治经学史，而所著《旧唐书札移》与张森楷的《二十四史校勘记》一样，亦属史籍考订性质，不少条目被中华书局标点本《旧唐书》引用⑤。刘咸炘

---

① 严耕望曾说：“近代史学风尚，偏向尖端发展，一方面扩大新领域，一方面追求新境界。这种时尚，重视仄而专的深入研究与提出新问题，发挥新意见，对于博通周赡但不够深密的学人就不免忽视。”（《治史答问》，收在严耕望：《治史三书》，沈阳：辽宁教育出版社，1998 年，第 182 页。）当然，“博”与“专”乃相对之辞；而新旧史家在这方面的变化，亦是随学者代际更替而逐渐明朗的（同代学者中仍有个人差异），直到 20 年代末成长起来并得到主流学界认可的陈寅恪、陈垣等，也都明显具有“博通”一面。

② 姜亮夫：《忆成都高师》，第 274 页。

③ 屈守元：《对古典文学批评具有卓识的庞石帚》，收在四川省政协文史资料研究委员会、四川省文史馆编：《四川近现代文化人物续编》，第 78 页。

④ 庞俊（石帚）：《养晴室笔记》，成都：四川文艺出版社，1985 年。

⑤ 唐振常：《忆舅文——记一代经学大师龚向农先生》，收在《往事如烟怀逝者》，上海：上海人民出版社，1990 年，第 31 页。按《旧唐书札移》仅系龚氏乙部之学遗留下来的一种。

在担任成大中文系教授的同时，尚在公立四川大学教史学[①]；而他根本就把自己的全体学术用“史”之一字概括(唯其所谓“史学”与一般理解的不尽相同，包括了“社会科学”在内)[②]。

20年代学界本有不少人认为所谓“国学”即是“史学”(“中国文化史”“中国古代学术思想史”)[③]。但事实上，“国学”包含的小学等内容，即使采取广义的“史学”概念，似也难以包涵。不过，中国传统学术崇尚“通人”，本与近代学术分科相参差。在中国的大学科系体制中，国文系或中文系是唯一以“国”为学科分界的科系，故也最具伸缩性。在史学系未独立设置以前，有关的研究通常均在国文或中文系里。新文化运动后，随着各大学史学系的成立，狭义的“史学”与包括了广义的“史学”在内的“国学”在学科建制上得以分离(但学人的实际研究则未必然)，新史家大都进入史学系，而治学风格更接近于“国学”的研究者多数仍留在中文系内。因此，一方面不妨说史学系与国文系的分化是史学学科制度化的重要表现，另一面也不宜将史学史的研究范围仅仅局限在史学系中。

3. 留意乡邦文献之学。传统读书人对乡邦文献之学均有浓厚兴趣，地方志的修纂也常常得到他们的支持。事实上，至少在清代学者眼中，编写地方志是一项重要的学术活动，且并不限于本乡。因此，不少人如章学诚(1738—1801)、段玉裁(1735—1815)等，都曾编写过地方志，章氏且对地方志的编纂理论有过重要思考。但20世纪中，除了最初的几年，由于受到地方自治思潮的影响，曾经兴起过一个编纂乡土教科书、乡土志的高潮外，以近代专业史家自居者通常并不参与这一工作；而蜀地的几位名学者则亲与其役，在这方面贡献颇多。如张森楷晚年以五年

---

① 黄稚荃：《向楚对辛亥革命及教育学术之贡献》，收在《杜邻存稿》，成都：四川人民出版社，1990年，第227页。

② 刘咸炘：《中书》，第32页。

③ 有关论述参考罗志田：《国家与学术：清季民初关于“国学”的思想论争》，北京：生活·读书·新知三联书店，2003年，第362～363页。

精力完成《合川县志》77卷，祝同曾也撰写了《华阳县志》“疆域”“纪年”部分，“山川”“水道”诸篇亦多经其裁覆。在史学系之外，中文系教授林思进有《华阳人物志》①，刘咸炘有《蜀谚》和《双流足征录》。向楚主编、向宗鲁等人编纂的《巴县志》更因体例“因时制宜”，增补了交通、农、工、商业、军警、交涉、物产、市政、蜀军始末等内容，详尽记载了近代以后至抗战时期的重庆社会风貌，而备受称道。向楚说：“昔章学诚氏谓方志之作，原以备国史要闻，当用史法行之。又论文士撰文，惟恐其不自己出；史家之文，惟恐出之于己。故各篇增补搜集，于本末沿革，诸所引据，尤兢兢焉。”②可见其心得所自。40年代，成大中文系毕业生赖皋翔写下《方志论》五篇，从体制、采择、编撰等方面对地方志做了全面探讨，涉及一些重要的理论问题③，也可以看作此一学脉的延伸。

蒙文通认为，从地方志的兴衰中可以看到整个史学乃至学术全体的命运。两宋学术盛而地方志亦盛，“自明以下，史学衰而方志之义遂晦”，到了清代，则“更未知方志之有学”。即使是以史学名家的章学诚，论方志亦“仅琐琐于记注之规，若撰述之事于方志无所涉，是固不足以窥宋人之门径也”。是则方志非小，亦著史也。他并引用刘咸炘《蜀谚》中的话：“方志自有方志之精神，与国史异也。向来于方志，上视为国史横剖之一部分，以为方志不似一代，无所谓自成面目者。吾今以土俗贯论，豁然无碍，乃知方志与国史各有一贯”。蒙先生云：“夫区域之史，犹之一民族之史”，当“有其各具之性格”。蜀地“社会发展之迹，时

---

① 林思进：《华阳人物志》，《华西学报》第1期，1933年9月；《华阳人物志世族表》《华阳志总分诸序》，《华西学报》第2期，1934年6月。按《华西学报》系华西大学中文系所办，该系主持人多为蜀学耆老。此处所引诸文均被放入“文史部”，是这些老辈学者所持“文史之学”观念的反映。

② 向楚：《重修〈巴县志〉叙》，《国立四川大学文学集刊》第1集，成都：国立四川大学中文系、文科研究所，1943年，第3页(篇页)。

③ 赖皋翔：《方志论·序》《方志论·编撰》，均收在《赖皋翔文史杂论》上册，自印本，2004年，第152～173页。据整理者张学渊先生按语，此稿已大部散佚。

之先后，固有大异于中原者”，史家所应着目[①]。蒙文发表于 20 世纪 50 年代，然《蜀诵》写于 20 世纪 20 年代中期[②]，可知此时刘氏已超出通常所谓“地方志”的见解，走向了更重区域特色的“地方史”[③]。

第二类学者包括何鲁之、刘掞藜、李思纯等人。他们或是留学生，或在国内受到较为完整的史学训练，属于新一代学人(非指年龄而言)，其专业化程度较前类学者更高。大体说来，这批学者也有两个特点。

1. 对新文化运动持保留或批判态度。何鲁之、李思纯均是留法学生，多少受到了其时欧陆人士的影响，不大看得起美国文化风气——而这正是新文化运动的重要源头之一。他们个人的思想取向，也似更接近于一般所谓的“文化保守主义”者。具体而言，何鲁之是国家主义者，青年党的创始人之一。李思纯曾执教于以反新文化运动者聚集而闻名的南京高师(后来相继改为东南大学、中央大学)，接近学衡派，与王国维、吴宓、陈寅恪等均有交往[④]。刘掞藜本来即是所谓“南(京)高(师)学派”的传人，在学术界因最早(1923 年 5 月 13 日)发表对“古史辨”的批评一举成名[⑤]。李、刘二位都和南京高师有关，并非偶然。事实上，成大史学系的人事、学风等与“南高”学派有着密切联系，而由“南高学派”学人主持的南京中国史学会所办《史学杂志》第 4 期(1929 年 9 月 1 日出版)也刊发了成都大学出版的《史学杂志》第 1 期要目，正反映出这些学人之间的同声应和。

---

① 蒙文通：《〈华西大学图书馆四川方志目录〉序》，收在《蒙文通文集》第 4 卷《古地甄微》，成都：巴蜀书社，1998 年，第 107～108 页。

② 据刘复生教授手抄《蜀诵》，其《绪论》写于“丙寅十月十三日”，应即 1926 年。

③ 在此一意识的引导下，表彰“蜀学”也成为这批学者的特点之一。

④ 参考李德琬的三篇文章：《鱼藻轩中涕泪长——记李哲生一九二六年晋谒王国维先生》，收在王元化主编：《学术集林》第 11 卷，上海：上海远东出版社，1997 年，第27～29 页；《记陈寅恪遗墨》，收在王元化主编：《学术集林》第 13 卷，第 1～7 页；《吴宓与李哲生》，《新文学史料》2002 年第 2 期。

⑤ 刘掞藜：《读顾颉刚君“与钱玄同先生论古史书”的疑问》《讨论古史再致顾先生》，均收在顾颉刚编：《古史辨》第 1 册，北京：朴社，1926 年。

何鲁之于1928年3月起接替叶秉诚，担任了成大史学系代主任一职①。“三大”合并后，又成为国立四川大学史学系首任主任。1931年12月，在文学院讨论课程标准制订时，有人出：“近来国内各大学对于教学目的各有不同，故于规定课程亦因之而异”。以史学系而言，就有两种不同的路数：“一为偏重历史整理方面，北平各大学每系如此；一为注重历史智识之研究，中央大学、东北大学即系如此”。对此，何鲁之提议，史学系应侧重“对史学上之智识之研究”，盖“能研究中外各国历史有心得者，不难为整理旧史之人才。故本系宜以养成研究史学之人才为主”②。按何氏所说“历史整理”，即当时一般所谓“新汉学”，更强调纯学术的专业研究，是学术界的“新”派，主要分布在北大、清华、“中研院”历史语言研究所等单位；中央大学和东北大学的主导风气，则强调历史应有其独特的社会价值，即何氏所谓“历史智识之研究”，从中国传统史学观念中汲取了甚多营养，在当时属于“旧”派。何鲁之显然对后者抱有浓厚的同情。重要的是，此一教学原则一经确立，便在很大程度上决定了此后若干年内川大史学发展的基本路向，包括教师的选聘和学生的培养等，都要围绕这一目标进行。

2. 注重史学理论的探讨，强调史学“智识”的重要性。虽然倾向于“文化保守主义”，但他们也非常热衷于引进和介绍当时欧、美的“新史学”理论。其中都是比较流行的，一本即是由李思纯翻译的《史学原论》，另一是由何炳松（1890—1946）翻译的美国学者鲁滨逊（James Harvey Robinson，1863—1936）所著《新史学》。虽然李思纯就任教于成大，但从1929年《史学杂志》上发表的一些理论性的文章看来，鲁滨逊“新史学”对该校师生的影响似乎还要更大些。刘掞藜所写《发刊词》就数次征

① 《历史学中国文学两系主任之变更》，《国立成都大学校报》第14期，1928年5月，第2页。

② 《文学院二十年度第一学期第一次教务会议录》，1931年12月23日，“川大档案”，第202卷。

引鲁氏观点，而另一篇专门论述近代西洋史学观念变迁的文章指出：19世纪以后，由于自然科学的发展，“向之以哲学之演绎而肯定史观之计划”，逐渐为“新兴之‘史实的解释’(interpretation of historical data)所代替”，要求史家“根据过去之事实以说明现在，根据现在之事实以预测未来，利用各种新科学之智识及科学上之归纳方法”，以使史学科学化。其中又可分作八派，而最具代表性的是“历史之社会心理的解释”。此派认为：“凡限于一种范畴以内之原因，决不足以解释历史进化之一切状态及所有之时期。无论何时代之历史进化，仅能于该时代之社会心理中求其解释。史家之职责，即在对于社会心理之成因，加以研究、发现、评价，及说明之工作。”而鲁滨逊正是此派的代表之一①。

当时的主流派所拥护的“新史学”和非主流派致力的“新史学”之观念异同，并非本文所关心的课题②。此处要指出的是，非主流派极为肯定“通识”在史学研究中的重要地位。他们强调，过去与现在并非渺不相涉，不可将历史事实做孤立考察，而应注重其连贯性。史学的意义也不仅是对孤立课题的解决，而尤体现在对现实的启示意义上。刘掞藜强调：“治史所以明过去而知现在，利用过去以了解现在，而谋有以应付现在。”因而，他主张成大史学系应培养“创造历史”和“研究历史”两类人才，二者又密不可分③。主流派史家则更强调实证性的问题研究，“对于带有主观价值色彩、道德教训意味，甚至通论色彩的东西都相当不以为然”④，自然不会认可培育“创造历史”的人才一说。这一差异也可以简洁地归结为何鲁之所说的“历史智识”与“历史整理”的对立，且恐怕这正是

① 诚中：《史学观念之变迁及近代史家对于历史之解释》，《史学杂志》(成都大学史学研究会)第1期，1929年7月，第10～15页。

② 有关讨论可参看桑兵：《晚清民国的学人与学术》，北京：中华书局，2008年，第17～69页。需要说明的是，为了区别起见，如无明确界定，本文的“新史学”或“新史家”主要指主流派而言。

③ 刘掞藜：《发刊词》，《史学杂志》第1期，第4页。

④ 王汎森：《价值与事实的分离？——民国的新史学及其批评者》，第426页。

两派学人观念差别最大的地方。不过，在尽量扩充史料、对材料加以客观辨析，乃至多元史观等方面，双方的距离实际恐怕并不一定如一般想象的那样遥远。

就此而言，在成大、成师大乃至30年代初的国立川大史学系中占主导地位的史学理论，与中国传统史学颇有契合之处。李思纯在20年代初即指出，刘知几(661—721)、章学诚的著作所“探讨之道，辨晰之事”，与西方哲人所说“合轨符辙，无有异致”。具体而言，在“史料之搜集”“校雠考证”“纪载之真实”等问题上，中国传统史学与《史学原论》相合者各有四点；在“历史鹄的”“文章体式”等主题上，相合者各有一处。只不过《史学原论》较刘、章二氏的讨论更为全面而已①。

刘咸炘、蒙文通等均受到章学诚启发，而章氏在近代以来尤以“理论”思维知名。萧萐父(1924—2008)注意到，刘咸炘的著述“多为史学理论及史学史、历代史学述评”方面的，“‘史纂’‘史考’之作并不多”②。蒙文通的史学论著则以研究具体问题为主，但背后亦有更上一层的追求。他尝自言：“几十年来，无论是讲课、写文章，都把历史当作哲学在讲，都试图通过讲述历史说明一些理论性问题。……丁山说：‘你每篇考据文章都在讲哲学。’这里虽显有推崇之意，却也符合实际。”③丁山30年代中期亦曾在川大史学系任教，能够敏锐地觉察此点，正可见“惺惺相惜”之处。

而不少“传统”学者对于新的社会科学也颇为关注。刘咸炘以“史”之横说即为“社会科学”，便颇见及二者在寻求“历史智识”方面的共同点。同样，叶秉诚也运用“历史之社会心理的解释”，发挥刘知几、章学诚学

---

① 李思纯：《译者弁言》，收在朗格诺瓦、瑟诺博司原著，李思纯译述：《史学原论》，上海：商务印书馆，1931年(再版)，第2～8页。

② 萧箑父：《〈推十书〉影印本序》，收在刘咸炘：《推十书》第1册，第5页。

③ 蒙文通：《治学杂语》，收在蒙默编：《蒙文通学记》(增补本)，北京：生活·读书·新知三联书店，2006年，第5页。

说，谓章氏的“史德”说已较刘说进步，“顾其所谓史德者，不过关于著书者之心术纯驳而已。此乃文史之心，非史心”。而历史实“即古今人类社会的心理表现”，一切历史现象“皆由社会之心理递演错综，而后形成种种之现象”，“故历史的心，在全体社会；而社会心理学，实为研究历史进程之要素”。这种“心”，叶氏称之为“历史客观之史心”。

在此基础上，更有“历史学上主观之史心”：

> 故历史学家之天职，不在恃凭一己之理想，以成一家之著作；亦不在胪列各种之事实，以示博物之资料。其要在于根据历史的重要现象，以寻求此种现象之心理，而得其所以然之故，以为人类之指导。顾历史所以指导人类者，不徒在明过去社会之心理，而贵于能适应现在社会之需要，以增长将来之进步而已。

要做到此点，要求史家“须将史心放大”，“取革命的态度，以各种新科学的方法，搜集资料，融通各方，指陈精要，使人类群奉为圭臬”；更“预将史心增速”，即“利用各种发明之新理，以为研究历史之帮助”。因“新理”无不以社会为背景，无论物质、精神皆然。学者“苟能集合物质精神两面之新发明，以考究现世社会之心理作用，则其所收之效果，必较往昔为捷径矣”[①]。显然，对于“历史智识”的追求正与对“新史学”方法的注重相一致。叶氏在四川老辈学者中固是较为趋新的一位[②]，但从他的论述也不难看出“社会心理学派”在成大史学系的地位。这大概也是“社会心理学”成为该系选修课的一个重要原因。

---

① 以上两段，参考叶秉诚：《史心》，《史学杂志》第1期，第7～9页。

② 20年代，四川音乐家叶伯和的白话诗集出版，颇受时论批评，叶秉诚独称其“超以象外，得其寰中”。闵震东：《叶伯和传略》，收在《枕涛存稿》，自印本，2004年，第216页。

二、预入主流

(一)川大“国立化”与20世纪30年代中期史学系的改革

如前所述，国立川大成立后，史学系组建之初，何鲁之就提出了一套与主流派新史家颇多异趣的教育方针，而具体的人事结构和学术风气更是延续了此前的格局。30年代中期，在任鸿隽提出“国立化”和“现代化”两大目标后，情况开始迅速改变。为了更细致地观察这一点，此处不妨从人事、课程两方面对任鸿隽长校前后川大史学系的基本情况做一对比。

1935年版《国立四川大学一览》中的《教员录》显示，1934年度，史学系主任仍为何鲁之，教授则有张大龢、叶秉诚、洪承中、周谦冲(湖北黄陂人。巴黎大学文学博士，历任武汉、中山大学教授)、束世澂(安徽芜湖人。南京高师文史地部毕业，东南大学文学士。历任中央、金陵大学教授)、张景汉(字云波，以字行。河南荥阳人。北师大、日本东京帝国大学研究院毕业，历任河南大学教授、北京师范大学与辅仁大学讲师)，副教授叶德生(四川德阳人。北京师范大学史地系本科、教育研究科毕业，曾任各中学教员)。规模较前有所扩充，但人员的学历结构并无太大变化。其中，何鲁之、周谦冲皆为法国留学生，束世澂系“南高学派”成员，张大龢、张云波、叶德生均毕业于北京高等师范学校(北京师范大学)，“蜀学”传人有叶秉诚(时祝同曾转入四川省立重庆大学任史学系主任)。

课程设置方面则做了较大改动。其必修课包括“中国通史”(分上古、中古、近古、近世四个时期，每学年讲授一个时期。其中上古为秦以前，中古为秦至五代，近古为宋辽金元，近世为“明至现在”)、西洋通史(分上古、中古、近古、近世四个时期，安排在前三个学年。其中，上古自古代东方诸国至西罗马亡，中古自蛮族入侵至文艺复兴，近古自宗教改革至法国革命，近世自维也纳会议至欧洲大战。第四学年则安排世界近世史，自"欧战以后至现在"）、"东洋史"（前三学年）、"中国地理"、"世界地理"、"历史哲学"、"历史目录学"①。与此前课表比较起来，必修课只保留了三门通史系列、史学理论及地理学（作为历史学的辅助学科）方面的课程，删除了大量的专门史课程，结构似更紧凑，对于史学人才所需基础知识的认识更为清晰了。另一方面，通史课贯穿始终，虽可讲得细密，但也多少妨碍了学生向"专"与"深"发展。

在选修课方面，新体系的变化不大，基本上是以前成大体系为主，兼容了成师大体系的部分内容。具体则包括社会心理学、人类学、人种学、古生物学、金石学、考古学、历史地理学、历史地质学、中国民族史、中国制度史、中国法律史、中国学术史、中国外交史、中国文学史、中国革命史、中国殖边史、西南民族研究、史学名著研究（仍分中国古典及"世界新史学"两部）、史学原论及研究法、史前史、政治思想史、经济思想史、国际问题研究、殖民史、欧洲社会运动史、西洋文化史、社会进化史、希腊史、罗马史、日本近世史、法国革命史、俄国革命史、欧洲文艺复兴史、欧洲大战史、世界革命史、西洋哲学史、欧洲外交史、史学史②。

这一体系也有几点迹象值得注意。首先，在"金石学""历史地质学"外，添设"考古学"，对近代考古学科的认识更加深刻了。其次，于此前的"世界革命史""法国革命史""俄国革命史"等课程外，又加设"中国革命史""殖民史""国际问题研究"，受到20年代中后期以来"社会科学"的影响至为明显。最后，增设了"中国殖边史"和"西南民族研究"两课，已开始关注边疆与民族问题。

"九一八"事变后，人们的国难意识日益增强。"殖民史""国际问题

---

① 《国立四川大学一览》，成都：国立四川大学，1935年，第6页。按，此处仅列入了专业课。

② 《国立四川大学一览》，1935年，第7～8页。

研究”“中国殖边史”和“西南民族史”等课程的出现，显然与此有关，透露出以史学经世的意向。现虽已难以找到有关的课程记录，但其基本取向或可从其时正在川大史学系就读的吴天墀一篇研究藏文化的文章中发现一二：“吾人读本国近百年史，但见疮痍满纸，血污丛集，忧愧之感，已多难堪；而今者国难严重，远逾昔日，国疆破碎，民族解体，情势岌岌，不可终日”，东北、蒙古国、南疆均在名义或实际上独立，“收拾整理，已艰应付；乃尤有甚者，西陲藏族，二十年来，时肇纷争。兵连祸结，绵绵不绝。影响西南安危，动摇国家根本，诚中华之隐忧而不可不急图挽救者也”①。吴文正是在此情形的刺激下写出的。1936 年，史学系加授“东北史”一课，由张云波讲授，更明确针对“日本学者近年以来，高唱东三省非吾土之说”而发②。该课的主要宗旨有三：“一、阐明东北数省在历史上之重要；二、加深学生对于东北数省之认识；三、增强学生收复失地之观念”③。这些地方都可看出，川大的民族研究固有地缘之便，而时局刺激更为主因。

事实上，国立川大成立初期，由于省内政局不稳，学校经费困难，教学和科研都未取得大的进展。即使在校内，史学系也显得不够活跃。此前创办的史学研究会和《史学杂志》均已停止活动，在当时学校主要的学术发表园地《川大周刊》上，也很少看到史学系师生的作品。目前所见到的只有王珏的《郑和与西洋》、张云波的《由〈史记·封禅书〉、〈秦本纪〉、〈六国世家〉及〈汉书·郊祀志〉观察各地之崇拜》和前揭吴天墀一文，远不如中文系师生亮相频繁。《国立四川大学季刊》是一份“学报”性质的刊物，1935 年 7 月才出版第 1 册，由文学院承办。其“论著”一栏发表有束世澂的《殷商之社会组织》、叶秉诚的《金会宁考》、张云波的《辽

① 吴天墀：《地理环境与藏族文化》，《川大周刊》第 3 卷第 34 期，1935 年 5 月 27 日，第 1 页。

② 《华西日报》1936 年 2 月 21 日消息剪报，“川大档案”，第 17 卷。

③ 文学院推行“国难教育”计划书，“川大档案”，第 46 卷。

代契丹人及奚人之分布》、周谦冲翻译的《美国与世界第二次大战》4 篇论文。中文系则除了庞俊、向楚、赵少咸三人发表有 4 篇文章外，还有 6 篇学生所写论文，显示出较强的实力。

这也与这一阶段川大校内乃至整个四川学界的“风向”有关。1932—1933 年，在川大学生中，围绕着“荀子是否儒家”的问题曾有过一场小小争论，《川大周刊》围绕着这一主题发表了十数篇讨论文章，足见到川大青年学生的风会所趋。反观史学在这一校内“公共空间”中的寥落，“国学”显然比史学更受欢迎。

任鸿隽长校后，有意识地在川大引进“新学术”。自 1936 年起，他先后邀请了李济、吴文藻（1901—1985）、秉志、张奚若、傅斯年、丁燮林、蒋廷黻等到校演讲。任氏很重视这一活动，为此专门向中华教育文化基金会董事会申请了 5000 元的演讲基金，并特别提醒学生，“要利用这个机会去亲近一下当代的学人”①。可见任氏心中的学人有“当代”与“非当代”之分，而标准当然是学术风格。在这批学者中，李济与傅斯年正是新史家中的领袖，其中李氏演说的题目就是《建设中之中国新史学》，介绍了主流学者的学术思想与方法，而吴文藻在川大毕业生典礼上讲“毕业大学生应具备之基本条件”的第四点也是“致力新历史学”②。这些演说对于在川大推行新的学术风气显然不可能毫无影响。

更重要的则是校内的人事革新。任鸿隽利用自己在当时学术界的影响力，在各个学科都聘请到一些成名学者到学校任教。以 1936 年史学系的人员构成情况为例：教授丁山（安徽和县人。北大研究所国学门毕业，曾任中山、山东等大学教授，中央研究院历史语言研究所专任研究员）、何鲁之、周谦冲、祝同曾、张云波、范祖淹（江苏昆山人。美国哥伦比亚大学史学硕士、英国伦敦大学研究员。从事欧洲史研究）、杨筠

---

① 《校长报告》，《川大周刊》第 5 卷第 22 期，1937 年 3 月 29 日，第 2～3 页。

② 《成都快报》《华西日报》1936 年 6 月 24 日剪报，“川大档案”，第 17 卷。

如（湖南常德人。清华大学研究院毕业，曾任中山、暨南、山东、河南大学教授。研究中国上古史），特约教授徐光（江苏宜兴人。美国威斯康辛大学文学士，德国海德堡大学博士。曾任北大德文教授、外交部秘书、中央大学史学系欧洲史教授），讲师郭秀敏（四川资中人。北师大地理系毕业，历任中学地理教师）、谭其蓁（四川荥经人。美国密歇根大学文学学士、硕士，曾任前公立四川大学外国文学院院长）①。陈衡哲似亦曾短期受聘。

经过这番人事革新，史学系人员构成发生了非常明显的变化，其中最为突出者是增加了几位来自中央研究院历史语言研究所、北京大学研究所国学门、清华研究院等被视为主流派新史学大本营单位的学者。尤其是丁山，当时已是国内有名的史学大家。其次，留美学生的数量也在增加。自然，将一个学者的治学取向、学术风格等归结为受学单位甚至是任职单位的影响，不免有过度简化的危险；根据某一年份的材料孤立地看待人事变化，也未必能说明什么问题，但将之放在一个相对较长的时段中，其意义自然得以显现。

自 1936 年 9 月开始，新的历史教学方案开始执行。史学系一方面为文、法两院的学生开设中国通史、西洋通史作为公共课，另一方面也调整了历史专业学生的培养思路："其在一二年级内须注重基本训练，中西史乘兼修，务于彼我史乘得有明确之认识、坚实之修养。三四年级方从事专门训练，所有功课分为中史、西史两组，学者可各就所选，进而为断代史、方面史、国别史及各种专题之研究。"专业基础课程均放在前两学年完成。如第一学年要修完中国上古史（杨筠如担任）、中国近古史（张云波担任）、西洋上古中古近古史（何鲁之担任）、中国地理（郭秀敏担任），第二学年要修完中国中古史（杨筠如担任）、中国近世史（张云波担任）、西洋近世史（周谦冲担任）、世界地理（徐子明担任）。后两学

① 《国立四川大学一览》，成都：国立四川大学，1936 年，第 4～5 页。

年开始分组。“中史组”第三学年的必修课为隋唐五代史（祝同曾担任）、宋辽金元史（张云波担任）、中国史学史（彭云生担任）、中国学术思想史（杨筠如担任），选修课（任选二种）包括清代学术史（张云波担任）、中国哲学史、希腊文化史（何鲁之担任）、中国文学史、政治学、经济学、社会学、人类学[胡鉴民（1896—1966）担任]、考古学、金石学、专题研究；第四学年必修课为中国文化史（祝同曾担任）、清代学术史、历史方法与教授法（范祖淹担任）、先秦史学（丁山担任）、尚书研究（以上两门必选一种）、中国哲学史、文艺复兴与宗教改革史（范祖淹担任）、社会学、人类学、考古学、金石学、专题研究（以上任选一种）。“西史组”第三学年的专业必修课为欧洲各国成立史（范祖淹担任）、欧洲各国扩土史（范祖淹担任）、西洋史学史（周谦冲担任）、文艺复兴与宗教改革史、第二外国语，选修课有罗马帝国史（何鲁之担任）、英国史（谭其蓁担任）、法国革命史、西洋哲学史、清代学术史、政治学、经济学、社会学、人类学、专题研究；第四学年必修战后欧洲史（周谦冲担任）、希脂文化史、历史方法与教授法、工业革命史（范祖淹担任）、第二外国语，选修德国史、英国史、美洲史、西洋哲学史、中国学术思想史、中国文化史、人类学、社会学、专题研究（任选一种）①。

根据“课程编制大纲”的解释，这一课程体系的主要目的是：

> 使学者明瞭吾族及各民族之由来，及其繁衍至今或业已灭亡之经过，并就此项史实，阐发各民族盛衰兴替之原因、隆污升降之轨则，俾吾人察往知来，有所取鉴；且以人类生活为有目的之进展，抽绎史乘，方可审察此目的为何，人类演进距此目标尚有几许途

① 《国立四川大学一览》，1936年，第12～19、47～53页。这一课表中最奇怪的地方是将中国近古史安排在第一学年，将中古史放在第二学年，打乱了历史发生的次序，似是为了使授课教师不至过于紧张所致。这表明其时教师数量似略显不足，同时也体现了其时以教师为中心的教学思路。

> 程，吾族生活在政治、社会、学说及实业技能上至何阶段，其与他族比较优劣若何，目前须如何努力乃不至落伍，而可与他族交□而并进。①

笔者寓目的川大历史学科"课程说明"式的文件以此最先，故无从与此前比较；而本科教育除了培养专业学术人才外，主要恐怕还是"面向社会"，故这份大纲对史学的社会功能强调较多，也在情理之中。显然，这份文件延续了此前重视"历史智识"培养的教学思路，同时也明显突出了历史目的论色彩，而这正是中国传统史学所缺乏但在近代以来受西人影响最深的地方②。

大纲强调，这一安排是为了使学生打好基础，再进而从事更专业的研习；同时也要求学生修习工具课程如国文、英文等，均是此一时期任鸿隽在全校推行的教学改革思路③。不过，与此前比较，史学系的这一课程安排实际上增强了学生的专业化程度。第一，此前学生中并无中史组、西史组的区别。第二，在30年代中期以前的必修课以三门通史为主干，贯通了四年的学习，在这一新体系下，则被压缩到两年，相应地增加了断代史、方面史、国别史的学习，不少课且由选修进为必修。第三，此前一直出现在表上的"历史哲学"没有了，被更加实用的"历史方法与教授法"取代("教授法"似乎也暗示了其时史学系毕业生的主要去向)。由于这一时期史学系主任的位置一直空缺(原因不详)，因此也很难知道谁是这份课程安排的主导设计者了，但其有因有革，也可由以上讨论见出。

这一时期，停顿已久的学生专业团体也重新组建。1935年12月25

---

① 《国立四川大学一览》，1936年，第47页。

② 参考余英时：《中国史学思想反思(2002年)》，收在余英时著，程嫩生等译：《人文与理性的中国》，上海：上海古籍出版社，2007年，第409页。

③ 详见本书第三章。

日下午，史学系师生组织的“历史研究会”成立。杨宗翰(时任川大文学院院长)、张云波、陈衡哲在成立大会上做了演说。研究会选举何鲁之、张云波、周谦冲、束世澂、吴天墀等7人为执行委员，聘请陈衡哲为名誉指导，杨宗翰、周太玄(生物学家)、祝同曾、洪承中为指导。研究会成立后的第一项活动是“调查成都近郊”，并计划出版专刊①。之后，史学会活动不断：1936年5月，由张云波、束世澂带队赴陕西考察②。5月15日，邀请陈衡哲做了题为《研究西洋历史的步骤》的演说③。1939年4月，改名为史地研究会，研究部下设中史组、西史组、西南民族组、考古调查组、地理组，并计划“发行纯学术性之定期刊物”④。从目前遗留材料看，这两次出版计划似乎都未实现。不过，从这一团体的机构设置中，我们也大致可以看到川大史学专业日趋细密化的情形。该会虽主要是个学生团体，但也多少反映出“官方”和教师中的某些意旨，故其变化也是不能忽视的。

(二)“新学术”的引进

任鸿隽在川大仅仅两年就辞职而去，但他所奠定的“国立化”和“现代化”两大方向仍为后来者所遵循。抗战爆发以后，大批学者群聚西南，也为不同学术流派在川大校内的相互借鉴、融合提供了机会。正是从这一时期开始，川大史学系逐渐进入国内史学界的中心地带。但需要提醒的是，这一过程绝非“主流”典范向“边缘”的单向流动，毋宁说是二者的交会融合。

学术风气的明显变化自30年代中后期已经开始，到50年代初期形

---

① 《本校史学研究会开成立会》，《川大周刊》第4卷第17期，1936年1月6日，第5页。

② 《新新新闻》1936年5月3日剪报，“川大档案”，第17卷。

③ 《陈衡哲先生在本校讲研究西洋历史的步骤》，《川大周刊》第4卷第33期，1936年5月18日，第5页。

④ 《史地研究会将出版定期刊物》，《川大周刊》第7卷第29期，1939年4月24日，第8页。

成。根据有关材料，1940—1947年曾在川大历史系任教的学者有周谦冲、何鲁之、冯汉骥(湖北宜昌人。武昌文华大学文学士、美国宾夕法尼亚大学人类学硕士、人类学哲学博士、哈佛大学研究院人类学系研究四年，讲授人类学、西南民族学、考古学等课程)、徐中舒(安徽怀宁人。清华研究院国学门毕业，历任暨南、复旦大学教授、史语所专任研究员、北大兼任讲师。讲授古文字学、中国近世史、殷周史料研究等课程。)、祝同曾、束世澂、蒙文通(四川盐亭人。曾任成大、成大师范、中央、河南、北京大学及河北女子师范学院教授)、李思纯、吴天墀(四川涪陵人。四川大学史学系毕业)、楼公凯(浙江义乌人。中央大学文学士，日本东京帝国大学研究院毕业，曾任中央政治学校教授)、黄文弼(1893—1966，湖北汉川人。北京大学毕业，历北平研究院史学研究所研究员、北京大学、西北大学教授、中央古物保管委员会委员、教育部边疆教育委员会委员)、罗志甫(1998—1988，广东兴宁人。留法，曾任教于北京中法大学、女子师范学院，讲授西洋史)、杨人楩(湖南醴陵人，北师大、牛津大学毕业，先后任教于西北联合、武汉、北京大学。30年代末和40年代中期两度任教川大)、胡殿咸(讲授中国古代史，后任教于安徽师范大学)、傅吾康(Wolfgang Franke，1912—2007，德国人。世界著名汉学家)、戴蕃豫(1910—1989，研究中国古代史、考古学等，后任教于南开大学历史系)、闻宥(1901—1985，江苏松江人，震旦大学进修，历任中山、燕京、山东等大学副教授、教授)、缪钺(1904—1995，江苏溧阳人。北京大学肄业，历任河南、浙江大学教授)、孙次舟(？—2000，山东即墨人，研究中国古代史，受到“古史辨”学派影响)、邓少琴(1897—1990，四川江津人，自学成才的文博学家)、谭英华(1917—1996，湖南长沙人，武汉大学历史系硕士，研究中国古代史、西方史学史等)、李思纯、卢剑波(1904—1991，四川合江人，研究世界史)等人①。此外，胡鉴民(法国里昂斯坦斯堡大学社会学博士，曾任中央大学社会学教授)、李季谷(1895—1968，浙江绍兴人。东京高等师范学校毕业，剑桥大学研究院硕士。历任北京、北平、中山等大学教授)、萧一山(1902—1978，北京大学史学系毕业，先后任教于清华、北京、中央、河南、东北、西北等大学)、吴廷璆(1910—2003，浙江绍兴人。北京大学史学系、日本东京帝国大学史学科毕业。研究日本史，曾任山东大学讲师)、任乃强(1894—1989，四川南充人，民族学家)、杨东莼(1900—1979，湖南醴陵人。留学日本，曾任中山大学、武汉大学教授)、周传儒(四川江安人，毕业于清华大学研究院，德国柏林大学博士)、钱穆、柳诒徵(1880—1956)、萧公权等亦曾在此期间任教(钱、柳主要担任文科研究所史学组导师，萧公权主要在法学院讲授“中国政治思想史”)。

这份名单中的绝大部分学者在当时已是成名之士，且多是抗战以后才加入川大史学系的(蒙文通在成大、成师大时期一直在中文系，国立川大成立后就离开了成都；李思纯则自30年代初开始就长期未在川大任教)。叶秉诚、祝同曾等晚清成长起来的老一代学人先后辞世，名单上以二三十年代才成长起来的学者为主。在较新一代的学人中，建系初期的不少成员也逐渐淡出。对比20年代末乃至30年代前期的人员构成情况可知，40年代的川大史学系已焕然一新(当然仍有延续一面)。

其次，在30年代中期以前，史学系主任一直由何鲁之担任，系里的基本方针(包括人事、教学等)也均出其手。但自1935年度开始，史

① 《国立四川大学教职员录》，成都：国立四川大学，1940年，第6～7页；《本年度教授阵容一般》，《国立四川大学校刊》，第17卷第6期，1945年10月1日，第2页；《本年度教授阵容一般》，《国立四川大学校刊》，第19卷第1期，1946年10月14日，第4页；《本年度教授阵容一般》，《国立四川大学校刊》，第20卷第1期，1947年10月15日，第6页。川大史学系在1941—1947年名史地系，故这一时期有很多地理学者在此任教，本文未列入。

学系主任的位置就一直空缺，直到 1937 年 9 月，应时任代理校长张颐之请，朱光潜以文学院院长身份兼任该职。但朱氏是美学家，担任这一职务显然不合适。虽然目前很难知道其内情，但也在某种程度上反映出这一时期川大史学系缺乏“核心人物”的隐相。1940 年初，朱光潜转教武汉大学，史学系主任由周谦冲接替。此后 10 年中，李季谷、束世澂、冯汉骥、徐中舒、胡鉴民等均先后担任过这一职务(李思纯则长期担任川大师范学院史学系主任)。比较起此前何鲁之长期在位的情况，系主任的频繁更动，一方面反映出此一时期学者流动性较强(尤其在 1945 年前后的一段时间)，另一方面也反映了人才济济的盛况。

人员更动必定引发学术风格的更替。以 40 年代的川大史学系而论，任教时间最长的大概要算是徐中舒与冯汉骥了。不管是从“学术出身”还是他们个人的学术实践上看，徐、冯二位均被认为主流派的新史家，对川大史学风气的形成，及其在国内学术地位的提升，都具有无可质疑的影响。不过，如前所述，此前的学校当局已经有意识地将新史学的典范引入川大，聘请徐、冯二公本是这一政策的一部分。

新史学的突出特征之一是强调新史料的开掘、利用。1938 年夏，川大校方组织成立了“川军抗战史料搜集整理委员会”，由学校秘书长孟寿椿任主席委员，朱光潜、曾天宇、蒙文通、周谦冲、徐中舒、杨伯谦、徐元奉、桂质柏、何鲁之任委员①。1939 年 4 月，在学校编制“二十八年度预算”时，特意拨给该委员会经费 2000 元②。不过，“川军抗战史料搜集整理委员会”虽有四位史学系成员参与，主要还是一所校级机构。而具体到史学系，在徐中舒等人的倡导下，所做工作尤多。徐氏受学于王国维，二三十年代参加过殷墟发掘和清宫档案整理，对新史料的意义

① 《本大学成立川军抗战史料搜集整理委员会》，《川大周刊》第 6 卷第 35 期，1938 年 6 月 20 日，第 4 页。

② 国立四川大学川军抗战委员会公函，1939 年 4 月 28 日，“川大档案”，第 62 卷。

体会甚深，并贯穿到其个人的研究实践中。在继承“二重证据法”的基础上，徐氏在研究中也极为注意文字形体、器物的纹饰图样与传世文献、地下出土实物的互证，实际上开启了以器物图案证史的途径。到了川大以后，他也把这种学术风格带了进来，使川大历史系成为国内先秦史和古文字学的研究中心。

对新史料的注重势必要求突破书本的范围，实践“上穷碧落下黄泉，动手动脚找东西”（傅斯年语）的信条。此前，川大只有理科学者才注重实地考察，文科学者则很少走出书斋。1936 年 5 月，为了“彻底”研究“西南诸省之民情风俗、地理环境、经济状况等”，学校组建了西南社会科学调查研究处①。这一机构的成立，一方面在文科中首倡实地调研的学术风气，另一方面也代表了川大对西南区域综合性研究的发端。此后，实地考察和区域研究在川大蔚为风气，也对历史学科产生了积极影响，其中尤以考古学和人类学的发展最为突出。

1937 年 6 月，经过翁文灏与任鸿隽磋商，瑞典地质学和考古学家安特生（Johan Gunnar Andersson，1874—1960）与川大、华西大学联合组织了“川康地质考古旅行团”。经三方制订的“川康地质考古旅行团公约”规定：

> 一、由四川大学、华西大学及安特生博士共组川康地质考古旅行团，以四川大学为主体，其余为参加者。
>
> 二、四川大学派周晓和君，华西大学派葛维汉君为本团团员。
>
> 三、在旅行期内，由安特生君担任学术研究上之指导。
>
> 四、在旅行期内，一切标本及各种有关地质考古之照片之搜集由周晓和君保管之。

---

① 《任鸿隽氏谈整顿川大》，《北平晨报》1936 年 5 月 19 日剪报，“川大档案”，第 17 卷。

五、所测考古地图应照制三份，分别保存。

六、所得标本应交四川大学保管，但有重复者得酌量分一部分于华西大学保管之，均以供学术上之研究，惟须预请中央古物保管委员会之核准。

七、本团或安特生君将来研究报告书中叙及此次所得各种标本时，应注明该件保存于四川大学或华西大学。

八、将来本团或团员有将此次报告或研究所得公开发表时，须声明本公约第一条之意义并注明研究标本由本团所获。

九、本团于返成都后点清标本解散，但安特生君对某件或某类考古标本欲研究时，得依古物保管法之规定及古物委员会之核准，由四川大学给予方便。①

另外，史语所也派有人员参加。旅行团对雅安、泸定、打箭炉、玉龙、道孚、里塘、甘孜、丹巴、懋功、理番、汶川等处进行了考察，还在道孚境内发现了一处旧石器时代遗址②。

这次调查直接开启了川大与外国学者合作进行考古研究的先声。不过，尽管中国早期的考古学与地质学有着密切的学术血缘关系，但在30年代中后期，二者早已分治，而此次川大所派调查员却是地质学教授周晓和。他虽然自20年代起即在学校讲授相关课程，是较早向川大学生介绍考古知识的教师，③ 但本人在考古学方面的研究毕竟有限。因此，这次考察名义上以川大为“主体”，实际上是在安特生和葛维汉（David

① 翁文灏致任鸿隽函件，1937年3月26日，《川康地质考古旅行团公约》初稿及修改稿，均在“川大档案”，第495卷。

② 《博物馆筹备委员会第四次常会记录》，《川大周刊》第6卷第3期，1937年10月4日，第14页。

③ 如他曾在《川大周刊》第1卷第14期（1933年4月17日）上撰文《原始人类》，介绍“北京人”的情况。

Crockett Graham，1884—1962)的主导下进行的。

考古学、人类学研究在川大形成气候，与冯汉骥的倡导分不开。1938年，在冯氏提议下，四川大学函请中央古物保管委员会联合调查四川文物。现存档案中藏有一份“四川区域内之古物调查研究之计划简明书”，虽未署名，然就内容上看，恐即是冯汉骥为这次普查设计的。根据计划书，普查的重点是：1. 秦汉遗迹，包括都江堰、汉广汉郡金银器作坊、汉晋犍为郡遗物等。2. 汉晋墓葬，即通常所谓“蛮洞”。考察其分布，“即可知汉晋文化在蜀中分布之区域”。3. 古建筑及壁画雕刻。盖“唐代建筑及壁画之留于今者，据中国营造学社调查，在国内惟山西五台山尚存其一。本省蓬溪闻亦有此，惟尚无翔实之调查。今五台山已沦入敌手，保存与否，正不可知。使蓬溪所存者为唐代遗物，则此实为国内惟一国宝”，急宜调查。另，川中保存明代建筑与壁画极多，如新繁龙藏寺、新津观音寺等。此外，古寺、古坊常有古雕刻发现，艺术价值极高，也应调查保护。4. 蜀中石刻，如汉之八阙、齐梁造像、汉画像砖等。5. 新石器时代遗址①。

1938年，冯汉骥在汶川清理了一座石棺墓，成为川大学者田野发掘的先声。30多年后，在进一步研究的基础上，冯氏发表了《岷江上游的石棺葬文化》一文，“首次科学地报导了此类墓葬”。1942—1943年，冯汉骥又主持了国内首次大规模的地下墓室——前蜀王建墓的发掘②。1944年，他在川大校园内清理一座小型唐墓，从朽镯中取出了成都县“龙池坊”唐代纸本雕版印刷品，乃国内迄今保存最早的印刷品标本③。冯汉骥曾教育学生：“从事现代考古工作，必须亲自参加田野发掘，不

---

① 《四川区域内之古物调查研究之计划简明书》手稿，“川大档案”，第63卷。按，此文件说川康地质考古旅行团发现的是新石器时代遗址，未知孰是。

② 童恩正：《冯汉骥小传》，收在《冯汉骥考古学论文集》，第221页。

③ 林向：《著名考古学家冯汉骥》，收在四川省政协文史资料委员会编：《四川近现代文化人物》第3编，第84页。

能只是坐在家中搞沙发考古。”[①]在他的引导下，注重田野调查、发掘成为川大考古学的基本精神。尽管这一时期，由于条件所限制，学生几乎很少有参与发掘的机会，但实地调查已成为考古教学乃至课外活动的重要内容。1940 年 6 月 1 日，冯汉骥、徐中舒率领考古班学生 10 余人赴夹江旅行考察[②]。1942 年寒假，李季谷率学生组成彭山考古团，赴“中研院”史语所彭山工作站参观，并搜集了汉砖瓦器等古物[③]。

20 年代初，川大就有人类学课程的设置。但是，真正地把它落实为学术研究，则是从这一时期开始的。1938 年度，经川大申请，中华教育文化基金董事会资助川大 3000 元研究费，用于“西南人种学及体质人类学调查”[④]。1938 年夏，在西南社会科学调查研究处的资助下，冯汉骥只身前往松潘、理番、茂县、汶川等地考察羌族资料，历时 3 月之久。次年，他又出任教育部组织的川康科学考察团社会组组长[⑤]。1939 年春，西南社会科学调查研究处在成都宴请雷波“黑白猓猡”首领 21 人，校长以下共 40 余人参加了这次活动。冯汉骥在讲演中对猓猡的民族源流做了初步梳理，指出：“今后人类学家之任务，即为研究出一种方案”，使猓猡与汉族“可以合作，在文化上可以互相适应，而消灭其以往之互相轻蔑之心”[⑥]。这一时期的人类学和民族学研究是在“抗战建国”的

---

① 张勋燎：《冯汉骥先生师门从学考古记》，收在四川大学历史文化学院考古学系编：《四川大学考古专业创建四十周年暨冯汉骥教授百年诞辰纪念文集》，成都：四川大学出版社，2001 年，第 64 页。

② 《史地研究会通讯》，《国立四川大学校刊》第 8 卷第 17 期，1940 年 6 月 11 日，第 4 页。

③ 《彭山考古团返校》，《国立四川大学校刊》第 12 卷第 1 期，1942 年 3 月 11 日，第 4 页。

④ 《国立四川大学二十六年度校务进行概况》，《川大周刊》第 7 卷第 1 期，1938 年 10 月 3 日，第 3 页。

⑤ 冯汉骥：《松理茂汶羌族考察杂记》，收在四川大学历史文化学院考古学系编：《四川大学考古专业创建四十周年暨冯汉骥教授百年诞辰纪念文集》，第 26 页。

⑥ 《西南社会科学研究处招待雷波黑白猓玀茶话纪事》，《川大周刊》第 7 卷第 28 期，1939 年 4 月 17 日，第 4～6 页。

时代背景下展开的，不免以“开发”为目的，但冯汉骥则提出以“了解”为指向的学术目标，以今日时兴的话来讲，可谓不无“他者”眼光。此外，胡鉴民也在30年代末40年代初进行了羌族、苗族等民族的调查工作[①]。

冯、胡二位均是留学生出身，受过人类学科班训练，相较而言，任乃强虽近于自学成才，在实地踏勘方面，却有独特优长。他从北京农业专门学校本科毕业后，在南充中学教书，1928年出版《四川史地》(《乡土史讲义》)一书。在写作此书过程中，他发现四川盆地历史上有过多次移民过程，均与人口膨胀有关。据此，他认为应该开发川边，以为预防。为此，他自1929年起，三次考察西康地区，搜集了大量一手材料，其间并与藏族女子罗哲情错结婚，更加深了对西康各民族情况的了解。在此基础上，他先后完成了《西康诡异录》《西康十一县考察报告》《西康图经》《康藏史地大纲》《吐蕃丛考》等著作。不但提供了大量新材料，还纠正了许多流传已久的错误说法(如《康藏旧说纠谬》《康藏史料中若干名称之正译》等)。此外，他还曾往广西等民族地区进行考察。1946年，任乃强在川大发起组织了中国第一个专门从事藏学研究的民间学术团体“康藏研究社”，出版《康藏研究月刊》，在国际藏学界赢得了极大声誉[②]。

任氏治学有成，一个重要原因是对藏族语言的掌握，而史学系另一位成员闻宥更是蜚声国际的民族语言学家。重视民族语文的学习也成为此一时期川大民族研究的一个重要特色。

在校内民族研究风气的鼓动下，1946年夏，川大学生组成了边疆研究学会，会员有50余人，下设藏、苗傜、猓猡、蒙回四组。学会“有鉴于以往边疆工作人员之失败教训，深知学术之研讨、技能之学习、语言之训练，异常重要”，自始即致力于社会学、人类学、文化学及民族

---

① 胡鉴民：《苗人的家族与婚姻习俗琐记》，《国立四川大学校刊》第18卷第3期，1946年4月1日，第1～4页。

② 《作者小传》，收在任乃强：《任乃强民族研究文集》，北京：民族出版社，1990年，第559～561页。

语言文字的学习，邀请学者讲授有关知识，在学校开设藏文班，举办边区文物展等，做了充分的学术准备，并拟于1949年春组织松潘考察①。考虑到时局变动，这次考察很可能无疾而终。不过，该学会的知识准备显然已具一定的学术素养，反映了此一时期川大人类学、民族学教学和研究的水平。

实地调查固然是民族研究的重要途径，但如果缺乏历史变化的眼光，也不免流于表面。川大学者在这方面的一个重要特色是注意从历史角度，结合文献记载综合考察民族流变。如冯汉骥的《松理茂汶羌族考察杂记》一文，即是将实地考察资料“结合古代文献记载的有关历史情况”写成②。任乃强对康藏民族和地理的考察也表现出这一特点，如研究西康民族之由来，即将新旧两《唐书》、西藏文献和自己的实地考察结合起来③。有些学者的民族史研究虽然主要立足于文字材料，但也很注意与民族学资料互证。如徐中舒1944年所写《结绳遗俗考》，除了古文献、古文字证据外，又列举当时广西瑶民和四川地区的一些事例，作为证据和比较对象④。

与人类学、考古学、民族史的研究相应，抗战时期，巴蜀史研究也蔚为风潮。顾颉刚（1893—1980）、朱希祖（1879—1944）、卫聚贤（1899—1989）等对此提倡尤力。在川大史学系，徐中舒是较早对此问题加以注意的学者，1940、1941年，先后发表《古代四川之文化》和《蜀锦》

---

① 《边疆研究学会近况》，《国立四川大学校刊》第20卷15期，1948年12月1日，第18页。

② 冯汉骥：《松理茂汶羌族考察杂记》，第37页。据该文整理者张勋燎教授说，原稿每页版心均印有“西南民族史”字样，推测即作者计划中之专著《西南民族史》的部分内容。

③ 任乃强：《康藏民族之由来及其细分》，收在《任乃强民族研究文集》，第14～21页。

④ 徐中舒：《结绳遗俗考》，收在《徐中舒历史论文选辑》上册，北京：中华书局，1998年，第708页。

两文。孙次舟的《读古蜀国为蚕国说献疑》《从蜀地神话的蚕丛说到殉葬的蚕玉》《关于金蚕解释的补正》等，也产生了较大影响。如前所述，四川学者本有关注乡邦文献之学的传统，且在20年代已出现了由“乡邦文献”走向“地方史”的趋势，但与近代史学的区域研究仍有距离。40年代以后的巴蜀史研究，则已基本完成了向近代史学的转化。事实上，当时川大史学系确已树立了明确的区域研究意识。我们从史地系的一份文件中即可看出这一见解：

> 选修课不宜规划过于方整固定。学分虽有定明，但课程则不必全国划一也。中国幅(员)广大，各地情形殊异，各校自具特色，如地方及专题研究，皆当因时、因地、因人而设置其最适宜之选修课(如川大因特殊环境与需要，即设有“西南民族及其文化”一学程，定为三、四年级选科)，庶能发展特长，有益实用。①

不管是人类学、考古学，还是区域史，都共同指向对地理的关注。这也成为川大学者治史的又一特点。早在1927年，徐中舒就从“分布之迹”入手，将传统学人视为一脉承继的殷、周相代看作两个不同民族的斗争②。同年，蒙文通发表《古史甄微》，提出有名的上古民族“三系说”。在任乃强看来，“地学当为各科学之基础，盖万事万物莫不受时空之影响也”。这一认识奠定了他的学术路径：“由经济地理而沿革地理，而民族地理，转而跻于历史地理学之研究，民族研究亦因此始。”③尽管也许并无徐、蒙这样明确的“多元史观”，但自川大史学系创建之初，中国地

---

① 《对于教育部史学系课程标准草案之意见》，具体时间不详，“川大档案’，第225卷。

② 徐中舒：《从古书中推测之殷周民族》，收在《徐中舒历史论文选辑》上册，第26～32页。

③ 任乃强：《自序》，收在《任乃强民族研究文集》，第1页。

理和世界地理就一直是必修课程。1939 年 4 月，史学研究会改名史地研究会，地理学从辅助地位成为史学的“伙伴学科”，意味着史学系办学方针的微妙变化。到了 1940 年，史学系 12 人中就有四分之一的人从事地理方面的教学，不但数量较前有所增加，且形成了自教授、讲师到助教的学术梯队，史、地结合的“体制化”已呼之欲出。1941 年，史学系改名史地系，意味着对时、空加以综合研究的学术方针正式确立。此后，许多地理学家、气象学家如王文元、黄逢昌、余俊生等均来系任教。直到 1947 年，教育部指令川大将史、地两科分设，地理系转入理学院，史地系的名称才宣告结束，但注重地理差异仍是川大史学的重要特色之一。

除了西南社会科学研究处，此时期设立的另一个对考古学、人类学调查研究起到重要作用的机构是博物馆。国立四川大学博物馆于 1937 年上半年开始筹建，8 月 8 日成立了一个由多学科专家组成的筹备处，教育学家邓胥功担任主任委员，丁山、张颐、胡鉴民、张云波、周晓和、孟寿椿、钱崇澍（生物学家）、桂质柏（图书馆学家）担任委员①。

根据筹委会计划书，博物馆拟定两年为筹备期，主要任务是设置器物、辅助研究。所搜集器物包括三类：“历史的参考品”（实物、模型、标本、拓片、照片、图画等）、“艺术的欣赏品”（建筑、图画、雕塑）、“本大学各系有关的研究品”（实物、标本、拓片、照片、图画等）；搜集方式包括：求之于商家、访之于藏家、参加或自己从事发掘、登报征求、劝募捐赠、寄存、托人代为搜集和购买等。另外，博物馆设立研究室，主要任务是陈列有关书籍和参考品、“编纂古今中外关于考古及美术等的书目”、“调查各地之美术及古物，并究其起源以及现代之趋势，分中外古今两大类，以明文化上之转变”、编纂中外美术家及作品的索引、调查美术刊物与机关并建立联系、调查四川各地古迹与古物、搜集

---

① 《各会议会员及各委员会委员名录》，收在《国立四川大学简况》，成都：四川大学出版组，1940 年，第 6 页。

国内各民族物品等。此外还要从事藏品的清查、登记、修补、保存、考订、摄影、传拓等工作①。博物馆是从考古、艺术和民族学科的角度来定位的。经过努力，一年之后，川大博物馆即收得汉晋画像刻石 36 件、土俑 305 件、古陶瓷器 1038 件、西藏佛像及喇嘛所用法器 128 件、历代钱币 1470 件、川边民族文物 50 余件、汉晋六朝砖 45 件、宋玥墓志 10 余件②。

1941 年 1 月，四川省政府会同四川大学博物馆设立了四川省博物馆，由冯汉骥出任馆长。四川省博物馆自始即是在川大的支持指导下建立起来的。该馆设立了“历史考古组”和“人类民族组”，显然与当时川大校内的学术风气有关。其规程规定，馆内的学术研究由川大协助，同时，研究经费也由川大酌量承担。开馆时将川大博物馆藏品参加陈列。此外，省博物馆理事 9 人，除省教育厅长和川大校长为当然理事外，并由川大推举三人③。按照组织规程，川大博物馆只是将藏品拿出“参加陈列”，但似乎就此停止了活动(今日四川大学博物馆则原本是华西协合大学博物馆，系院系调整的结果，与此处所说的川大博物馆无关)。

总之，较前相比，这一时期川大历史学科研究风气出现了以下几个重要改变：一是目光突破传统文献范围，开掘一手材料和新材料；二是走出书斋，进行田野考察和发掘；三是对于非汉族及边疆地区研究兴趣的增长；四是在区域研究中，用地方史视角替代了地方志视角；五是对空间和地理因素的注重；六是新学科的开辟(如考古学、人类学等)，以及同社会科学研究方法的结合；七是专门性学术团体与机构渐趋活跃，出现“集众”研究的倾向。此外，理论意味更强的学术方向如历史哲学的

---

① 《本校博物馆筹备委员会进行计划书》，《川大周刊》第 5 卷第 22 期，第 11 页。

② 《国立四川大学二十六年度校务进行概况》，《川大周刊》第 7 卷第 1 期，1938 年 10 月 3 日，第 3 页。

③ 《四川省博物馆组织规程》《四川省博物馆理事明【会?】简章》，《国立四川大学校刊》第 10 卷第 1 期，1941 年 2 月 21 日，第 8 页。

影响力明显下降，也是一个值得注意的现象。一句话，其“专业性”更强了。这些变化中，无论是新的史料观，新的研究课题、方法，还是对科学化、实证化标准的提倡，以及对理论的相对轻视等，都体现出新史学眼光的影响。这表明，从国内学术整体来看，川大史学研究自 30 年代后期起已渐预主流。

三、结论

以 30 年代中期为界，我们大体上可以把川大的史学研究分作两个时期，其变化体现在人员构成、课程体系、学术风格等各个方面，使得原本深具地方特色，以及刻意和主流保持了一定距离的学术风气，逐渐融汇(但并非“消失”)于主流之中。作为校方积极引入新史学的结果，从更大范围看，这一变化乃是川大国立化进程的重要组成部分。显然，川大国立化不只是中央和地方的权力斗争，其影响力乃是全方位的。这也印证了我们前边所说的，在民国时期四川的特定政治与文化环境中，“国立化”和“现代化”乃是一体之两面(参看第三章)。

自任鸿隽时代开始，川大的发展基本上没有离开“国立化”和“现代化”两大政策。40 年代的校长黄季陆后来回忆说，抗战胜利前后，他曾劝傅斯年将史语所迁至川大。“想不到傅先生说：川大的老先生们，多认为我们没有读过中国书，其实我们这群人都是从古籍中下过苦工夫来的。我们有我们的治学方法，他们自有他们的道理。”与此呼应的是，当黄氏把自己的设想告诉“川大文学系的老先生们”时，“他们并不感到甚么快慰，甚至有一位先生的意见认为傅先生中文不通，读古书句读都弄不清楚，大有反对的情绪”①。

史语所在抗战期间，内迁四川宜宾李庄。黄季陆欲趁复员之际，把

① 黄季陆：《国立四川大学——长校八年的回忆》，收在《黄季陆先生论学论政文集》第 3 册，第 1743 页。

他们留在川大，可谓想入非非。不过，他的回忆也再次证明，学校当局一直存有为学校灌注新学术空气的意愿。但我在这里更想提到的是，它也提示出川大校内仍存在着不同的学术典范，而后者又与科系设置之间存在着微妙的对应关系。“文学系的老先生们”一语，可以视为一把钥匙，帮助我们进入文史两系学术风格的差异。这里可以通过两个例子来说明。

一个是蒙文通。1927年，他已写出《古史甄微》，并发展出经、史分途的观念[①]，但“编制”仍在中文系。30年代后期，他从北大重回川大，则正式转入史学系（在北大已如此）。他自己说：“我从前本搞经学，后来教史学，十年后才稍知道什么是史学，应如何治史。”照此严格推论，则蒙氏自承“知道”史学，已到了40年代。虽然他此后所做并未全以史家自限，然史学意味确实愈益浓厚。这一选择与学术界的风气、蒙氏自己的学术观念及学术建制都有关系。现代大学皆是分科而治，从中文系转入史学系，代表了蒙先生的专业定位。

另一个是缪钺。他40年代初期之前主治文学，40年代中期兼治诸子，1948年出版《诗词散论》；但也就是从这一年开始，其论著主要转入史学领域。这里有几个原因，首先是他本人的学术思想决定的。缪先生认为：“研究文学的人要知人论世，必须熟悉历史。”[②]其次是学侣交游的影响。40年代，他与史语所陈槃（1905—1999）、劳榦（1907—2003）等人书信频繁，初期所论还以诗词为主，很快就牵入大量史学专题[③]。第三则与“编制”有关。1946年，缪氏从浙江大学转入华西协合大学中国文化

---

① 参考王汎森：《从经学向史学的过渡——廖平与蒙文通的例子》，收在四川大学历史文化学院编：《蒙文通先生诞辰110周年纪念文集》，北京：线装书局，2005年，第158页。

② 缪钺：《治学补谈》，收在《缪钺全集》第7、8合卷，石家庄：河北教育出版社，2004年，第78页。

③ 参考缪元朗：《缪钺先生编年事辑》，北京：中华书局，2014年，第65～124页。

研究所和中文系，1947 年起又兼川大史学系教授，这是促成他学术重心转变的一个重要原因(1952 年院系调整，华西协合大学文史专业全部调往川大，缪先生此后一直专任川大历史系教授)[①]。

值得注意的是，缪钺在 1947 年的一封家书中提到："川大中文系过于守旧，史学系颇开明，系中同人徐中舒、冯汉骥、蒙文通、李哲生、闻在宥(即闻宥。引者注)均与钺相熟友好。"[②]此处说得很清楚：40 年代川大文史两系学风不同，中文系偏旧，史学系偏新，可以作为黄季陆回忆的旁证[③]。一方面，这里确实有川大的特殊情形：近代"蜀学"的勃兴使得川中学人的自信力大为提升。自 30 年代之后，这一路学术风格就较多地保存在中文系，"文学系的老先生们"对傅斯年和史语所的反应，即是此一现象的表彰。我们不能把这一现象仅仅视作川大的特例。据钱穆说，胡适 30 年代做北大文学院院长时，"曾言办文学院其实则只是办历史系"。盖其时他"已主张哲学关门"，自然不再注重哲学；而"文学系仍多治旧文学者掌教，一时未能排除"[④]。这与 40 年代川大文学院文、史分途的情形岂不如出一辙？从上述两个例子看，学术风气的不同分布，又促使不同学人向不同的机构流动，因而在更大范围内调整了整个学界的格局。

不过，必须声明的是，我无意把川大历史学科的学风变化，视为主

---

① 直到晚年，缪先生与叶嘉莹教授合作，治学中心复归古典文学，也反证此前若干年内他侧重史学研究，并非对文学不再感兴趣，而很可能受到编制的影响。

② 缪钺：《与杨联陞、缪鉁书》，1947 年 8 月 13 日，收在《冰茧庵论学书札》上册，北京：商务印书馆，2014 年，第 80 页。

③ 不过，这一区分也不宜过于突出。40 年代初，川大经教育部批准，设文科研究所，以中文系为主导，然实际分为中文、历史两组，钱穆、李思纯、徐中舒、束世澂、柳诒徵、蒙文通等均曾担任导师。1947 年，文科研究所奉教育部令改为文学研究所，蒙文通仍在该所指导学生研究"西南民族之分布"。见四川大学中国文学所办公室：《川大中国文学所概况》，《国立四川大学校刊》第 20 卷第 4、5 期合刊，1947 年 12 月 15 日，第 2 页。

④ 钱穆：《师友杂忆》(与《八十忆双亲》合刊本)，长沙：岳麓书社，1986 年，第 144 页。

流派新史学的单向扩散过程，更不是要把它看作主流学风对其他风气的征服或替代。如同文史两系的差异所提示的，这一过程的内部也呈现出多样可能。事实上，至少有两种方式为更加“传统”和更具地方特色的学术风格的保存和继续运作带来了可能。在中文系，这主要是通过一种建置性的空间获得体现的。其结果，“旧”的风气不但能够传承下去，并逐渐获得“主流”学术界的认可(这从40年代奉部令设立的文科研究所中可以看出)。史学系采用的方式则是交融。一方面，属于主流派的徐中舒等人在学术上极具弹性，颇能包容；另一方面，史学系成员中不乏与主流派风格有所差异乃至颇有距离的学者(具体情形又随各人不同)，包括本文提到的蒙文通、李思纯、缪钺在内，也均对川大史学系的学风产生了重要影响，不能忽略不计。事实上，由于抗战爆发，东部地区原本隶属不同流派的学者纷纷入川，使这一时期的学术出现了交融互汇的趋势，较之此前壁垒严立的状况已大不相同。缪钺观察到的川大史学系之“开明”，便是这一景象的表现。

正是这种“开明”的风气，使得川大史学研究在积极融入学术主流的同时，还能保留有一些自己的特色，比如在开掘新材料的同时，亦注重对基本典籍的掌握①；在倡导实证研究之外，也注意于“通识”的培养。此处所谓“通识”的涵义有二：首先，就历史本身，必须通其上下左右的关联(兼时空而论)，才能明其贯通与流变，知其一般性与特殊性②。其次即是蒙文通所说的为学要能“以虚带实”，“史料是实，思维是虚。有

① 对1949年以后的系风产生了重要影响的几位老先生如徐中舒、蒙文通、缪钺、冯汉骥对此均有明确提示。分别参见王辉：《立德立言、归于不朽》，收在四川联合大学历史系编：《徐中舒先生百年诞辰纪念文集》，成都：巴蜀书社，1998年，第19页；蒙文通：《治学杂语》，第3页；缪钺：《自传》，《缪钺全集》第7、8合卷，第172页；张勛燎文，第71、64页。

② 比如蒙文通说：观史“须从波澜壮阔处着眼”，“把握主历史的变化处”。又说：“文化的变化，不是孤立的，常常不局限于某一领域，因此必须从经、史、文学各个方面来考察，而且常常还同经济基础的变化相联系的。”见《治学杂语》，第1、33页。

实无虚，便是死蛇”[1]。川大历史系前辈学者类能做到以小见大，虚实相生。如徐中舒的成名作《耒耜考》，就可以称得上“解释一字即作一部文化史”[2]；又如缪钺的诗史互证和冯汉骥根据考古材料对中国文化起源一元论的突破，均属此类。通过这些方面，我们也可以看到，川大历史学研究的风气，在前后变化中仍有延续（但不是不变）的一面。

---

① 蒙文通：《治学杂语》，第 1 页。

② 语出陈寅恪：“来函”，《国学季刊》第 5 卷第 3 号，1935 年，第 96 页。

征引文献

档　案

四川大学档案馆藏公立四川大学档案：全宗

四川大学档案馆藏国立成都师范大学档案：全宗

四川大学档案馆藏国立成都高等师范学校档案：第 6、32、33、46、68、71、134～137 卷

四川大学档案馆藏国立成都大学档案：全宗

四川大学档案馆藏国立四川大学档案：第 1—9、13—28、32、34—44、46、49、50、52—56、62、63、76、83、85—87、89、92、97—100、109、114、115、120—122、124—128、131、133、135—141、170—175、178、186—189、195、202、204、206、221—225、439、488、493—502、507、520—525、575—577、582、594—597、628、629、693、695、696、720、763、764、852、854、912—922、948、1223—1229、1252、1255—1258、1367、1370—1377、1447、1449、1454、1455、1459、1539—1545、1554、1560—1563、1577、1581—1585、1594—1605、1655、1675、1685—1687、1730—1735、1771、1782、1784—1801、1828、1829、1859—1890、1892、1893—1898、1915—1940、2012、2013、2022—2027、2076、2081、2082、2113、2114、2117、2121—2124、2141—2157、2475、2515—2522、2531—2538、2546、2549—2555、2560、2572、2601—2623、2629—2637、2640—2644、2648—2666、2912、3099—3107 卷

中国第二历史档案馆藏国民政府教育部档案：第 5 宗第 1975、2607、2706、2952、3587、6759 卷

“中研院”近代史研究所藏朱家骅档案：档案号 154-1

报　刊

《北平晨报》1935 年 8 月 16 日

《成都工商时报》1932 年 3 月 2 日、1932 年 3 月 15 日

《成都国民日报》1933 年 9 月 20 日、1933 年 9 月 21 日

《成都快报》1930 年 9 月 23 日、1931

年10月22日、1932年3月1日、1932年4月24日、1932年4月25日、1932年4月26日、1932年4月28日、1934年4月28日、1936年7月18日、1936年7月20日

《川报》1924年11月7日、1932年2月22日、1932年2月26日

《复兴日报》1936年6月30日、1936年7月5日

《国立成都大学校报》第14期(1928年5月)

《国立成都大学一览》，1929年

《国立成都师范大学概览》，1930年

《国立成都师范大学校报》第1期(1928年9月26日)

《国立四川大学简况》，1940年

《国立四川大学教职员录》，1940年

《国立四川大学校刊》第8卷第17期(1940年6月11日)、第10卷第1期(1941年2月21日)、第12卷第1期(1942年3月11日)、第17卷第6期(1945年10月1日)、第19卷第1期(1946年10月14日)、第20卷第1期(1947年10月15日)、第20卷第4、5期合刊(1947年12月15日)、第20卷15期(1948年12月1日)

《国立四川大学一览》，1935年

《国立四川大学一览》，1936年

《国立四川大学周刊》第1卷第1期(1932年9月20日)、第1卷第2期(1934年9月27日)、第1卷第4期(1932年10月10日)、第1卷第11期(1933年3月27日)、第1卷第15期(1933年4月24日)、第1卷第16期(1933年5月1日)、第1卷第17期(1933年5月8日)、第2卷第2期(1932年9月18日)、第2卷第3期(1933年9月25日)、第2卷第7期(1933年10月23日)、第2卷第8期(1933年10月30日)、第2卷第9期(1933年11月6日)、第2卷第14期(1933年12月11日)、第2卷第16期(1933年12月25日)、第2卷第17期(1934年1月1日)、第2卷第18期(1934年1月8日)、第2卷第19期(1934年1月15日)、第2卷第21期(1934年3月5日)、第3卷第4期(1934年10月1日)、第3卷第28期(1935年4月15日)、第3卷第36期(1935年6月10日)、第3卷第37期(1935年6月17日)、第3卷第40期(1935年7月8日)、第4卷第3期(1935年9月13日)、第4卷第4期(1935年10月7日)、第4卷第7期(1935年10月28日)、第4卷第10期(1935年11月18日)、第4卷第17期(1936年1月6日)、第4卷第18期(1936年1月13日)、第4卷第30期(1936年4月27日)、第4卷第31期(1936年5月4日)、第4卷第33期(1936年5月18日)、第4卷第36期(1936年6月8日)、第4卷第37期(1936年6月15日)、第5卷第1期(1936年9月21日)、第5卷第9期(1936年11月16日)、第5卷第13期(1936年12月14

日)、第5卷第22期(1937年3月29日)、第5卷第23期(1937年4月5日)、第5卷第33期(1937年6月15日)、第6卷第2期(1937年9月27日)、第6卷第3期(1937年10月4日)、第6卷第4期(1937年10月11日)、第6卷第5期(1937年10月18日)、第6卷第6期(1937年10月25日)、第6卷第8期(1937年11月8日)、第6卷第9期(1937年11月15日)、第6卷第10期(1937年11月22日)、第6卷第15期(1937年12月27日)、第6卷第17期(1938年2月14日)、第6卷第19期(1938年2月28日)、第6卷第21期(1938年3月14日)、第6卷第22期(1938年3月21日)、第6卷第24期(1938年4月4日)、第6卷第28期(1938年5月2日)、第6卷第31期(1938年5月23日)、第6卷第34期(1938年6月13日)、第6卷第35期(1938年6月20日)、第6卷第36期(1938年7月11日)、第7卷第1期(1938年10月3日)、第7卷第8期(1938年11月21日)、第7卷第10期(1938年12月5日)、第7卷第12—13期(1938年12月26日)、第7卷第14期(1939年1月2日)、第7卷第19期(1939年2月6日)、第7卷第20期(1939年2月13日)、第7卷第22期(1939年2月28日)、第7卷第25期(1939年3月27日)、第7卷第26期(1939年4月3日)、第7卷第28期(1939年4月17日)、第7卷第29期(1939年4月24日)

《国民公报》1926年6月9日、1926年6月10日、1926年6月11日、1926年6月12日、1926年6月21日、1926年6月22日、1926年7月1日、1926年7月2日、1926年7月6日、1926年7月10日

《华西日报》1935年8月29日

《民声报晚刊》1938年12月19日、1938年12月20日

《商务日报》1924年2月23日、1924年2月27日、1925年6月4日、1925年6月5日、1925年6月6日、1925年6月13日、1925年10月29日、1926年8月26日、1926年8月29日、1926年9月2日、1926年9月5日

《社会日报》1933年2月7日、1933年2月24日、1933年2月28日、1933年6月30日、1933年12月4日、1933年7月12日、1933年8月2日、1933年9月13日

《时事新报》1936年6月27日

《四川教育公报》第7期(1926年7月)、第8期(1926年8月)

《四川日报》1939年1月12日、1939年1月13日、1939年2月10日

《新川报》1926年6月12日

《新民报》(成都版)1938年12月16日、1938年12月17日、1938年12月18日、1938年12月19日、1938年12月21日、1938年12月22日、1938年12月23日、1938年12月24日、1938年12月25日、1938年12月28日、1938年12月29

日、1938年12月30日、1938年12月31日、1939年1月5日、1939年1月6日、1939年1月7日

《新民报》(南京版)1936年6月2日、1936年7月13日、1936年8月3日、1936年8月7日

《新新新闻》1933年10月12日、1933年10月18日、1933年10月19日、1933年10月21日、1933年10月26日、1935年8月22日、1935年8月24日、1935年8月26日、1935年9月1日、1936年4月11日、1936年6月25日、1936年7月6日、1936年7月7日、1936年7月9日、1937年7月1日、1938年12月14日、1938年12月15日、1938年12月16日、1938年12月18日、1938年12月20日、1938年12月22日、1938年12月23日、1938年12月24日、1938年12月26日、1938年12月27日、1938年12月29日、1939年1月3日、1939年1月9日

《兴中日报》1938年11月18日、1938年12月15日、1938年12月16日、1938年12月17日、1938年12月21日、1938年12月22日、1938年12月23日、1938年12月26日

《中央日报》1936年8月3日

访谈记录

罗宗文先生访谈记录，2001年4月1日、2001年9月9日

闵震东先生访谈记录，2002年4月4日

吴天墀先生访谈记录，2000年10月31日

姚昌瑞先生访谈记录，2002年4月10日

其他史料

《程天放先生事略》，收在“国史馆”编：《国史馆现藏民国人物传记史料汇编》第1辑，台北：“国史馆”，1988年。

《国立成都大学第五周年纪念大会宣言》，《国立成都大学第五周年纪念会特刊》，1930年。

《历史学中国文学两系主任之变更》，《国立成都大学校报》第14期，1928年5月。

《史学家祝屺怀先生逝世》，《国立四川大学校刊》第11卷第2期，1941年10月1日。

《送吴芳吉先生之蒙古》，《学衡》第70期，1929年7月。

艾西由、李宋、徐庆坚：《回忆一九三五年华大反逮捕斗争》，收在成都市政协文史资料研究委员会编：《成都文史资料选辑》总第7辑，1984年。

伯钧：《武大学生的生活》，《独立评论》第186号，1936年1月19日。

蔡元培：《日记》，收在《蔡元培文集》第14卷，台北：锦绣出版事业股份有限公司，1995年。

陈大齐：《陈大齐自述》，收在“国史

馆”编：《“国史馆”现藏民国人物传记史料汇编》第2辑，台北：“国史馆”，1989年。

陈光复、王立信、张明、吴镭：《为川大树规模的科学家任鸿隽》，收在四川省政协文史资料研究委员会、四川省文史馆编：《四川近现代文化人物续编》，成都：四川人民出版社，1989年。

陈衡哲（衡哲）：《川行琐记》（一）（二）（三），《独立评论》第190号，1936年3月1日；第195号，1936年4月5日；第207号，1936年6月28日。

陈衡哲（衡哲）：《我们走的是那一条路？》，《独立评论》第157号，1935年6月30日。

陈衡哲：《任叔永先生不朽》，收在任以都口述：《任以都先生访问记录》，台北：“中研院”近代史研究所，1993年。

陈礼江：《川大之特殊任务》，《国立四川大学周刊》第4卷第9期，1935年11月11日。

陈立夫：《成败之鉴——陈立夫回忆录》，台北：正中书局，1994年。

陈立夫：《程天放兄逝世二十周年纪念》，《传记文学》第51卷第5期，1987年11月。

陈铭德、邓季惺：《〈新民报〉二十年》，收在全国政协文史资料研究委员会编：《文史资料选辑》第63辑，北京：中国文史出版社，1986年。

陈修平：《近代中国新教育总评》，《现代教育》（国立成都大学）第2期，1929年6月。

陈雁翚：《对〈回忆华西日报〉一文的几点质疑》，收在四川省政协文史资料研究委员会编：《四川文史资料选辑》第44辑，成都：四川人民出版社，1995年。

陈寅恪：“来函”，《国学季刊》第5卷第3号，1935年。

陈寅恪：《吾国学术之现状及清华之职责》，收在《金明馆丛稿二编》，北京：生活·读书·新知三联书店，2001年。

陈祖武：《记成都〈新新新闻〉》，收在四川省政协文史资料研究委员会编：《四川文史资料选辑》第24辑，成都：四川人民出版社，1981年。

诚中：《史学观念之变迁及近代史家对于历史之解释》，《史学杂志》（成都大学史学研究会）第1期，1929年7月。

程千帆：《桑榆忆往》，上海：上海古籍出版社，2000年。

程天杰：《〈川行琐记〉读后感》，《新民报》（南京）1936年7月8日。

邓胥功：《拒绝程天放与川大迁峨眉》，收在四川省政协文史资料研究委员会、四川省省志编辑委员会编：《四川文史资料选辑》第13辑，成都：四川人民出版社，1979年。

冯汉骥：《松理茂汶羌族考察杂记》，收在四川大学历史文化学院考古学系编：《四川大学考古专业创建四十周年暨冯汉骥教授百年诞辰纪念文集》，成都：四川大学出版社，2001年。

冯友兰：《三松堂自序》，北京：人民出版社，1998年。

佛公：《攻陈衡哲的阵容》，《复兴日报》1936年7月8日。

佛公：《实用主义宣告破产》，《复兴日报》1936年7月9日。

佛公：《文章公案》，《复兴日报》1936年7月7日。

复旦大学校史编写组编：《复旦大学志》第一卷（1905—1949），上海：复旦大学出版社，1985年。

傅斯年（孟真）：《北方人民与国难》，《独立评论》第181号，1935年12月15日。

傅斯年：《历史语言研究所工作之旨趣》，收在《史料论略及其他》，沈阳：辽宁教育出版社，1997年。

高觉敷：《高觉敷自述》，收在高增德、丁东编：《世纪学人自述》第1卷，北京：北京十月文艺出版社，2000年。

高平叔撰著：《蔡元培年谱长编》第3卷，北京：人民教育出版社，1999年。

高兴亚：《冯玉祥与刘湘的秘密往来》，收在全国政协文史资料委员会编：《文史资料选辑》第42辑，北京：中国文史出版社，1986年。

耿云志主编：《胡适遗稿及秘藏书信》，合肥：黄山书社，1994年。

龚谨述：《蒙文通先生传略》，收在蒙默编：《蒙文通学记》，北京：生活·读书·新知三联书店，1993年。

古舞：《救救四川》，《独立评论》第96号，1934年4月15日。

郭沫若：《创造十年续篇》，收在《郭沫若全集》“文学编”第12卷，北京：人民文学出版社，1992年。

胡光麃：《波逐六十年》，台北：联经出版事业公司，1992年。

胡季珊：《敬致陈衡哲女士》，《新新新闻》1936年6月29日。

胡鉴民：《苗人的家族与婚姻习俗琐记》，《国立四川大学校刊》第18卷第3期，1946年4月1日。

胡适：《非留学篇》，收在《胡适学术文集·教育》，北京：中华书局，1998年。

胡适：《胡适的日记》，香港：中华书局（香港），1985年。

胡适：《政治统一的途径》，《独立评论》第86号，1934年1月21日。

胡适口述：《胡适口述自传》，唐德刚注，上海：华东师范大学出版社，1993年。

胡先骕：《胡先骕文存》，南昌：江西高校出版社，1995年。

花睡：《纪念成大生日并告同学》，《国立成都大学第五周年纪念会特刊》，1930年。

黄季陆：《黄季陆先生论学论政文集》，台北：“国史馆”，1986年。

黄建中：《抗战时期的高等教育》，《国立四川大学周刊》第6卷第23期，1938年3月28日。

黄建中：《中国高等教育鸟瞰》，周国柄译，《国立四川大学周刊》第3卷第38

期，1935年6月24日。

黄炎培：《大四川之青年》，《国立四川大学周刊》第4卷第25期，1936年3月23日。

黄稚荃：《对辛亥革命及四川教育、文化事业卓有贡献的学者向楚》，收在四川省政协文史资料研究委员会、四川省文史馆编：《四川近代文化人物续编》，成都：四川人民出版社，1989年。

黄稚荃：《向楚对辛亥革命及教育学术之贡献》，收在《杜邻存稿》，成都：四川人民出版社，1990年。

惠伯：《吾人庆祝成大五周年纪念之重要》，《国立成都大学第五周年纪念会特刊》，1930年。

吉爱黎：《〈川行琐记〉中的陈衡哲》，《复兴日报》1936年7月8日。

江超西：《四川大学之任务与中华民国之前途》，《国立四川大学周刊》第4卷第7期，1935年10月28日。

姜亮夫：《忆成都高师》，收在王元化主编：《学术集林》第2卷，上海：上海远东出版社，1994年。

蒋介石：《蒋委员长训词》，《国立四川大学周刊》第3卷第40期，1935年7月8日。

赖皋翔：《赖皋翔文史杂论》上册，自印本，2004年。

冷寅东：《刘湘、刘文辉争霸四川的几次战争》，全国政协文史资料委员会编：《文史资料选辑》第10辑，北京：中国文史出版社，1986年。

李大钊(李守常)：《警告全国父老昆弟书》，《国立四川大学周刊》第1卷第20期，1933年5月29日。

李德琬：《记陈寅恪遗墨》，收在王元化主编：《学术集林》第13卷，上海：上海远东出版社，1998年。

李德琬：《吴宓与李哲生》，《新文学史料》2002年第2期。

李德琬：《鱼藻轩中涕泪长——记李哲生一九二六年晋谒王国维先生》，收在王元化主编：《学术集林》第11卷，上海：上海远东出版社，1997年。

李恩绩：《爱俪圆梦影录》，北京：生活·读书·新知三联书店，1984年。

李璜：《学钝室回忆录》(增订本)，香港：明报月刊社，1979年。

李劼人：《致王介平同志》，收在《李劼人选集》第5卷，成都：四川文艺出版社，1986年。

李思纯：《评〈川行琐记〉》，《新新新闻》1936年7月7日。

李思纯：《译者弁言》，收在朗格诺瓦、瑟诺博司原著，李思纯译述：《史学原论》，上海：商务印书馆，1931年。

李思纯：《祝屺怀先生事略》，《国立四川大学校刊》第11卷第9期，1941年12月1日。

李一氓：《李一氓回忆录》，北京：人民出版社，2001年。

李有为：《黄季陆略历及长川大建

树》，收在成都市政协文史资料研究委员会编：《成都文史资料》总第19辑，1988年。

李约瑟(Joseph T. M. Needham)：《川西的科学(二)生物学和社会科学》，收在李约瑟、李大斐编著，余廷明等译：《李约瑟游记》，贵阳：贵州人民出版社，1999年。

两极：《陈衡哲果逃席耶?》，《新新新闻》1936年7月10日。

廖友陶：《张澜兴建的民主与科学堡垒国立成都大学(二)》，《四川地方志通讯》1986年第2期。

林思进：《华阳人物志》，《华西学报》第1期，1933年9月。

林思进：《华阳人物志世族表》、《华阳志总分诸序》，《华西学报》第2期，1934年6月。

林向：《著名考古学家冯汉骥》，收在四川省政协文史资料委员会编：《四川近现代文化人物》第3编，成都：四川人民出版社，1995年。

林荫修：《词坛巨匠周岸登》，收在四川省政协文史资料研究委员会、四川省文史馆编：《四川近现代文化人物》，成都：四川人民出版社，1989年。

刘放皆：《著述等身的历史学家张森楷》，收在四川省政协文史资料研究委员会、四川省文史馆编：《四川近现代文化人物》，成都：四川人民出版社，1989年。

刘朴：《吴芳吉传》，收在吴芳吉：《吴芳吉集》，成都：巴蜀书社，1994年。

刘文辉：《走到人民阵营的历史道路》，收在全国政协文史资料研究委员会编：《文史资料选辑》第33辑，北京：中国文史出版社，1986年。

刘掞黎：《发刊词》，《史学杂志》(成都大学史学研究会)第1期，1929年7月。

刘掞藜：《读顾颉刚君"与钱玄同先生论古史书"的疑问》，收在顾颉刚编：《古史辨》第1册，北京：朴社，1926年。

刘掞藜：《讨论古史再致顾先生》，收在顾颉刚编：《古史辨》第1册，北京：朴社，1926年。

刘子健：《徐子休先生传》，《新四川月刊》第1卷第2期，1939年6月30日。

卢祥麟：《在乐山时期的武汉大学》，收在中国人民政治协商会议西南地区文史资料协作会议编：《抗战时期内迁西南的高等院校》，贵阳：贵州民族出版社，1988年。

吕振修：《追求光明的大学校长王兆荣》，收在四川省政协文史资料研究委员会、四川省文史馆：《四川近现代文化人物续编》，成都：四川人民出版社，1989年。

罗家伦：《整理校务之经过及计划》(1928年11月)，清华大学校史研究室编：《清华大学史料选稿》第2卷(上)，北京：清华大学出版社，1991年。

罗元晖：《考据学家向宗鲁》，收在成都市政协文史资料研究委员会编：《成都文史资料》总第19辑，1988年。

罗宗文：《张澜先生办成都大学》，《文史杂志》1999第6期。

蒙文通：《〈华西大学图书馆四川方志目录〉序》，收在《蒙文通文集》第4卷《古地甄微》，成都：巴蜀书社，1998年。

蒙文通：《不能离开党的领导》，收在李有明、蒙绍鲁：《往事存稿》，成都：四川民族出版社，2004年。

蒙文通：《治学杂语》，收在蒙默编：《蒙文通学记》（增补本），北京：生活·读书·新知三联书店，2006年。

孟寿椿：《四川大学之新精神》，《国立四川大学周刊》第6卷第3期，1937年10月4日。

米庆云：《国立成都大学兴废记略——从成大、成高的纠纷到成大、师大、川大的合并》，收在四川省政协、四川省省志编辑委员会编：《四川文史资料选辑》第8辑，成都：四川人民出版社，1963年。

棉花匠：《一定不能再往下去》，《新新新闻（本市增刊）》1936年6月20日。

棉花匠：《最高学府庆得人》，《新新新闻（本市增刊）》1936年7月23日。

闵震东（闵枕涛）：《回忆魏时珍先生二三事》，收在魏时珍先生纪念文集编辑组：《魏时珍先生纪念文集》，自印本，1993年。

闵震东：《叶伯和传略》，收在《枕涛存稿》，自印本，2004年。

缪彤希：《张文湘与伏令夏橙》，收在江安县政协文史资料研究委员会编：《江安文史资料选编》第5辑，1991年。

缪元朗：《缪钺先生编年事辑》，北京：中华书局，2014年。

缪钺：《冰茧庵论学书札》上册，北京：商务印书馆，2014年。

缪钺：《缪钺全集》第7、8合卷，石家庄：河北教育出版社，2004年。

木鸡：《论陈衡哲的"批判"态度》，《复兴日报》1936年7月9日。

南开大学经济研究所经济史研究室编：《中国近代盐务史资料选辑》第1卷，天津：南开大学出版社，1985年。

念慈：《读〈四川的"二云"〉后》，《新民报》（南京）1936年7月7日。

彭迪先：《我的回忆与思考》，成都：四川人民出版社，1992年。

钱昌照：《钱昌照回忆录》，北京：中国文史出版社，1998年。

钱崇澍：《关于来蜀之感想》，《国立四川大学周刊》第4卷第8期，1935年11月4日。

钱基博：《答诸生论大学》，《中国文化》总第14期，北京：生活·读书·新知三联书店，1996年。

钱穆：《师友杂忆》（与《八十忆双亲》合刊本），长沙：岳麓书社，1986年。

钱穆：《再论中国文化传统中之士》，收在《国史新论》，北京：生活·读书·新知三联书店，2001年。

乔华甫：《下流统计》，《复兴日报》

1936 年 7 月 6 日。

屈守元：《对古典文学具有卓识的庞石帚》，收在四川省政协文史资料研究委员会、四川省文史馆编：《四川近现代文化人物续编》，成都：四川人民出版社，1989 年。

屈守元：《怀源小札》，收在《晚初阁论著辑录》，成都：电子科技大学出版社，2002 年。

屈守元：《精于校雠的学者向宗鲁》，收在四川省政协文史资料研究委员会、四川省文史馆编：《四川近现代文化人物》，成都：四川人民出版社，1089 年。

任鸿隽（叔永）：《大学研究所与留学政策》，《大公报》1934 年 12 月 23 日。

任鸿隽（叔永）：《党化教育是可能的吗》，《独立评论》第 3 号，1932 年 6 月 5 日。

任鸿隽（叔永）：《关于〈川行琐记〉的几句话》，《独立评论》第 215 号，1936 年 8 月 23 日。

任鸿隽（叔永）：《剿匪中的四川问题》，《独立评论》第 119 号，1934 年 9 月 23 日。

任鸿隽（叔永）：《论所谓择师自由》，《独立评论》第 87 号，1934 年 1 月 28 日。

任鸿隽（叔永）：《评国联教育考察团报告》，《独立评论》第 39 号，1933 年 2 月 26 日。

任鸿隽（叔永）：《如何解决四川问题》，《独立评论》第 26 号，1932 年 11 月 13 日。

任鸿隽（叔永）：《四川军阀的出路》，《独立评论》第 75 号，1933 年 11 月 5 日。

任鸿隽（叔永）：《四川问题的又一面》，《独立评论》第 214 号，1936 年 8 月 16 日。

任鸿隽（叔永）：《再论大学研究所与留学政策》，《独立评论》第 136 号，1935 年 1 月 20 日。

任鸿隽（叔永）：《再论党化教育》，《独立评论》第 8 号，1932 年 7 月 1 日。

任鸿隽（叔永）：《中国的出路》，《独立评论》第 56 号，1933 年 6 月 25 日。

任鸿隽：《赴川考察团在成都大学演说录·任叔永先生之讲演》，《科学》第 15 卷第 7 期，1931 年 7 月。

任鸿隽：《任校长演讲词》，《国立四川大学周刊》第 4 卷第 1 期，1935 年 9 月 16 日。

任鸿隽：《四川大学的使命》，《国立四川大学周刊》第 4 卷第 2 期，1935 年 9 月 23 日。

任鸿隽：《五十自述》，收在《科学救国之梦：任鸿隽文存》，上海：上海科技教育出版社、上海科学技术出版社，2002 年。

任乃强：《康藏民族之由来及其细分》，收在《任乃强民族研究文集》，北京：民族出版社，1990 年。

任以都口述，张朋园、杨翠华、沈松侨访问，潘光哲记录：《任以都先生访问记录》，台北："中研院"近代史研究所，1993年。

邵维坤：《对于我国高等农林教育之观感》，《国立四川大学周刊》第6卷第10期，1937年11月22日。

实：《大学名称与大学区别》，《现代评论》第8卷第185期，1928年6月23日。

舒新城：《三十五年来教育生活史（1893—1928）——舒新城自述》，杭州：浙江大学出版社，2018年。

舒新城：《蜀游心影》，上海：中华书局，1939年。

舒新城：《我和教育》，香港：龙文出版社股份有限公司，1989年。

述尧：《四川今日之大学教育》，《北京大学四川同乡会会刊》创刊号，1934年。

四川大学校史办公室编：《川大英烈》，成都：成都科技大学出版社，1999年。

四川省文史研究馆编：《四川军阀史料》第4辑，成都：四川人民出版社，1987年。

唐端正：《唐君毅先生年谱》，收在唐君毅：《唐君毅全集》第29卷，台北：学生书局，1991年。

唐振常：《武化世界》，《万象》第1卷第5期，1999年7月。

唐振常：《忆舅文——记一代经学大师龚向农先生》，收在《往事如烟怀逝者》，上海：上海人民出版社，1990年。

陶亮生：《先师向仙乔先生言行忆录》，收在成都市政协文史资料研究委员会编：《成都文史资料》总第19辑，1988年。

童恩正：《冯汉骥小传》，收在冯汉骥：《冯汉骥考古学论文集》，北京：文物出版社，1985年。

汪克勇：《魏时珍先生年谱（简略稿）》，收在悼念魏时珍先生纪念文集编辑组编：《魏时珍先生纪念文集》，自印本，1993年。

汪潜：《反对程天放作川大校长》，收在四川省政协文史资料研究委员会、四川省省志编辑委员会编：《四川文史资料选辑》第13辑，成都：四川人民出版社，1979年。

王辉：《立德立言、归于不朽》，收在四川联合大学历史系编：《徐中舒先生百年诞辰纪念文集》，成都：巴蜀书社，1998年。

王利器：《李庄忆旧》，收在杜正胜、王汎森主编：《新学术之路——"中研院"历史语言研究所七十周年纪念文集》下册，台北："中研院"历史语言研究所，1998年。

王利器：《往日心痕——王利器自述》，太原：山西人民出版社，1997年。

王世杰：《王世杰日记》，台北："中研院"近代史研究所，1990年。

王叙五：《自述》，收在四川师范学院、中共遂宁市委党史研究室编：《王叙五遗作选》，内部资料，2000年。

王宜昌：《关于国立成都大学》，《国立成都大学旅沪同学会会刊》第1期，

1930 年。

王兆荣：《关于一九一八年我国留日学生反帝救国团的回忆》，秀山土家族苗族自治县文史资料工作委员会编：《秀山文史资料》第 3 辑，1986 年。

魏时珍：《忆李劼人》，收在魏时珍先生纪念文集编委会编：《魏时珍先生纪念文集》，自印本，1993 年。

翁文灏：《翁文灏日记选》，《近代史资料》总 104 号，北京：中国社会科学出版社，2002 年。

翁文灏：《我们应努力拥护统一》，《独立评论》第 180 号，1935 年 12 月 8 日。

吴芳吉：《吴芳吉集》，成都：巴蜀书社，1994 年。

吴芳吉：《献骂我者》，《学衡》第 70 期，1929 年 7 月。

吴宓：《吴宓书信集》，北京：生活·读书·新知三联书店，2011 年。

吴天墀：《地理环境与藏族文化》，《国立四川大学周刊》第 3 卷第 34 期，1935 年 5 月 27 日。

吴天墀：《吴天墀文史存稿》，成都：四川大学出版社，1998 年。

吴虞：《吴虞日记》，成都：四川人民出版社，1986 年。

吴玉章：《吴玉章回忆录》，北京：中国青年出版社，1978 年。

乡坝老：《鄙视老百姓》，《新新新闻》1936 年 6 月 29 日。

乡坝老：《读读陈衡哲女士的〈川行琐记〉》，《新新新闻》1936 年 6 月 26 日。

乡坝老：《敬告学阀勿在堂堂天府滥逞威风》，《新新新闻》7 月 1 日。

乡坝老：《女职校当局注意》，《新新新闻》1936 年 7 月 5 日。

乡坝老：《请女职校当局拿话来说》，《新新新闻》1936 年 7 月 6 日。

乡坝老：《请七千万人公开讨论》，《新新新闻》1936 年 7 月 7 日。

乡坝老：《正告陕西街一三九号的辩护人》，《新新新闻》1936 年 7 月 2 日。

向楚：《弁言》，《四川教育公报》第 2 卷第 1 期，1928 年。

向楚：《空石居诗存》，成都：四川大学出版社，1988 年。

向楚：《重修巴县志叙》，《国立四川大学文学集刊》第 1 集，成都：国立四川大学中文系、文科研究所，1943 年。

向在淞：《前川大文学院长向楚》，成都市政协文史资料委员会编：《成都文史资料》总第 19 辑，1988 年。

萧参：《给陈衡哲的一封信》，《新新新闻》1936 年 6 月 25 日。

萧公权：《问学谏往录》，上海：学林出版社，1997 年。

萧铮：《忆南昌程天放兄》，《传记文学》第 51 卷第 5 期，1987 年 11 月。

谢百川：《读了〈川行琐记〉以后》，《新新新闻》1936 年 7 月 8 日。

熊复：《熊复文集》第 1 卷，北京：红旗出版社，1992 年。

熊炬：《主编〈现代农民〉的农业学家董时进》，收在四川省政协文史资料研究委员会、四川省文史馆编：《四川近现代文化人物续编》，成都：四川人民出版社，1989年。

熊丸口述：《熊丸先生访问记录》，陈三井访问，李郁青记录，台北："中央研究院"近代史研究所，1998年。

徐炯（子休）：《异哉所谓川人治川也》，《川报》1935年6月2日。

徐中舒：《徐中舒历史论文选辑》上册，北京：中华书局，1998年。

许寿裳：《章炳麟》，收在存萃学社编：《章炳麟传记汇编》，香港：大东图书公司，1978年。

严复译：《社会通诠》，北京：商务印书馆，1981年。

晏阳初：《平民教育运动的回顾与前瞻》，收在《告语人民》（与赛珍珠《告语人民》合刊本），桂林：广西师范大学出版社，2003年。

杨闇公：《重庆地委向中共中央的报告——四川各派军阀动态》，收在周勇主编：《杨闇公纪念集》，重庆：重庆出版社，1993年。

杨昌济：《论湖南省创设省立大学之必要》，收在《杨昌济文集》，长沙：湖南教育出版社，1983年。

杨静远：《让庐日记》，武汉：武汉大学出版社，2003年。

杨益恒：《上校长书》，《文学丛刊》（国立成都大学中国文学系）第1期，1929年10月。

叶秉诚：《史心》，《史学杂志》（成都大学史学研究会）第1期，1929年7月。

叶秉诚：《史心》，《史学杂志》（成都大学史学研究会）第1期，1929年7月。

易劲秋：《忆成都》，《川康渝文物馆年刊》，1997年。

曾琦：《反抗思想与革命精神》，收在《曾琦先生文集》，台北："中央研究院"近代史所，1993年。

张惠昌：《四川军阀混战中的'善后会议"》，收在四川省文史研究馆编：《四川军阀史料》第4辑，成都：四川人民出版社，1987年。

张澜：《张澜文集》，成都：四川教育出版社，1991年。

张孟闻：《任鸿隽先生传略》，《科学》第38卷第1期，1986年3月。

张森楷：《〈二十四史校勘记〉序例》，收在唐唯目编：《张森楷史学遗著辑略》，重庆：西南师范大学出版社，1998年。

张廷勋：《大夏大学内迁记略》、王守文：《抗战时期的大夏大学》，均收在中国人民政治协商会议西南地区文史资料协作会议编：《抗战时期内迁西南的高等院校》，贵阳：贵州民族出版社，1988年。

张文达：《张颐年谱》，收在张颐：《张颐论黑格尔》，成都：四川大学出版社，2000年。

张文湘：《张文湘自传》，手写本，

1991年5月。

张勋燎：《冯汉骥先生师门从学考古记》，收在四川大学历史文化学院考古学系编：《四川大学考古专业创建四十周年暨冯汉骥教授百年诞辰纪念文集》，成都：四川大学出版社，2001年。

赵俪生：《篱槿堂自叙》，上海：上海古籍出版社，1999年。

赵人儁：《开战后我国经济之动态》，《国立四川大学周刊》第6卷第32期，1938年5月30日。

赵星洲：《回忆〈华西日报〉》，收在四川省政协文史资料研究委员会编：《四川文史资料选辑》第40辑，成都：四川人民出版社，1992年。

赵振铎口述，张家钊整理：《音韵文字世家二三事》，《当代史研究》2003年第3期。

郑桂仁：《向楚先生传》，《川康渝文物馆年刊》，1990年。

直木：《四川教育的剖析》，《蜀社社刊》(上海光华大学蜀社)创刊号，1933年。

中国第二历史档案馆编：《中华民国史档案史料汇编》第3辑“教育”，南京：江苏古籍出版社，1991年。

中国第二历史档案馆编：《中华民国史档案史料汇编》第5辑第1编“教育(一)”，南京：江苏古籍出版社，1994年。

中国第二历史档案馆编：《中华民国史档案史料汇编》第5辑第2编“教育(一)”，南京：江苏古籍出版社，1997年。

中国人民政治协商会议西南地区文史资料协作会议编：《西南民众对抗战的贡献》，贵阳：贵州人民出版社，1992年。

中国社会科学院近代史研究所中华民国史研究室编：《胡适来往书信选》，香港：中华书局(香港)，1983年。

周传儒：《自传》，收在北京图书馆《文献》编辑部、吉林省图书馆学会会刊编辑部编：《中国当代社会科学家》第2辑，北京：书目文献出版社，1982年。

周辅成：《我所亲历的20世纪》，收在《论人和人的解放》，上海：华东师范大学出版社，1997年。

周辅成《平凡的一生》，收在北京图书馆《文献》丛刊编辑部、吉林省图书馆学会会刊编辑部编：《中国当代社会科学家》第3辑，北京：书目文献出版社，1983年。

周绍张：《国立成都大学于中国西南底贡献》，《国立成都大学旅沪同学会会刊》第1期，1930年。

周晓和：《原始人类》，《国立四川大学周刊》第1卷第14期，1933年4月17日。

朱光潜：《朱光潜全集》第9卷，合肥：安徽教育出版社，1996年。

朱巨圣：《致陈衡哲女士的一封书》，《新新新闻》1936年7月6日。

竺可桢：《竺可桢日记》，北京：人民出版社，1984年。

邹韬奋：《患难余生记》，收在《经历》，长沙：岳麓书社，1999年。

研究著作

阿里夫·德里克(Arif Dirlik)著，孙宜学译：《中国革命中的无政府主义》，桂林：广西师范大学出版社，2006 年。

Anderson, Benedict. *Imagined Communities: Reflections on the Origin and Spread of Nationalism*. London: Thetford Press, 1983.

Burke, Peter. "History of Events and the Revival of Narrative," in Peter Burke ed., *New Perspectives on Historical Writing*, University Park, PA: The Pennsylvania State University Press, 1995.

埃马纽埃尔·勒华拉杜里(Emmanuel Le Roy Ladurie)著，许明龙、马胜利译：《蒙塔尤：1294—1324 年奥克西坦尼的一个山村》，北京：商务印书馆，1997 年。

保尔·汤普逊(Paul Thompson)著，覃方明等译：《过去的声音——口述史》，沈阳：辽宁教育出版社，2000 年。

彼得·伯克(Peter Burke)著，姚朋、周玉鹏等译：《历史学与社会理论》，上海：上海人民出版社，2001 年。

陈能志：《战前十年中国大学教育经费问题》，《历史学报》(台湾师范大学)第 11 期，1983 年。

陈能志：《战前十年中国的大学教育(1927—1937)》，台北：台湾商务印书馆，1990 年。

陈平原：《中国现代学术之建立——以章太炎、胡适之为中心》，北京：北京大学出版社，1998 年。

陈三井：《民初西南大学之倡设与弃置》，《“中研院”近代史研究所集刊》第 19 期，1990 年。

陈雯怡：《从“以书为本位”到“历史问题”的探索——陈述在史语所时期的学术发展》，收在杜正胜、王汎森主编《新学术之路》下册，台北：“中研院”历史语言研究所，1998 年。

陈以爱：《中国现代学术研究机构的兴起——以北京大学国学门为中心的探讨(1922—1927)》，台北：政治大学历史学系，1999 年。

程美宝：《地域文化与国家认同——晚清以来“广东文化”观的形成》，收在杨念群编：《空间·记忆·社会转型——“新社会史”研究论文精选集》，上海：上海人民出版社，2001 年。

程美宝：《由爱乡而爱国：清末广东乡土教材的国家话语》，《历史研究》2003 年第 4 期。

《重庆陪都史书系》编委会撰述：《国民政府重庆陪都史》，重庆：西南师范大学出版社，1993 年。

崔宗复：《张澜先生年谱》，重庆：重庆出版社，1985 年。

杜恂诚：《民国时期的中央与地方财政划分》，《中国社会科学》1998 年第 3 期。

杜赞奇著，王福明译：《文化、权力

与国家——1900—1942 年的华北农村》，南京：江苏人民出版社，1995 年。

厄内斯特·盖尔纳(Ernest Geller)著，韩红译：《民族与民族主义》，北京：中央编译出版社，2002 年。

费孝通：《乡土中国》，北京：生活·读书·新知三联书店，1985 年。

费正清(John King Fairbank)、费维恺(Albert Feuerwerker)主编，杨品泉等译：《剑桥中华民国史》，北京：中国社会科学出版社，1994 年。

Fitzgerald, John. "Warlords, Bullies, and State Building in Nationalist China: The Guangdong Cooperative Movement, 1932-1936," *Modern China*, 23: 4, 1997.

顾学稼：《华西协和大学的收回教育权运动》，收在顾学稼、林霨(Arthur N. Waldron)、伍宗华编：《中国教会大学史论丛》，成都：成都科技大学出版社，1994 年。

郭书愚：《清末四川存古学堂述略》，成都：四川大学硕士学位论文，2002 年。

郭颖颐(Kwok, D. W.)著，雷颐译：《中国现代思想中的唯科学主义(1900—1950)》，南京：江苏人民出版社，1995 年。

Hobsbawm, E. J. "The Revival of Narrative: Some Comments," *Past and Present*, No. 86, 1980.

Horowitz, Richard S. "State Making Theory and the Study of Modern Chinese History,"《近代中国史研究通讯》第 19 期。

胡奇光：《中国小学史》，上海：上海人民出版社，1987 年。

黄福庆：《近代中国高等教育研究——国立中山大学》，台北："中研院"近代史所，1988 年。

黄进兴：《中国近代史学的双重危机：试论"新史学"的诞生及其所面临的困境》，收在《圣贤与圣徒》，台北：允晨文化实业股份有限公司，2001 年。

Israel, John. *Student Nationalism in China, 1927-1937*. Stanford: Stanford University Press, 1960.

季啸风主编：《中国高等教育变迁》，上海：华东师范大学出版社，1992 年。

江铭：《教育史研究的回顾与展望》，《教育史研究》1997 年第 2 期。

金耀基：《大学的世界精神》，收在《大学之理念》，北京：生活·读书·新知三联书店，2001 年。

金以林：《近代中国大学研究：1895—1949》，北京：中央文献出版社，2000 年。

金以林：《南京国民政府发展大学教育述论》，收在中国社会科学院近代史研究所编：《中国社会科学院近代史研究所青年学术论坛》(1999 年卷)，北京：社会科学文献出版社，2000 年。

Kapp, Robert A. *Szechwan and the Chinese Republic: Provincial Militarism and Central Power. 1911-1938*. New

Haven and London: Yale University Press, 1973.

克利福德·格尔兹(Clifford Geertz)著，纳日碧力戈等译：《深描：迈向文化的阐释理论》，收在《文化的解释》，上海：上海人民出版社，1999年。

Levi, Giovanni. "On Microhistory," in Peter Burke (ed.), *New Perspectives on Historical Writing*. University Park, PA: The Pennsylvania State University Press, 1995.

Levich, Eugune William. *The Kwangsi Way in Kuomintang China, 1931-1939*. Armonk, N. Y.: M. E. Sharpe, Inc., 1993.

匡珊吉、杨光彦主编：《四川军阀史》，成都：四川人民出版社，1991年。

雷蒙德·弗思(Raymond Firth)著，费孝通译：《人文类型》，北京：商务印书馆，1991年。

李达嘉：《民国初年的联省自治运动》，台北：弘文馆出版社，1986年。

李涵等：《缪秋杰与民国盐务》，北京：中国科学技术出版社，1990年。

李守孔：《国民政府之国家统一运动》，收在"中研院"近代史研究所编：《抗战前十年国家建设史研讨会论文集(1928—1937)》，台北："中研院"近代史研究所，1984年。

李正心：《论光复时期台湾高等教育祖国化》，《教育史研究》1999年第12期。

刘家峰：《调适与冲突：1950年前后的教会大学——以齐鲁大学为个案》，收在章开沅、马敏主编：《基督教与中国文化丛刊》，武汉：湖北教育出版社，2000年。

刘君：《简论西康建省》，收在张宪文、陈兴唐、郑会欣编：《民国档案与民国史学术讨论会论文集》，北京：档案出版社，1988年。

刘龙心：《学科体制与近代中国史学的建立》，收在罗志田主编：《20世纪的中国：学术与社会(史学卷)》下册，济南：山东人民出版社，2001年。

刘龙心：《学术与制度：学科体制与现代中国史学的建立》，北京：新星出版社，2007年。

刘伟：《晚清"省"意识的变化与社会变迁》，《史学月刊》1999年第5期。

刘咸炘：《中书》，《推十书》第1册，成都：成都古籍书店，1996年。

刘正伟：《论大学区制的试行及其对普通教育的影响》，《教育史研究》1999年第3期。

吕芳上：《从学生运动到运动学生：民国八年至十八年》，台北："中研院"近代史研究所，1994年。

吕士朋：《训政时期的高等教育》，收在"中研院"近代史研究所编：《抗战前十年国家建设史研讨会论文集(1928—1937)》，台北："中研院"近代史研究所，1984年。

罗志田、葛小佳：《东风与西风》，北京：生活·读书·新知三联书店，1998年。

罗志田：《古今与中外的时空互动：新文化运动时期关于整理国故的思想论争》，《近代史研究》2000年6期。

罗志田：《国际竞争与地方意识：中山舰事件前后广东政局的新陈代谢》，《历史研究》2004年第2期。

罗志田：《国家与学术：清季民初关于“国学”的思想论争》，北京：生活·读书·新知三联书店，2003年。

罗志田：《胡适传——再造文明之梦》，成都：四川人民出版社，1995年。

罗志田：《近代中国民族主义的研究取向与反思》，《四川大学学报》(哲学社会科学版)，1998年第1期。

罗志田：《乱世潜流：民族主义与民国政治》，上海：上海古籍出版社，2001年。

罗志田：《权势转移：近代中国的思想、社会与学术》，武汉：湖北人民出版社，1999年。

罗志田：《史料的尽量扩充与不看二十四史》，收在《近代中国史学十论》，上海：复旦大学出版社，2003年。

罗志田：《新旧之间：近代中国的多个世界及“失语”群体》，收在《二十世纪的中国思想与学术掠影》，广州：广东教育出版社，2001年。

罗志田：《学术与国家：反思20世纪前30年关于国粹、国故与国学的思想论争》，《二十一世纪》2001年8月号。

罗志田：《中国文艺复兴之梦：从清季的“古学复兴”到民国的“新潮”》，《汉学研究》(台北)，第20卷第1期，2002年。

罗志田：《走向国学与史学的“赛先生”——五四前后中国人心目中的“科学”一例》，《近代史研究》2000年3期。

庞俊：《养晴室笔记》，成都：四川文艺出版社，1985年。

钱穆：《漫谈新旧文学》，收在《中国文学论丛》，北京：生活·读书·新知三联书店，2002年。

钱穆：《中国历史研究法》，北京：生活·读书·新知三联书店，2001年。

钱穆：《中国史学名著》，北京：生活·读书·新知三联书店，2001年。

屈守元：《对古典文学批评具有卓识的庞石帚》，收在四川省政协文史资料研究委员会、四川省文史馆编：《四川近现代文化人物续编》，成都：四川人民出版社，1989年。

Rothblatt，Sheldon. *Universities and National Identity and Identity Formation*，收在“中研院”近代史研究所编：《认同与国家：近代中西历史的比较论文集》，台北：“中研院”近代史研究所，1994年。

桑兵：《清末新知识界的社团与活动》，北京：生活·读书·新知三联书店，1995年。

桑兵：《晚清民国的学人与学术》，北

京：中华书局，2008 年。

桑兵：《晚清学堂学生与社会变迁》，上海：学林出版社，1995 年。

石岛纪之：《国民党政府的“统一化”政策和抗日战争》，收在张宪文、陈兴唐、郑会欣编：《民国档案与民国史学术讨论会论文集》，北京：档案出版社，1988 年。

四川大学校史编写组：《川大史稿》，成都：四川大学出版社，1985 年。

四川省人民政府参事室、四川省文史研究馆：《川康实力派与蒋介石》，成都：四川大学出版社，1993 年。

宋良曦、钟长永：《川盐史论》，成都：四川人民出版社，1990 年。

Stone，Lawrence. “The Revival of Narrative：The Reflections on a New Old History，” *Past and Present*，No. 85，1979.

苏云峰：《从清华学堂到清华大学（1911—1929）：近代中国高等教育研究》，北京：生活·读书·新知三联书店，2001 年。

苏云峰：《从清华学堂到清华大学（1928—1937）：近代中国高等教育研究》，北京：生活·读书·新知三联书店，2001 年。

苏云峰：《联省自治声浪中的“鄂人治鄂运动”：兼谈省籍意识之形成及其作用》，收在“中研院”近代史研究所编：《认同与国家：近代中西历史的比较论文集》，台北：“中研院”近代史研究所，1994 年。

苏云峰：《私立海南大学（1947—1950）：近代中国高等教育研究》，台北：“中研院”近代史所，1990 年。

孙代兴：《西南军阀史研究述评》，收在张宪文、陈兴唐、郑会欣编：《民国档案与民国史学术讨论会论文集》，北京：档案出版社，1988 年。

陶飞亚、吴梓明：《基督教大学与国学研究》，福州：福建教育出版社，2000 年。

陶英惠：《蔡元培与大学院》，《“中研院”近代史研究所集刊》第 3 期上册，1972 年。

陶英惠：《任鸿隽与中国科学社》，《传记文学》第 24 卷第 6 期，1974 年 6 月。

王炳照：《教育史》，收在曾业英主编：《五十年来的中国近代史研究》，上海，上海书店出版社，2000 年。

王东杰：《“宋学”修养与任鸿隽对科学的诠释》，收在《历史·声音·学问：近代中国文化的脉延与异变》，北京：东方出版社，2018 年。

王东杰：《国中的“异乡”：二十世纪二三十年代旅外川人认知中的全国与四川》，《历史研究》2002 年第 3 期。

王尔敏：《戊戌湖南客籍人士对于地方思潮的启发》，《台湾师范大学历史学报》第 5 期，1977 年。

王汎森：《从经学向史学的过渡——廖平与蒙文通的例子》，收在四川大学历史文化学院编：《蒙文通先生诞辰 110 周年纪念文集》，北京：线装书局，2005 年。

王汎森：《执拗的低音：一些历史思考方式的反思》，北京：生活·读书·新知三联书店，2014 年。

王汎森：《中国近代思想与学术的系谱》，台北：联经出版事业股份有限公司，2003 年。

王汎森著，王晓冰译：《傅斯年：中国近代历史与政治中的个体生命》，北京：生活·读书·新知三联书店，2012 年。

王健文：《校史叙事观点的再思考》，《新史学》(台北)第 14 卷第 3 期，2003 年。

王柯：《民族与国家：中国多民族统一国家思考的系谱》，北京：中国社会科学出版社，2001 年。

王绿萍编著：《四川报刊五十年集成(1897—1949)》，成都：四川大学出版社，2011 年。

王伦信：《台湾地区的中国教育史研究概况》，《教育史研究》1997 年第 4 期。

王铭铭：《教育空间的现代性与民间观念——闽台三村初等教育的历史轨迹》，收在《王铭铭自选集》，桂林：广西师范大学出版社，2000 年。

王挺之：《欧洲中世纪的教育》，《四川大学学报》(哲学社会科学版)，2001 年第 3 期。

王维江、廖梅编：《基督教文化研究中文论著索引》，收在朱维铮主编：《基督教与近代文化》，上海：上海人民出版社，1994 年。

王续添：《经济·文化·外力——民国地方主义成因探析》，《教学与研究》1999 年第 3 期。

王续添：《民国时期的地方心理观念论析》，《史学月刊》1999 年第 4 期。

王玉娟：《刘湘政府(1935—1938)对川省基层行政人员的任用倾向》，《四川大学学报》(哲学社会科学版)，2002 年第 4 期。

王玉娟：《民国川政统一初期(1935—1939 年)基层行政人员的任用》，四川大学硕士学位论文，2001 年。

王忠欣：《基督教与中国近现代教育》，武汉：湖北教育出版社，2000 年。

吴家莹：《中华民国教育政策发展史：国民政府时期(1925—1940)》，台北：五南图书出版公司，1990 年。

吴振汉：《国民政府时期的地方派意识》，台北：文史哲出版社，1992 年。

吴梓明：《岭南大学与中国现代化》，收在顾学稼、林霨(Arthur N. Waldron)、伍宗华编：《中国教会大学史论丛》，成都：成都科技大学出版社，1994 年。

萧箑父：《〈推十书〉影印本序》，收在刘咸炘：《推十书》第 1 册成都：成都古籍书店，1996 年。

谢长法：《借鉴与融合：留美学生抗战前教育活动研究》，石家庄：河北教育出版社，2001 年。

熊明安：《中国高等教育史》，重庆：重庆出版社，1988 年。

许国春：《对近年中国教育史研究之研究》，《教育史研究》1997年第4期。

许丽梅：《民国时期四川"五老七贤"述略》，四川大学硕士学位论文，2003年。

雅克·勒戈夫(Jacques Le Goff)著，张弘译：《中世纪的知识分子》，北京：商务印书馆，1999年。

严耕望：《治史答问》，收在《治史三书》，沈阳：辽宁教育出版社，1998年。

杨翠华：《任鸿隽与中国近代的科学思想与事业》，《"中研院"近代史研究所集刊》第24期上册，1995年6月。

杨翠华：《中基会对科学的赞助》，台北："中研院"近代史研究所，1991年。

杨天宏：《基督教与近代中国》，成都：四川人民出版社，1994年。

杨天石：《曹任远与胡汉民的"新国民党"——读谢幼田未刊稿〈谢慧生先生年谱长编〉》，收在《海外访史录》，北京：社会科学文献出版社，1998年。

杨天石：《卢沟桥事变前后蒋介石的对日谋略一文的部分内容》，《近代史研究》2001年第2期。

易劳逸(Lloyd Eastman)著，陈谦平等译：《1927—1937年国民党统治下的中国：流产的革命》，北京：中国青年出版社，1992年。

于述胜：《中国教育史研究中的一个方法论问题》，《教育史研究》1997年第2期。

余英时：《中国史学思想反思(2002年)》，收在余英时著，程嫩生等译：《人文与理性的中国》，上海：上海古籍出版社，2007年。

张剑：《1940年的"中研院"院长选举》，《档案与史学》1999年第2期。

章开沅：《教会大学与二十世纪二十年代的中国政治》，收在顾学稼、林霨(Arthur N. Waldron)、伍宗华编：《中国教会大学史论丛》，成都：成都科技大学出版社，1994年。

赵慧芝：《任鸿隽年谱》，《中国科技史料》第9卷第2期、第4期；第10卷第1期、第3期。

"中研院"近代史研究所编：《认同与国家：近代中西历史的比较论文集》，台北："中研院"近代史研究所，1994年。

周谷平：《教育史学科建设刍议》，《教育史研究》1997年第2期。

周予同：《中国现代教育史》，上海：上海书店，1989年。

主题索引

A

B

C

D

E

F

G

H

J

K

M

N

P

Q

R

S

T

W

X

Y

Z

原版后记

本书是在我的博士论文基础上修改而成的。选择这样一个题目，动机说来好笑：十几年前，我负笈成都，到四川大学历史系求学，却一度困扰于不少老师口中甚重的方音。这使我很是奇怪：一所全国重点大学，何以又如此浓重的“地方色彩”？后来读到任以都教授在《剑桥中华民国史》中的相关论述，与自己的经验相碰撞，更使我感到“此中有深意”。故在后来攻读博士学位时，“就地取材”，选择了这样一个“讨巧”的题目。

题目选定后，曾经引起不少人的好奇：博士论文可以写这个么？质疑的人不少，而我穷于解释，只有自信“历史无处不在”。现在，书已写成，使我坚定了这一信心。

不过，“曲终奏雅”之际，也应该补充说明的是，我在川大的经历告诉我，这所学校的“国立化”至今仍在“进行时”。相对于书稿末尾所写的情形，今日情形似乎还有所“倒退”。因此，这本书虽然结尾于 1939 年，并不意味着故事有了个终结。历史既在不断发展中，任何一个题目似乎都很难说已经结束，但一本书却总要有个时段限制。事实上，故事的结尾不同，整个故事的基调就要发生根本的变化：喜剧？悲剧？“罗曼司”？不一定那么“后现代主义”，海登·怀特的质疑却未可掉以轻心。历史学者永远都只能得“历史”本身的一枝一叶。这无可避免，也不必因此把历史学“扔进历史的垃圾箱”，但却值得每一个历史学者“戒慎恐惧”。

感谢我的导师罗志田教授。从论文的选题到细节的推敲，从读书治学到为人处世，他都真正为我付出了大量心血（文中不成熟的地方，当然要由我自己负责）。尤其值得我感念的是，多年来他的宽容和耐心，使我慢慢走上了学术的正轨。感谢我的硕士导师朱维铮教授的严格要求，使我体会到治学的艰辛和快乐。感谢答辩委员会的各位老师和匿名评审过此书的各位专家，尤其是周振鹤、桑兵老师向“三联·哈佛燕京学术丛书”委员会的推荐。感谢读书以来给了我诸多指教的师长，特别是王炎平、漆鹏、王挺之、孙锦泉、景蜀慧、徐亮工、缪元朗、白彬、徐开来、杨天宏等老师，商量学术，指点迷津，惠我良多。本书的责任编辑孙晓林老师的严谨和负责也使我避免了不少错误。

论文的写作过程中，承美国宾夕法尼亚州立大学的任以都教授、四川大学物理系的姚昌瑞教授、已经退休在家的张文达先生慷慨为我提供材料。亲历这段历史的罗宗文、闵震东、吴天墀先生接受了我的采访，告诉了我许多难以在存世文献中看到的“内幕”。其中，吴先生今年上半年不幸去世，没有来得及看到这本书的问世，希望借此机会向这位历史学的老前辈表达我的哀悼和敬意。四川大学档案馆、图书馆、校史办公室、中国第二历史档案馆为我的论文写作提供了资料上的支持。

在论文写作过程中，徐跃、赵灿鹏、陈波、刘耀春、刘君、杨兴梅、邓常春、杨民、赵娓娓、雷兵等友人，也出力甚多。特别是赵灿鹏、陈波和刘耀春兄，是我十多年来的学术与道义之交，对我的启益之处，难以一一描述。刘凤才、李贤文、龙成鹏同学帮我核对了部分资料，也对他们表示感谢。

我的妻子辛旭和我在学术上的共同体认是支撑我治学读书的精神力量。书中的一些观点，也经过了她的指正。这本书从构想到完成，也是我们从相知到相爱的过程。因此，不管在哪一方面，它都对我具有别样的意义。

2004 年 12 月 3 日，濯锦江畔